독립운동의 역사사회학
— 의열투쟁, 신채호 사상, 조선의용대 심화연구

김영범 金榮範
대구대학교 사회학과 교수를 지내고 현 명예교수.

서울대학교 사회학과를 졸업하고 같은 대학원에서 수학했다(문학박사). 사회사·역사사회학·기억사회학 전공이며, 그 토대 위에서 독립운동사도 연구해 왔다.

여러 학회와 연구기관의 임원으로 봉사했고, 진실·화해를 위한 과거사정리위원회 위원, 의열기념관·의열체험관 건립자문위원장, 제주4.3연구소 이사장도 역임했다.

저서로 『혁명과 의열: 한국독립운동의 내면』(독립기념관 학술상 수상, 학술원 우수도서), 『한국 근대민족운동과 의열단』, 『의열투쟁 Ⅰ―1920년대』, 『의열단·민족혁명당·조선의용대의 영혼 윤세주』, 『민중의 귀환, 기억의 호출: 민중사 심화와 기억사회학』, 공저로 『사회사 연구의 이론과 실제』, 『동아시아와 근대의 폭력』, 『기억투쟁과 문화운동의 전개』 외 다수와, 『인텔리겐챠와 지식인』, 『계급·이데올로기·실천: 지식사회학의 제문제』 등의 번역서가 있다.

독립운동의 역사사회학
― 의열투쟁, 신채호 사상, 조선의용대 심화연구

초판 1쇄 발행 2025년 5월 13일
초판 2쇄 발행 2025년 10월 31일

지은이	김영범
펴낸이	윤관백
펴낸곳	선인
등록	제5-77호(1998.11.4)
주소	서울시 양천구 남부순환로 48길 1, 1층
전화	02)718-6252/6257
팩스	02)718-6253
이메일	suninbook@naver.com

ISBN 979-11-6068-969-3 93900
정가 35,000원

독립운동의 역사사회학
— 의열투쟁, 신채호 사상, 조선의용대 심화연구

김영범

책 머리에

올해는 일제 식민지통치로부터의 민족해방 80주년이다. 감회가 크고 깊음을 많이들 얘기할 것이다. 8.15 하루만을 기려서가 아니라, 그 80년 사이의 한국현대사를 점철했던 수많은 기복과 부침, 갖가지 파행과 굴절이 자연히 떠올려지고, 그 와중에도 우리 국민이 이루어낸 놀라운 도약과 드높은 성취에 뿌듯함을 느끼어 그럴 것이다. 하지만 작금의 사태는 그런 말과 느낌을 더없이 무색하게 만들어버리는 형국이다. 어이 알았으랴? 역사의 시침을 40년, 아니 80년 전으로 확 돌려놓고 시대의 공기를 전제의 공포와 한없는 묵종으로 가득 채우려는 반동의 시간이 엄습해올 줄을.

그래서일까? 학창시절 배웠던 사회변동 이론들 중에서 소로킨(Pitirim A. Sorokin)의 순환론이 긴 호흡의 시간 리듬에서는 가장 설득력 있다는 생각이 점점 강해진다. 사실 그것은 고대 이래 동양인들의 자연관과 역사관의 요체이기도 했다. 역사를 연구하고 서술하는 이유는 거대 기념비를 세우기 위해서가 아니라 이미 세워진 그것을 비판하고 허물기 위해서라는 니체(F. Nietzsche)의 선견적 충고에 더욱더 공감이 가는 것도 그런 연관에서일 것이다.

그렇다면 현대사 80년에 대한 회고와 평가는 더 긴 안목으로 다시 해보는 것이 바람직하겠다. 또한 오늘 우리가 겪는 중인 낙담과 우울도 그런 견지에서 해소하고 걷어내 가야 하리라는 생각이다. 이 대목에서 요청되는 것이 바로 독립운동사 공부이다. 그것이야말로 한국적 근대 속의 선조들이 일제 타도 후에 어떤 나라를 어떻게 세우고 만들어가려 했는지에 대한 본격적 탐구가 되고, 벼락같은 깨우침의 발원처도 될 것이기 때문이다. 어찌 보면 그 역의 논리도 성립한다. 현대사 80년에 대한 단순 감회를 넘어서는 고뇌 어린 성찰과 같이 갈 때 독립운동사 공부가 잡다한 사실의 집적이나 위인 현양의 수준을 넘어서 방향감각을 얻고 제 의미를 찾으면서 빛을 발하게도 되리라는 것이다.

이 책의 제목은 그런 의미에서 붙인 것이다. 공연한 멋 부림이 아니다. 사회학적 사고의 특장이라 할 장기거시적·전방위적 및 구조론적 시각의 확보와 '장막 걷어내기'(debunking) 방법의 활용으로 멀리 조망하고 넓게 둘러보면서 이면의 숨은 진실도 속속들이 밝혀 드러내는 식으로 독립운동사도 연구하고 해명해보자는 제언이다. 또한 자기다짐이기도 하다. 그 뜻을 정확히 표현하면 《독립운동의 역사사회학을 향하여》가 맞겠으나, 절약의 묘를 얻고자 조금 줄여 적은 것이다.

이 책에서 다루고 논급할 대상은 부제로 명기된 바와 같다. 그렇게 설정된 세 주제가 실제로 상호 연결점을 가졌었고, 부마다 세 개씩 배치된 장들도 서로들 내용 면의 접점을 가져서 꼬리를 물고 이어지며 부별 경계선도 뚫고 간다. 그렇다고 이 책이 세 주제에 관한 통사인 것은 전혀 아니다. 훨씬 작은 범위의 부분적 논의로 한정시켜짐을 미리 말해둔다.

제1부에서는 3.1운동 직후에 본격화해 간 의열투쟁의 초기 국면에 있었던 모종의 비화와 그 진상을 먼저 다룬다. 두 운동단체의 사례 연구가 되는 것이기도 한데, 우선은 의열단 '창립단원'의 인원과 명단에 관한 통설에 석연치 못한 문제점이 일부 있음을 지적하고, 모든 것을 새롭게 처음부터 다시 검토해 본 결과를 제시한다. 결론을 아예 제목으로 부각시켜 놓았다(제1장). 이어서 창립 직후에 의열단이 총력을 기울여 추진해간 바 국내의 3대 일제기관을 타격하려던 폭탄거사 기획이 허망하게도 완전 실패로 끝나버린 원인과 곡절을 새로 밝혀내고 전체 경과를 재현시켜 보았다. 간간이 입에 오르내리는 '밀정' 문제, 혹은 '독립운동가'로 후일 호명되는 이들 중에도 옥석이 섞여 있음을 환기해 일깨우는 글이 될 듯하다(제2장). 의열단보다 조금 늦게 서울서 결성되어 시가전 방식의 웅대한 거사를 도모해간 암살단의 계획도 추진 막바지에 실패하고 말았는데, 그리된 경위와 곡절도 새로운 각도에서 살펴본다(제3장). 두 단체의 첫 의거가 다 실패했음을 부각시켜 강조하는 냉소적 이야기처럼 들릴 수도 있겠지만, 본의가 거기에 있지 않음은 다들 아실 것이다. 그런 실패로부터 도출해볼 수 있을 반면교사적 교훈과 함께, 주밀·엄혹한 일제의 감시·통제체계 속에서도 감행되던 거사 시도의 의의를 하나씩 뽑아내 널리 알리려는 것임이 이해되었으면 한다.

제2부에는 왕왕 쟁점처럼 되어 온 것이기도 하지만 의열투쟁과 테러·테러리즘이 과연 같은 것인지, 만일 그러하다면, 또는 아니라면, 어째서 그렇다는 것인지를 역사적 의미론과 사회학적 이론들에 비추어 살펴보고 해명도 해보는 글을 필두로(제4장), 3.1운동 때 한국민중이 벌인 폭력시위 사례가 통설과는 달리 적지 않았음을 구명하고, 그런 항쟁의 맥락이 신채호의 「조선혁명선언」(1923)과 「용과 용의 대격전」(1926)에서 웅변으로 개진되는 '민중혁명적 폭력'의 사상과 어떻게 맞물려 조응하며 독립운동의 방법론 차원에서는 어떤 의미를 띠었는지를 상고해보는 글을 실었다(제5장). 이어지는 글에서는 의열단 이름으로 발표되었던 「조선혁명선언」의 사상과 정신이 그 후의 의열단 자신과 그 후계조직처럼 되는 조선민족혁명당의 운동 이념 및 실천 행로에서 어떻게 계승되고 구현되어 가는지를 추적해 본다(제6장).

제3부는 오롯이 조선의용대의 역사에 할애하여, 그동안 간과되었거나 잘못 알려졌다고 판단되는 몇 가지 측면을 집중적으로 파헤쳐 살펴본다. 우선은 창설 후 2년간의 전기 활동 국면에서 조선의용대가 중국 국민당군의 전략방침대로 선전공작에만 매몰되었던 것이 아니라, 일본군과 직접 대적의 전투에도 참가한 경우가 많았음을 새로이 밝혀내 조명한다. 김원봉 직계의 2개 지대는 화북과 강남전선으로 각각 파견되어 적후공작과 실전의 경험을 미리 쌓아두도록 했음도 상설된다(제7장). 1941년 봄에 조선의용대 전 병력의 80%에 달하는 인원이 낙양 집결 후 황하를 건너 태항산의 중공당 팔로군 지구로 들어가 기착했음은 익히 알려진 사실이다. 하지만 일이 그렇게 되어간 데 대해

서는 관점의 차이만큼 견해들이 달랐고, 경위와 이유에 대한 추론 또는 설명도 많이들 엇갈리면서 상당 부분 애매함이 남아있었다. 이에 저자는 그 문제를 다시금 여러 각도에서 따져보고 최대한의 객관적 견지에서 사실과 진상에 접근해보려 했다. 문제가 하도 복잡한지라 재고에 재고가 거듭되었고, 원출처의 논문을 여기에 싣는 중에도 수차의 수정·개고가 행해졌음도 아울러 밝힌다(제8장). 화북진출 5개월 만에 조선의용대는 일본군과 두 차례의 전투를 치렀는데, 관련 기술들이 불충분하거나 모호하고 일부 과장된 점도 있어 보였다. 그래서 관련 자료를 폭넓게 수집하고 종합적인 비교검토를 통하여 전투 실황을 복원해내는 한편, 전사한 대원들의 신원과 이력도 재확인해 상세히 밝혀보았다. 이 교전 사실에 대한 중경 총대부의 인지와 내용 파악이 왜 그리 지체되었으며, 그것이 의미해주는 바는 무엇이었을지도 아울러 숙고해보았다. 그것이 조선의용대의 이후 행로 및 존립의 운명과 직결될 문제였음도 같이 논해진다(제9장).

제4부에는 근간에 저자가 수집했거나 제1착으로 접한 자료인 조선의용대 기관지의 국내 영인본 결락분, 조선의용대(1941) 및 조선민족혁명당(1943) 간부진의 사진, 정당통일 교섭 결렬(1942)의 경위 보고문을 차례로 소개하는 세 편의 해제문을 싣는다. 이 또한 조선의용대의 묻힌 역사를 조금이라도 더 구명해내 알리면서 어느 모로 추념도 해보고픈 뜻을 담아서이다.

이상의 글들은 지난 10여 년 사이 여러 학술지의 지면이나 학술회의를 통해 발표했던 것들을 저본으로 하면서 이번에 새로 다듬고 부분적으로 수정·보완도 한 것이다. '고희'를 갓 넘긴 마당에 살아온 자취를 한 번 돌이켜보고, 여력이 있는 한은 학구를 계속하리라는 각오를 다지고 받쳐줄 연료를 자가공급하는 의미도 약간은 있을 듯하다. 각 편의 주제와 키워드들만으로는 저자의 오래전 저서들의 논의 범위에 포함되거나 일부 겹쳐 보이는 점이 있을 것이다. 하지만 논제와 논의 내용 자체는 반복되는 것이 거의 없음을 언명해두려 한다. 새 자료를 활용하고, 새로운 시각을 도입했으며, 새로운 연구결과를 담아놓은 것이다. 한 가지 첨언하면, 근래 들어 한국독립운동사가 지나치게 임시정부 중심으로, 그리고 인물 위주로 치우쳐 연구되는 경향이 조금 우려되는 바 있다. 그러므로 얼마간은 이의 제기를 하고, 균형 잡힌 시각과 폭넓은 접근을 강조하고픈 의미도 이 책의 출간에 담겼음을 말해두고 싶다.

『한지성의 독립운동 자료집』에 이어 도서출판 선인과의 인연이 다시금 맺어진다. 윤관백 대표님의 각별한 배려와 후의에 감사하며, 편집실과 디자인실의 여러분이 수고해주셨음에도 사의를 표한다. 눈 밝은 동학과 독자의 눈에 띄는 오류나 오기가 혹시 있다면 전적으로 저자의 책임이다. 제현의 아낌없는 질정 있기를 바라마지 않는다.

2025년의 3월을 보내며
금호강변 우거에서 저자 적음

책 머리에 • 5

1부 의열투쟁 초기의 비사와 진실

1장 의열단 창립단원은 10인이었다　　　　　　　　　　　17
1. 이끄는 말　　　　　　　　　　　　　　　　　　　　17
2. 의열단 창립단원에 관한 『약산과 의열단』의 서술 검토　　20
3. '단원' 범위 밖의 조력자 그룹　　　　　　　　　　　29
4. 창립단원 비정(批正)과 숫자 '13'의 의미 해석　　　　36
5. 정리　　　　　　　　　　　　　　　　　　　　　　38

2장 의열단의 제1차 국내거사 추진과 실패의 전말　　　41
1. 들어가는 말　　　　　　　　　　　　　　　　　　　41
2. 거사계획 수립과 폭탄 구득 및 국내 밀송　　　　　　42
3. 단원들의 국내 잠입과 거사준비 진행　　　　　　　　45
4. 거사 실패 (1): '밀양폭탄사건'　　　　　　　　　　　48
5. 거사 실패 (2): '진영사건'　　　　　　　　　　　　　52
6. 구영필에 대한 의혹 제기와 그 근거들　　　　　　　58
7. 또 다른 의혹: 밀고설과 그 배경　　　　　　　　　　64
8. 요약과 정리　　　　　　　　　　　　　　　　　　　70

3장 1920년 서울, '암살단'의 결성과 의열투쟁 기획　　73
1. 머리말　　　　　　　　　　　　　　　　　　　　　73
2. 암살단 성립의 배경과 계기　　　　　　　　　　　　76
3. 암살단 결성과 조직 확장　　　　　　　　　　　　　81
4. 미국 의원단 내한에 즈음한 암살단의 의거 추진　　　90
5. 암살단 의열투쟁의 의의와 교훈　　　　　　　　　　108

[보론] 무장독립운동과 의열투쟁　　　　　　　　　　　112

2부 독립운동의 이론·사상과 그 실천

4장 의열투쟁과 테러(리즘) — 바로 보고 제대로 이해하기　119
　1. 머리말　119
　2. 독립운동사 연구에서 '의열투쟁'의 개념과 의미　122
　3. 의열투쟁과 테러(리즘)의 연관성에 대한 국내 담론 상황　131
　4. 테러(리즘)의 역사적 의미론　138
　5. 테러리즘의 사회과학적 개념　144
　6. 의열투쟁과 테러(리즘)의 상관성 유무와 정도: 결론에 대신하여　148

5장 폭력과 반폭력, 혁명적 폭력
　　― 3.1운동 다시 보기와 신채호 사상 다시 읽기　155
　1. 문제 설정과 그 맥락　155
　2. 3.1운동에서 폭력시위의 출현과 빈발　161
　3. 민중적 폭력의 저변과 내면　173
　4. 3.1운동 이후 폭력항쟁 노선의 정립　179
　5. '혁명적 폭력'의 사상적 모색과 실천　184
　6. 폭력과 평화 사이의 반폭력　190

6장 신채호의 「조선혁명선언」과 의열단(계)의 실천 행로　199
　1. 「조선혁명선언」 이후 100년　199
　2. 「조선혁명선언」 발포의 맥락　201
　3. 「조선혁명선언」에 개진된 혁명사상과 그 논리　205
　4. 의열단과 그 후계조직들에서 조선혁명론의 계승과 실천　218
　5. 맺음말: 「조선혁명선언」의 역사적 의의와 현재적 의미　230

3부 조선의용대의 용전분투와 묻힌 역사

7장 화중·화남 항일전선에서 조선의용대의 참전 양상과 실적   237
  1. 문제 설정   237
  2. 제1구대의 항일전투(참가) 양상과 성과   242
  3. 제2구대의 항일전투(참가) 양상과 실적   252
  4. 조직 증편과 제3지대의 강서성 전투 참가   255
  5. 2개 독립분대의 분투   258
  6. 맺음말   263

8장 조선의용대의 화북진출과 태항산지구 정착, 그 배경과 경위   265
  1. 문제 제기   265
  2. 조선의용대의 북상항일 추진과 화북진출 결정   268
  3. 조선의용대의 북상 이동과 태항산 항일근거지 진입   280
  4. 북상 의용대의 진로에 관한 회고들: 비판적 검토   288
  5. 북상 의용대의 종착지가 낙양에서 조정되었을 것임과 그 이유   297
  6. 요약과 결론   303

9장 화북의 조선의용대와 호가장 전투   309
  1. 머리말   309
  2. 화북지대의 성립과 활동   311
  3. 호가장 전투, 그 전모와 의의   316
  4. 호가장 전투의 4열사   324
  5. 화북전투 및 전사자에 대한 중경 총대부의 인지와 추도   330
  6. 호가장 전투의 의의와 음영   335
  7. 맺음말   338

4부 새 자료로 보는 조선의용대와 조선민족혁명당

10장 새로 찾아낸 『조선의용대(통신)』의 호·기와 지면들
― 조선의용대의 숨결과 자취가 온전히 전해지다   343

11장 1940년대 조선의용대와 조선민족혁명당 간부진의 초상   379
    1. 혼벡의 손을 거쳐 문서고에 잠들어 있던 사진과 편지   379
    2. 한길수의 조선의용대와의 인연   382
    3. 사진자료의 구성과 내용   387
    4. 자료의 현재적 가치와 시사점   397

12장 조선의용대를 지켜내려 한 조선민족혁명당의 노력과 좌절
― 1942년의 「민혁·한독 통일회의 경과 개황」 검토   405

각 장의 원출처 · 420
인명 색인 · 422
사항 색인 · 430

1부

의열투쟁 초기의 비사와 진실

의열단 창립단원은 10인이었다

1. 이끄는 말

1919년 의열단 창립의 정황이 일찍이 박태원의 『약산과 의열단』(1947)에 상술되었고, 이후의 관련 논저들은 예외 없이 그것을 모본으로 삼아왔다. 김원봉의 회고담에 주로 근거해 저술된 그 책에서는 1919년 11월 9일 밤부터 이튿날 새벽까지 진행된 창단모임 참석자를 13인으로 제시하고 그중 12인의 명단을 밝혀놓았다.[1] 그리하여 13인 설이 초기 독립운동사 편술서들의 의열단에 관한 서술에서[2] 일

---

[1] 명단은 다음과 같다: 김원봉, 윤세주, 이성우, 곽경, 강세우, 이종암, 한봉근, 한봉인, 김상윤, 신철휴, 배동선, 서상락.
[2] 채근식, 『무장독립운동비사』, 공보처, 1949, 180쪽; 애국동지원호회, 『한국독립운동사』, 1956, 361-362쪽; 김승학, 『한국독립사』, 독립문화사, 1966, 412쪽; 독립운동사편찬위원회, 『독립운동사』 제7권(의열투쟁사), 1976, 312쪽.

종의 규준처럼 지켜졌다. 의열단·의열투쟁 연구의 심화가 기해지기 시작한 1990년대 이후의 관련 개설서들과 전문논저 및 평전류의 저작들에서도 마찬가지였다.[3]

그런 가운데도 13인의 이름은 그때그때 빼고 보태지며 조금씩 바뀌었다.[4] 한동안 '외 2인'으로 기술되며 윤세주의 이름을 빼더니[5] 1976년에 복구되었다.[6] 1966년에 윤치형(尹致衡)이 들어가기 시작해[7] 1975년에는 의열단 '결성자'에 그와 황상규(黃尙奎)·배중세(裵重世)·김태희(金台熙)가 추가되는 반면 김상윤·배동선·한봉근·한봉인 4인이 제외되는 것으로 적지 않은 변이를 보였다.[8] 1976년의 변화는 일 개인이나 특정 단체의 것이 아닌 정부기관의 공식 편찬서에 나타난 것이기 때문에도 주목할 만했다. 그러나 기왕의 의열단 연구서와 평전들에서는 그 점이 간과되고, 『약산과 의열단』의 정전적(正典的) 가치에 압도된

---

[3] 김창수, 『항일의열투쟁사』(독립기념관 한국독립운동사연구소, 1991); 염인호, 『김원봉연구』(창작과비평사, 1993); 김영범, 『한국 근대민족운동과 의열단』(창작과비평사, 1997); 김영범, 『의열투쟁 I—1920년대』(독립기념관 한국독립운동사연구소, 2009); 이원규, 『약산 김원봉』(실천문학사, 2005); 한상도, 『대륙에 남긴 꿈: 김원봉의 항일역정과 삶』(역사공간, 2006); 김삼웅, 『약산 김원봉 평전』(시대의 창, 2008); 김영범, 『의열단·민족혁명당·조선의용대의 영혼 윤세주』(역사공간, 2013) 등이 다들 그러했다.

[4] 예컨대 김승학의 『한국독립사』는 1972년 증보판(임춘원 주관, 통일문제연구회 刊)과 1983년 증보판(김국보 주관, 독립동지회 간)도 있는데, 13인 명단이 서로 상당히 다르고 1966년간 원판과도 상위했다.

[5] 앞의 주 2)의 채근식·애국동지원호회·김승학의 책에서 그러했다. 필자는 그 이유를 윤세주가 1940년대 초에 '공산계열'인 '화북조선독립동맹'과 '조선의용군'에 가담했다고 (잘못) 알려진 때문일 것으로 추리한 바 있다(졸저, 『한국 근대민족운동과 의열단』, 52쪽, 각주 44).

[6] 독립운동사편찬위원회, 『독립운동사』 제7권을 통해서이다.

[7] 김승학의 『한국독립사』, 1966년본에서였다. 그러나 1972년본, 상권(439쪽)에서는 도로 뺐졌다.

[8] 앞의 『독립운동사』 제7권에서였다. 김승학·김국보, 『한국독립사』(1983), 236쪽에서는 12인 '조직자' 명단에서 배동선·한봉근·한봉인을 빼고 윤치형·이낙준·황상규를 들여놓는 또다른 변화가 있었다.

듯이 그 책에 열거된 명단으로 모두들 회귀하였다. 아울러 '외 1명'의 자리는 일제 경찰자료를 근거 삼아 '권준(權晙/權俊)'으로 채워지곤 했다.

하지만 『약산과 의열단』의 내용을 그대로 다 받아들여야만 할 것은 아님이 점점 더 확인되고 있다. 의열단 관계 사건들에 대한 보도기사와 일제 관헌문서가 다수 수집되어 체계적인 데이터베이스 방식이나 자료집으로 공개도 되면서 세밀한 내용대조가 가능해진 데 따라서이다. 의열단에 관하여 첫 보도가 나오고 관헌자료가 생산되기 시작한 1920년 7월 이전의 일들은 거의 전적으로 김원봉의 회고담에 의존해 왔는데, 이제는 그것을 전면 수용만 할 것이 아니라 상대화하고 비판적 독해와 검토로 보정할 여지가 있음이 수긍되고 있다.

그런 검토는 새로운 사실을 담은 자료가 나타났을 때 유의미한 결과를 얻을 확률이 높다. 하지만 묵은 자료도 새로운 시선으로 찬찬히 살펴보고 검토함에 의해, 전에는 놓쳤던 사실들의 재발견과 그것을 통한 전체적 재정리 그리고 새로운 이해가 가능해진다. 그중에서도 판결문, 검·경 신문조서, 관헌 정보보고 등의 공식문서와 신문기사는 그것대로의 한계가 있긴 하지만 기초적 사실을 담아내고, 사후 회고담이 미치지 못하거나 놓쳐버리는 관찰자적 시점의 진실도 내장한 경우가 많다. 때문에 다른 어느 자료보다도 우선시하여 꼼꼼히 분석하고 제대로 활용할 필요가 있음이 절감된다. 회고나 증언성 기록들이 내부자의 시선에 포착된 새롭고도 놀라운 사실을 전해주는 경우가 적지 않지만, 그 경우에도 공식자료와의 엄밀한 대조 확인이 가능한 한 반드시 행해져야 한다. 그런 생각으로 필자는 얼마 전부터 판결문[9] 등

---

[9] 이 글의 논제와 관련해서는 의열단의 '제1차 암살파괴계획' 관련 피검자들에 대한 판결문(「1921년 刑公 제254·255·256·257호, 곽재기 외 14인 판결문」, 경성지방법원, 1921.6.21)이 무엇보다도 중요하다. 위 사건을 완전히 새로 분석해보려 한다면 그 저

의열단 관계의 공식문서들에 다시 눈을 돌려 점검하고 종합적으로 고찰해보았다.

이 글은 그와 같은 견지에서의 재고찰 결과를 보고함과 같다. 그러나 밋밋한 리뷰를 반복하는 것이 아니라, 필자의 기왕 졸품들에 대한 자기비판과 부분적 교정의 의미도 담으면서 통설에 이의를 제기하고 새로운 주장을 내놓는다. '창립단원 10인' 설을 제기하고, 제1차 거사 기획의 실패 전말도 여러 각도에서 살피고 생각해봄으로써 진상에 더 가까이 다가서려는 것이다.

2. 의열단 창립단원에 관한 『약산과 의열단』의 서술 검토

의열단 창립단원[10] 13인 중 『약산과 의열단』에 명기된 12인의 이름 열거 순서가 어떤 의미를 띤 것이었는지 함부로 추단할 수는 없다. 하지만 다시 살펴보고 곰곰이 따져보니, 김원봉 본인과의 개인적 정리가 각별했거나, 스스로 마음의 빚이 있다고 생각되거나, 초기의 단 활

본(底本)으로 삼는 것이 마땅하다. 이것의 번역문이 독립운동사편찬위원회, 『독립운동사자료집』 제11집(1976), 660-673쪽에 실려 있고, 국가기록원의 〈독립운동 관련 판결문〉 사이트에도 올려져 있다. 그런데 두 번역문의 여러 곳에 오역과 오식이 있으므로(전자가 더 그렇다) 가급적 원문을 보는 것이 좋다. 이 글에서 위 판결문의 참조·인용은 원문에 근거하는데, 정확한 소재 표시도 해주려는 뜻으로 위 『독립운동사자료집』의 쪽수를 괄호 안에 넣고 판결이유의 판시증거 부분을 '○○○의 제□회 신문조서'라는 것까지 밝혀 적겠다. 예컨대, "판결문」(123쪽, 홍길동 제1회 조서)" 식이다.

[10] '창립단원'은 졸저에서 '최초 조직성원'이라는 뜻으로 고안해 썼던 용어인데 이 글에서도 그대로 쓰기로 한다. 이와 동류의 용어로, '(의열단) 결성자'(『독립운동사』 제7권; 이원규, 『약산 김원봉』), '의열단 조직자'(『한국독립사』 1983년 증보판), '결성단원'(한상도, 『대륙에 남긴 꿈』) 등이 있어왔다. 1970년대 초까지의 독립운동사 편술서들에서는 '초창기의 13명 단원'으로 표기되었는데, 적용될 시점의 범위가 좀 모호하고 더 늘여진다는 점에서 '창립단원'과는 뉘앙스가 다르다.

동에 공헌이 컸다고 기억되어 먼저 떠올려지고 발설된 이름부터였던 것 같다.

그런데 '의열단 제1차 폭탄사건'의[11] 1921년 판결문에는 2년 전 11월의[12] 창단회합 참석자로 거명된 이가 다음과 같이 10인이었다.

이성우, 곽재기(=곽경), 신철휴, 윤소룡(=윤세주), 김원봉, 양건호(=이종암), 서상락, 김옥(=김상윤), 강세우, 한봉근.

여기에는 『약산과 의열단』의 명단 12인 중의 한봉인과 배동선이 들어있지 않다. 그러므로 이 2인부터 살펴봄이 순서일 것이다(이하의 개인별 검토 내용을 쉽게 식별·구분할 수 있도록 ①, ②, ③…의 번호를 앞에 붙이겠다).

① **한봉인**은 1898년생 김원봉과 동갑이면서 밀양공립보통학교도 동창이었다. 공보교 졸업 후 밀양농잠학교와 부산상업학교에서 수학하고, 숙부 한춘옥이 밀양 가곡동에서 경영하는 운송·잡화점에서 근무하였다. 그러다 1916년 10월[13] 또는 1917년에[14] 점포의 금고에서 100원을 꺼내 갖고 김원봉과 만주로 건너간 후 봉천(奉天)에서 지냈다.[15] 봉천은 그의 고종사촌형 구영필(具榮佖)이 활동 근거지로 삼고 있

---

[11] 의열단의 '제1차 암살파괴계획'의 실패는 '밀양폭탄사건'과 '진영사건'으로 불거진 것이었는데, 그 2개를 포괄하여 이 용어를 쓰기로 한다. 두 사건에 대해서는 다음 장에서 각각 서술할 것이다.

[12] 「판결문」(663쪽: 판결이유 중 공소사실 부분은 쪽수만 적기로 함)에는 길림성(城) 파호문(把虎門) 밖 '반모(潘某)의 집'에서 '회합'과 '결의'가 이루어진 때가 10월 하순으로 서술되었다. 양력으로는 11월 13일부터 12월 21일까지 사이가 된다. 이는 11월 10일을 창립일로 밝혔던 의열단 자체의 대외문서 및 오늘날의 정설(定說)과 맞지 않는다. 이런 식으로 「판결문」에는 시점 표기가 사실과 상위하거나 애매해 보이는 곳이 여러 군데 있다. 기억착오이건 의도적으로이건 엇갈려나온 진술들을 일제당국이 세밀히 정리하지 않고 임의로 취택, 조합하면서 그리된 것 같다. 그러므로 「판결문」 속의 시점 표기는 세심하게 앞뒤를 맞춰보고 가능한 한 비정(批正)해서 읽어내야 한다.

[13] 박태원, 『약산과 의열단』(백양당, 1947), 12쪽.

[14] 「한봉근 서훈공적조서」(국가보훈부 소장).

[15] 「한봉인 서훈공적조서」(국가보훈부 소장). 그때 김원봉은 천진(天津)으로 가서 덕화학당에 입학하였다.

으면서 1918년 이종암에게서 거금 7천 원을 맡겨받아 삼광상회를 설립한 곳이니, 필시 구영필에게 의탁해 있으면서 점포 일을 거들었을 것이다. 1919년 3.1운동 발발 후 길림으로 간 그는 거기서 재회한 김원봉의 요청으로 운동자금 모집차 5월에 귀국하였다. 그리고는 경북 칠곡군 지천면 신동에 사는 이명건(李命鍵)을 찾아가 김원봉의 뜻을 전하고 수천 원을 내달라고 요청했다.[16]

한봉인은 1918년 10월 봉천성 통화현 합니하의 신흥학교에 입학한 신철휴와 동기생이었다고 한다.[17] 그렇다면 1919년에 김원봉의 부탁을 들어주려다 보니 혼자 자퇴한 셈이 된다. 그런데 귀국 후 자금획득에 실패해서인지 만주로 되돌아간 형적도, 길림에서의 행적도 나타나지 않는다. 이는 한봉인이 신흥무관학교를 졸업하지 못했으며 창단 회합에 참석했을 개연성도 없음을 말해준다. 그를 창립단원으로 보기가 무척 어렵다는 말이다. 1920년의 제1차 폭탄사건 판결문에도 다른 관련문건에도 전혀 이름이 나오지 않으니, 그가 창립단원이 아니었을 가능성은 더욱 커진다.

② 다음은 **배동선**이다. 1899년 평양 태생인 그는 만주 연길 방면에서 목회활동을 하다가 1919년 대한민국 임시의정원 의원이 된 배형식(裵亨湜) 목사의 아들이었고,[18] 1919년 3월 현재 남경 금릉대학 중학

---

[16] 「이종암 외 8인 예심종결결정서」(대구지방법원 검사국, 1926.11.2.); 『동아일보』 (1926.11.11), 「군자모집 담당한 한봉인」 참조. 위 결정서와 신문기사에는 이명건이 '이명근(李命根)'으로, 지천면이 '임천면(林川面)'으로 적혀있는데 오기이다. 다른 이름이 이여성(李如星)인 이명건은 1919년 3월 봉천에서 김원봉과 헤어져 귀국했고, 그의 본적지인 지천면 신동에 만석꾼 지주인 부친 이경옥(李敬玉)의 대저택이 있었다.

[17] 신철휴가 이종범(李鍾範)에게 해준 말이다. 이종범, 『의열단 부장(副將) 이종암전』(이하 『이종암전』), 광복회, 1970, 59쪽.

[18] 「南領機密 제21호, 南京在住要視察朝鮮人身元調査ニ關スル件」(1919.4.12), 『不逞團關係雜件―朝鮮人ノ部―在支那各地』 1(국사편찬위원회 한국사 데이터베이스).

부 2학년생이었다.[19] 김원봉은 1918년 가을부터 1919년 초까지 김약수(金若水)·이여성과 함께 금릉대학을 다녔다고 한다.[20] 그러나 그 대학의 입학생 학적부만 아니라 다른 여러 자료까지 조사하여 작성된 것으로 1912년부터 1926년까지의 남경의 각급학교 한인 입학자 98명이 망라된 명단에[21] 그들 3인의 이름은 나오지 않는다. 그래도 그 3인이 남경에서 영어를 배웠다는 것이[22] 사실이라면, 금릉대학 입학예비반 생도(흔히 '입오생'으로 불림)였음과 아울러 배동선은 그때 사귄 학우였을 가능성이 있다.

그런데 배동선은 1919년 4월 중국 상해에서『독립신보』기자임과 더불어 청년단 평의원으로 활동했음도 확인된다.[23] 그러니 2월에 남경을 떠나 3월에 길림에 당도한 김원봉과 동행하지는 않았을 것임이 분명하다. 게다가 그는 1923년 상해에서 미국 샌프란시스코로 건너가 여러 주의 도시를 전전하며 유학생활을 하고 1936년 만주행 때까지 체류했다.[24] 그런 그가 창단회합 참석자 12인 중 1인이었다고 함은 아무래도 믿기 어렵다. 개인적 배경, 독립운동 참여방식, 도미 이후의 행로, 어느 것으로 봐도 그의 창단 참여 개연성은 희박한 것이다.

---

[19] 「機密 제1호, 南京居住要視察朝鮮人身元取調依賴ノ件」(1919.4.4),『不逞團關係雜件―朝鮮人ノ部―在支那各地』1.
[20] 김약수,「나의 해외망명시대―길림과 남경에서」,『삼천리』제4권 제1호, 1932; 박태원,『약산과 의열단』, 14쪽.
[21] 윤은자,「20세기 초 남경의 한인 유학생과 단체(1915-1925)」,『중국근현대사연구』39, 2008, 33-34쪽; 윤은자,「20세기 초 중국유학과 '금릉'의 한인 유학생(1912-1927)」,『중국근현대사연구』64, 2014, 128쪽, 〈표 4〉참조.
[22] 박태원,『약산과 의열단』, 14쪽.
[23] 「상해에 있어서의 한국독립운동」(1919.5.13), 국회도서관 편,『한국민족운동사료: 중국편』, 1976, 28쪽l『鮮人 발간의『독립신보』에 관한 건」, 국사편찬위원회,『한국독립운동사자료』37, 2001, 83쪽.
[24] 『신한민보』1923.7.5, 1923.7.9, 1923.11.1, 1924.9.25, 1936.5.28자의 기사들 참조.

그럼에도 배동선이 김원봉과 각별·친밀한 사이였을 가능성이 다른 데서 짚어지기는 한다. 1920년 4월경 상해에서 촬영된 것으로 추정되는 한 장의 사진이 그것이다. 거기에 김원봉·곽재기·강세우·김기득(金奇得=김태희)·이성우 등 의열단원 5인과 함께 '정이소(鄭利逍)'라는 이름의 낯선 인물이 양복 정장 차림으로 동석했는데,[25] 그가 바로 배동선이지 않았을까 하는 것이다. 사진의 구도는 '정이소'를 중심에 두고 다섯 명이 둘러싼 모양새로, 이는 의열단원 5명이 그를 매우 중시했음을 암시한다. 그러면서도 '정이소'라는 이름은 거기서 딱 한 번이지, 다른 어느 경우, 어느 자료에서도 발견되지 않는다. 그렇다면 정이소는 그 무렵 상해에서 제1차 국내거사용의 폭탄을 구득코자 애쓰던 중인 김원봉 등이 무슨 이유로든 공들여 접촉한 상대이고, 배동선이 잠시 쓴 가명이었을 수 있다. 만약 그가 그때 김원봉의 제의로 의열단에 가입했다면, 『약산과 의열단』의 명단에 그의 이름이 영 허투루 집어넣어진 것이 아니기는 하겠다.

이렇게 보면, '배동선'이 창립단원 명단에 포함시켜진 것은 1920년 봄에 상해로 가있던 김원봉 등에게 베풀었을 호의나 보여준 신의가 마음에 오래 담겨 기억된 때문이 아니었겠는가로 볼 수 있다. 그와 성(姓)이 같은 타인 즉 '배중세'를 김원봉이 그 이름으로 잘못 기억했으리라는 것은 오히려 틀린 추측일 개연성이 크다.

③ 다음은 연구자들이 13인 반열의 마지막에 추가시켜온 **권준**에 대해 보기로 한다. 1895년 경북 상주 태생으로 1917년 광복회 회원이

---

[25] 이 사진의 출처는 「鄭利逍」(『일제감시대상인물카드』, 국사편찬위원회 한국사 데이터베이스)이다.

었다는[26] 그는 1919년 만주로 가서 신흥무관학교를 졸업하였다.[27] 게다가 다른 10명의 동지와 함께 '누차 창단회합 협의에 참석'했다는 기록이 제1차 폭탄사건의 수사보고에[28] 들어있다. 그러니 창립단원의 일원으로 간주되었을 만도 하다.

그럼에도 그는 한봉인과 똑같이, 의열단 폭탄사건의 판결문과 신문보도 어디에도 이름이 나오지 않았다. 이는 그 거사기획 추진과정에 그는 참여한 바 없다는 뜻과 같다. 그가 의열단원으로 표기되기는 1922년 4월의 일제 정보보고가[29] 처음이고, 그의 「공훈록」에는 "1921년 북경에서 김원봉과 같이 의열단을 조직"했다고[30] 되어 있다. 이로써 보면 앞의 수사보고의 기록은 어딘가 잘못된 것이었고, 그는 빨리 잡아도 1920년 가을 이후에나 상해 또는 북경에서 입단했다고 보는 것이 옳다.

이와 같은 견지에서 필자는 한봉인·배동선·권준은 의열단 창립단원이 아니었다고 결론짓는다.[31] 그러면 위 3인을 제외한 10명이 창립단원이었다고 바로 확언할 수 있는 것일까?

판결문에 따르면, 1919년 6월경 길림성 유하현 고산자의 신흥무관

---

[26] 朝鮮總督府 警務局, 『國外ニ於ケル容疑朝鮮人名簿』, 1934, 133쪽.
[27] 김승학, 『한국독립사』(하권), 1972, 83쪽. 권준은 김학규(金學奎)의 동기였고(「권준 서훈공적조서」, 국가보훈부), 김학규는 1919년에 입학하여 그해 겨울에 속성과로 졸업했다고 한다(김학규, 「백파 자서전」, 『한국독립운동사연구』 2, 1988, 585쪽). 권준도 그와 같았을 것이다.
[28] 경상북도경찰부, 『高等警察要史』, 1934(이하 『고등경찰요사』), 97쪽.
[29] 국회도서관 편, 『한국민족운동사료: 중국편』, 383쪽 참조. 소속 부서는 불명이고 거주지는 상해로 되어 있다.
[30] 국가보훈처, 『독립유공자 공훈록』 제5권, 1988, 477쪽.
[31] 한봉인은 1920년 가을경 일본으로 건너가 오카야마현(岡山縣)의 공고중학(金光中學)을 다니고 1923년 귀국한 후 밀양 부호 진성일(陳盛壹)의 딸과 결혼했고 1936년 서원탁남(西原卓男, 니시하라 다쿠오)으로 창씨개명했다.

학교를 찾아간 김원봉의 제의를 받아들여 '급극(急劇)한 직접행동의 항일 비밀결사'를 조직하기로 같이 약속한 이는 "이성우, 양건호, 서상락, 김옥 등"이었다.[32] 그 약속을 이행키 위해 이들 5인은 10월 중순까지 길림으로 동행했고, 그 사이 길림에 와 있던 곽재기,[33] 신철휴,[34] 윤소룡 3인이 김원봉의 권유로, 안동현의 이낙준(李洛俊)은 곽재기의 설득으로, 합류하여 '창단 동지'가 되었다고 한다.[35]

방금 거명된 이름들에서는 창립단원이었다는 한봉근·강세우가 안 보이고, 대신 이낙준이 등장하였다. 그러면 이들에 대해서도 한 사람씩 살펴보아야 한다.

④ 한봉인의 친형인 1895년생 **한봉근**은 밀양공보 졸업 후 부산상업학교와 일본 후쿠오카(福岡)상업학교를 1년씩 다니고 20세 때[1914년]부터 한춘옥 운송점에 근무했다.[36] 그러던 중 1919년 3월에 한봉인과의 연락 여부를 탐지코자 가택 수색하러 온 순사를 구타하여 상해죄

---

[32] 「판결문」(662쪽). 여기의 '등'이 복수인물의 나열 끝에 붙는 '들'이라는 의미인지, 열거된 이름 이외의 다른 사람도 더 있다는 뜻이었는지가 불명확하다. 그래도 위 4인이 신흥학교를 다녔다는 것만은 확실해진다. 양건호 즉 이종암은 1918년 4월 합니하의 신흥학교에 2학년으로 입학하여 수학하던 중 1919년 5월 3일 고산자의 신교사(新校舍)에서 무관학교가 개학하니 옮겨가 2기생으로 졸업했다. 서상락도 동기생이었는데(『이종암전』, 56·58쪽) 1919년 졸업 후 교관으로 복무했다 한다(「서상락 서훈공적조서」, 국가보훈부).

[33] 곽재기는 1919년 7월경 국내를 벗어나 길림성으로 갔다고 한다(『동아일보』 1921.6.8, 「밀양폭탄사건 곽재기 등의 공판」).

[34] 신철휴는 1919년 8월 봉천에서 김원봉과 알게 되어 바로 길림으로 갔다고 자술하였다(「판결문」 668쪽, 신철휴 제1회 조서). 말년의 회고 구술에서는 1918년 10월경 합니하의 신흥학교에 입학했고 무관학교로 개명된 후 제2기로 졸업한 것으로 말이 바뀌었다(『이종암전』, 57·59쪽).

[35] 「판결문」(662쪽). 번역문의 이 부분은 오역이 있으므로 주의를 요한다. 원문의 해당 부분을 보는 것이 좋다.

[36] 일본 외무성, 「要視察人 名簿」, 『해외의 한국독립운동사료』 ⅩⅦ, 국가보훈처, 1996, 273쪽.

로 기소되고 20원 벌금형에 처해지자 만주로 훌쩍 떠나버렸다.[37] 동년 음력 6월[양력 8월]경 길림으로 간 이수택이 조선독립군정사(朝鮮獨立軍政司)를 드나들며 한봉근과도 교류했다 하니,[38] 후자는 길림으로 들어간 후 군정사에 가입해있었음 직하다. 그가 신흥무관학교 4기생이었다는 신철휴의 회고 전언이 있는데,[39] 4기생은 1919년 봄에 입학한 3년 과정 본과생과 동년 10월 추가모집으로 입학하여[40] 1920년 1월 30일에 졸업한[41] 속성과생, 두 부류였다. 그가 정말 4기생이었다면 후자에 속했을 것임이 당연하다. 그러므로 그는 10월에 길림으로 갔다는 앞서의 5인 명단에 포함될 수 없었을뿐더러, 창단회합 자리에도 재학 중임으로 인해 참석하기가 어려웠을 것이다.

⑤ 1901년 함남 삼수 태생인 **강세우**는 1919년 (항리를 떠나) 상해로 가서 중화대학과 금릉대학에서 공부하고 임시정부에 투신했으며 의열단에는 1923년 가입한 것으로 일제기관에 파악되었다.[42] 하지만 앞의 '배동선' 부분에서 언급된 1920년 4월의 의열단원 사진에 그가 동석

---

[37] 「한봉근 서훈공적조서」.
[38] 「이수택 신문조서」, 9쪽; 『조선일보』(1924.5.8), 「밀양폭탄사건의 眞狀」.
[39] 『이종암전』, 59쪽.
[40] 윤치국(尹致國)사건(합니하 분교 졸업생인 윤치국이 1919년 8월 고산자로 왔는데 여관에 있는 그에게 여행 용무를 물었더니 응답이 불손하다고 무관학교 학생들이 교내로 데려가 밀정 혐의로 구타 치사케 한 사건)으로 인해 신흥무관학교는 한 달간 문을 닫았다가 10월 7일 개교하였다. 그때 제1기반(본과 3년급)은 졸업으로 인정하여 더 가르치지 않고, 제2기(본과 2년급)와 제3기(본과 1년급)는 4주간 더 교육시킨 후 졸업식을 거행하며, 동년 봄에 입학한 학생은 앞으로 2주간 더 모집할 학생과 합하여 향후 3개월간 교육하기로 결정하였다. 『독립신문』 제23호(1919.10.28), 「신흥학교 개학」 참조.
[41] 『독립신문』 제42호(1920.2.3), 「신흥학교 졸업식」 참조.
[42] 「要視察鮮人ノ言動及略歷二關スル件」(1926.4.30), 『不逞團關係雜件—朝鮮人ノ部—在支那各地』 4; 朝鮮總督府 警務局, 『國外二於ケル容疑朝鮮人名簿』, 110쪽. 뒤의 자료에는 그의 본명이 강비호돌(姜飛虎乭)이고 강세우는 이명이라고 되어 있다.

했고, 제1차 폭탄사건 관련 자료들에도 그의 이름이 여러 번 등장한다. 그러므로 늦어도 1920년 4월 이전에 그는 의열단원이 되어 있었다고 봐야 한다. 더욱이 그는 이종암·서상락 등과 함께 합니하에서 고산자의 신설 분교로 옮겨간 생도 중 한 명이었다고 하니,[43] 신흥무관학교 졸업생이었음도 인정해야 할 것이다.

그런데 강세우는 의열단 활동에 관한 협의 때 불참했다고 한다.[44] 그러기는 윤세주도 마찬가지였다.[45] 윤세주 자신도 창단 때 신병으로 참석 못했다고 경찰신문시 자술하였다. 그러면서도 그는 자기가 창단 취지에 찬성하고 있었으므로 창립단원임이 틀림없다고 부언하였다.[46] 그처럼 강세우와 한봉근도 창단회합에 참석은 못했을지 모르나, 동지가 될 의사를 미리 표명해놓았었기에 창립단원으로 삼아졌을 것이다. 그래서『약산과 의열단』의 12인 명단에도 넣어진 것이 아니었겠는가 한다.

⑥ 한편, **이낙준**(이명 안종묵[安鍾黙])은 1890년 함남 단천 태생으로, 19세 때 북간도 및 시베리아 지방을 순력하였고,[47] 이동휘 등이 1913년경 왕청현 나자구에서 설립·운영한 무관학교[대전학교(大甸學校), 일명 동림무관학교]에 들어가 수학하였다. 그 후 1918년 말에 러시아 블라디보스토크에 본부를 두고 성립한 비밀결사 철혈광복단의 단원이 되었고,[48] 중국 안동현으로 건너가 독립운동자의 여행증명서 발급과 숙소 주선을 담당하

---

[43] 『이종암전』, 58쪽.
[44] 「판결문」(666쪽, 신철휴의 법정진술).
[45] 「판결문」(666쪽, 이성우·신철휴의 법정진술).
[46] 「판결문」(669-670쪽, 윤소룡 제1회 조서).
[47] 조선총독부 경무국,『國外ニ於ケル容疑朝鮮人名簿』, 291쪽.
[48] 이인섭,「항일혁명운동에 대한 회상」,『이인섭과 독립운동 자료집』Ⅳ, 독립기념관 한국독립운동사연구소, 2011, 125쪽.

는 연락기관 역할을 맡아 했다.⁴⁹

이처럼 일찍이 독립운동 대오에 가담하여 상당한 이력을 갖고 있던 그가 곽재기의 설득으로 의열단에 합류했다는 것인데, 안동현에 체류 중이어서 길림의 창단회합에는 참석 못했을 공산이 크다. 그랬음에도 앞의 한봉근·강세우·윤세주의 예와 같이 창립단원으로 포함시켜졌을 수 있다. 반면에 그는 안동에 상주하는 연락원으로서 다른 여러 독립운동 조직들과도 관계를 맺어야 했기 때문에, 향후의 의열단 활동을 적극 지원해주기로만 약정했을 뿐 정식 입단하지는 않았을 수 있다. 어느 쪽이 맞는지 확인 불능이고 확정짓기도 어려운데, 상식적으로는 후자였을 가능성이 더 크다.⁵⁰ 게다가 다음에 볼 윤치형 등의 경우와 같이 '조력자' 그룹의 일원으로 위치지워졌을 공산이 크다.

3. '단원' 범위 밖의 조력자 그룹

실은 이낙준과 비슷하게 위치가 애매하여 창립단원 여부의 판정이 어려운 인물이 몇 명 더 있다. 윤치형, 이일몽(李一夢, 이수택의 별호), 배중세, 그리고 황상규가 그러하다.

창단 때 길림에 있었던 윤치형은 "의열단은 시초 어디까지나 고(故) 백민 황상규선생의 지도하에 조직되었으며…" "구성인원은 황상규 지

---

⁴⁹ 「판결문」(670쪽, 이낙준 제1회 조서).
⁵⁰ 『약산과 의열단』의 '외 1인'이 이낙준이었다면 굳이 익명으로 했을 이유가 도통 짚이지 않는다. 기억나지 않아서였을 것이라는 말은 성립될 수 없다. 『약산과 의열단』, 34쪽의 '제1차 암살파괴계획' 관련 서술에 그의 이름이 예심결과 보도기사를 빌려 명기되었기 때문이다.

도하에 김원봉, 곽재기, 윤치형, 신철휴, 이성우, 윤소룡, 서상락, 김태희, 배중세, 이낙준, 강세우, 이종암 등 제동지(諸同志)들이 규합되었음"이라고 1963년에 술회했다.[51] 위 명단에서 '지도자'인 황상규를 빼면 12명인데, 『약산과 의열단』에서 창립단원으로 거명되지 않은 4인이 새로 등장했다. 이낙준과 윤치형 본인 및 배중세·김태희인 것이다. 반면에 윤치형의 동향후배인 김상윤·한봉근·한봉인 3인과 배동선은 제외되었다.

그런데 1923년 상해에서의 의열단 조직개편 때 신설된 기밀부('참모부'로도 불렸음)의 부원이 단장 김원봉과 이종암·윤자영·김상윤·한봉근, 5인이었다.[52] 여기서 김상윤·한봉근은 이종암과 함께 창립단원이라는 후광 혹은 위광 덕에 그렇게 선임되었을 것이다. 만 3년여의 초기 단 활동사에서 특별한 공적을 보인 바 없는 그 두 사람이 그것마저도 없이 그냥 기밀부원이 될 리는 없었다고 본다. 그러기에 두 사람을 배제한 창립단원 명단은 그만큼 신뢰도가 떨어진다. 그 점을 염두에 두면서 윤치형·이일몽·배중세에 대해 살펴보기로 한다.

⑦ 1893년생인 **윤치형**은 종제(從弟) 윤세주와 함께 밀양 3.13 독립만세시위를 주도하다 진압현장을 빠져나가 숨어지냈고, 궐석재판에서 징역 1년 6월형이 선고된 후 7월경 함께 중국으로 탈출하여 길림으로 갔다.[53] 거기서 그는 동향선배이고 1910년대의 재향 항일결사 일합사(一合社) 활동의 동지이기도 했던 황상규와 가장 친밀하게 지냈을 것이다.

---

[51] 「윤치형 서훈공적조서」(국가보훈부), 7·10쪽. 이는 그로부터 10여 년 후의 『독립운동사』 제7권에서 변환 열거된 의열단 결성자 13인 명단과도 일치한다. 편찬위원회가 윤치형의 공적조서 기술을 신뢰하여 그대로 따랐다는 것이 된다.
[52] 졸저, 『한국 근대민족운동과 의열단』, 107-108쪽 참조.
[53] 졸저, 『혁명과 의열—한국독립운동의 내면』, 경인문화사, 2010, 514-518쪽 참조.

⑧ 1891년 경북 칠곡(漆谷) 태생인 **이일몽**도 1919년 음력 6월경 서울에서 박중화(朴重華)가 권하니 길림으로 건너가 '군정서(軍政署)'(당시의 실제 명칭은 조선독립군정사)의 황상규·박남파(朴南坡=박찬익[朴贊翊])·한봉근 등과 교류했다.[54] 그러다 황상규의 권고로 신흥무관학교 입학을 위해 고산자로 갔는데, 해산 상태라고 하므로[55] 8일 만에 길림으로 돌아왔다.[56]

그 후 이일몽은 김원봉에게서 장차의 행동계획과 아울러 원조를 구하는 말을 듣고 윤치형에게 국내거사가 준비되고 있다는 말과 함께 그 자금 1천원 조달을 요청하였다. 윤치형은 그러마고 언약한 후 음력 8월에 고향의 친형에게 연락하여 4천원을 송금 받고 봉천의 구영필에게 보냈다. 2천원으로는 북만주 영고탑의 토지를 매수하고 2천원은 독립운동에 쓰는 조건으로였다. 그 2천원 중 300원을 구영필이 12월에 폭탄구입 차 상해로 가는 김원봉·이성우에게 여비로 지급했다.[57] 음력 10월(양력 11.23~12.21에 해당)에 친형이 중환으로 앓고 있다는 소식을 접한 이일몽은 안동현을 거쳐 바로 귀국하였다.[58]

⑨ **배중세**는 1895년 경남 창원 태생으로, 1917년 안확·이순상(李舜相)과 함께 조선국권회복단 마산지부를 설립하여 활동하다 1919년 3월 창원 장터 만세시위 계획에 가담했다.[59] 동년 5월경 국권회복단 조

---

[54] 「이수택 신문조서」, 9쪽; 『조선일보』 1924.5.8, 「밀양폭탄사건의 진상」.
[55] 윤치국사건으로 꼬투리 잡은 일제의 종용으로 중국당국이 내린 정학명령에 의해 9월 초순부터 10월 6일까지 무관학교의 학무가 정지된 것이 '해산'으로 와전된 것이다. 일제도 당시 이 사건으로 신흥무관학교 생도들이 '해산'했다고 기술한 바 있다(서중석, 『신흥무관학교와 망명자들』, 역사비평사, 2001, 189-191쪽 참조).
[56] 「이수택 신문조서」, 70-71쪽.
[57] 「판결문」(670-671쪽, 윤치형 제1회·제2회 조서).
[58] 『조선일보』(1924.8.5), 「밀양폭탄사건의 진상」.
[59] 신대봉, 「창원지역의 3.1독립운동」, 경상남도 향토사연구협의회, 『경상남도 각 시·군의 3.1독립운동』, 1999, 11-13쪽 참조.

직이 밀고 당하여 관계자들이 검거되기 시작하자 만주로 탈출했는데, 중도에 윤치형·윤세주를 만나게 되어 같이 길림으로 갔다고 한다. 일부 문헌에 '배동선'이 그의 별명인 것처럼 적혀있지만[60] 근거가 없다. 앞서 배동선에 관한 논의 중에 확인된 사실과도 전혀 다르다. 국권회복단사건의 예심이 9월 30일 종결될 때 증거불충분으로 불기소 결정이 난[61] 배중세는 1920년 3월 이전에 귀국했고, 제1차 거사가 추진될 때 밀반입된 폭탄을 보관처로 운반하는 책임을 맡아 해냈다.

⑩ **'김태희'** 는 1920년 4월 '정이소'의 사진에 등장한 김기득의 본명이다. 1899년 서울 태생으로, 용산철도학교를 다닌 후 철도국의 고용원으로 재직 중이던 1919년 3월 23일 밤의 서울 종로 독립만세시위에 가담한 혐의로 붙잡혀 기소되었다. 1심에서 징역 8월형이 선고되었으나[62] 항소하여 7월에 무죄 판결을 받고, 곧 중국으로 망명하여 상해·길림 방면을 다니며 독립운동의 길로 들어섰다.[63] 그렇다면 그도 창단 협의에 참여하고 창립회합에도 참석했을 가능성이 있어 보인다. 그러나 「판결문」에는 김원봉 등이 폭탄구입 차 상해에 가 있을 때 그들로부터 거사계획을 듣고 동지가 된 것으로 판시되어 있다.[64] 본인 진술이 그 근거였을 테고, 그렇다면 그는 창단 때부터의 단원은 아니

---

[60] 독립운동사편찬위원회, 『독립운동사』 제7권, 533쪽.
이보다 먼저 출간된 『이송암전』에서는 배동선과 배중세를 서로 다른 사람으로 기술했었다(65쪽). 그러면서도 배동선을 "옆방에 살고 있던 농민참관인"이라고 적은 것은 근거 박약하고 배동선의 실제 신분과도 맞지 않는 서술이다. 저자가 배중세의 참관 사실과 『약산과 의열단』의 '배동선'을 이어줘 맞추려다보니 빚어진 혼선일 것이다.
[61] 「윤상태 외 26인 예심괘 결정」(고등법원 검사국, 1919.9.30), 국사편찬위원회, 『한민족독립운동사자료집』 8, 1989, 183쪽.
[62] 「김기득 검사신문조서」(1919.3.27), 국사편찬위원회, 『한민족독립운동사자료집』 27, 1996, 10쪽; 『매일신보』(1919.5.11.), 「경성지방법원의 소요공판」.
[63] 『동아일보』(1921.3.5), 「밀양의 폭탄사건」.
[64] 판결문(663쪽).

었다고 봐야 하겠다.

그러면 창단 때 길림에 있었다는 윤치형과 이일몽은 창립단원이었을까?

먼저 생각해봐야 할 점은 이 두 사람이 1910년대 초반 이래로 독립운동의 길을 구영필·황상규와 함께 걸어왔었고, 김원봉은 그 점을 익히 알고 있었다는 것이다. 배중세도 그와 같음이 길림에서의 상면 후에는 인지되었을 것이다. 독립전선에 이제 막 들어서고 있던 셈인 김원봉과 그 또래의 동지들은 그 점을 의식하면서 창단을 앞두고는 다소 예민하게 받아들였거나 곤혹스러워했을 수 있다. 앞의 5인을 자기들 신참과는 다른 일종의 경력자-선배(old boy) 그룹으로 여기면서 모종의 경계선을 심중에 그어놓고 있었을 것이기 때문이다.

그런 상황에서 새로이 창건할 결사적 조직의 구성원 범위를 놓고 일말의 혼선과 어쩌면 갈등도 빚어졌을 수 있다. 경력자그룹은 당연히 자기들도 참여하여 창단과 그 후의 활동을 주도할 생각이었을 것이다. 그들 중 몇몇은 새 비밀결사를 애착이 컸던 일합사(一合社)의[65] 후신으로 삼으려 했을 수 있다. 그러나 신진그룹 청년들의, 특히 김원봉의 생각은 그와 많이 달랐을 것이다. 출신지와 배경이 다양했던 그들은 새 조직을 완전히 새롭게 세우면서 운영도 자기들 나름의 뜻에 맞게 해가고 싶었을 것이다. 누구를 지휘자로 세울/삼을 것인가에 대해서도 전자 그룹은 황상규, 후자 그룹은 김원봉을(특히나 본인 자신이) 염두에 두었을 것이다. 주도권 경쟁이 일시적으로나마 암암리에 벌어지고, 표면적인 의견충돌과 마찰이 얼마간 있었을지도 모른다.

---

[65] 이 조직의 성격과 그 창립에 대해서는 졸고, 「독립운동가 황상규의 생애와 초상」(『지역과 역사』 40호, 2017), 206-207쪽을 보시오.

그러다 황상규의 단안으로(어쩌면 그만의 본래 의중대로) 경력자그룹이 물러서서, 정식 단원이 되지는 않고[66] 조력자 겸 후원인 역할만 하기로 낙착된 듯하다. "황상규와 윤치형은 부득이한 사정으로" 창단회합 자리에 "참석 못했다"지만,[67] 실은 일부러 피해준 것일 터이다. 황상규는 단원이 아니라고 신철휴가 진술한[68] 것이나, 배중세가 창단회합의 ('참석자'가 아닌) '참관인'이었다는 묘한 표현도 그런 맥락에 놓고 보아야 이해가 된다.

그리고는 "선거에 의하여 약산이 의백(義伯)—곧 단장으로 추대되었다"고[69] 한다. 이는 창단회합에서 제정되었을 것인 10개 조의 공약 중 제5조가 "의백 1인을 선출하여 단체를 대표함"이었음과 부합한다. 그러므로 의심 없이 그대로 받아들여져 온 서술이다. 그런데 그와 달리, 황상규가 '초대 단장'이었다는 훗날의 기록이 보이고,[70] 아래와 같이 곽재기가 창단 시점의 '임시단장'이었다는 진술도 있다.

"(전략) 의열단을 조직하고, 김원봉은 청년자가 아님을 들어[아직은 청년이 아닌 소년이라는 이유로] 곽재기가 임시단장이 되고 기타의 자들은

---

[66] 구영필도 입단하지 않았는데, 외숙 한춘옥이 "의열단 단원이 된다는 건 죽는다는 뜻"이라면서 만류했기 때문이라 한다(이성호, 『영고탑 가는 길』, 동천문학사, 2015, 125쪽). 입단하지 않았음은 사실이지만, 들어진 이유는 너무 표피적인 것이고 실제와 맞지도 않다.
[67] 『이종암전』, 65쪽에 그렇게 서술되어 있다.
[68] 「판결문」(669쪽, 신철휴 제2회 조서).
[69] 『약산과 의열단』, 26쪽.
[70] 『조선일보』(1931.9.4), 「의열단 초대 단장 황상규씨 별세」; 『조선일보』(1931.9.5), 「'의열단 제1세 단장' 故 황상규씨 장의」, 그리고 『이종암전』, 72-73쪽의 저자의 강력한 주장 등이다. 訃音 기사를 작성한 기자는 위의 제목과 같은 표현을 황상규의 생전 측근들이나 밀양 현지인들의 말에서 취했을 것이다. 그렇다면 그 말의 진원지는 황상규 본인이었거나, 아니면 그의 서거 시점에 밀양에 재류 중이던 윤치형·윤세주 등이었을 것임에 유의할 필요가 있다.

단원이 되며, 나와 배중세와 윤치형은 자금조달 방법에 대하여 원
　　　조하기로 하였다."[71]

　통설과 견주어보면 상당히 혼란스럽다. 그러면 뒤의 기록과 진술이 말해주는 바는 무엇이라고 해야 할 것인가?

　적어도 경력자그룹 성원들 사이에는 처음에 자기들의 창단 참여 및 가입을 전제로 황상규가 의백이 됨을 기정사실화하는 움직임이 있었다고 할 것이다. 그러나 그런 의사와 움직임은 앞에서 서술한 바와 같이 제어되었고, 의백도 무조건의 추대보다는 '선출' 형식으로 정하기로 한 듯하다. 아마도 김원봉이 그 자리를 강력히 희망하여 사전작업을 했고 그의 고모부인 황상규도 내심 그리되기를 바라고 도와주려 했을 수 있다.

　그렇다고 할지라도, 고작 스물두 살의 김원봉이 다수의 연장자를 제치고 '맏형'으로 삼아짐은 아무래도 어색하고 상궤와 어긋나는 것이었다. 당연히 상당 정도의 이의가 있었을 것이다. 그래서 다시 황상규를 단원 여부와 관계없이 의백으로 추대하려 했을 것인데 그가 회합에 불참해버렸다. 이에 단원들은 차후의 모임에서 확정키로 하고, 그때까지의 '임시' 단장으로 최연장자 단원인 1893년생 곽재기를 선임했을 것이다.[72] 위 인용문의 첫 행과 둘째 행은 그런 정황을 압축 서술한 것이라 보면 되겠다. 그러나 황상규가 한사코 고사하고 대신에

---

[71] 「이수택 신문조서」, 143-144쪽. [ ] 안의 어구는 문의의 이해를 돕기 위한 인용자의 부기임.

[72] 1919년 11월 하순에 곽경이 "폭탄의 제조 및 암살로부터 점차 조선 내지로 진박(進迫)하여 독립을 달성하려는 목적"을 가진 길림소년단의 단장이라는 재길림 일본영사관의 첩보도 이와 부합하는 것이었다. 「高警 제32922호, 國外情報—祕密結社少年團ノ情況」(1911.11.21), 金正明 편, 『朝鮮獨立運動』 II (민족주의운동), 東京: 原書房, 1967, 889쪽 참조.

김원봉을 천거하니, 결국 후자가 피선되고 곽재기는 부단장으로 보임된 것이었으리라고 보아야겠다.

이렇게 풀어보아야 앞의 상충하는 기록들의 아귀가 맞고 전후 사정이 더 잘 이해된다. 그리고 위 인용문의 마지막 행은 경력자그룹 성원들이 자기 위치와 역할을 결국에는 그것으로 한정키로 했음을 말해준다. 그랬기에 유독 그들이 창단 무렵 김원봉에게서 수차 재정지원 요청을 받았고 선선히 응낙도 했던 것이겠다.[73]

4. 창립단원 비정(批正)과 숫자 '13'의 의미 해석

이상의 논의를 종합하면, 의열단 창립단원 숫자는 10명이고, 그 명단은 다음과 같았다고 보아야 한다.

김원봉, 윤세주, 이성우, 곽재기, 강세우, 이종암, 한봉근, 김상윤, 신철휴, 서상락.

『약산과 의열단』의 명단에서 배동선·한봉인이, 현행 통설에서는 권준도 제외되는 것이다. 그렇지만 윤치형의 공적서나 그것을 수용했음 직한 일부 편찬서의 명단보다는 훨씬 더 '원본'에 근접한다.[74]

"1이 9를 위하여 9가 1을 위하여 헌신함"이라고 한 「의열단 공약」 제9조의 합계 숫자 10은 적어도 창단 시점에는 일반적인 '전체'의 의

---

[73] 이 요청의 내용과 승낙에 대해서는 「이수택 신문조서」, 86-87쪽 참조. 단, 윤치형과 배중세는 그럴 만한 경제적 여유가 있었으나 이수택은 그러지 못하였다.

[74] 1935년까지 16년 동안을 줄곧 의열단 단장으로 재임하며 통틀어 수백 명의 단원을 거느렸던 김원봉에게는 해방 후 '정치인'이 되어가던 시점에 창단단원이 정확히 누구였고 인원이 얼마였는지가 그리 중요한 문제는 아니었을 수 있다. 하지만 역사적 사실을 하나하나 정확히 인식하고 이해도 해야 하는 우리의 입장이 그와 같을 수는 없다.

미이기보다 창립단원의 실제 인원을 가리키는 것이었다고 보아야 한다. 또한 거기서 '1'은 의백/단장이고 '9'는 일반 단원이었다고 보아야 그 조의 의미가 확실히 잡힌다. "언제 어디서나 매월 1차씩 사정을 보고"(공약 제6조)하고 "모이라고 부르면 반드시 응함"(제7조)이라는 강력한 규율이 내걸어진 것도 황상규 등의 인륜적 상위자가 단원에서 제외되었기에 실효성 있고 실감도 나게 되었을 것이다.

그러면 애초의 '13인'은 김원봉이 한 사람씩 이름을 꺼내어 술회하다보니 자연스럽게 다다른 숫자였을까? 그렇게 볼 수도 있다. 하지만 굳이 '외 1인'을 붙이고 그것까지 합해서 된 것이 그 숫자라는 점에 생각이 미치면, 일부러 그렇게 맞춘 것처럼 보이는 면이 있다.

만일 후자였다면, 어떤 생각, 어떤 이유로 그랬다는 해석이 가능할까?

가장 유력하기는, 13도를 상징하는 숫자였으리라는 것이다. 실제로 그런 선례가 있었으니, 조선인 최초의 공산주의자이던 김알렉산드라가 러시아 백위군에게 붙잡혀 1918년 9월 16일 새벽에 처형당할 때였다. 하바롭스크 교외의 아무르 강변에서 총살당하는 순간, 그녀는 열세 걸음을 걸어 처형대인 바위 위로 올라섰는데,[75] 그 숫자가 13인 까닭은 식민지로 전락한 한국이 본래 13개 도로 이루어져 있던 때문이라는 해석이[76] 나온 바 있다. 그런 식으로 의열단 창립단원도 각자 1도를 대표하면서 전체적으로 조국의 광복을 이루어내려 했다는 의미를 붙이고자 '13인'으로 만들어냈다고 볼 수 있는 것이다.

또 하나는 이상(李箱)의 「오감도」 연작 중 「시 제1호」에 나오는 '질주

---

[75] 『극동혁명 자료집』, 모스끄바-뻬뜨로그라드, 1923, 160쪽; 정철훈, 『김알렉산드라 평전』(필담, 1996), 249쪽에서 재인용.
[76] 임경석, 「잊힌 독립운동가들을 위한 레퀴엠」, 『한국독립운동사연구』 50, 2015, 340쪽.

하는 13인의 아해'와 연관시켜보는 것이다.[77] 김원봉이 이 시를 직접 읽어봤거나 들어봤을 리도 없고, 설령 있었다 해도 그런 초현실주의적 시에 매혹되지는 않았을 것이다. 이상도 의열단을 의식했거나 더욱이 창립단원이 몇 명이었는지를 알고서 그렇게 썼을 리는 없다. 그렇지만 1930년대의 '9인회' 시절에 같이 동인이던 이상과 절친한 사이였던[78] 박태원이 『약산과 의열단』을 집필하면서 이상의 그 시구를 떠올리고 의열단 창건자의 인원을 13으로 맞춰보려 했을 것 같다는 추리는 가능하다. 그 연장선에서, '외 1인'은 김원봉 자신의 표현이 아니라 전적으로 박태원이 덧붙인 것이 아니었을까 하는 추측도 가능해진다. 하나의 가설로 제기해두려 한다.[79]

5. 정리

의열단 '창립단원'이 정확히 몇 명이었고 구체적으로 누구누구였는지를 확정해보기 위해, 오랫동안 절대적 준거처럼 여겨져 온 『약산

---

[77] 이 구절의 13인의 의미에 대해 열 가지 정도의 다양한 견해가 있어왔다. 구체적인 내용은 이승훈, 「오감도 제1호 자유롭게 읽기」(『시와 세계』 32, 2010), 142쪽을 볼 것. 시인 서정주는 평문 「李箱의 시」에서 이 시구의 '13인'을 '그 당시 조선의 13도' 또는 '그 13도에 사는 조선인'의 비유로 보았다(이보영, 『이상 평전』, 전북대학교 출판부, 2016, 386쪽).
[78] 이경훈, 『이상과 박태원』, 소명출판, 2000, 91-99쪽; 김종회, 「박태원의 〈구인회〉 활동과 이상(李箱)과의 관계」, 『구보학보』 제1집, 2006 참조.
[79] 필자는 13이 1910년대의 비밀결사 광복단 발기인의 숫자이기도 했던 점이 흥미로우며 어떤 상징적 의미를 띤 것처럼 여겨진다고 주석한 바 있다(졸저, 『한국 근대민족운동과 의열단』, 55쪽). 그러나 『약산과 의열단』에 다른 비밀결사들과는 달리 유독 광복단에 대한 언급이 없고 그 후신조직이라 할 광복회에 대해서는 약간 언급했지만 비판적 어조였다는 점에서 위 주석은 설득력이 떨어지므로 여기서 철회코자 한다.

과 『의열단』의 해당 부분 기술을 여러모로 재검토해보았다. 의열단 창립 전후의 정황을 피체 단원들의 진술을 갖고 재구성해놓은 '밀양·진영 폭탄사건' 판결문을 세밀히 들여다보며 분석·정리하고, 그 결과와 앞 책의 기술을 대조하여 차이가 보이는 인물들에 대해서는 여러 1·2차 자료를 갖고서 각자의 신원사항과 이력 및 당시의 동태 등을 추적·확인해봄에 의해서였다.

그 결과, 『약산과 의열단』에 터하여 성립, 유지되어 온 '13인 설' 속의 배동선·한봉인·권준 3인은 창립단원이 될 수 없었음을 논증하고, 다른 10명은 창립단원임을 확증하였다. 그리고 『약산과 의열단』의 '외 1인'을 포함시켜 만들어진 '13'이란 숫자는 김원봉 자신의 술회였기보다 저자 박태원의 어떤 사념 속에서 만들어졌을 것으로 보았다. 그와 더불어, 초대 단장('의백')은 창단에 관여하고 있던 독립운동경력자 그룹이 황상규로 내정하고 있었으나 김원봉 등 신진 청년그룹이 단원 범위 제한의 뜻을 강력히 제출하니, 경력자그룹은 단원이 되지 않고 조력자로만 자기들의 위치와 역할을 한정시키기로 했을 것이며, 그들 외의 '단원' 중 최연장자인 곽재기에게 단장직이 임시로 가 있다가 결국 선거에 의해 김원봉에게 넘겨졌으리라는 추론을 새 자료에 힘입어 내놓았다. 10개 조의 「의열단 공약」 중의 몇몇 조항도 이런 상황과 앞의 '10인 설'에 견주어볼 때 그 의미가 분명해지고 제대로 이해됨도 말하였다.

2장

의열단의 제1차 국내거사 추진과 실패의 전말

1. 들어가는 말

이 장에서는 의열단의 창단 후 첫 기획이던 국내 일제기관 집중공격 거사가 거단적으로 추진되었음에도 끝내 결행되지 못하고 만 경위를 세세히 추적·천착해보려 한다. 이것은 초창기 의열단사에 관해 좀더 넓은 시야로 냉철하게 바라보고 깊이 파고들어 정확히 이해해야 할 필요성에서 출발하는 작업이기도 하다.

그와 같은 입장에서 필자는 의열단의 제1차 국내거사 기획에 관련 있던 사실들을 모두 순차적으로 배치해내는 방법을 취하여 일련의 거사 추진과정 전체와 그 결말을 재구성해 볼 것이다. 거사용 무기의 구득에서 국내 밀반입, 그것의 수령과 운반·보관, 단원들의 국내 잠입과 각자의 은신대기 정황 및 거사준비 활동, 거사실행 기도 직전의 피체

사태에 이르기까지의 세부 사실들을 시간순으로 일일이 추적해보는 것이다. 그런 작업을 통해 종래의 연구나 논의들보다 훨씬 진전된 정리와 설명이 비로소 가능해지고 전후 연결이 매끄러운 통전적 이해에도 도달하지 않을까 기대하면서이다. 그를 위해 여러 종류의 자료가 발굴, 동원, 활용될 것인데, 그중에서도 의열단 관계자 이수택(李壽澤)의 1924년도 경찰·검사국 신문조서가[1] 특히 중요함을 미리 말해두려 한다.

2. 거사계획 수립과 폭탄 구득 및 국내 밀송

의열단이 창립되었음과 그 동정 및 행동계획은 관동군 참모부나 길림총영사관 등의 재만 일제기관에 일찌감치 포착되고 있었다. 1919년 12월 5일 현재 '급진대' 사무소가 길림성 파호문 밖에 두어져 있다거나,[2] 1920년 1월 현재 "(조선독립)군정사의 소년단 결사대인 급진단이 1920년 3월 중순을 기하여 선내(鮮內)를 습격한다는 임시정부의 계획

---

[1] 독립기념관 수장고에 보관되어 온 합철 원본문서류(자료번호 2-000914-001)에 이 조서들이 들어있다. 합철본의 표제가 『문답조서·판결문』으로 붙여져 있는데, 내용 구성은 경상북도경찰부의 「이수택 체포보고서」(1924.3.8.), 경기도경찰부의 「이수택 신문조서」(1924.3.10)와 「제2회 신문조서」(1924.3.13), 경성지방법원 검사국의 「검사신문조서」(1924.3.25)와 「제2회 검사신문조서」(1924.3.27) 및 「공판청구서」(1924.3.31) 등 4종 6건의 원본문서로 되어있고, 표지 포함 총 230매이다. 그런데 어찌된 일인지, 문서간 구분과 문건별 페이지 순서가 원래대로이지 않고 많이 뒤섞여 있다. 이 자료를 참고·활용함에 있어서는 그 점에 유의하여 쪽마다의 앞뒤 연결을 최대한 복원시켜봐야 한다. 인용할 경우에는 원본 대조확인을 위한 기준점이 무엇이든 있어야 하겠기에, 이 글에서는 현재의 합철 상태 그대로 표지를 1쪽으로 하여 차례로 매겨질 쪽수를 적도록 하겠다. 그리고 신문조서 부분의 각 면이 경찰의 것인지 검사국의 것인지를 정확히 가려내기가 어렵고 매번 그러기가 번거로운 바도 있으므로, 일괄하여 「이수택 신문조서」로 표기하겠다.

[2] 「關參謀 제791호, 通化保衛團長趙佐鄕ニ關スル件」(關東軍參謀部, 1920.11.3), 국사편찬위원회, 『한국독립운동사 자료』 43, 2007, 398쪽.

에 호응하여 아연 활기를 띠고 거사에 필요한 결사대원을 모집 중"이라는[3] 첩보보고가 방증이 된다. 여기서 '급진대'나 '급진단'이란 일제 기관이 그 존재를 포착했고 실체도 어렴풋이나마 파악해가고 있던 의열단을 가리키는 것이었음이 확실해 보인다.

여하튼 의열단은 "천하의 정의로운 일"인 작탄투쟁을 단원 총출동으로 처음부터 '맹렬히' 벌이기로 하였다. 우선 경성을 직공하되 남산 왜성대의 조선총독부, 황금정 2정목의 동양척식회사 경성지점, 태평통 1정목의 경성일보·매일신보사, 세 곳을 표적으로[4] 정했다. 부단장은 전선사령관 격으로 국내현지 지휘자가 되고, 단장은 상해에 남아 총사령관 역할과 함께 사후 선전을 맡기로 하였다.

거사용 무기의 장만은 상해에서 두 번에 걸쳐 중국인을 통해 이루어졌다. 첫 번째는 1920년 3월 중(순)에 폭탄 3개(화약농축식, 도화선식, 투척즉발식 각 1개) 제조용 재료를, 두 번째는 4월 초순에 폭탄 13개(7개는 도화선식, 6개는 투척식) 제조용 재료들과 미제 권총 2정 및 탄환 100발을 구입함에 의해서였다.[5] 1차 구득 재료로 김원봉 등 4인 단원이 상해 프랑스조계 내 김대지(金大地)의 집에서 조립해낸 폭탄은 4월 초순경 안동현 세관을 거쳐 곽재기의 손으로 상해-국내간 연락교통주임인 원보상회 주인 이병철(李丙喆)에게 넘겨졌다.[6]

이병철은 4월 12일 옥수수 20가마 속에 폭탄을 넣어 포장하고 '김인출(金仁出)'을 수취인으로 하여 밀양역전의 '대운송점'으로 탁송하였

---

[3] 「高警 제1813호, 國外情報—不逞鮮人 / 鮮內侵入計劃」(1920.1.26), 『不逞團關係雜件—朝鮮人의 部—在滿洲의 部』 14.
[4] 『동아일보』(1920.7.30), 「폭발탄대의 대검거」; 『조선일보』(1920.7.30), 「의열단 폭탄사건」.
[5] 「판결문」(664쪽); 『동아일보』(1921.6.8), 「밀양폭탄사건 곽재기 등의 공판」.
[6] 『고등경찰요사』, 197·199쪽.

다.[7] 그리고는 뒤쫓아 4월 15일에 2년 만의 고향방문을 겸하여 밀양으로 가서 화물을 인수하고 청년구락부장 김병환(金餠煥)의 내일동 미곡점으로 갖고 갔다. 거기서 폭탄을 꺼내 마루 밑에 감춰놓고 김병환에게 고지하는 한편, 동지가 올 때까지 보관토록 당부하였다. 그것이 김병환 피체 및 가택수색일인 7월 8일까지 그대로 보관된 것이다.[8] 그런 후 이병철은 상경하여 4월 하순에 공평동의 전동여관에서 배중세를 만났고, 폭탄과 권총을 곡물로 위장해 보낼 테니 이일몽과 협의하여 맡아서 숨겨두라고 말하여 수락 받았다.[9]

2차분 무기류는 4월 하순에 이성우가 이륭양행의 수송선 계림환편으로 안동현으로 갖고 가 이병철에게 넘겨주었다. 이병철은 옥수수 5가마 속에 무기류를 넣어 밀포하고 그것만 두 겹의 줄로 매어 분간 표식한 후 다른 15가마와 합쳐 20가마를 '수취인 배중세'로 기명하고 부산진역의 김명국(金鳴國) 운송점으로 탁송하였다. 그리고는 이성우에게 이르기를, 밀반입 후의 폭탄 관리는 부산의 이일몽이 할 것이니 귀국하면 그에게서 받으라고 하였다.[10]

5월 상순에 화물도착 통지를 받은 배중세는 부산에서 경영 중인 대

---

[7] 「판결문」(663쪽). 상호 속의 '大'는 정확히는 ⓧ와 같이 원으로 둘러싸인 기호로 표기되어 있었다.

[8] 「판결문」(664쪽).
신철휴·윤소룡·이낙준은 1차분 폭탄 3개를 곽재기가 국내로 반입하여 밀양까지 갖고 간 것으로 알고 있었다(「판결문」 670쪽, 윤소룡 제4회 조서, 이낙준 제1회 조서). 곽재기 본인도 공판정에서, 궤 속에 폭탄을 넣고 그 위에 책을 놓아 책궤처럼 만들어 밀양정거장으로 운반했다고 진술하였다(『동아일보』 1921.6.8, 「밀양폭탄사건 곽재기 등의 공판」). 그러나 여기서는 운반 경로와 방법이 상세하고도 실감 나게 서술된 판결문의 공소사실 부분과 경찰 수사보고문(『고등경찰요사』, 198쪽)을 따른다.

[9] 「판결문」(665쪽); 「배중세 경찰신문조서」(1920.12.19), 국사편찬위원회, 『한민족독립운동사자료집』 29, 1997, 258쪽.

[10] 이 문단의 서술은 「판결문」(664·667쪽, 이성우 제3회 조서)과 『고등경찰요사』, 197쪽에 의함.

판기미점(大坂期米店)의 직원 이주현(李冑賢)에게 화물을 인수하여 창원군 진영 역전 강원석(姜元錫)의 미곡점으로 부치도록 지시하였고, 5월 15일에 그대로 이행되었다.[11] 나흘 후 19일에 배중세가 강원석의 가게로 가서 폭탄이 든 5가마만 추려내어 소 세 마리에 싣고 10리 밖 창원군 동면 무점리에 사는 인척 강상진(姜祥振)의 집으로 운반해 창고에 보관시켰다. 나머지 옥수수 15가마는 강원석에게 매각 의뢰했다.[12] 일련의 이런 경과를 부산에서 이일몽과 윤치형에게 보고한 배중세는 양인에게 보여주고자 권총 2정과 실탄 20발을 꺼내 가져가려고 얼마 후 다시 무점리로 갔고, 그때 폭탄을 2가마에 몰아넣어 두었다.[13]

3. 단원들의 국내 잠입과 거사준비 진행

창단 후 길림에서 대기하던 단원들은 폭탄구입 소식이 전해져오자 속속 국내로 들어갔다. 안동현을 경유해서였다. 1차분 폭탄이 안동으로 우송된 후 상해의 김원봉은 김기득에게 폭탄의 국내 밀반입을 돕고 거사실행에도 참가토록 명하였다.[14] 이에 안동으로 간 김기득은 이낙준의 거처에서 황상규·곽재기·이성우·윤소룡과 회합하고 폭탄밀송 방법, 국내상황 조사, 자금변통 문제 등에 관해 의논하였다. 그들 모

---

[11] 「이주현 경찰신문조서」(1920.9.18), 국사편찬위원회, 『한민족독립운동사자료집』 29, 263쪽.
[12] 「판결문」(665·667쪽).
[13] 「배중세 경찰신문조서」(1920.12.19), 국사편찬위원회, 『한민족독립운동사자료집』 29.
[14] 「판결문」(664쪽).

두가 서울로 잠입한 후 윤소룡은 밀양으로 내려가고 황상규·서상락·김옥은 서울에 남아 각자 각처로 은신했으며, 김기득은 사직동 본가로 들어가 대기하였다. 황상규 등은 세 군데 공격목표의 정형을 탐지하고 폭탄투척 방안을 연구하는 한편, 자금조달을 위해서도 분주히 움직였다.[15]

1차분 폭탄이 반입되고 있을 때 서울로 들어간 곽재기는 밀양으로 내려가 한봉근·신철휴를 만나 거사실행자로 지명함을 고지하고 의논하였다. 신철휴에게서 전언 받은 윤소룡도 같이 실행하겠음을 언약하였다. 그러면서도 아직은 시기상조임을 부언하였다. 이어서 이일몽을 만난 곽재기가 '3주 내 결행'이 김원봉의 뜻임을 말하였더니, 이일몽은 "세 개는 적다"는 이유로[16] 실행을 미루고 재경 동지들과도 의논할 것을 주장하였다. 김옥과 서상락은 '조급결행에 불찬성'이라는 의견을 상경한 곽재기와 신철휴에게 피력하였다. 그래서 거사 실행은 연기되었다. 귀경 후 상해로 간 곽재기는 이상의 국내출장 결과를 김원봉에게 보고하고 길림으로 돌아갔다.[17]

2차분 폭탄이 밀송된 후 이성우는 안동에서 길림으로 가 있다가, 그리로 온 곽재기와 합류하였다. 그리고는 5월 13일경 함께 서울로 들어가 전동여관에 투숙하였다. 중간 경유지인 안동현에서 그는 김원봉에게, "시기가 점점 늦어졌지만 나로서는 어떻든 실행할 것이니 뒷

---

[15] 『매일신보』(1920.7.30),「폭탄범인 체포전말」;『조선일보』(1920.7.30),「의열단 폭탄사건」.

[16] 『시대일보』(1924.5.9),「밀양폭탄사건 수괴 이수택의 공판」. 그렇게 말한 실제 이유는 그때 이일몽이 천연두에 걸려서 1개월 이상 수용되어 치료해야 했기 때문이라고도 한다(「이수택 신문조서」, 24쪽).

[17] 이 문단의 서술은 「판결문」(667-669쪽, 곽재기 제2회 조서, 신철휴 제1회 조서);『조선일보』1924.5.8,「밀양폭탄사건의 진상」;「형공 제174호, 이수택 판결문」(경성지방법원, 1924.5.13)을 종합한 것임.

일은 곽경과 상의 바라오. 나는 조선에서 모금하여 다시 물품구입을 위해 해외로 나갈 계획이오."라고 편지를 써 보냈다.[18]

서울에 있던 곽재기는 재차 밀양으로 내려가 이일몽에게 조속 실행을 요구하였다. 후자의 반응은 결행과 동시에 뿌릴 격문의 인쇄비용을 재산가에게 받아내야 하므로 시기를 기다린다는 답언으로 나왔다.[19] 그리고 상경해서는 황상규·곽재기·김병환·이성우·서상락·신철휴·윤소룡 등과 인사동 호해여관에서 만나, 폭탄을 꼭 쓰도록 도울 것임을 굳게 언약하였다.[20]

곽재기와 이성우는 이일몽이 말하던 비용이 준비되기만 하면 신철휴·한봉근·김태희·서상락·김옥 등과 함께 서울에서 거사를 결행하려 했다 한다.[21] 경찰은 수사 결과 곽재기·이성우·한봉근·김기득·신철휴를 폭탄사용 담당자로 지목하는데,[22] 이는 윤치형의 진술과도[23] 일치하는 바였다. 투탄임무 외의 다른 부분은, 폭탄 밀반입책 이병철, 인수보관책 배중세, 관리책 이일몽, 상해-국내간 연락중계책 이낙준, 그리고 곽재기가 현지 총지휘자였던 것으로 정리된다.

---

[18] 「판결문」(667쪽, 이성우 제3회 조서).
[19] 「판결문」(668쪽, 곽재기 제2회 조서). 이성우도 "비용 염출이 되지 않아" 결행이 늦춰지는 것으로 알고 있었다(「판결문」 667쪽, 이성우 제4회 조서). 뒤에 가서 이일몽 자신은 서울까지 폭탄을 운반하는 여비 조달 문제로 지연되었다고(『조선일보』 1924.5.8,「밀양폭탄사건의 진상」) 말을 바꾼다.
[20] 『조선일보』(1924.5.8),「밀양폭탄사건의 진상」.
[21] 「판결문」(667쪽, 이성우 제4회 조서).
[22] 『고등경찰요사』, 198쪽 참조.
[23] 「판결문」(671쪽, 윤치형 제1회 조서).

4. 거사 실패 (1): '밀양폭탄사건'

2차분 폭탄을 보내고도 한 달이 지났는데 아무런 소식이 없음에 김원봉은 몹시 의아하고 초조해졌다. 기다리다 못해 그는 6월 중순 북경에서 안동의 이낙준에게 명령서신을 보냈다. "20일 내로 결행하고 결행자와 일시를 통지"해달라는 것이었다. 6월 19일경 이 편지를 받은 이낙준은 즉시 서울로 들어가 황상규·곽재기·김인직(金仁稙=김기득)에게 연락하였다. 자금조달 차 대구에 가있던 곽재기는 속히 상경하기 바란다는 이낙준의 전보를 받고 다음날 입경하였다. 세 사람은 6월 21일 밤 이낙준의 숙소인 서대문정 1정목 정태준(鄭泰駿)의 집에서 김원봉의 지령을 전해 받았다.[24]

우연찮게도 그 시점은 뜻밖의 사태가 벌어진 직후였다. 인사동 김낙계(金樂桂)의 집과 교남동 모처에서 각기 은신 대기 중이던 이성우와 윤소룡이 며칠 전 6월 16일에 경찰의 급습을 받고 잡혀간 것이다.[25] 뒤늦게 이를 알고 황상규 등 전기 4인은 6월 24일 정태준의 집에 다시 모여 대책회의를 갖고, 당장 거사행동에 돌입하기로 결정하였다. 그에 따른 사자(使者)로 이튿날 급히 부산으로 내려간 김기득이 이일몽을 만나 근간에 있었던 일들을 말하고는 폭탄을 내달라고 요구했다. 그러나 이일몽은 수일 후 본인이 직접 갖고 입경하겠다면서 내주지 않았다. 빈손으로 귀경하던 김기득은 종착점인 남대문역(지금의 서울역)에 잠복 중인 경찰에 체포되고 말았다.[26]

---

[24] 「판결문」(668쪽, 곽재기 제2회 조서; 670쪽, 이낙준 제1회·제4회 조서).
[25] 『동아일보』 1921.6.8, 「밀양폭탄사건 곽재기 등의 공판」.
[26] 「판결문」(665쪽); 『조선일보』(1924.5.8), 「밀양폭탄사건의 진상」; 「이수택 신문조서」, 132·133·185쪽 같이 참조. 김기득을 부산으로 보내놓고 숙의한 황상규와 곽재

24일의 서대문 회동 후 일단 마포로 피신했던 황상규와 곽재기는 각자 잠행키로 하였다. 후자는 충북 청주의 본가에 들른 후 이일몽의 급거 피신처인 마산의 요양병원으로 찾아가 그를 만났다. 두 사람은 1개월쯤 기다려 거사를 실행하기로 합의했고, 곽재기는 김병환에게 그 결정을 전해주기 위해 밀양으로 이동했다. 가보니 역전 부근에 수십 명의 경찰비상선이 쳐져 있고 서울에서 수사경찰이 와있다는 말도 들었다. 이에 그는 급히 부산으로 도피했다. 그러나 7월 5일,[27] 단골 숙박처인 영주동 복성여관에서 체포되고 말았다.[28] 그 사이 황상규도 임시 피신처인 수창동(현 종로구 내수동) 이병기(李炳基; 혹은 당주동 이병의[李炳義])의 집에서,[29] 이낙준은 안동행 귀로에서가 아니면 서대문정 숙소에서 붙잡혀간 상태였다.[30]

당시 경기도경 고등과 경부로서 수사책임자였던 김태석은 이 연속 피검 사태의 시발점이 된 이성우·윤소룡의 피체가 김진규(金珍奎)와 안

기는 이미 경찰의 경계망이 가동되고 있는 것 같으니 지금은 폭탄을 서울로 반입하지 않는 것이 좋겠다고 결론짓고 황상규가 김기득에게 통지하기로 했다고도 한다(「판결문」 668쪽, 곽재기 제2회 조서).

[27] 『매일신보』(1927.1.23), 「희비교차의 곽재기」.
[28] 이상 두 문단의 서술 내용은 주로 「판결문」(668쪽, 곽재기 제2회 조서)에 의한 것임.
[29] 『고등경찰요사』, 199쪽의 황상규의 주소지 표기를 원용하면 그렇다. ( ) 안은 황옥(黃鈺)의 반민특위 증언인데 김태석(金泰錫)은 부인하였다(「4282년 特刑 제5호, 김태석사건」, 『반민특위 재판기록』 9, 다락방 영인본, 1993, 198쪽). 황상규의 「서훈공적조서」(1963, 원호처)에는 그가 6월 21일에 피체된 것으로 기재되어 있다. 그런데 앞의 본문 서술처럼 그는 적어도 6월 25일까지는 동지들과 함께 움직인 것으로 곽재기가 진술하였다. 후자의 진술이 사실 그대로라면 공적조서의 일자 기재에 착오가 있었던 것이고, 전자가 맞다면 곽재기가 급박상황에서 자기 주도로 행해진 여러 일과 결정들을 황상규와 함께한 것처럼 거짓 진술했다는 것이 된다.
[30] 곽재기·이성우·윤소룡·김기득 모두 6월 20일에 피체되었다는 송상도, 『기려수필』, 281·283쪽의 서술은 잘못된 것이다. 곽재기·이성우·신철휴·김기득·한봉근·윤소룡이 6월 16일 인사동의 모 중국요리점 2층에서 거사 세부계획을 짜고있던 중에 들이닥친 경찰에 한꺼번에 잡혀갔다는 신철휴의 회고담(『이종암전』, 85쪽)도 많은 부분이 사실과 다르다. 뒤에 보겠지만 신철휴는 10월경까지도 미체포 상태였다.

태익(安泰翊)의 밀고에 의한 것이었다고 1949년 반민특위 조사에서 진술하였다.[31] 그러면서 그 밀고가 이성우·윤소룡 두 사람 자신의 '부탁'에 따른 것이었고, 그 부탁은 황상규·곽재기의 군자금 유용에 의한 호유(豪遊)·방탕에 격분해서 나온 것이었다고 그럴듯하게 설명했다. 그러나 그 진술내용을 여러 각도에서 분석하며 검증해보면 맹점이 많고 신빙성이 극미(極微)한 것이었다.[32] 다만 두 사람이 "책임자들이 무성의한 것을 통탄하오"라고 말했다는 것은 그럴 수도 있겠다 싶다. 무슨 이유로인지 거사 결행이 계속 미뤄진 것에 대한 솔직한 심정 토로였을 테니 말이다. 그 '이유'를 그들은 알 수 없었겠지만 분명히 있었음을 조금 뒤에 밝혀 서술하겠다.

아무튼 아래 인용문과 같이 황상규와 곽재기에 대한 엄중 취조로[33] 밀양의 폭탄 은닉처가 드러났고, 7월 8일 경기도경에서 직접 출동하여 김병환을 체포하고 폭탄을 압수해갔다.

> 전변(田邊)이 황상규를 체포해왔기에 황상규에게 폭발물 소재를 물은즉, 황상규가 전연 부지(不知)라 말하면서 곽경이 안다 하여 부산에서 곽경을 체포하여 물은즉, 황상규가 안다 하여 황상규와 곽경을 대질신문한 결과, 황상규 말이 밀양 김병환 집에 몇 개 갔으리라 하여 타(他) 부원이 밀양 가서 김병환가를 수색하여 폭탄 2개를 발견하였다.[34]

---

[31] 「4282년 特刑 제5호, 김태석사건」, 『반민특위 재판기록』 9, 189-191쪽 참조.
[32] 이에 대한 자세한 분석과 해명은 졸고, 「독립운동가 황상규의 생애와 초상」, 223-228쪽에서 행해지므로 여기서는 약한다.
[33] 1920년 당시 경기도경 고등과 소속의 신참 경부였던 황옥은 반민특위에 나와, "김태석이 황상규를 천장에 달아매고 악형하여, 혀를 세 치나 빼고 가사(假死) 상태였다"고 고발 증언하였다(『반민특위 재판기록』 9, 198쪽).
[34] 『반민특위 재판기록』 9, 189-190쪽. '田邊'은 당시 경기도경 고등과의 일인(日人) 경부 다벤고(田邊孝)를 말한다.

그리고 1차 피검자들에 대한 취조를 통해 밝혀진 관련자 김원봉·서상락·신철휴·한봉근·양건호·강세우·이일몽·이병철·배중세가 7월 17일 현재 미체포 상태의 '사건관계자'로 파악되었다.[35] 총독부 경무국은 이 사건을 '밀양폭탄사건'으로 명명하고 수사결과를 7월 29일에 발표하였다.[36] 이어서 7월 31일에 경기도경은 피검자 7명 전원을 경성지법 검사국으로 송치함과[37] 아울러, 대·중·소형 3개 폭탄의 실물과 성능을 기자들에게 공개하였다.[38]

7월 17일자의 수사결과 중간보고에서 경찰당국은 '재외 불령선인'들의 국내잠입 및 암약 '첩보'를 3월 하순에 경기도 제3부(즉 경기도경)가 확보해 수사에 나섰고 그 결과로 단서를 잡아 체포의 개가를 올린 것이라 하였다. 그렇다면 첩보 입수 시점에 비추어볼 때 최초 제보자는 '김진규·안태익'이 아닌 제3의 인물이었을 가능성이 크다. 설령 그 두 사람이 밀정이었다고 할지라도, 경찰이 밀입국 의열단원들의 신원 및 행방 관련 정보를 어느 정도 수집·확보해놓은 후 마침내 체포작전을 개시했을 때 정확한 은신처를 알아내는 데나 이용되었을 것으로 보인다.[39] 그렇다면 의열단원들의 밀입국 첩보와 그들의 은신처에 대한 밀

---

[35] 「고경 제22281호, 불령선인 흉해기도 발견 검거의 건」(1920.7.17), 『독립운동사자료집』 제11집, 91-94쪽 참조. '흉해'는 '흉행(兇行)'의 오기였던 것으로 판단된다.

[36] "당국의 발표대로만 보도"한 기사가 『동아일보』(1920.7.30), 「폭발탄의 대검거」; 『매일신보』(1920.7.30), 「폭탄범인 체포 전말」; 『조선일보』(1920.7.30) 「의열단 폭탄사건」 등으로 각각 제목을 달리하면서 실렸다.

[37] 『조선일보』(920.8.1) 「밀양폭탄 수괴 등 7명 압송」.

[38] 『동아일보』(1920.8.1), 「직경 3寸의 대폭탄」 참조. 폭탄의 성능·위력 감정과 한강변 시험의 결과는 판결문에도 상세히 서술되었다.

[39] 김진규와 안태익이 정말 6월의 밀고자였는지를 더 추적하여 석명할 필요가 분명 있다. 북간도 화룡현 출신인 김진규는 명동학교 중학과 제3회(1914년) 졸업생으로 1919년 여름에 부산·대구·서울 세 곳에서의 연속거사를 계획한 청년결사단의 일원이 되어 폭탄 8개를 갖고 서울로 잠입했다가 강우규(姜宇奎)의 남대문역전 투탄사건에 대한 수사 개시 후 밀고에 의해 가장 먼저 김태석에게 붙잡힌 독립운동자였다. 어쩌

고는 전연 별개의 통로로 이루어졌을 가능성이 높다고 하겠다.

5. 거사 실패 (2): '진영사건'

경찰은 6월 중순 이래 7월 초까지의 피검자들에 대한 강압수사에 의해, 또는 어느 막후협조자의 밀보를 통해, 2차 반입 무기도 있고 어딘가에 따로 숨겨져 있음을 알아냈다. 그래서 1차 수사결과 발표 후에도 미체포자 추적수사를 계속함과 아울러, 김태석은 모종의 공작을 입안해 벌였다. 그 공작에 동원된 이가 놀랍게도 구영필이었고, 그 흑막과 결말은 4년 후 체포된 이일몽의 검·경 진술에서 상당 부분 드러났다. 이제 그것을 좇아가며 하나하나 살펴보기로 한다.

6월 하순경 마산에서 '요양치료' 중이던 이일몽은 곽재기가 찾아와 재경 동지들이 체포되어 김경시(金警視)[40]에게 넘겨졌다는 말을 하니[41]

면 그가 은밀한 후의인 듯이 불기소 방면이 되니 서울에 남아서 밀정이 되었을 가능성을 떠올려볼 수 있긴 하다. 그러나 영화적 상상에 가깝다. 1924년 4월의 일제관헌 정보보고에 따르면 그는 창조파에 속하면서 만주 흑룡강성의 목단강에 거주하고 있었는데, 그 얼마 후 피체되었는지 동년 7월 7일 경성지방법원에서 '制令 제7호' 위반 죄목으로 징역 1년형을 선고받았다. 「機密公信 제21호, 朝鮮獨立運動ニ關スル情報送付ノ件」(1919.6.10), 『不逞團關係雜件—朝鮮人의 部—在滿洲의 部』 11; 『독립신문』 제11호(1919.9.20), 「폭탄사건 後報」; 『독립신문』 제13호(1919.9.25), 「제2회의 폭탄계획 밀의중 피포」; 「機密 제57호, 管內ニ散在スル鮮人不逞團體ノ情況ニ關スル件報告」(1924.4.26), 『不逞團關係雜件—朝鮮人의 部—在滿洲의 部』 39; 「金珍奎 형사사건부」(국가기록원) 참조. 안태익에 대해 얻어지는 정보는 아직 없다.

[40] 김태석을 그렇게 호칭한 것인데, 그는 경기도경찰부 고등과원이던 1920년 8월에 도경시(道警視)로 승진하였고 그 얼마 후 형사과장이 되어 1924년 12월까지 재임하였다. 그의 생애 이력은 친일인명사전편찬위원회, 『친일인명사전』 1(민족문제연구소, 2009), 665-657쪽에서, 승진 및 보직이동의 상세내역은 국사편찬위원회 한국사 데이터베이스의 『朝鮮總督府及所屬官署職員錄』 편집본에서 볼 수 있다.

[41] 「이수택 진술조서」, 187쪽. 이후로 이 진술조서를 근거로 삼을 때는 일일이 각주를

밀양으로 도피하여 읍내 밖의 한 전사(田舍)에 숨어 지냈다. 부산에 있던 윤치형은 어쩐 일인지 그냥 밀양 본가로 들어갔다. 배중세는 동래온천을 거쳐 진영의 강원석 집을 찾아가 숨어 지내다[42] 아무래도 불안했는지 동래군 구포면 구포리로 옮겨가 지인인 경남은행 지점장 김재수(金在洙)의 이웃집에 은신하였다(186).

그러던 중 7월경에 상해의 이종암이 김원봉과의 협의 끝에 거사추진 상황을 시찰하고 실행을 재촉코자 입국하였다. 도중에 안동현의 이병철로부터 밀양의 폭탄이 발각되었다는 말을 들은 그는 깜짝 놀라 한달음에 배중세를 찾아가, 체포되지 않은 서상락·김옥 등과 함께 거사를 결행하겠으니 폭탄을 내달라고 하였다. 그러나 배중세는 관리자인 이일몽과 먼저 교섭하라면서 인도를 거절하였다.[43] 그래서 찾아간 이종암에게 이일몽은 "이런 상황에서 투탄하고 달아나버리면 피포자(被捕者)에게 중죄가 얹히니 안 좋다"면서 역시 폭탄 수교를 거부하였다.[44] 아무리 무기관리를 위임받아 있었다지만 이 정도면 전횡이랄 수 있었다.

음력 6월말 경[양력 7월 25일 전후]에(30, 217) 이일몽은 구영필이 만주에서 밀양으로 와있다는 소식을 접하고 상주(喪主)로 변장하여 읍내로 들어

달지 않고 본문의 ( ) 안에 쪽수만 써넣는 것으로 대신하겠다.
[42] 그 어간에 7월 20일 이주현이 찾아오니 배중세는 제반 사실을 다 말해주었다. 그러나 이주현은 신고하지 않고 비밀을 지켰다. 「판결문」 665쪽; 「(이주현 송치) 의견서」 (1920.10.2), 『한민족독립운동사자료집』 29, 266쪽.
[43] 「이종암 외 8인 예심종결결정서」(대구지방법원 검사국, 1926.11.2).
[44] 「이수택 진술조서」, 26-27쪽에는 이것이 김기득에게 한 말이었다고 되어 있다. 그러나 이수택의 법정진술에서는 김기득·윤치형의 피체가 언급되고나서 "(그 후) 일부의 동지는 하루바삐 실행하기를 말했으나 만일 실행하고 달아나면 잡힌 동지에게 누를 끼칠까 보아 중지하였다"고 하였다(『시대일보』 1924.5.9, 「밀양폭탄사건 수괴 이수택의 공판」). 따라서 그 '일부의 동지'는 이종암과 김옥 등이었으리라고 보는 것이 합당하다.

갔다. 그리고는 장석봉(張石鳳)의 강정(江亭)[별장]에서 구영필과 재회하였다(31, 218, 99-100).⁴⁵ 거기서 구영필이 자기는 "김태석과 은의(隱意)한 관계여서 체포되지 않았다"고(101) 말함에 이어, 나머지 폭탄은 어찌 되었는가를 물으면서 "복죄(服罪)하고 폭탄을 넘겨줄 수밖에 없다"고 하였다(31-32). 또한 경찰 쪽 말이 "권총과 폭탄을 모두 내놓으면 더는 검거하지 않을 것"이라 하니, "그 소재를 알고 있으면 내놓는 것이 좋다. 빨리 구포로 가서 배중세와 윤치형을 만나 결정토록 하라"는 것이었다(102).

이에 이일몽은 윤치형을 찾아가 사실대로 고지하고 상의한 후, 구포로 가서 배중세를 만나 구영필의 말을 전하여 동의를 받아냈다. 결국은 권고대로 폭탄을 김태석에게 넘겨주기로 3인이 합의했음을 구영필에게 알렸고(188), 그러자 구영필이 며칠 내로 구포로 가겠다고 약속했다.⁴⁶ 그가 올 때까지 이일몽과 윤치형이 임시 기식하며 숨어있을 곳을 김재수의 집으로 잠정하고, 8월 6일에 배중세가 김재수에게 간청하여 승낙받았다.⁴⁷ 그래서 이일몽이 7일, 윤치형은 8일에 그 집으

---

⁴⁵ 경북 칠곡군 왜관면 태생인 이수택은 10대에 인접 인동군 약목면의 동락학교 보통과를 졸업했는데, 구영필의 부인 김수련(金水蓮)이 약목면 출신이었다. 이수택이 1912년 상경하여 천도교 교당에서 약 1년간 사무를 보았는데 구영필도 그 무렵에는 천도교 신도였다는 점, 이종암이 국외 탈출 전 두 달 동안 약목면 복성동 신상태(申相泰)의 본가에 은신해 있었고(『이종암전』, 51쪽) 사전 약속에 따라 봉천으로 가서 구영필·김대지와 합류했다는 점(『이종암전』, 55쪽), 이수택이 1913년 가을에 중국 천진을 다녀왔다는데 실은 구영필이 가 있던 서간도였을지 모른다는 점 등, 여러모로 구영필-이수택-이종암 3자 간의 인연이 깊을 수밖에 없었음이 짐작된다. 그런 관계였기에 이수택이 구영필·김대지와 더불어 각기 일몽, 일우(一友), 일봉(一峰)이라는 호도 지어 썼을 것이다. '일합사'/'일심사'라는 조직명은 그 별호들과 관련 깊게 지어졌다고 봐야 할 것이다.
⁴⁶ 1924년에 검사가 "폭탄을 경기도의 김경시에게 내주면 체포를 면하게끔 해주겠다고 구영필이 말하지 않았는가?"고 신문하자 이일몽은 부인하고 답언하기를, "윤치형과 함께 구포로 가서 배중세를 만나 협의한 결과, 구영필이 경성의 김경시에게 가져다주도록 하기로 약정했다"고 하였다(218-219).
⁴⁷ 「판결문」(666쪽).

로 가서 숙박하고, 배중세는 이웃 김수현(金秀鉉)의 집에 그대로 머물렀다(105).

그렇지만 하루만인 8월 9일 새벽에 경찰대가 김재수의 집을 포위하고 경기도경 순사 미나미 츄헤이(三波忠平)가 내습하여 이일몽과 윤치형을 체포하였다. 이에 이수택은 김전득(金銓得)이라는 가짜 이름을 대고 김재수의 친족이라는 거짓말도 보태며[48] 자기는 아무 관계가 없다고 하니 바로 풀려났다(33-34, 105).[49] 배중세는 그 직후 김재수가 와서 조금 전 있었던 일을 알려주며 속히 떠나라 하므로 다시 도피하였다(34-35).

이와 같은 구영필의 개입 사실과 2차 무기류 은닉처 포착의 실제 경위가 1920년 당시의 경찰 수사보고에서는 철저히 감추어졌다. 그 대신에,

> "이일몽이 진주읍내 이주현의 집에 드나든 형적이 있고 또한 이주현은 과거 배중세의 고용인이었음을 확인하고, 그가 혹 이 사건의 연루자가 아닐까 하여 [체포해] 문초했다."[50] [그랬더니] "이주현

---

[48] 「판결문」(666쪽)에는 김재수가 이일몽을 친척인 김기동(金基東)이라고 속여 말해 체포를 면하게 해준 것으로 되어 있다.

[49] 석방된 이수택은 일단 밀양으로 갔다가 음력 8월경 귀향하여 자택과 친족·지인들의 집을 전전하며 숨어 지냈다. 1924년 음력 1월 25일 호구조사 나온 순사 이수범(李壽範)의 의심을 받아 상부에 보고되었고, 다음날 새벽 형사대에 의해 생질 이형진(李衡鎭)의 집에서 체포되어갔다(44-46). 경북경찰부를 거쳐 경기도경찰부로 압송된 그는 이종암·한봉근 등이 그 무렵 획책하고 있다고 첩보된 모종의 국내거사를 지원하고 있지 않은지 집중적으로 조사받았는데, 그 혐의를 벗기 위해 1920년의 폭탄사건 관련 행적을 사실대로 전부 토로한 것이다. 공판정에서 검사는 귀향 후 이수택의 근신행동에 '동정'할 점이 있다면서 징역 2년 6개월을 구형하였고(『동아일보』 1924.5.9. 「이수택 구형은」; 『매일신보』 1924.5.9. 「밀양폭탄사건 수괴 이수택 공판개정」), 언도형량도 그대로 나왔다.

[50] 『고등경찰요사』, 197쪽. 앞의 주 42)에 비추어보면 이주현은 8월 중·하순경에 붙잡혀간 것 같다. 그는 경남경찰부의 취조에 순순히 자백하지 않아서 서울로 압송되어 헌병

> 은 5월 15일 배중세의 부탁을 받고 옥수수 20가마를 부산진으로부
> 터 진영으로 가져다준 사실이 있다고 진술하였다. 이에 이 사건의
> 단서를 얻게 되어, 드디어 9월 20일 진영에서 약 10리 떨어진 김해
> 군 동면 무점리 강상진의 집에서 폭탄 13개, 권총탄 80발, 폭탄 부
> 속품 4개, 도화선 6본, 폭약 2포를 찾아내 압수했다."[51]

라고 기술하였다. 전적으로 이주현에 혐의점을 두고서 수사해 올린 성과인 것처럼 포장했던 것이다.

그로부터 4개월쯤 후에 체포된 배중세는 7월 말부터 8월 초순까지 있었던 일련의 사실들을 자세히 진술했을 것이다. 그러나 그의 신문조서는 밀양에서 폭탄이 발견 압수되었으므로 불안해진 마음에 윤치형과 이일몽을 구포로 불러 폭탄과 무기의 처치에 대해 상의하려 했을 때 경찰이 내습하여 그 둘은 체포되고 자기는 도주했다는 것으로 간추려져 얼버무리듯 작성되었다.[52] 그의 진술을 받은 조사경관은 종로경찰서 소속으로, 직상급 기관인 경기도경의 형사과장으로 여전히 재임 중인 김태석의 하급자였으니, 진술내용 그대로 조서를 작성할 수도 없었을 것이다.

이 2차 검거와 폭탄 압수는 '진영사건'이라고 따로 이름 붙여졌다.[53] 폭탄이동 중계지점이자 배중세의 일시 은신처이기도 했던 강원석의 곡물점 위치를 염두에 둔 작명이었을 것이다. 10월경에 작성된

대사령부 유치장에 감금된 채 혹독한 취조를 받았다(『매일신보』 1920.10.15, 「탐정
—밀양폭탄의 거처」).
[51] 『고등경찰요사』, 199쪽. [ ] 안은 인용자의 것임.
[52] 「배중세 경찰신문조서」(1920.12.19) 및 「배중세 검사신문조서」(1920.12.24), 『한민족독립운동사자료집』 29, 258·262쪽.
[53] 그동안 학계에서는 이 사건을 그저 '밀양폭탄사건'의 별명으로 여기어, 명확히 구분짓는 인식과 서술이 잘 되지를 못했었다.

것으로 보이는 진영사건 수사보고문에는[54] 윤치형, 김재수, 김해 의생 김관제(金觀濟),[55] 강상진과 그의 피고용인 최성규(崔成奎), 강원석과 그의 피고용인 곽영조(郭永祚)가 피체자로 추가되고, 구영필·김원봉·서상락·신우동(申愚童=신철휴)·한봉근·양건호·강세우·김옥·이일몽·이병철·배중세가 '미체포'로 적기되었다. 체포된 연루자들은 경남경찰부에서 조사 받고 10월 9일 경성지법 검사국으로 송치되었다.[56]

계속 수배자인 상태로 안절부절 마음의 동요가 심하던 배중세는 소지한 권총탄환을 김해에서 낙동강에 던져버리고 10월경 밀양의 구영필에게 편지를 보내, 권총을 당국에 제출하고 싶은데 어찌하면 좋은지를 물었다. 구영필이 가져오라고 답신해왔으므로 소지했던 1정을 가져다주었고, 이일몽에게 넘겨줬던 1정도 갖고 오게 하여 받아두었다가 구영필에게 맡겼다.[57] 그 후 계속 피신해 다니던 그는 음력 10월경(양력 12월 초경으로 추정) 밀양에서 체포되었는데(107), 몇달이나 계속된 도피생활로 지치고 수사도 일단락된 것 같으니 자수한 것이어도 보인다.[58]

그로써 밀입국 단원으로 사건수사 종결 때까지도 체포를 면한 단원은 김상윤·서상락 2명, 경찰에 검거되었으나 풀려난 이가 한봉근·이일몽 2명이었다. 1921년 2월 28일, 두 사건 관계자 전원에 대한 예

---

[54] 『고등경찰요사』, 198-199쪽의 「의열단의 흉포기획사건(일명 진영사건)」.
[55] 김관제는 의외의 피체자인데, 이종암의 각기병을 치료하며 은신시켜준 혐의로인 듯하다. 변지섭, 『경남독립운동 소사』(상), 삼협인쇄사, 1966, 190쪽 참조.
[56] 『매일신보』(1920.10.15), 「탐정—밀양폭탄의 거처」.
[57] 「배중세 경찰신문조서」(1920.12.19) 및 「배중세 검사신문조서」(1920.12.24), 『한민족독립운동사자료집』 29, 259·262쪽.
[58] 필자의 이 판단은 종로경찰서에서의 신문에서 그가 "왜 빨리 관청에 자수하여 나가지 않았는가, 이것만이 거듭거듭 안타깝게 생각된다."고 진술하였음을(앞의 「배중세 경찰신문조서」, 1920.12.19) 근거로 한다. 경찰조사 후 5일 사이에 송국(送局)과 검사신문이 행해졌다시피, 그의 경찰조사는 이례적으로 신속히 종결되었다.

심이 종결되고 각인의 기소 여부가 결정되었다. 16명 피의자 중 강원석 1명만 면소로 방면되고, 15명은 유죄로 결정되어 재판회부되었다.[59] 공판 개정이 세 차례 연기된 끝에 1921년 6월 7일에야 첫 공판이 열렸고, 당일로 사실심리, 구형, 변론이 속행되었다. 신철휴와 윤소룡은 공소사실을 대체로 부인하고, 곽재기는 대체로 시인하고 일부 부인했으며, 다른 피고들은 대체로 시인하였다.[60]

공판관여 검사로 나선 사카이(境) 검사정(檢事正)은 곽재기·이성우 10년, 김기득·이낙준·황상규·윤소룡·신철휴 8년, 윤치형·배중세 7년, 김병환·이주현 3년, 강상진·김재수 2년, 최성규·곽영조 1년의 징역을 구형하였다. 6월 21일의 선고공판에서 '폭발물취체벌칙'과 '1919년 제령 제7호' 위반 죄목이 적용되어, 다음과 같이 형 선고가 나왔다. 곽재기·이성우 8년, 김기득·이낙준·황상규·윤소룡·신철휴 7년, 윤치형 5년, 김병환 3년, 배중세 2년, 이주현·김재수 1년(집유 2년).[61]

6. 구영필에 대한 의혹 제기와 그 근거들

위와 같은 경위로 의열단의 첫 국내거사 기획은 완전히 실패하고 말았다. 조력자그룹의 일원이던 이일몽이 때마다 내세우는 이런저런 이유로 투탄결행에 제동이 걸리고 거듭 미루어지던 끝에 거사 요원들

---

[59] 『동아일보』(1921.3.5), 「밀양의 폭탄사건, 경성디방법원에서 예심 결명」; 『매일신보』(1921.3.5), 「밀양폭탄사건, 예심이 결정된바 거개 유죄」.
[60] 『동아일보』(1921.6.8), 「밀양폭탄사건 곽재기 등의 공판」; 『매일신보』(1921.6.9), 「곽재기 등에 구형」 참조. 변호사는 5인이었는데, 김우영(金雨英)이 유일하게 동포변호사였다.
[61] 강상진, 최성규, 곽영조 3인에게는 무죄판결이 났다.

이 연이어 붙잡혀간 때문이었다. 이종암의 마지막 결행 시도마저 배중세와 이일몽의 비협조로 좌절되어버렸다.

그렇게 되어버린 곡절과 관련하여, 또한 2차분 폭탄의 은닉처 파악과 수거에 전력을 기울인 경기도경이 결국 소기의 성과를 올릴 수 있었던 내막에 관하여, 실은 오래 전에 폭로증언이 하나 나왔었다. 1962년, 군사정권 하 최초의 독립유공자 서훈 때 구영필도 대상자로 결정되었다가 3월 1일의 훈장전달식 직전에 갑자기 취소되고[62] 나서 그해 6월에 윤치형이 지역신문에 기고한 회고문이[63] 그것이다.

그에 의하면, 1920년 여름에 만주 영고탑에 있어야 할 구영필이 별안간 밀양에 나타나서는 윤치형을 찾아와 서울의 동지들이 모두 검거되었다면서 거사비용은 자기가 댈 테니 남은 동지들이 한 자리에 모여 거사를 의논하자고 집합 일시와 장소를 정하였다. 극도의 보안 사항인 무기은닉처도 계속 따지고 물어오니 가르쳐주었다. 그리고는 약속대로 김재수의 사택에 가있는데 서울에서 온 형사대가 급습하여 체포해갔고, 부산경찰서로 압송되어갔더니 김태석이 기다리고 있더라는 것이다. 또한 나중에 구치소에서 형무소로 옮겨가던 중, 같은 마차에 타게 된 윤세주가 비밀신호로 전해주기를 "구영필이 우리를 배반하고 동지를 일경에 판 자"라고 하더라는 것이었다.[64]

---

[62] 취소통보 정황은 이성호, 『영고탑 가는 길』, 31쪽을 볼 것.
[63] 윤치형, 「의열단 밀양폭탄사건 회고」(하), 『국제신보』 1962년 6월 27일자.
[64] 이 내용을 압축한 듯한 서술이 변지섭, 『경남독립운동 소사』(상), 149쪽에 "구영필이란 자의 배신밀고로 황상규, 곽경, 이성우를 비롯한 16명의 동지들이 일경의 손에 일망타진으로 피체되고 폭탄과 육혈포도 압수되어 일이 수포에 돌아가고 말았다."로 나와서, 다중이 반신반의할 비화처럼 되었다. 변지섭은 1920년 7월에 입국한 이종암에게 전남 모처의 은신처를 제공했던 변상태(卞相泰)의 친자이다. 이와 반대로 구영필을 극력 옹호하는 입장의 논변이 근래 들어 집중적으로 나왔다. 신규수의 「구영필의 독립활동과 친일논란」(『역사와 사회』 37, 2007)을 필두로, 「구영필의 독립운동과 국내 관련자료 분석」(『역사학연구』 51, 2013); 「줄리아의 가족순례기를 통해 본 구영필의

실로 이 회고 내용은 이수택의 검·경 진술에 못지않게 충격적인데, 다소 주관적인 판단이나 추측이 섞인 것이었을 수는 있다. 40년 후의 회고가 얼마만큼 정확한 기억으로 뒷받침되어 사실 그대로 구성되고 있었는가도 필경 던져질 물음일 것이다. 예컨대, 무기 은닉처를 캐물으니 가르쳐주었다는데도 경찰이 9월에 가서야 찾아냈음이 의미하는 바는 무엇일까? 아마도 최종 은닉처를 확실히 알지는 못한 채 진영 어디쯤으로 들어 아는 선에서 말해주었기 때문일까?[65]

이로부터 추려지는 사실은 이러하다. 이일몽이 구영필과의 재회 및 밀담 후 윤치형을 만나보기 전에 이미 구영필이 윤치형을 찾아가 만났다는 것, 그때 구영필이 아무나 알기가 어려운 고급 경찰정보를 발설하면서 거사의 대신실행을 제의했다는 것, 윤치형이 그 말대로 움직였다가 피체되고서야 유인성의 제의에 속았음을 어렴풋이 느꼈다는 것, 실은 구영필이 진즉 배반한 데서 모든 일이 실패로 돌아갔음을 한참 후에 윤세주의 귀띔으로 알게 되었다는 것 등이다. 결국 이 회고성 증언의 알맹이는 구영필의 '배반'이 거사 실패의 핵심 요인이었음을 말하려는 것이다.

살펴보면 구영필이 윤치형에게 했다는 제의와 이일몽에게 해준 충고성 제안은 그 내용이 거의 정반대의 것으로, 후자의 것이 그의 본심이고 사태의 진짜 내막이기도 했음을 알 수 있다. 구영필로부터 들은 바대로 윤치형에게 고지하고 상의도 했다는 이일몽의 진술과, 그

독립운동 재조명」(『열린정신 인문학연구』 16집 1호, 2015); 「구영필의 1910년대 비밀결사 활동의 성격과 운동방략」(『역사학연구』 62, 2016)이 그것이다. 윤종일도 「일우 구영필의 생애와 독립운동」(『한국사상과 문화』 60, 2011)에서 구영필을 이해하고 변론해주는 입장에 섰다. 신규수는 윤치형의 회고문 기사의 일부 내용이 부정확하다면서 "윤치형의 증언 자체에 의문이 제기"될 뿐 아니라 "사실과 전혀 다른 오류로 파악"된다고 단언하였다(「구영필의 1910년대 비밀결사 활동의 성격과 운동방략」, 176쪽).

[65] 이수택도 폭탄이 부산에서 진영으로 보내졌다는 것까지만 알고 있었다고 한다(189).

런 얘기는 들은 바 없이 오직 구영필에게서 거사제의만을 받은 것처럼 서술한 윤치형의 회고문도 상충하는데, 그 점을 우리는 어떻게 보아야 할까? 하필이면 동래까지 가서 김재수의 집에서 만나기로들 한 이유도 이일몽의 말이 맞는 것인가, 윤치형의 말이 맞는 것인가?

어느 쪽의 말이 더 사실에 가깝고 믿을 만한가? 갈피를 잡고 판단을 내리기가 쉽지는 않다. 하지만 윤치형이 남은 인원으로라도 거사를 결행할 것을 주장하여 강경 입장을 내보였다는(190) 이일몽의 진술에 비추어보면, 구영필의 제안대로 김태석에게 폭탄을 넘겨주기로 3자가 합의해서 동래로 갔다는 이일몽의 또다른 진술은 사실과 거리가 먼 것이었음이 틀림없다. 윤치형의 회고문이 더 믿을 만한 이유가 되는 것이다.

윤세주의 전언도 판단의 한 준거점이 될 텐데, 그것은 취조경관이 무심코 흘렸거나 내뱉은 말을 피검자 누군가가 듣고서 동지들에게 옮겼거나, 구영필이 아니면 알 수 없거나 말하기 어려웠을 사실에 대해 추궁당한 누군가가 추리 끝에 심증을 굳히고 한 말이었을 것이다. 그 '누군가'는 황상규였을 가능성이 크고, 추궁당한 바는 '길림군정사(吉林軍政社) 재무부장'이라는 '허택(許鐸)'이 바로 황상규 본인이라는 사실이며, 더불어 그의 '군자금 숨겨두기·횡령·유용' 혐의란 것이[66] 들먹여지면서 대단히 모욕적인 이죽거림과 비아냥댐이 곁들여졌을 것이다.

그러면 구영필과 김태석과는 도대체 무슨 관계였는지가 당연히 뒤따를 의문점이다. 이에 대해서는 1918년의 '합사사건'[67] 때로 거슬러 올라갈 구연(舊緣)을 먼저 떠올리지 않을 수 없다. 그때 평양경찰서 경

---

[66] 이에 대해서는 졸고, 「독립운동가 황상규의 생애와 초상」, 223-228쪽에서 자세히 논의하였다.
[67] 이 사건에 대해서는 졸고, 「독립운동가 황상규의 생애와 초상」, 208쪽을 볼 것.

무계원이던 경부 김태석이 피의자 구영필에 대한 취조를 담당했고,[68] 재판에서 비교적 단기형인 6개월 징역형이 나왔다. 유능하다는 수사관일수록 그런 과정에 피의자로 하여금 무슨 은혜를 입은 것처럼 착각하게 하고 묘한 친근감까지 갖게끔 만드는 것이 다반사이다.[69] 윤치형도 "일합사 사건으로 김태석에게 취조를 받을 때부터 [구영필이] 김태석과 통하였던 것으로 생각된다"고[70] 적었듯이 말이다.

하나 더 눈여겨볼 점이 7월 8일 폭탄을 압수하러 간 경기도경찰부원이 김병환만 아니라 한춘옥과 그의 매제까지 체포해갔다는[71] 사실이다. 후 2인의 혐의점이 무엇인지는 알려지지 않았으나,[72] 얼마 후 풀려났고 아무 죄형도 받지 않았다. 그렇다면 두 사람의 체포는 결국 무슨 때문이었다고 봐야 할 것인가? 그것은 한춘옥 집안을 매우 다급한 처지로 몰고 갈 압박수단이요 고도의 지능적 덫이었을 것 같다. 쉽게 말해, 구영필이 만주로부터 들어오게끔 하는 유인책이었으리라는

---

[68] 그 직후 경성의 경무총감부로 전근되었다가 경기도경으로 옮겨간 김태석은 1919년 강우규 추적 검거의 공을 세웠다. 그래서 『독립신문』(1920.2.5) 지상의 「7가살」 논설에서는 '창귀(倀鬼)'의 전형으로 지목되었다.

[69] 이것도 일종의 스톡홀름증후군(Stockholm Syndrome)이라고나 할까. 그런 예는 1921년 3월 사상범 혐의로 체포되었다가 김태석의 도움으로 보석(保釋)이 된 류자명(柳子明)과 전자의 관계에서도 상당 정도 나타나보였다. 상세 내용은 김영범, 『의열투쟁 Ⅰ―1920년대』, 167-168쪽을 볼 것.

[70] 윤치형, 「의열단 밀양폭탄사건 회고 (하)」.

[71] 『조선일보』 1920년 7월 14일자에 실리려다 압수된 기사(「밀양군 폭탄사건 혐의자 3명 체포」, 정진석, 『일제 강점기 민족지 압수기사 모음』 Ⅰ, 엘지상남재단, 1998, 119쪽)에 한춘옥과 성명 미상의 1인이 '혐의자'로 같이 체포되어갔다고 나온다. 그 '1인'은 『독립운동사자료집』 제11집, 92쪽과 『고등경찰요사』, 199쪽에 '韓洙玉[한수옥; 한춘옥의 오기], 金炳完[김병완; 김병환의 오기]'과 나란히 피체자로 기명되어 나오는 김광근(金光根)이었음이 분명하다. 또한 '김광근'은 한춘옥의 막내 매제 김홍근의 (후일 혹시라도 누명이 됨을 예방해주려는 고의적?) 오기였음이 확실해 보인다.

[72] 1차분 폭탄 화물의 중간수탁자가 한춘옥의 운송점이었다는 이유에서였을지 모른다. 하지만 영업상의 단순 운송수탁이 형사상 피의사실이 될 수는 없는 것이었을진대, 명백히 위협용 체포였던 것이다.

것이다.

한춘옥의 조카이고 구영필의 외사촌 동생인 한봉근은 숙부나 고모부보다 훨씬 더 무거운 혐의가 걸려있었을 것임이 분명하다. 그런데도 그는 전자들과는 달리 '미체포'로 발표되었다. 의아스런 점이다. 그 단어만으로는, 피검된 적이 정말 한 번도 없었는지, 아니면 피검 후 조사받고 방면된 경우까지 포함해서 경찰이 그렇게 일괄 표현한 것인지, 분간이 잘 안된다. 하지만 그가 "밀양폭탄사건 관계자로 검거되었으나 증거불충분으로 방면되어 1921년 만주로 건너갔다"는[73] 정보자료가 있음에서 후자가 맞음이 확인된다. 하지만 '증거불충분'이라는 방면사유가 아무래도 미심쩍다. 그가 1차 피검자들과 함께 의열단 창립단원으로서 거사계획에 동의 혹은 참여했고 입국 후에는 곽재기를 만나 투탄요원으로 지명됨을 듣고 신철휴와 함께 그 일에 관해 의논도 했음이 분명히 진술되어 신문기사에도 판결문에도 실명으로 그 내용이 실렸었기 때문이다. 그러니 그의 무사방면은 누가 봐도 예사롭지 않은 조치였다.[74]

이상의 서술과 논의를 종합하면, 전후 상황과 그 맥락을 다음과 같이 추리해볼 수 있다. 폭탄구입차 상해로 가는 김원봉·이성우에게 구

---

[73] 일본 외무성, 「要視察人名簿」, 『해외의 한국독립운동사료』 XVII, 273쪽.
[74] 1921년 구영필과 함께 밀양을 떠나 영고탑으로 간 한봉근은 1923년 초에 상해로 가서 의열단에 합류하고 기밀부원이 되었다. 1926년 4월경 국내의거를 추진하던 김창숙(金昌淑)으로부터 폭탄 및 권총·실탄 구입 의뢰를 받아 이행하였고 나석주·이승춘(李承春)·류자명 3인과 함께 거사요원이 되어 동반입국하기로 했었음도 일경의 수사로 밝혀져 피의자가 되었다(『고등경찰요사』, 243쪽). 그러나 나석주 의거의 수사가 개시된 1927년에는 광동(廣東)에 가 있었기에 김창숙과 달리 피체를 면해서인지 '기소중지' 조치되었다(「昭和 2년 8월 형사사건부」, 대구지방법원 검사국, 1927, 65쪽). 그 후 그는 의열단 활동 대오로부터 완전히 이탈하고 영고탑으로 건너갔는데, 1934년 간행의 일제 정보자료(조선총독부 경무국, 『國外ニ於ケル容疑朝鮮人名簿』, 273쪽)에 '목하 귀순 신청 중'으로 적혀있었다. 그 시점은 윤세주가 중국으로 다시 나가서 김원봉과 재회하고 제1차 거사기획의 실패 전말을 죄다 말해줄 수 있던 때의 직후였다.

영필이 여비 300원을 지급했었음을 이성우의 진술로 알아낸 김태석이 한춘옥을 붙잡아다 놓고 위협하고 구슬리기도 함으로써 구영필이 들어오게끔 연락토록 했을 것이다. 외숙과 이모부가 같이 피체되었다는 말을 들은 구영필이 황망 다급한 심정으로 부랴부랴 입국하자, 김태석이 구영필 본인과 한봉근의 일괄 면죄를 조건으로 내걸고 설유했을 것이다. 그래서 그 결과로 모종의 타협적 거래가 이루어지기 시작하지 않았을까?

그때 김태석의 가장 큰 관심사요 목표는 2차분 폭탄이 사용됨을 막아냄과 아울러 속히 찾아내 수거함으로써 자기의 공(功)을 극대화하여 일로 승진가도를 달려감이었다. 그래서 폭탄 은닉처 탐지와 압수에 충분히 협력해주기만 하면 미체포 도피자들을 굳이 추적하여 검거하지는 않겠노라고 구영필을 꼬드겼을 것이다. 그랬기에 구영필과의 약속 장소가 급습당했을 때 이수택이 교묘한 변설로 곧 풀려나고 배중세도 즉시 체포는 면할 수 있었을 것이다. 하지만 경찰로서는 사건종결을 위해 2차분 폭탄의 밀반입 경위와 은닉처를 실토해줄 1명은 꼭 필요했기에 3인 중 유독 거사결행 주장을 했다는 윤치형을 찍어 체포해간 것이 아니었겠는가 하는 것이다.

7. 또 다른 의혹: 밀고설과 그 배경

이상의 추론은 구영필의 자진 밀고가 아닌, 회유에 넘어간 협력의 개연성에 방점을 두어 해본 것이다. 그것만으로 구영필을 능동적 '밀고자'로 단정하거나 '밀정' 취급할 이유는 되지 못한다. 하지만 윤치형이 1963년에 작성 제출한 서훈공적조서는 그 가능성을 미소하게라도 열어놓았다. 앞서의 신문기고문보다 더 강한 표현을 쓰면서 다음과 같이 적어놓음으로써 그랬다.

> "具榮佖(당시 동지였음, 후(後) 변절자)의 밀고로 재경동지 황상규를 위시하여 전원이 체포되었다는 기별(奇別)을 듣고 부산에 있던 윤치형·배중세·이수택(일명 이각[李覺])·이주현 제동지들은 무기수송을 중지하고 산사방(散四方) 피신하였다. 동년 8월에 윤치형·배중세·이수택 3인이 구포 김재수 댁에 모여서 재거를 모의하다가 역시 구영필의 밀고로 [본인은] 김태석 경부에게 체포되어 3주간의 가혹한 고문을 겪고 그해 9월에 검사국으로 송치되는 즉시로 예심에 회부되다."[75]

요컨대, [① 구영필의 밀고 ⇨ ② 재경동지들의 피체 → ③ 재부산 동지들의 서울로의 무기수송 중지와 분산 피신 → ④ 구영필의 (유인 후의) 재밀고 ⇨ ⑤ 재거 모의를 위한 집결대기 중 윤치형만의 피체]라는 사실연쇄와 그 속의 인과관계를 제시한 것이다. →는 단순 선후관계나 간접적 인과관계, ⇨는 직접적 인과관계를 구별해 나타내본 것인데, 엄밀히 따지면 사실관계와 맞지 않는 서술도 눈에 띤다. '무기수송을 중지'했다지만 실제는 수송의 시도조차 아예 없는 형세였다. 김기득의 무기인도 요구를 거부하면서 직접 서울로 갖고 가겠다고 한 이일몽의 말은 진심이 담긴 것이었다고 보기 어렵다. 뒤에 가서는 이종암의 요구까지도 배척하고 거절한 그였기 때문이다. '재거 모의'는 윤치형의 주장이 받아들여진 모양새였겠지만, 실은 그만 모르는 체포용 덫이 되었다. 결국 위와 같은 전체적 연쇄는 윤세주의 전언

---

[75] 「윤치형 서훈공적조서」(국가보훈부). 밑줄과 [ ] 안은 인용자의 것임.

까지 감안하여 한참 뒤에 종합적으로 추리·판정된 것이고, ①과 ④의 '밀고'는 명확한 사실증거이기보다는 정황적 추리에 의해 삽입된 '원인'이었던 것이다.

그럼에도 윤치형이 구영필의 '밀고'를 거의 확신하고 과감·단호하게 언명 표기하기에 이른 데는 다른 이유 또는 맥락도 개재해 있었던 것 같다. 그것은 구영필이 봉천에 있을 때 이종암과 윤치형으로부터 맡겨 받은 각 7천원과 2천원으로 영고탑에 땅을 사놓았고[76] 이미 1920년 2월경에 그리로 이주하여[77] 매입토지의 관리와 경영에 전심하기 시작했다는 사실이다. 그 땅은 구영필이 1921년 봄에 밀양의 가족 전원과 한봉근을 데리고 영고탑으로 돌아간[78] 후의 정착지가 되었을 테고, 거기서 최계화(崔桂華)로 이름을 바꾸고 벌여간 여러 사업의 근간도 되었을 것이다. 이와 관련되는 1922년의 일제 첩보보고도 있으니,[79] 1919년 임시정부 재정부장(정확히는 재무부 위원)으로 선임된 구영필이 봉천 방면으로 특파되어 자금수집에 나섰고 그 결과 4만여 원이 모아지자 착복하고 영고탑으로 가서 토지와 가옥을 매입했다는 것이다.

---

[76] 그러기로 약정되어 있었고, 두 사람은 그렇게 이행된 줄로 알고들 있었다. 윤치형은 그 면적이 수십만 평이라고 했다.

[77] 『동아일보』(1926.10.18), 「군정서 창설자」.

[78] 이성호, 『영고탑 가는 길』, 85쪽 참조.

[79] 「朝特報 제4호, 寧古塔附近ニ於ケル鮮支人ノ現況(間島連絡班報)」(1922.2.6), 金正明 편, 『朝鮮獨立運動』 II, 1026쪽. 그 부분의 원문을 옮겨보면 다음과 같다: "본인[최계화, 즉 구영필의 변성명(變姓名)]은 일한합병 이래 우리의 조선통치에 불평을 품고 봉천으로 망명하여 오로지 배일을 고취하고 독립을 절규하며 협박적 수단에 호소하여 군자금 수집에 분주하다 상해에 가정부가 설립된 직후 상해로 가서 재정부장의 직을 받아 봉직하고 3개월 만에 봉천특파원이 되어 봉천으로 돌아가 의연 군자금 수집에 노력하고 있더니 대정(大正) 7년 10월 징집자금 4만여 원을 착복하고 봉천을 떠나 영고탑에 이르러 주요 중국 행정관에 증회(贈賄)하고 교묘히 토지 및 가옥을 매수하여 표면으로는 지주 겸 자본가가 되고 이면으로는 해지(該地) 부근의 불령선인을 규합하여 수전사업(水田事業)을 경영하고 있으며..." 단, '대정 7년[1918년]'은 전후 서술로 볼지라도 '대정 8년[1919년]'의 착오였음이 확실하다.

그리고 이 내용은 1919년 12월경부터 이듬해 2월까지 사이에 허택(즉 황상규)이 길림에서 거액의 군자금을 거두어 은닉·사취(私取)·유용했다는 현지 풍설 및 일제기관 첩보의[80] 내용과 묘하게도 겹친다.

그런데 취조 중에 김태석이 그 얘기를 꺼내어 을러댐에서, 게다가 이상하게도 한봉근은 끝내 피체되지 않음에서, 황상규는 구영필이 김태석과 내통했음을 감지하고 결국은 확신에 이르렀을 것이다. 그가 경찰의 취조를 받을 때 일체의 응답진술을 거부하고 침묵으로 버텼다는 것은[81] 그 배신이 자아내는 절망감과 환멸 때문이었을지도 모른다.

한 살 위아래 사이인 황상규와 구영필은 1916년경부터 밀양에서 '사회 회사'로[82] 위장한 비밀결사 일합사를 같이(이일몽·윤치형과도 함께) 조직하고 활동했다. 그러다 1918년 2월경 구영필이 조선국민회 사건에 연루된 혐의로 체포되는 바람에 일합사 조직이 발각되고 김대지·안확·명도석(明道奭)도 줄줄이 체포되어갔다. 이에 황상규는 급히 피신하여 만주로 망명함으로써 피체를 면하였다. 그런 엇갈림이 지금 와서 더 큰 엇갈림과 완전한 갈라섬으로 커져버린 것일까? '일합'에 반하는 지독한 역설이기도 했다.

---

[80] 「機密公 제50호, 鮮人ノ動靜ニ關スル報告ノ件」(1920.4.13), 『不逞團關係雜件―朝鮮人의 部―在滿洲의 部』 16, 317쪽; 「普通報 제26호, 吉林近縣居住朝鮮人ノ槪況」 (1920.11.16), 『不逞團關係雜件―朝鮮人의 部―在滿洲의 部』 23, 117-118쪽 참조.

[81] 의열단의 제1차 폭탄사건 판결문에는 판시증거 부분에서 황상규의 진술조서만 유일하게 인용되질 않았고 그의 진술내용 자체가 판결문 전체의 어디서도 보이지 않는다. 황상규가 취조받으면서도 입을 굳게 다물어 좀처럼 열지 않았기 때문에 그의 혐의사실은 다른 피의자들의 진술을 통해서만 적시될 수밖에 없어서 거의 '백지 기소'처럼 되었다는 얘기가 있는데(독립선구자 백민 황상규열사 추모사업회, 「(결성)취지문」, 1975), 사실이었던 것 같다.

[82] 이것은 어느 연구자의 해석처럼 일합사의 이명 혹은 개명인 것이 아니라 조직성격을 일컫는 말이다. 오늘날과 같은 기업체로서의 회사가 아니라 사회단체/친목모임(social association)이라는 뜻의 표현이었다고 보아야 한다.

황상규가 길림에서 군정사·군정서의 '재무' 책임자가 되었음과 관련해서는 오히려 구영필이 독립운동 행로의 초입부터 줄곧 돈 문제와 연관되는 경우가 많았음도 언급하지 않을 수 없다. 아버지 구성백(具性伯)이 영남의 대(大)보부상이었고 외가는 밀양에서 손꼽히는 부자였기에 그 자신도 '이재에 밝은' 인물로 커간 것이런가. 그가 1912년경 서간도로 건너갔을 때 만나서 여러 곳을 같이 돌아본 이가 우연찮게도 부산 출신으로 세 살쯤 위인 신흥학교 '경리주임'[83] 남정섭(南廷燮)이었는데, 그 후 한족회와 서로군정서의 '재무사장(財務司長)'을 역임한[84] 후자와는 임시정부 요원으로 같이 내정되기도[85] 할 만큼 돈독한 관계를 계속 유지해 갔다는 점도 특기할 만하다.

밀양에 불쑥 들어갔던 구영필이 만주로 돌아가기 전인 1920년 늦가을에 묘한 사건이 하나 있었다. 그해 11월 10일에 '대한독립군정서 민군총사령관 박용만(朴容萬)' 명의의 「국내 동포에게 경고함」이라는 격문과 『독립전보(獨立戰報)』라는 제호의 선전물이 뿌려진 사건이다. 그 문건은 구영필이 봉천의 삼광상회와 거래했던 어물상 김재현(金在鉉)으로 하여금 원지에 쓰게 해서 약 1백부를 등사한 후, 부산에 사는 처남 김

---

[83] 「혁명성지 순례」, 조선민족혁명당, 『앞길』 제11호(1937); 국사편찬위원회, 『대한민국임시정부자료집』 37, 2009.
[84] 남정섭은 1918년 12월 30일의 신흥학교 제4기 빌업식에 '한족회(韓族會) 실업장(實業長)'으로 참석하였고(「公 제23호, 韓族新報記事報告ノ件」(1920.2.6), 『不逞團關係雜件-朝鮮人의 部-在滿洲의 部』 14), 1919년 이후로는 한족회 재무사장임과(「高警 제41242호, 西間島ニ於ケル不逞鮮人團ノ狀況」(1920.12.27), 『不逞團關係雜件-朝鮮人의 部-在滿洲의 部』 25) 동시에 서로군정서 재무사장이었다(「機密公 제19호, 不逞鮮人團組織變更ニ關スル件」(1920.5.24), 『不逞團關係雜件-朝鮮人의 部-在滿洲의 部』 18; 「高警 제23793호, 국외정보」(1920.8.9), 『조선소요사건관계서류』 6).
[85] 1921년 임시대통령 이승만이 상해에 재류하고 있던 중에 '임시정부 직원'(국무원 및 참사원)으로 내정했던 것으로 보이는 18인 명단에 구영필과 남정섭의 이름이 나란히 들어있었다. '만주 몫'이라는 뜻처럼 { } 기호로 묶인 6인 중 2인으로였다. 국사편찬위원회, 『대한민국임시정부자료집』 8(정부수반), 2006, 원문부 238-239쪽 참조.

용술(金用述)과[86] 함께 부산·동래·밀양·대구·김천(金泉)의 유력자(부호) 7명과 부산의 학교 기숙사 및 은행·회사 등 모두 15개 처에 우송하고, 나머지 85부는 그달 20일경에 부산 시내 여러 곳의 상점들에 배포한 것이다. 이 일은 곧 경찰에 발각되었고, 자칭 '대한독립군정서 남선정찰부장(南鮮偵察部長)'인 구영필은 '도피'했다가 겨울을 넘기고 만주로 돌아갔다. 그리고 사건 발생 1년이 지나서인 1921년 12월초에 김재현과 김용술만 붙잡혔다. 재판 결과, 궐석인 구영필은 3년, 나머지 두 사람에게는 각각 1년 6개월, 8개월 징역의 실형이 언도되었다.[87]

이 격문사건도 몇 가지 의문점을 남기는 것이었고, 그것들은 아직 석명되지 않았다. 그러므로 이 사건의 존재 자체나 그 표피적 내용만을 갖고서 구영필에 대한 어떤 유의 방어막 혹은 중화제로 삼거나 자격증명으로 내세울 수는 없다고 본다. 그가 자금을 대어 안동현에 설립했다는 원보상회의 경영자로서 의열단 거사용 무기의 국내 밀송을 도맡아 해준 이병철도 1920년의 폭탄사건 종결 후 가족을 데리고 영고탑으로 옮겨가 살았는데,[88] 거기서 하얼빈 일본총영사관의 '밀정' 노릇을 했음이 명기된 자료가 나온다.[89] 이 또한 놀라운 일이고 구명도 해보아야겠지만, 이쯤 되면 단지 '구영필 문제'가 아니라 '구영필 그룹 문제'로 접근해봐야 할 것은 아닌가 하는 생각도 든다.

---

[86] 1897년생으로 추정되는 김용술은 1919년 8월경부터 1920년 5월까지 삼광상회의 점원으로 일했었다(『매일신보』 1921.12.23, 「정치의 변혁을 목적한 과격문서」).

[87] 『동아일보』(1921.12.23), 「독립전보를 배포」; 『매일신보』(1921.12.23), 「정치의 변혁을 목적한 과격문서」; 『매일신보』(1922.2.8), 「불온문서 배포자 2명 판결」 참조.

[88] 『동아일보』(1925.3.5), 「이병철씨 長逝」 참조.

[89] 「機密 제129호, 不逞鮮人祕密會議ニ關スル件」(在哈爾賓總領事, 1923.2.14), 『不逞團關係雜件—朝鮮人의 部—在滿洲의 部』 35. 자료상의 표기명은 '李丙鐵'인데, 그 명자(名字)가 독립운동사 관련 자료에 등장하는 경우는 이것이 유일하다. 그러므로 영고탑에서 1925년 2월 폐병으로 사거한 李丙喆과 동일인으로 보아도 될 것이다.

8. 요약과 정리

　의열단의 제1차 국내거사 기획이 어이없이 '실패'로 돌아가고 말았음에 관한 이상의 논의와 설명은 길고 복잡함을 피하지 못하였다. 그런 가운데도 우리가 확인해낸 것은 다음과 같은 점들이다. 우선은 윤치형·이일몽(이수택)·배중세가 '조력자' 겸 '후견인'으로서 중국 안동현의 이낙준·이병철과 더불어 거사기획의 추진에 일익을 담당하며 깊이 관여했다는 것. 그렇지만 그들의 소임은 자금조달·무기관리·연락중계 등의 후방지원으로 한정된 것이었다. 이 조력자 그룹원들은 각인의 임무 수행 방식과 평소의 성향 및 상호 연줄로 볼 때 대체로 구영필의 영향력 아래에 놓인 이들이었다.

　그 중 배중세와 함께 국내 밀반입 무기의 관리책임자가 되고 있던 이일몽의 이상언행에서부터 거사 실패의 조짐이 나타났다. 김원봉의 거사결행 독촉에도 불구하고 그가 이리저리 이유를 대가며 수차 폭탄을 내주지 않았으니, 투탄 결행을 거듭 제동 걸어 지연시킨 격이 되었다. 이종암의 마지막 결행 시도마저 그와 배중세의 비협조로 좌절되어버렸다. 그래서 거사는 끝내 실행되지 못하고, 종국에는 폭탄 전부 압수와 밀입국 거사요원 및 국내협력자 다수의 피체라는 대실패로 귀결되고 말았다. 기대되고 맡겨졌던 '후견'과 '조력'의 역할이 실제로는 부당한 전횡과 의외의 방해로 나타난 역설 때문이었다.

　일련의 이런 경과는 무기 구득에서 국내 밀반입, 그것의 수령 및 운반·보관, 단원들의 국내 잠입과 각자의 은신대기 정황 및 거사준비 활동, 거사실행 기도 직전의 피체사태에 이르는 세부 사실들을 여러 자료를 갖고서 시간순으로 재구성해 봄에 의해 명확해졌다. 그 결과로 종래의 연구나 논의들보다 훨씬 진전된 정리와 설명이 가능해지고 전후 연결이 매끄러운 종합적 이해에 이르게 된 것도 아닐까라고 생각해본다.

다음으로, 일이 그렇게 귀결되어버린 배경을 살피고 정확한 이유를 찾다 보니 가닿게 된 것이 '구영필 문제'이다. 그 문제는 10여 년 전부터 학계 일각에서, 근 몇 년 동안에는 독립유공자 (미)서훈 문제와 관련하여 유족 측에서 강력히 제기하는 쟁점이 되어온 것이기도 한데, 이 글에서는 1920년의 의열단 폭탄사건으로 국한시켜 살펴보았다. 그 범위 내에서 이일몽의 1924년도 검·경 신문조서를 비롯한 여러 자료로 추적해본 결과, 놀라운 사실들의 발견과 재확인이 거듭된다. 거사용 무기 구득의 여비를 김원봉에게 내주었던 '길림군정사 군수과장' 겸 '임시정부 재무부 위원' 구영필이 단원 체포와 폭탄 압수에 혈안이 되어 있던 경기도경 경부 김태석을 은밀히 도와, 동향인 동지들 중심의 거사기획 실행을 좌절시키는 데 주역이 되었다는 것이다.

그렇게 된 연유가 쉽게 파악될 수 있는 것은 아니지만, 우선은 김태석이 벌여간 바 거사저지 및 관계자 계속체포 공작에 구영필이 자의반 타의반으로 동원된 것이었다고 볼 수 있다. 그것은 그 2년 전의 합사사건 수사 때 두 사람 사이에 생겨났을 묘한 인연과, 구영필의 외척인 한춘옥·한봉근도 이번 사건의 관련 용의자가 되었다는 사실이 꼬리를 물고 이어지며 하나의 인과고리가 만들어진 때문이었다. 그런 흑막 뒤에서 그에게 '악역'이 주어지고 수행된 것인데, 이것은 그 역할 수행에 일부 연루되었던 이일몽의 검·경 신문조서와 재판보도 기사들로 충분히 실증된다.

다른 측면에서는 의열단원들의 연속피검을 초래한 밀고자가 '김진규·안태익'였다는 김태석의 반민특위 진술의 신빙성 정도를 여러모로 따져보았다. 그 결과, 그 진술은 모종의 의도를 담고서 조작된 내용이었을 기미가 짙고, 나아가 의열단원들이 폭탄거사를 준비하고 있다는 밀고가 진작에 있었을지 모르며, 최초 피체자인 이성우·윤소룡의 은신처에 대한 제보는 그것과 별개였을 것임도 논의하였다.

그 논의의 연장선에서, 구영필이 밀고자였음을 가능성 이상의 엄연한 사실로 확정해 말했던 윤치형의 회고 증언을 분석적으로 검토해보았다. 그 배경이 되었을 몇 가지 사실들도 추적해보았다. 그가 언급·지적한 내용의 모든 것이 사실과 정확히 부합하는 것은 아니었지만, 그래도 그 증언의 신뢰도는 비교적 높았다고 볼 수 있다. '밀고' 자체가 명확한 실증으로 규명된 것은 아니어서 상당 부분이 의혹으로 그친다는 한계는 있다. 또한 거사 기획의 시초 단계부터 구영필의 조언/주문/지시대로 움직여간 것이었을 수 있을 이일몽·이병철 및 한봉근의 행동을 포함한 더 많은 부분이 아직은 베일에 가려진 채로 있다. 그러므로 향후 보다 더 전면적인 추적과 해명이 자료발굴과 함께 필요하다 싶다. 그것은 단지 '구영필 문제'로 국한되지 않고 '구영필그룹 문제'로 확대되어 다루어져야만 할지도 모른다.

황상규와 의열단원들이 체포되어 가혹한 고문을 당하고 옥고를 겪었으면서도 살아생전에는 함묵하였기에 채 공개되지 않은 비화가 있었을 것으로 여겨진다. 단장이라 하지만 아직은 어리고 경험도 부족하여 이모저모 미숙할 수밖에 없던 김원봉 혼자서는 예측도 상상도 해보기 어려웠고 사후 복기로도 잘 짚이지 않았을 지능적 공작과 음모가 정말 있었을 것도 같다. 그 흑역사의 장막 뒤를 들쳐 보고 헤집어내는 것이 쉬운 일은 분명 아니다. 하지만 사실에 철(徹)함을 출발점으로 삼는 것이 역사연구의 대원칙일진대, 회피해서도 안 될 일이다. 이 글도 그런 의미의 문제제기로 읽혔기를 바라는 마음이다.

3장

1920년 서울, '암살단'의 결성과 의열투쟁 기획

1. 머리말

  1920년 7월, 미국 의회의 상·하원 의원 42명과 그 가족들로 구성된 '동양시찰단'이 필리핀·중국·조선·일본 순방길에 나섰다. 이에 대한민국임시정부를 비롯한 독립운동 진영에서는 한국인들의 민족독립 열망을 의원단에 전달하거나 강력히 표출하여 일제의 대외선전이 얼마나 기만적인 것인지를 폭로하려 하였다. 아울러 한국독립운동에 대한 미국 정계의 우호적 여론을 조성하고 원조 의사도 가능한 한 끌어내려 했다. 그리하여 의원단이 통과할 국내외 여러 지점에서 적절한 방식으로 접촉·교섭함을 시도하고 만세시위와 작탄거사 등의 대미 선전용 행동도 벌일 것을 계획하고 준비하였다.

  그런 배경에서 8월 초순부터 9월 초까지 사이에 상해·북경·서울·도쿄 등지에서 여러 움직임과 일들이 있었다. 독립운동 비밀결사인 암살단이 의원단 내한일인 8월 24일 서울에서 총독 등 일제 고관을 저격하는 거사 계획을 세우고 추진한 것도 그중 하나이다. 그러나 경찰의 예비검속으로 다수 단원과 관련자가 잡혀가는 바람에 거사가 실행되지 못하고 조직도 와해되어버렸다.

이에 이 글에서는 이 사건의 배경과 전말을 추적하여 실상을 최대한 상세히 복원해보려 한다. 그 결과는 초기 의열투쟁 주체들의 사고와 행동양식을 특징점만 아니라 한계까지도 깊이 파악해보고 다각적으로 조명해냄에 있어서 유용하고도 불가결한 재료가 될 것으로 본다. 또한 조선총독부의 '문화정치' 시행과 국외 독립운동 진영의 '독립전쟁 개전론'이 날카롭게 부딪치고 있던 시점에 개재했던 일종의 예외적 상황에 대해 양측이 어떤 태도를 보이면서 어떻게 대응해갔는지를 비교 검토해보는 것도 의미 있을 것으로 본다.

암살단의 성립과 활동, 특히 미국 의원단 내한을 계기로 삼은 항일거사 추진은 독립운동사의 의열투쟁 관련 개설서나[1] 김상옥의 항일투쟁에 관한 논저[2] 및 관련 주제의 논고들[3] 속에서 약간씩 논급되거나 부분적으로 다루어진 적이 있다. 그러나 단독주제로 설정되어 그 전모가 상세히 구명된 적은 없다. 기존 논구들은 활용 가능한 자료를 최대한 섭렵하여 세밀하게 비교 검토하지를 못했거나, 특정인 중심의 시각으로 몇몇 자료에 지나치게 의존한 결과, 부분적인 고찰과 편중

---

[1] 독립운동사편찬위원회, 『독립운동사』 제7권(의열투쟁), 1976; 김창수, 『항일의열투쟁사』, 독립기념관 한국독립운동사연구소, 1990; 김영범, 『의열투쟁 Ⅰ- 1920년대』, 독립기념관 한국독립운동사연구소, 2009.

[2] 유준기, 「1910년대 기독교인의 항일독립운동의 일 양상—김상옥의 항일의열투쟁」, 『논문집』 10, 총신대학교, 1991; 김창수, 「김상옥의 종로서 및 효제동 의거」, 『역사와 민족: 한국 근현대사와 민족의 발견』, 삼문, 1994; 윤병석, 「1910년대 의열투쟁과 김상옥의사의 서울의거」, 『대한과 조선의 위상』, 선인, 2011.

[3] 김상기, 「해방 후 광복단의 재건과 신도지부」, 『한국근현대사연구』 17, 2001; 장석흥, 「광복단 결사대의 결성과 투쟁노선」, 『한국근현대사연구』 17, 2001.

된 결론 도출에 그쳤던 감이 있다.

그 점을 염두에 두고 이 글에서는 가급적 1차 자료 중심의 사실 검출과 재구성에 의해 암살단의 성립과 조직, 그의 거사 추진과 실패 귀결의 전 과정에 대해 실증 위주의 재고찰과 전면적인 검토를 해보려 한다. 특히 판결문과 일제관헌의 보고문서, 신문기사 등의 공식문서 자료를 중시하여 적극 활용할 것이다.

기왕의 논고들에서 자주 활용되어 온 자료는 「김상옥 열사 항일실록」[4](이하 「항일실록」)과 예심종결 결정문이다. 그런데 「항일실록」은 1949년에 나왔던 『김상옥열사의 항일투쟁실기』[5](이하 「투쟁실기」)과 내용구성이 거의 같아 보이는 중에도 일부 중요 대목에서 후대의 가필 때문인지 상위한 기술을 보인다. 그런즉 모본에서 벗어난 일종의 번안판처럼 되어서 자료가치가 저감되는 것으로 판단된다. 그보다는 아래의 4건 공문서가 훨씬 더 정확하고 풍부한 정보를 제공해줄 것으로 기대된다. 그러므로 이 글에서는 이들 공문서와 『투쟁실기』를 주요 자료로 삼고서 교차검증 식으로 적극 활용해볼 것이다.

    ① 「고경(高警) 제30811호, 암살단 검거보고」(1920.9.30)
    ② 「한우석 등 21인 예심종결 결정」(경성지방법원 검사국, 1921.6.21)
    ③ 「한우석 등 16인 판결문」(경성지방법원, 1921.11.15)
    ④ 「김동순 등 3인 판결문」(경성복심법원, 1922.4.28)[6]

---

[4] 김상옥·나석주열사 기념사업회 편저, 『김상옥·나석주 열사 항일실록』(삼경당, 1986)의 제1편에 해당한다. 판권지의 책 제목은 위와 같은데, 표지에는 『김상옥·나석주 항일실록』으로, 내표지에는 『김상옥열사 나석주열사 항일실록』으로 되어 있다. 실제 집필자는 언론인 이건호(李建鎬)였다.

[5] 김상옥열사기념사업협회 편, 『金相玉烈士의 抗日鬪爭實記』, 1949.

[6] 자료 ①은 독립운동사편찬위원회, 『독립운동사자료집』 제11집(1976), 106-111쪽에, 자료 ②·③·④는 『독립운동사자료집』 제10집(1976), 1040-1067쪽에 번역되어

2. 암살단 성립의 배경과 계기

1) 대한민국임시정부의 전투적 독립운동 태세 확립

이동휘를 위시한 재러 사회주의계열 운동자들의 참여에 의해 '통합정부'로 재편된 1919년 9월 이후로 상해 임시정부의 독립운동노선은 자못 전투적인 방향으로 가닥이 잡혀갔다. 그리하여 12월에 군무부령으로 「임시군사주비단제」를 선포하고, 1920년 1월 들어서는 당년도가 '독립전쟁의 제1년'이 됨을 선포하였다.[7] 안창호도 신년축하회 연설에서 1920년이 '독립전쟁의 해'임을 천명하였다.[8]

그 후 임시정부는 14개 항의 「시정방침」을 확정하여 4월 이후 요로에 배포했는데, 그 중 '내정' 부문의 '대적' 항에서 일제의 통치권 행사를 거부하는 시위운동, 납세 거절, 관공리 퇴직 등의 다양한 방법들과 더불어, 필요시 작탄 사용과 감사대 작전 전개라는 공격적 투쟁방안도 제시하였다. '군사' 부문의 '개전 준비' 항에서도 "독립운동의 최후 수단인 전쟁을 대대적으로 개시하여 규율적으로 진행하고 최후 승리를 얻을 때까지 지구(持久)하기 위한" 방책의 하나로 '작탄대 편성'을 제시하였다.[9] 요컨대 임시정부는 '작탄투쟁'을 독립전쟁 개전 준비의 주요 방략에 포함시키고 추장도 한 것이다. 아울러 임시정부는 그 방

실려 있다(이하 두 자료집의 표기에는 '독립운동사편찬위원회'를 약하고 '집'도 숫자만 적음). 여기서는 국가기록원의 독립운동 판결문 사이트와 국사편찬위원회의 한국사 데이터베이스에 올려져 있는 원문과도 대조하며 세세한 정보나 어휘도 최대한 정확성을 기해보려 한다.

[7] 국사편찬위원회, 『대한민국임시정부 자료집』8(정부수반), 2006, 161쪽 참조.
[8] 도산기념사업회 편, 『안도산전서』(중), 범양사 출판부, 1990, 126쪽.
[9] 金正明 편, 『朝鮮獨立運動』Ⅱ, 東京: 原書房, 1967, 115-116쪽; 국사편찬위원회, 『대한민국임시정부 자료집』 8, 121-124쪽.

략의 실천화 의지도 여러 경로로 표출하였다. 그 중 대표적인 것이 일제 요인 및 그 촉수 섬멸과 반민족분자 응징의 결의를 담아낸 '7가살'론이었다. 그렇다면 이제 살펴볼 암살단의 조직과 활동도 임시정부의 독립전쟁 전략과 맞물리는 작탄투쟁론 및 7가살론과 긴밀히 연동된 것이었다고 할 수 있다.

2) 대한군정서의 국내 군자금모집 추진과 작탄거사 준비

위와 같은 배경에서 암살단 성립의 결정적인 계기가 된 것은 중국 길림의 대한군정서(통칭 북로군정서)가 군자금을 거두기 위한 특파원으로 김동순(金東淳; 일명 김일[金一])을 1920년 초에 국내로 들여보냈음이다. 입경한 김동순과 김상옥이 만나 알게 됨으로써 후자의 동지들이[10] 군자금 모집활동에 동참하게 되었고, 그 일을 강력히 추진해 효과를 내기 위한 조직으로 암살단을 결성하기에 이르렀으니 그렇다.

김동순은 1899년 경기도 개성 출신인데 1918년 12월 모종의 죄

---

[10] 1919년 4월, 김상옥과 윤익중(尹益重), 신화수(申華秀), 정설교(鄭卨敎), 서대순(徐大順), 전우진(全宇鎭), 김화룡(金華龍) 등 9인이 뜻을 같이하여 서울 연동동에서 비밀결사 혁신단을 발족시켰다. 그들은 4월부터 10월까지 지하신문 『혁신공보』의 간행과 배포를 주관했고, 그 과정에 중앙학림의 학생들 및 승려 백초월(白初月) 등과 협력했던 것으로 보인다(『투쟁실기』, 29-30쪽, 38-39쪽; 독립운동사편찬위원회, 『독립운동사자료집』 제5집, 1972, 265쪽; 「高警 제30935호, 不穩文書發行者檢擧ニ關スル件」, 1919.11.3; 「高警 제34511호, 獨立運動資金募集者檢擧ノ件」, 1919.12.5; 국회도서관 편, 『한국민족운동사료: 3.1운동편, 其二』, 1976, 493-494쪽 같이 참조). 『혁신공보』는 5월 11일자의 제21호(국가보훈처 편, 『3.1운동 독립선언서와 격문』, 2002, 313-318쪽 영인수록); 8월 12일자의 제34호(독립기념관 소장); 12월 25일자의 제50호(독립기념관 소장)가 현전한다. 그런데 간행주체와 발간내역에 대한 여러 자료들의 기술 내용에 상위점과 모호점이 상당수 있어서, 더 많은 자료의 발굴과 세심한 검토가 필요함을 지적해두고 싶다. 그 신문의 명칭과 연관이 깊은 혁신단의 실재성과 성립경위, 활동내역에 대해서도 현재로서는 『투쟁실기』와 『항일실록』의 서술이 유일한데, 그 부분 역시 관련 자료의 발굴에 의한 더 많은 검토와 확증 작업을 요한다고 본다.

행을 범하고 만주로 탈출하였다. 1919년 3월에 그는 길림 성내(城內)의 우마행(牛馬行)에서 조직된 길림군정부(정식 명칭은 '조선독립군정사')에 가입했고, 이 단체가 북간도의 대한정의단 산하 무장단체인 대한독립군정회와의 통합으로 10월에 대한군정부를 발족시킴에 따라 그리로 귀속되었다. 그리고 군정부가 12월에 임시정부의 명에 의해 대한군정서로 개명하니 그 소속원이, 정확히는 길림분서의 일원이 되었다.[11]

1920년 음력 정월 하순에 군정서의 집법과장 최우송(崔友松)이 김동순에게 국내로 들어가 동지를 모집하고 군자금을 거두어오라고 지령하였다. 그러면서 6·8·10연발식 권총 각 1정으로 도합 3정, 탄환 30여 발을 교부해주었다.[12] 그것은 연내에 2백만 원을 모금하고 그 돈으로 다수의 군병을 모집해 양성한 후 국내진공을 개시한다는 구상에 따른 것이었다.[13]

음력 3월 10일경, 군정서 외교과장 및 재무원의 명령하에 길림을 출발한 김동순은 안동현에서 압록강을 건너 국내로 잠입했고, 신의주를 거쳐 3월 20일(양력 5월 8일)경에 서울로 들어왔다. 연후에 그는 윤익중의 소개로[14] 전우진의 본가인 인의동 전기봉(全基奉)의 집에 하숙함과 아

---

[11] 『독립운동사자료집』 11, 109쪽 참조. 대한군정부·대한군정서의 성립 과정에 대해서는 신용하, 『의병과 독립군의 무장독립운동』(지식산업사, 2003), 240-243쪽을, 대한군정서 길림분서가 존재했음에 대해서는 애국동지원호회, 『한국독립운동사』, 1956, 310쪽을 볼 것.
[12] 『독립운동사자료집』 10, 1048쪽. '최우송'은 실명이었고, 대한군정서에 계속 몸담았던 그는 1925년 4월 신민부(新民府) 결성 때 중앙집행위원회의 내무부 위원으로 선임된다.
[13] 『매일신보』(1920.9.29), 「전율할 대음모」 참조.
[14] 김동순과 윤익중이 4~5년 전 학교에서 지면이 있게 된 사이였다는 기사가 보이기는 하지만, 김동순이 군정서 참모 박관해(朴寬海)의 아우 박승목(朴勝穆)을 찾아가 입국 사정을 설명하고 동지를 구해달라고 부탁하여 그 이웃 친구를 소개받으니 윤익중이었다는 설명(『투쟁실기』, 43-44쪽; 독립운동사편찬위원회, 『독립운동사』 제7권, 360쪽)이 사실에 더 가까워 보인다.

울러, 그 집에서 김상옥과 처음 대면케 되었다.[15] 만나보니 그는 김상옥 본인처럼 단신이고 홍안소년의 상을 하고 있었지만, 알고보면 "담대하고 또한 기술(奇術)을 가진 표표한 청년"이었다.[16]

그 자리에서 김동순이 길림을 떠나기 전 최우송과 협의했던 바 그대로를 말하였다. 그 내용은 먼저 3만 원에서 10만 원 정도의 자금을 확보하고 폭탄 200개, 권총 50정을 구입하여 모험대를 조직한 다음 경기도경찰부와 경성부 내 4개 경찰서, 지방의 대구·부산·목포·원산 등지의 경찰서를 폭파하는 한편, 수사 방해의 목적으로 조선인 형사 30명을 암살하고 마침내 15만 원 이상의 재산가에게 군자금 제공을 요구하여 2백만 원 이상의 자금을 확보한다는 거창한 계획이었다.[17]

그러면 그렇게 확보하는 자금으로는 무엇을 어찌하겠다는 것인가? 이에 대해 김동순은 길림군정서로 보내서 독립전쟁 준비자금으로 쓰이도록 할 것임을 다음과 같이 설명해 말하였다.

> "금년 1년 준비를 갖추어 명년 1월경 두만강 물이 얼면 도강 '게릴라전'을 시작하여 국경 일대를 점령 혹은 파괴하고 왜인 관헌 등을 무찌르는 한편으로 동해 연안을 항행하는 내·외국 선박 등을 파괴함으로써 전세계의 열강에 조선 내의 치안을 왜인들은 확보하지 못함을 내보여 국제문제가 발생토록 하고, 우리 '게릴라부대'를 국제법에 비추어 정당한 교전단체로 승인케 합니다.(…) 국내에서도 이에 호응하여 압록강 도강작전이 시작되면 곧 행동을 같이하여 왜인 관공서·관헌 등을 무찔러 국내외가 혼연일치하여 전투에 참가한다

---

[15] 『독립운동사자료집』 10, 1048·1053쪽 참조. 『투쟁실기』, 44쪽에는 두 사람이 1920년 1월 23일경 효제동 이혜수(李惠受)의 집에서 처음 만난 것으로 적혀있는데, 그 시점이 김동순의 입경 전이어서 사실과 부합하지 않는 기술이라 판단된다.

[16] 『투쟁실기』, 43쪽.

[17] 『독립운동사자료집』 11, 109쪽.

는 것입니다."[18]

이에 김상옥은 전적으로 공감하면서 지하신문에 의한 여론환기보다는 직접적 실천행동으로 전환해야 한다는 자신의 종래 지론과 합치함을 만족스럽게 여겼다.[19] 윤익중도 의견을 내기를, 폭탄으로 악질 재산가인 화동의 김종건(金鍾健)을 죽이고 종로경찰서에 폭탄을 던지며 조선인 형사 1~2명을 암살하면 참된 독립운동가인 것이 알려져 재산가의 신용을 얻고 군자금 모집이 용이해질 것이라고 했다.[20] 민중 일반에게 다소간 공포심을 주기야 하겠지만, 독립운동자라는 입장을 주지시키고 한인 형사들을 위축시켜 활동을 용이하게 하려면 폭탄 투척만큼 효과를 거둘 수단은 없으리라는 얘기였다.[21]

이 의견을 좇아 폭탄을 쓰는 방안으로 합의를 보고, 김동순이 최우송에게 폭탄 5~6개를 보내달라고 서신 요청하였고, 10일 이내에 보낼 테니 준비하라는 회신이 최우송에게서 왔다.[22] 이에 김동순은 3월 하순에 길림으로 가서 본국 잠입 공작의 성과를 보고하고, 4월 하순(양력 6월 10일경)에 권총 3정과 탄환 300발을 받아 휴대하고 사격 명수인 19세의 평안도 청년 장일진(張一鎭)을 대동하고 재입국했다.[23]

이와 같은 일련의 경과, 즉 김상옥과 김동순의 만남과 의기투합, 그리고 실제적이고도 구체적인 국내 항일거사 추동의 합의와 그 준비작업 착수 및 진행이 일회적·우연적 사례에 불과한 것은 아니었다. 그것

---

[18] 『투쟁실기』, 45-46쪽. 문의가 잘 통하도록 인용시 약간 윤문한 것임.
[19] 『투쟁실기』, 47쪽.
[20] 『독립운동사자료집』 10, 1054쪽, 김동순의 검사신문조서.
[21] 『독립운동사자료집』 11, 109쪽.
[22] 『독립운동사자료집』 10, 1054쪽.
[23] 『투쟁실기』, 51쪽.

은 3.1운동이 종식되어버린 후로 새롭게 모색되기 시작한 국내·국외 독립운동 세력의 연계항일 투쟁, 특히 국내와 재만 양쪽 운동세력 연계투쟁의 초기적 징후이면서 장차의 순조로운 확대 가능성을 예감케 해주는 것이기도 했다.

3. 암살단 결성과 조직 확장

1) 암살단 결성과 조직구성

위와 같은 맥락에서 아마도 음력 5월경에 김상옥, 김동순, 윤익중 3인이 실천행동을 위한 조직으로 '암살단'을 발족시켰다. 명칭은 김상옥이 제안했고,[24] 동지이던 신화수와 김화룡 등을 가장 먼저 가입시켰다. 그리고 다음과 같이 직임을 정하였다.[25]

> 단장: 김동순.
> 탐정부장 겸 배달부장: 김상옥.[26] 외교부장: 윤익중.
> 교통계: 김화룡.   서기: 신화수.   수금계: 이돈구(李敦九).

---

[24] 『투쟁실기』, 62쪽.
[25] 『독립운동사자료집』 10, 1054·1065쪽. 『투쟁실기』, 63쪽에는 담당업무 분장 내역이 이와 좀 다르게 서술되어 있다. 즉, 실제행동 담당 김상옥, 무기제공 및 선전·연락 담당 김동순, 재정 담당 윤익중, 비밀문서 담당 신화수·최석기(崔錫基). 집총 담당 서대순이었다는 것이다. 이편이 더 사실과 가까워 보이기도 한데, 일단은 공식문서의 기록을 따르기로 한다.
[26] 김상옥의 직책이 집금부장이었다는 기사도 있다(『매일신보』, 1921.10.26, 「중요관서를 파괴코자」).

단의 조직구성은 대(隊)와 오(伍)를 두되, 대와 대, 오와 오 사이는 불통케 하고, 영수(領袖)만이 그것을 관리하고 연락토록 했다. 극비조직 성격에 부합하게, 그리고 유사시의 조직보위를 위해, 종적 연락만 하고 횡적 연락은 전혀 안 하기로 한 것이다.[27]

암살단 조직과 더불어 김동순과 김상옥이 행동계획을 세웠다. 길림군정서로부터 폭탄이 오면 김종건의 집과 경찰서에 투척할 것이지만, 당장은 자기가 가져왔던 권총 3정으로 독립운동 방해자인 경기도경 경시(警視) 김태석(金台錫),[28] 총독부 경무국 촉탁인 정탐 정운복(鄭雲復), 국민협회장 민원식(閔元植) 3명을 암살하자고 김동순이 발의하였다. 암살단 취지서와 경고문을 살포하여 한인 관리의 퇴직을 촉구함과 아울러 일반인들에게는 독립을 위해 분기할 것을 격려함과 동시에 공포심도 불러일으켜 군자금 모집을 용이하게 하는 한편, 자산가들에게 자금제공 통지서를 보내서 급속히 3만 원 이상의 자금을 획득할 구상도 풀어놓았다.[29] 군자금 제공 요구에 응하지 않을 시 암살한다는 생각도 밝혔다.[30]

이에 김상옥도 찬동하고, 경성부 내 15만 원 이상의 자산가를 조사하여, 30여 명의 명단 및 주소와 재산액을 작성하였다: 민영휘(閔泳徽), 홍충현(洪忠鉉), 조진태(趙鎭泰), 한상룡(韓相龍), 나세환(羅世煥), 윤덕영(尹悳榮), 백완혁(白完爀), 이재극(李載克) 등이 그들이었다.[31] 아울러 그는 단원들을 데리고 매일 북한산으로 들어가 사격훈련을 시켰고, 자신도 브로우닝 8

---

[27] 韓薩任[=조소앙], 『金相玉傳』, 上海: 三一印書館, 1925, 13쪽; 『투쟁실기』, 62쪽.
[28] 警部 金泰錫을 잘못 표기한 것이다.
[29] 『독립운동사자료집』 11, 110쪽; 『독립운동사자료집』 10, 1048·1054·1065쪽 참조.
[30] 『독립운동사자료집』 10, 1053쪽.
[31] 『독립운동사자료집』 11, 110쪽; 『매일신보』(1920.9.29), 「전율할 대음모」.

연발 권총으로 연습하였다.

6월 들어 와룡동의 신화수 집에서 김동순의 구술에 기초한 「암살단 취의서」를 신화수가 작성했고, 한국독립의 필요성을 논하면서 한인 형사·순사의 암살이 필요함을 언술하는 「경고문」, 중추원 참의와 한인 고등관 대상의 「통고문」도 덧붙여 작성하였다. 이들 3종 문서의 인쇄는 협의에 의해 김상옥에게 일임되었다.[32]

김상옥은 창신동의 자택 2층으로 한동네 주민이면서 중동학교 학생인 최석기를 불러, 전기 암살단 취지를 설명하고 인쇄에 조력할 것을 요청하였다. 최석기는 그 뜻에 찬동하고, 김상옥과 함께 4시간 동안 문서마다 3백 매를 등사기로 인쇄하였다.[33] 그중 취의서 1매를 김동순이 최우송에게 보냈는데, 폭탄 수송을 독촉하는 뜻으로였다. 재정 책임자인 윤익중은 자기 집을 저당하여 1천여 원을 자금으로 댔고, 김상옥의 아우 김춘원(金春園)이 형의 철물점을 저당 잡히고 2천원을 만들어냈다.[34]

2) 암살단 조직의 확장: '광복단 결사대'의 합류

그 무렵 서울에서는 암살단과 비슷한 취지의 또다른 비밀결사가 은밀히 조직활동을 준비하고 있었다. 주도자는 충남 청양 출신의 광복단원이던 한훈(韓焄, 본명 한우석[韓禹錫])이었다.

한훈은 1913년 경북 풍기에서 채기중(蔡基中)을 중심으로 조직된 광

---

[32] 『독립운동사자료집』 10, 1048-49쪽 및 1052쪽. 3종 문서 각각의 내용 요지는 『투쟁실기』, 65-66쪽, 또는 「항일실록」, 63-64쪽을 볼 것.
[33] 법정에서 최석기는 이를 극구 부인한다(『독립운동사자료집』 10, 1049·1053쪽).
[34] 『투쟁실기』, 68-69쪽.

복단의 창립단원 13명[35] 중 1인이었다. 그는 1918년 10월, 몇몇 동지와 함께 전남 보성군 박곡의 양재학(梁在學)과 낙안군 벌교읍의 서도현(徐道賢) 등, 악명 높은 친일부호들을 사살했고, 오성(烏城)의 헌병분견대를 습격해 무기를 탈취하였다고 한다.[36] 그리고는 만주로 탈출했다가 이듬해 3.1운동 발발 후에 귀국하였다.

1920년 1월, 한훈은 임시정부 국내특파원 중의 1인이던 박문용(朴文鎔, 일명 박환[朴桓])으로부터 임시정부 사정을 들어 알게 되었다. 이에 2월 말경에 둘이 함께 상해로 가서 이동휘·안창호·이동녕·이시영 등 정부 요인들을 김철(金澈)의 주선으로 만나 교섭하였다. 서울을 중심으로 '조선독립군사령부'라는 이름의 독립단을 조직하려 하니 임정의 조력을 바란다는 뜻을 피력하고, 군자금 모집을 위해 권총이 필요하니 대여해주기를 요청한 것이다.[37]

3월에 귀국한 그는 서울 황금정에 거처를 정하였다. 귀국길에 그가 임시정부로부터 모젤권총 40정, 탄환 3천 발, 폭약 10관을 받아갖고 들여와서 김병순(金炳淳)·최기배(崔基培) 두 형사에게 보관시켰다고 한다.[38] 하지만 다음과 같은 견지에서 신빙성이 좀 약해 보이는 얘기이기도

---

[35] 그 명단은 자료와 연구자에 따라 상이하다. 애국동지원호회, 『한국독립운동사』, 91-92쪽; 바중훈, 「풍기광복단의 명칭과 1916년 재흥설 검토」, 『안동사학』 5, 2000, 123쪽; 김희주, 「소몽 채기중의 항일독립운동」, 『동국사학』 38, 2002, 144쪽 각각을 참조.

[36] 채광식, 『소몽 채기중선생 전기』, 소몽선생숭모회, 2001, 178쪽.
한훈이 편술한 『광복단 약사』(광복단 중앙총본부, 1946)에 첨부된 자필이력서(「대한광복단」)에는 이들 거사를 1915년에 김상옥 등과 함께 벌였던 것으로 기술되어 있다 (김희곤 편, 『박상진 자료집』, 독립기념관 한국독립운동사연구소, 2000, 380·382쪽의 영인수록본 참조). 하지만 사건 단서가 뒤늦게 포착되어 수사가 개시되었을 때의 신문보도에는 한훈, 유장렬(柳璋烈), 부안사람 고제신(高濟臣=고문경[高文京]), 김제사람 곽경렬(郭京烈)·김태수(金泰洙)가 '범행자'로 적시되고 김상옥의 이름은 나오지 않았었다(『동아일보』 1922.11.12, 「벌교 부호를 위협하야」).

[37] 『독립운동사자료집』 10, 1049쪽, 1054-1055쪽 참조.

[38] 한훈, 「대한광복단」, 김희곤 편, 『박상진 자료집』, 382쪽.

하다.

첫째, 당시 임시정부의 재정 능력이 그만큼 다량의 무기를 한꺼번에 1인에게 공급해줄 만큼 충분한 상태가 아니었다. 둘째, 초면의 한훈에 대한 신임이 그 정도로 컸을지 의문이다. 셋째, 그 무렵 자기 조직의 국내 독립운동에 대한 지원 교섭을 위해 임시정부를 찾아갔던 다른 많은 사람의 경우와 견주어볼 때 지나치게 이례적이다. 넷째, 나중에 보겠지만 8월 거사를 위해 그가 김상옥에게 건네주려고 가져간 무기의 수량이 이것에 비해 턱없이 적고, 7월에 안동현에서 받아오는 무기의 수량과는 일치한다는 점이다. 아마 그때는 한훈이 제의한 조직이 성립하고 실체화하면 그때 무기를 공급토록 준비하겠다는 정도의 언약을 받은 것이 아니었겠는가 한다.

귀경 며칠 후 한훈은 박문용·김재수(金在洙=우재룡[禹在龍])·임기현(任箕鉉) 3인과 남산공원에서 만나 협의하고 그 내용을 토대로 조선군사령부 조직에 착수하였다. 목적은 두 가지였다. 첫째는 모병·모금과 독립군 양성인 것으로, 장교 요원은 상해로, 병사는 간도로 보내서 양성할 계획이었다. 둘째는 사령부 예하에 결사대를 조직하고 그 중 암살단을 뽑아서 총독, 정무총감, 이완용, 송병준 등 각 귀족과 조선인 형사를 처치해버림이었다.[39]

나중에 가서 이 조직의 명칭이 본래의 것이 아닌 '결사대'로 호칭되기 시작했고, 한훈의 이전 운동이력 및 그 계승관계와 관련지어 '광복단'이라는 관형어가 그 앞에 놓이니, '광복단 결사대'라는 명칭이 새로 만들어져 통용된다.[40] '결사대'는 원래 단체 수준의 독립조직이 아

---

[39] 『독립운동사자료집』 10, 1055쪽; 『동아일보』(1920.9.22), 「육혈포 암살단」.
[40] 이성우(「대한광복회 만주본부의 설치와 활동」, 『호서사학』 34, 2003)는 광복단 결사대와 주비단이 대한광복회 국내조직의 '명맥을 계승한' 단체였다고 주장한다. 앞서 장

니라, 사령부의 한 특별부서 내지 별동조직일 것이었음에도 그렇다. 한훈을 비롯한 조직원들 자신이 독립군 양성에 방점이 찍혀있던 '조선독립군사령부'는 명의로만 삼고, 내실은 '결사대'라 생각하고 그렇게 통칭했는지도 모른다.

박문용 등과 함께 한동안 동지 획득과[41] 군자금 수합에[42] 주력하고 있던 한훈은 7월 초순에 임시정부 쪽의 연락을 받고 중국 안동현으로 가서 임정 파견원 최우영(崔宇榮)을 여관에서 회견했다. 거기서 그는 임시정부의 지시를 수령하고,[43] 모젤식·콜트식·브라우닝식 각 1정의 권총 3정과 실탄 약 300발을 받고서 7월 11일 귀경하였다.[44] 그리고 귀경 사흘 후(혹은 이튿날)에, 미국의원단 내한에 관한 국내신문 보도가 처음 나왔다.[45] 이를 접한 한훈은 총독 및 정무총감 암살의 절호 기회라 여기고 결행을 결심하였다. 그리고는 7월 14일,[46] 김상옥을 집으로 찾아

석흥이 "광복단 결사대의 대한광복회와의 계승관계를 구명"하려 했음과(「광복단결사대의 결성과 투쟁노선」, 46쪽) 궤를 같이한다. 이에 대해 김희주는 "암살단이 대한광복단에 합류하여 명실 공히 대한광복단 후계조직으로 발전"했다고 하여(「일제하 대한광복단의 조직변천과 그 특질」, 『정신문화연구』 95, 2004, 169쪽), 계보관계와 계승 경위를 좀 다르게 파악하였다.

[41] 김병순·최기배만 아니라, 윤기중(尹奇重), 윤상보(尹相普), 김형규(金衡圭), 이근영(李根榮), 유학주(柳鶴柱), 기명섭(奇明燮), 윤홍종(尹洪鍾), 안승극(安承極) 등이 동지로 가담했다(『투쟁실기』, 76쪽).

[42] 4월에 한훈이 고제신·임성태(林聲泰) 등과 함께 군산·김제 일대에서 군자금 모집활동을 벌였고(「刑控 제467호, 高文호 등 3인 판결문」, 전주지방법원, 1924.8.28), 음력 4·5월경에는 한훈과 박문용이 정용택(鄭容澤) 외 1명과 함께 전남 광주군 본촌면의 노진영(盧軫永)을 찾아가 권총 3정을 겨누고 군자금 6천원 제공을 요구하여, 1개월 후 노진영이 쌀을 판 돈 1천 원을 갖고 서울로 올라와 교부하였다고 한다(『독립운동사자료집』 10, 1050·1057쪽).

[43] 『투쟁실기』, 77쪽.

[44] 『독립운동사자료집』 10, 1049쪽.

[45] 『조선일보』(1920.7.14), 「조선의 실정을 시찰코자 내한하는 미국의원단」. 판결문에는 보도가 귀경 다음날 나온 것으로 되어 있는데, 앞서의 귀경일자 진술과 부합하지 않는다. 진술된 7월 11일이 아니라 7월 13일이 귀경일이었을 수도 있겠다.

[46] 『투쟁실기』, 77쪽에 귀경 3일 후라 했으니 7월 14일이 된다. 판결문에는 7월 31일로

가 만나 찬의를 얻고, 이틀 후 다시 그의 집에서 논의를 좀 더 진전시켰다고 한다.

김상옥과의 만남에 관한 한훈의 피체 후 신문조서와 그것을 인용한 판결문 부분은 다음과 같이 되어 있다.

> [본인은] 김상옥이 일찍부터 조선독립에 관하여 상당한 인물로 조선인에게 그 이름이 알려져 있는 것을 생각하여 동인과 상담하고 암살을 실행하려 했으며, 7월 31일 동대문 밖에 있는 김상옥의 집으로 방문하여 동인과 면회한 다음 자기의 계획 등 일체를 말했는데, (중략) 동인은 곧 찬성하였다. 이어서 8월 2일, 김상옥 집에서 그와 유훈(兪勳), 최모, 본인 4인이 미국의원단의 남대문역 도착과 동시에 만세를 부르고 군중이 모여들면 그 틈을 타서 총독 등을 암살할 것에 대해 상담하였다.[47]

두 사람이 만나는 데 '유훈'이라는 소개자가 있었던 것으로 판결문에 기술되어 있다.[48] 한훈과 김상옥이 '광복단 동지'로서 이미 서로 알고 있는 사이였다면, 이는 불필요한 일이었고 맹랑한 얘기가 되는 것이기도 했다.

그 점에 착안하여, '유훈'이란 한훈이 경찰신문 때 김상옥과 전혀 모르는 사이였던 것처럼 위장하기 위해 내세운 가공인물이었을 것으로 보는 관점이 있다. 이와 달리, 실제로 소개인이 있었는데 미체포 상태였기에 그에 대한 추적수사를 막을 의도로 그 신원을 감추고자 지어낸 가명이었다는 관점이 있을 수 있다. 어느 쪽이든, 체포되지

되어 있으나, 그때까지의 시간공백이 너무 크다. 그 사이의 여러 행적을 추궁받지 않기 위해 한훈이 일부러 날짜를 늦추어 진술한 것 같다.

[47] 『독립운동사자료집』 10, 1055쪽.
[48] 『독립운동사자료집』 10, 1049·1054쪽.

않고 피신 중이던 김상옥과의 관계에 대한 여하한 진술도 교차심문이 불가능하니 그냥 받아들여져 넘어갈 수밖에 없는 상황이었음을 한훈이 충분히 이용한 결과일 수 있었다.

그런데 『투쟁실기』에는 유세관(柳世觀)의 소개로 김상옥과 한훈이 만나게 되었고 이내 "흉금을 털어놓고 이야기할" 사이가 된 것으로 분명히 서술되어 있다.[49] 이는 앞 문단에서의 후자 쪽 관점을 지지해주는 것일 뿐 아니라, 김상옥과 한훈이 광복단을 매개로 전부터 알던 사이였다는 통설을 상당 부분 허무는 것이기도 하다.[50]

아무튼 7월의 첫 회합에서 두 사람은 "암살단과 결사대의 취지·목적이 일치하므로 양 조직이 행동을 함께하기로 약속"했고, 그 증표로 권총 3정을 교부하였다.[51] 그 결과로 "김상옥·김동순·필자 등 20여 인이 결사동맹행동반을 조직"했다고 한훈이 해방 후 회고하였다.[52] 이것은 어떤 상위조직의 예하부서나 하위조직이 아니라, 그 자체로 독립적인 조직의 명칭이었던 것 같다.[53]

그런데 동일 회고기록에서 한훈은 '행동반원 즉 암살단원'이라는

---

[49] 『투쟁실기』, 77쪽.

[50] 김상옥이 광복단의 창립기 단원이었다 함은 한훈이 집필한 『광복단 약사』(1946)로부터 유래하고 애국동지원호회의 『한국독립운동사』(1956)에 수용, 정착된 후 점차 통설이 되어왔다. 1912년 여름 석 달 동안 삼남지방을 유람하는 겸 매약행상을 하던 중인 김상옥을 대전에서 알게 되었는데 인품에 감명받아 동지로 받아들였다고 한훈이 사위 김태운(金泰運; 김상옥의 양자)에게 말해주었다고 한다(유준기, 「1910년대 기독교인의 항일독립운동의 일 양상」, 113쪽). 그런데 한훈이 편찬과 집필을 주도했을 『투쟁실기』(75-77쪽)에는 1920년의 상면 전까지는 그와 김상옥이 전혀 모르는 사이였던 것으로 서술되어 있고, 김상옥이 광복단 활동을 했거나 관여했다는 서술을 그 책 어디서도 찾아볼 수 없다. 상당히 당혹스러운 일이고, 풀기 어려운 의문점이기도 하다.

[51] 『독립운동사자료집』 10, 1049·1054쪽.

[52] 한훈, 『광복단 약사』, 3-4쪽(김희곤 편, 『박상진 자료집』, 393쪽).

[53] 송상도, 『기려수필』(국사편찬위원회, 1971), 321쪽에도, 김동순·김상옥·한우석 등 20여 인이 '결사동맹행동반'을 조직했던 것으로 서술되어 있다.

표현을 씀으로써, 위 행동반과 암살단을 동일시하였다. 이는 기존의 '암살단' 명칭의 적용 범위를 자기 쪽의 '조선독립군사령부'(혹은 '광복단 결사대')로까지 확대시켰음을 의미한다. 아니나 다를까, 그가 열거한 28명의 '행동반원 즉 암살단원' 명단에는 원래의 '사령부/결사대'쪽 조직원들이 전원 포함되어 있고,[54] 자필이력서에 "암살단장으로 피선"된 것으로 적어놓기도 했다.[55]

그렇다면 두 조직은 일시적 '동맹행동' 수준을 넘어 하나로 완전히 합체된 것이었을까? 그리고 일종의 '확대 암살단' 출현, 바꿔 말하면 암살단 조직의 확장이 그 결과였던 것일까?

그렇게 보아도 큰 무리는 없을 것 같다. '결사대'는 인물이 적으며 아직 미완인 조직체이고 암살단은 조직과 인적 배치는 다 되어 있으나 무기·탄약이 거의 없다는 결점을 각각 안고 있었다.[56] 그러니 상호 보충·보완의 의미로 '결사대'가 암살단에 '합류'하는 방식으로 두 조직이 '결합'했다고 볼 수 있는 것이다. 『투쟁실기』에는 상호합의 하에 결사대원들이 암살단으로 '포섭'된 것으로 기술되어 있는데, 그것은 최종 조직명이 '암살단'으로 낙착되었음을 시사해주는 한훈의 회고기록과도 부합한다. 결국 크게 보면, 암살단이 조직의 연속성을 유지하면서 새 인원과 무기를 공급받아 당초 목표했던 활동을 더욱 자신 있게 펴나가게 된 것이다.

---

[54] 한훈, 『광복단 약사』, 5쪽(김희곤 편, 『박상진자료집』, 394쪽) 참조.
[55] 「대한광복단」, 김희곤 편, 『박상진 자료집』, 382쪽.
[56] 『투쟁실기』, 78쪽.

4. 미국 의원단 내한에 즈음한 암살단의 의거 추진

1) 미국 의원단 내한에 대응해간 임시정부와 일제당국의 행보

앞에서 서술했던바 한훈의 7월 중 안동현 방문과 임시정부 특파원과의 회견은 기실 미국 의원단 내한에 즈음한 임시정부의 대응계획과 밀접히 연동되어 있었던 것으로 보아야 하겠다. 다음과 같은 맥락에서이다.

수십 명의 미국 의원단이 7·8월 중에 동양 3국을 시찰키로 방문하는데 중국에서 일본으로의 여정에 한반도 통과가 예정되어 있다고 함이 5월 하순에 처음 보도되었다.[57] 이 소식은 "독립에 대한 조선민족의 큰 결심을 내보임과 함께 민심을 격동시켜 독립 실현을 촉진시킬"[58] 좋은 기회가 왔다는 판단으로 연결되지 않을 수 없었고, 그 기회를 최대한 살릴 수 있을 효과적 방안이 임시정부 내에서 모색되기 시작했다. 그리하여 6월에 '對미국의원시찰단 주비위원회'(회장 안창호)를 구성하고, 다각적인 대응책 강구와 실행 준비에 착수하였다.

환영행사나 접견 형식을 빌리는 적극적인 의사 표출 및 전달의 외교·선전도 꾀하였지만, 의원단의 국내통과 때 시위운동이 반드시 있어야 함을 안창호는 정부 쪽에 역설하였다. 그리하여 6월 18일에 최종 방침이 결정되었는데, 필리핀에 정부 요인을 보내어 선전활동을 전개, 상해에서 거류민단이 환영회를 개최, 국내에서는 시위운동 겸 환영행사를 벌임 등이 그것이었다.[59]

---

[57] 『독립신문』 제78호(1920.5.22), 「미 의원의 來東」.
[58] 강덕상 편, 『現代史資料』 27, 東京: みすず書房, 1970, 498쪽.
[59] 나카타 아키후미(박환무 역), 「미국 의원단의 동아시아 방문」, 『일본의 조선통치와 국

그런데 그 이상의 무력행동, 즉 의원단의 국내 통과에 때맞춰 선전 효과 극대화를 노리는 작탄거사 감행도 군무부 주관으로 은밀히 준비되었던 것 같다. 그런 맥락에서 서간도 관전현에 본영을 두는 국내공작 특별기관으로 대한광복군총영이 서둘러 7월 1일에 창설되어, 차후의 대대적인 작탄거사를 준비하고 실행을 지휘토록 임무를 부여받은 것이다.[60] 같은 맥락에서, 3월에 상해로 와서 굳은 결의를 표명하며 지원을 요청했던 한훈으로 하여금 이 기회에 의미 있는 거사를 추진하여 실행토록 주문하려고 임시정부에서 그를 호출했을 것이고, 그래서 그가 안동현으로 가서 특파원을 만나고 무기도 수령해 온 것으로 보아야 할 것이다.

7월 5일, 미국 의회의 상·하원 의원 42명과 그 가족 74명으로 구성된 동양시찰단 일행 123명이[61] 샌프란시스코 항구를 출발하였다. 방문국은 필리핀·중국·일본 3국으로 정해져 있었지만 여정이 확실히 공개되지는 않았고, 실제로 중간 기착지나 일정이 다소간 유동적이었다. 내세운 명목은 관광유람이었지만, 실제로는 중국의 실정과 일본의 식민지배 실상을 조금이라도 '시찰'하고 견문하기 위한 목적이 컸다.[62] 아무튼 의원단은 8월 5일 상해에 도착하여 중국방문 일정을 시작했고, 8월 9일부터 항주(杭州)를 거쳐 남경을 관광한 다음, 13일 제남(濟南)에 갔다가 14일 오후에 북경에 도착하는 등,[63] 순조로이 여정을

제관계: 조선독립운동과 미국, 1910~1922』, 일조각, 2008, 312쪽 참조.

[60] 졸저, 『의열투쟁 Ⅰ - 1920년대』, 60-61쪽 참조.
[61] 재상해 일본총영사관 경찰부 제2과, 『조선민족운동연감』(동문사서점 영인, 1946), 1920년 8월 5일조. 의원과 가족원 숫자를 합치면 116명인데, 자료 원문에 123명으로 되어 있다. 둘 사이에 차이가 나는 인원 7명은 아마도 수행원이었을 것 같다.
[62] 유선영, 「일제 식민 지배와 헤게모니 탈구」, 『사회와 역사』 82, 2009, 89쪽.
[63] 나카타 아키후미, 「미국 의원단의 동아시아 방문」, 314쪽.

이어갔다.⁶⁴

　의원단의 샌프란시스코 출발은 7월 9일에,⁶⁵ 조선 통과 방문이 예정되어 있음은 7월 14일에 처음 국내 보도가 있어서 일반에게도 인지되기 시작했다. 그러나 입경 예정일에 관한 보도 내용이 계속 바뀌었고, 결과적으로는 연속 오보가 되었다. 『동아일보』 7월 27일자에 '8월 14일 입경 예정'으로 처음 보도되더니, 의원단 37명이 상해에 도착한 8월 5일 이후로 『동아』·『조선』 두 신문이 의원단의 예정 입경일에 관한 기사를 경쟁적으로 내보내면서 19일, 13일, 23일, 15일, 17일로,⁶⁶ 어떤 때는 하루 만에도 그 날짜가 바뀌어 보도되었다. 본의가 무엇이었든 간에 결과적으로 독자들을 혼란스럽게 만든 것이고, 총독부 당국의 숨은 의도가 작용한 것일 수도 있었다.

　일제 당국은 내심 의원단의 조선 통과를 바라지 않았다. 중국에서 일본으로 배를 타고 직행하기를 바랐다. 총독부는 의원단이 조선에 들어오면 위해를 가할 음모가 있다면서 조선 방문을 보류토록 전해달라고 주중 일본공사에게 의뢰하였다. 의원단에 대한 습격 계획이 있다고 도쿄의 외무성에 수차 보고하기도 했다. 또한 서울에 호열자(콜레라)가 유행하고 있다는 정보도⁶⁷ 흘렸다.

---

⁶⁴ 미국 의원단은 상해에서 해단하여 절반 이상 인원이 귀국하였고, 북경 방문 이후의 일정은 나머지 48인(그 중 의원은 20명)이 개인 자격으로 소화하였다. 『조선민족운동연감』 1920년 8월 5일조에는 37명만 중국에 들어온 것으로 되어 있는데, 임시정부 측에서 잘못 파악한 탓인 것 같다.

⁶⁵ 『동아일보』(1920.7.9), 「미 의원 동양시찰」.

⁶⁶ 입경일 예고 보도는 다음과 같이 춤추듯 바뀌어갔다. 『동아일보』 7월 27일자가 8월 14일로, 『조선일보』 8월 5일자는 8월 19일로, 다시 『조선일보』 8월 7일자가 8월 13일로, 그러더니 『동아일보』 8월 10일자부터 12일자까지 연 3일치가 각각 8월 23일, 15일, 17일로, 도무지 종잡을 수 없게끔 보도를 했다.

⁶⁷ 콜레라 유행은 허위정보가 아니라 사실이었던 것 같다. 이에 대해서는 『매일신보』 (1920.8.17), 「경성 호열자 환자 400명을 돌파」 참조.

하지만 의원단은 조선 방문을 철회할 의사가 없음을 밝혔다. 그러자 기다렸다는 듯이 8월 중순 이후로 국내 신문에는, "과격한 배일조선인들이 일미 개전을 위해 의원단 암살을 계획하고 있다"; "의원단을 경성에 억류할 음모가 있다"; "의원단이 탄 기차를 폭파할 것"이라는 등의 기사가 의원단 입경 직전까지 수차 실려 나왔다.[68] 조선인들이 3.1운동을 잇는 '제2의 독립운동'을 계획 중이라는 요지의 보도도 나란히 나왔다.

예컨대, 『동아일보』 8월 17일자 3면에는 「미국 의원단의 내방에 제(際)하야[즈음하여] 조선인의 제2차 독립운동」이라는 제목의 기사가 크게 지면을 차지하고 실렸다. "경무국 마루야마(丸山) 사무관이 16일 발표한 그대로만 보도함"이라는 고지를 앞에 달고서 기사는 총독부 당국이 탐지한바 국내 배일조선인들의 계획이 다음과 같다고 열거하였다.

제1. 상해에서 발송한 청원서를 의원 일행에게 제출하여 조선독립의 원조를 구할 것.
제2. 대환영회를 개최하여 정성 있는 식탁으로 그들을 향응할 것.
제3. 일행이 경성에 도착할 때 남대문정거장 부근에 출영하여 일제히 만세를 크게 부르고 통곡과 哀呼를 할 것.
제4. 그중 과격한 급진파의 모험단체는 폭발탄과 기타의 총기를 가지고 시위적 운동을 하여 조선민중의 배일적 태도를 보이고 그 형세의 험악함을 보일 것.
제5. 미국 의원단을 살해하여 외교문제를 일으켜 일미 개전을 촉진케 하여 조선독립의 목적을 달성할 것.
제6. 조선사람 단독으로 일행을 환영하되 환영회 개최의 목적을 달(成)케 되지 못할 때에는 일본인과 연합하여 환영하는 회

---

[68] 『동아일보』 8월 14·16·17일자; 『매일신보』 8월 17·22일자; 『조선일보』 8월 17일자 참조.

장에 들어가 돌연히 일어나서 조선독립의 대연설을 할 것.[69]

『매일신보』 8월 17일자 3면에도 「미국 의원단의 입성을 기회로 하야 배일조선인의 대비밀계획」이라는 제목의 기사가 실렸는데, 내용은 『동아일보』 기사와 같고 문구만 조금 달랐다. 그러면서 말미에 "겨우 10여 명을 넘지 못하는 관광객인 미국 의원에 대하여 하룻저녁 연회를 베풀고 또한 한 봉의 뇌물을 주어서 간곡한 청원을 하여 조선독립의 대사를 실행코자 하는 저 배일 조선사람들의 행동에 대하여 당국에서는 자못 주의 중이더라."고 적어놓아, 조롱과 멸시로써 접촉 의사를 아예 포기하게끔 유도하려는 의도를 노골적으로 드러냈다. 심지어 총독부는 의원단 환영회를 개최할 계획이 없다고[70] 연막을 치기도 했다.

하지만 8월 18일자 신문에 정확한 일정이 보도되기 시작했고, 20일자 보도에 재확인되었다. 8월 23일 奉天을 출발하여 24일 서울로 들어와서 1박하고, 8월 25일 부산을 떠나 도쿄로 간다는 것이었다.

2) 암살단의 서울거사 준비

이런 정황에서 한훈과 김상옥은 수차 밀회하며 결의를 다졌으며, 일제 당국의 요사한 책동에도 개의치 않고 하나씩 거사준비를 해갔다. 미국의원난이 24일 남내문역에 도착할 때 총독과 정무총감이 영접 나올 터이니, 길림의 최우송이 김동순에게 보내오는 폭탄을 속히

---

[69] 이와 더불어 '과격급진파'가 예정행동을 개시하여, 3일 밤 평안남도청과 평남 제3부 신축청사에 폭탄을 던졌으며, 15일 밤에는 신의주정거장 앞 철도호텔에도 폭탄이 투척되었음을 당국이 공표하였다. 여기에는 이후의 엄중경계 및 대량검속 조치를 사전 정당화하려는 의도가 깔려있었던 것으로 보인다.
[70] 『동아일보』 8월 20일자.

받아 그것과 권총으로 총독 및 정무총감을 암살키로 하였다. 그와 동시에 「암살단 취의서」 등을 뿌려서 군중을 선동하고, 동지들로 하여금 '독립만세'를 선창케 함으로써 민중을 격동시킴과 아울러, 군자금 응모도 용이토록 할 것 등에 관해 상의하였다.

「암살단 취의서」는 활판으로 깨끗이 다시 인쇄하기로 하여, 8월 상순에 신화수가 원고를 정서했고, 김화룡이 김교상(金敎庠)에게 비용과 원고를 건네주며 인쇄를 부탁하였다. 김교상은 광주군 중부면 이재인(李載仁)의 집에서 활판으로 약 4천 매를 인쇄하여 김화룡에게 보냈고, 김화룡은 다시 그것을 김상옥의 집으로 보냈다.[71]

거사용 자금 확보도 급선무였다. 그래서 우선은 김상옥이 귀족 박영효를 찾아가 요청하니 서슴없이 3천 원을 내주는 것이었다.[72] 다음으로 변호사 박승빈(朴勝彬)에게 사전 통고해놓고, 8월 4일 오전 8시경에 김동순, 김상옥, 이돈구 3인이 청진동의 박승빈 집으로 찾아가 군자금 제공을 요구했다. 박승빈은 난색을 표하였다. 이에 김상옥이 크게 질타하며 권총을 꺼내 시위하고 김동순 역시 그러하니, 그제야 박승빈이 감탄조의 치사를 하며 8백원·2백원의 수표['소절수(小切手)'] 2매를 작성해 주는 것이었다. 김상옥 일행은 그것을 받아 곧장 은행으로 가서 현금을 지급받고, 그중 4백 원을 길림의 최우송에게 보냈다.[73]

8월 10일경, 김상옥은 서대순과[74] 그의 의형제 이운기(李雲基)를 자기

---

[71] 『독립운동사자료집』 10, 1049·1053쪽.
[72] 『투쟁실기』, 69쪽.
[73] 『독립운동사자료집』 10, 1050쪽. 박승빈 방문 시의 상황에 대한 자세한 묘사는 『투쟁실기』, 69-70쪽; 『매일신보』(1921.10.27), 「암살단사건 공판」; 『동아일보』(1921.10.27), 「경찰의 악형을 호소」를 같이 참조.
[74] 서대순은 『혁신공보』 사건으로 1919년 11월말에 체포되어(『매일신보』 1919.11.30, 「柳基元 등의 혁신공보 압수」) 징역 6월형을 선고받고(「서대순 판결문」, 경성지방법원, 1920.1.15) 복역하다 1920년 4월 28일에 '은사(恩賜) 감형'으로 출감해 있었다.

집으로 오게 해서, 미국 의원단 입경시의 거사 계획과 권총 입수 사실을 알려주고 다음과 같이 당부하였다.

> "지난날 그대들에게 좋은 기회가 올 것임을 말하여둔 것처럼, 마침내 우리가 활동할 시기가 박두하였다. (....) 사실은 상해 임시정부로부터 유력한 고문이 와서 우리들에 대한 명령을 하기로 되어 있고, 그 명령에 의해 활동할 결심이다. 그대들도 그런 결심으로 활동하기 바란다. 감옥까지 갈 비상한 각오를 해야 하므로, 임시정부 고문에게 말하여 그대들의 공로를 [사후: 인용자] 표창할 필요가 있겠기에 사진 1매씩을 갖고 오라."[75]

두 사람은 김상옥의 말을 경청해 받아들이고, 저격수로 나설 것을 승낙하여 약속했다. 그 후 김상옥은 신변보호와 작전구상을 위해 경기도 양평의 한 사찰에서 조용히 5일을 보내고 8월 17일 귀경하였다. 절에 갔다 돌아온 김상옥이 김동순과 한훈에게 털어놓은 작전구상은 당초 의논했던 계획과 좀 바뀐 것이면서 굉장한 규모의 것이었다. 의원단이 내한 이틀째 되는 날 통과할 종로의 가로변에 사격설비와 폭탄·탄약을 장착한 자동차 3대를 대기시켜두고서 집총대(執銃隊)가 총독 이하 고관들을 사살하고 경찰대와 시가전을 벌이며, 경찰서·재판소 등 관청을 습격해 폭파하고, 군대가 출동하면 역시 공격하여 대적한다는 것이었다. 듣는 두 사람이 실현 가능성에 의문을 표하였지만, 김상옥은 자신 있게 호언장담하였다.[76]

---

[75] 『독립운동사자료집』 10, 1050, 1056쪽.
[76] 『투쟁실기』, 80-82쪽. 그때 확보해 있는 무기는 일전에 한훈이 국내 반입하여 분산 은닉해 놓았다는 것들로, 군산의 김병순 집에 폭탄 2개와 권총 10정, 대전의 윤희병(尹希炳) 집에 권총 10정, 서울 낙원동의 안소사(安召史) 집에 권총 5정, 경성역 운송점에 화물로 가장해 맡겨놓은 폭탄 5개와 모젤권총 10정, 한훈 자신이 소지하고 있는 모젤권총 4정이었다. 그리고 경시 복장 4벌도 변장용으로 구입해놓고 있었다 한다

8월 20일 아침에 김상옥은 종로통의 포목상 박승직(朴勝稷)의 집으로 들이닥쳐, 지배인 김춘기(金春基)에게 암살단원임을 밝히면서 총을 겨누고 군자금 제공을 요구하였다. 그러나 현금이 없다고 한사코 버티는 바람에, 얻은 것 없이 그냥 돌아와야 했다.[77] 그렇다고 거사계획을 그냥 접어버릴 일은 아니었다. 단원 중의 이근영·윤기중·김형규·윤상보 4인을 만세선창 요원으로 지명해 시민들을 선동하도록 했으며, 서대순과 이운기에게는 앞서의 서술과 마찬가지로 남대문역에서 총독 외 고관들을 암살할 저격수 임무를 맡겼다. 철시하라는 경고문 6백 매를 등사하여 시내 상점가에 살포도 하였다.[78] 그러나 그가 거사용 자동차를 준비한 형적을 찾을 수가 없고 서대순·이운기에게 부여한 임무 내용으로 볼지라도, 양평에서 돌아온 후 말했던 작전구상은 아마도 스스로 철회한 것 같다.

한훈은 8월 21일, 최민석(崔敏錫)과 함께 입정정의 자기 집에서 만세시위 선동용 미국기와 태극기 7매씩을 만들었다.[79] 그날 8월 21일 밤 12시, 황금정의 중국요리집 아서원 6호실에 모여 있던 광복군총영 대원 김영철(金榮哲)·김성택(金聖澤)·김최명(金最明) 3인이 본정경찰서 형사대의 습격을 받고 피체되었다. 그들을 엄중 문초한 결과로 경찰은 김영철의 친척집 창고에서 거사용 폭탄 3개, 육혈포 3정, 탄환 171발, 경고문 70여 매를 찾아내 압수하였다.[80]

(『투쟁실기』, 89쪽).
[77] 『독립운동사자료집』 10, 1045쪽.
[78] 3.1운동 때도 김상옥은 상점주들에게 '화(火)'자를 쓴 손바닥을 보여주며 "오늘 문 닫지 않으면 불이다!"라는 말로 위협하여 철시토록 했었다(송상도, 『기려수필』, 319쪽).
[79] 『독립운동사자료집』 10, 1054쪽.
[80] 「광복단원의 폭탄투척미수사건 예심종결 결정」, 국사편찬위원회, 『한민족독립운동사 자료집』 29, 1997, 255쪽.

그들은 미국 의원단 입경을 계기 삼아 폭탄거사를 감행할 임무를 띠고 7월 12일 압록강 너머 관전현의 본영을 떠나 서울로 들어왔던 것인데, 거사 이틀 전의 마지막 회식 자리에서 그만 체포되고 만 것이다. 총영장 오동진으로부터 명령받은 대로, 폭탄 2개는 의원단 도착 전날 밤에 백작 이완용의 집과 종로경찰서에, 나머지 1개는 의원단 도착 당일 남대문 역전에 도열해 있는 경찰대에 투척할 예정이었다.

그런데 총독부 경무국은 그들의 행동계획을 왜곡 변조하여, 제1대는 의원단 및 환영군중에 투탄하여 국제문제를 유발하고, 제2대는 총독부를 엄습하여 투탄파괴하며, 제3대는 종로경찰서로 난입하여 투탄 파괴코자 했다고 즉시 발표하였다.[81]

3) 암살단의 거사실행 좌절

입경했던 광복군총영 대원 3인의 피체 소식이 알려지고부터 서울의 공기는 더욱 험악해지고 긴장감이 고조된 상태로 되어 갔다. 그런 분위기에서 경찰 당국은 경성부 내 요시찰인 약 1천 명에 대한 예비검속을 전격적으로 개시했다.

그 검속 대상에 김상옥이 포함되어 23일 오전에 가택수색을 당하게 되자 도피했고, 그 바람에 24일의 거사계획도 발각되어 거사실행이 문턱에서 그만 모두 좌절되어버린 것으로 그동안 알려져 왔다. 그리고 이 통설은 거의 전적으로 『투쟁실기』와 「항일실록」에 기술된 바에 따른 것이었다.

하지만 공식자료들을 가능한 범위에서 모두 찾아내 검토해보면, 김

---

[81] 『동아일보』, 1920년 8월 24일자 3면의 여러 기사를 두루 참조.

상옥에 대한 예비검속 시도와 가택수색, 그리고 그의 피신은 23일이 아니라 24일의 일이었으며 그 사실이 상당한 후과를 낳았음이 확인된다. 이제 그 점을 세밀히 짚어보기로 한다.

『투쟁실기』와 「항일실록」에는 거사예정일 이틀 전부터의, 그러니까 8월 22일 이후의 상황이 대략 다음과 같이 그려져 있다.[82] 8월 22일, 김상옥은 자신의 철물점 2층의 요리집 동춘루에서 한훈과 만나, 당일 중 한훈에게 되돌려져 올 모든 은닉무기와 탄약을 다음날 아침에 같은 장소에서 전달받기로 약정했다. 한우석이 명륜정 인근의 낙산이나 주교정 모 동지의 집을 전달 장소로 제안했지만, 김상옥은 자기 집으로 부득부득 고집했다. 조금 후 서대순과 이운기가 찾아오니, 김상옥이 세부적인 작전계획 및 행동요령을 시달하고 각오를 단단히 하도록 당부한 다음, 선전·포장(襃獎) 겸용의 상반신 사진을 제출받았다. 밤에는 김동순이 찾아와 숙의하다 자정 넘어 돌아갔다.

8월 23일 오전 9시경, 암살단의 경찰관계 연락책인 조만식(趙晩植)이 예비검속 관련 전갈을 경기도경의 황옥 경부로부터 받았다는 급전(急電)을 김동순에게 보내왔다. 그 쪽지를 읽은 김동순이 불길한 예감에 좌불안석하고 있을 때인 오전 9시 반, 동대문서 형사와 순사 10여 명이 김상옥의 집을 급습하여 후문으로 들어왔다. 김상옥은 2층 방에서 잠시 동정을 살피다 난간을 통해 행길 건너편의 이웃집 지붕으로 훌쩍 뛰어넘어가 재빨리 도피했다. 그는 근처의 친지 김광욱의 집에 일시 은신했다가 여인으로 변장하고 동지 전우진의 집으로 피신하였다.

연행 임무만 띠고 왔던 형사대는 김상옥의 돌연한 행동에 무슨 곡절이 있는 것이라 여기어 의심하고 2층 방을 샅샅이 수색하였다. 그

---

[82] 『투쟁실기』, 83-99쪽; 「항일실록」, 75-86쪽 참조.

결과, 특이하게 설치된 벽장 속에서 암살단 명부와 취지문, 임시정부 요인 및 이운기 등의 사진, 권총 케이스가 발견되었다. 형사대는 아연하여 본서에 급히 연락함과 아울러, 주변 일대를 엄중히 수색하여 단속토록 요청하였다.

그런 줄 모르고 한훈은 전일의 약속시간보다 약간 늦어 10시경에 김상옥의 집으로 들어섰다가, 잠복한 형사대에 바로 피검되었다. 김상옥에게 넘겨주려고 가져온 권총 3정과 탄환 300발도 압수되었다.[83] 한훈을 문초함에 의해 경찰은 단원 5명을 당일로 체포하였다. 또한 봉천으로 급히 연락하여 의원단의 출발을 12시간 연기토록 함으로써, 도착 시각이 저녁 6시 반으로 변경되었다.

그러나 일제 관헌당국의 비밀보고문, 신문에 보도된 수사결과, 그리고 판결문 등에 적시된 바의 관련자 행동과 상황 전개에는 이와 상당히 다른 점들이 있었다. 판결문에 따르면, '8월 23일' 밤에 서대순과 이운기가 김상옥의 집으로 갔더니, '내일'(상해 임시정부로부터 온) 고문의 명령이[84] 있을 것이므로 동대문 밖 훈련원에 오후 1시까지 가서 기다리고 있으라고 김상옥이 지시하였다. 24일 아침, 서대순이 이운기 집에 와서, 자기는 종로서, 이운기는 동대문서에 폭탄을 던진 후 남대문역으로 가도록 김상옥의 명령을 받았으니, 그러도록 결심하라고 전언하였다. 그 후 양인은 1시에 훈련원 앞으로 같이 갔고, 권총 등의 무기를 받고자 기다렸다. 그러나 김상옥이 나타나질 않았다. 이에 양인은 일이 발각되어 김상옥이 피신했음을 감지하였다.[85]

---

[83] 『동아일보』(1920.8.26), 「육혈포 암살단 검거」.
[84] 한훈에게서 무기를 수령할 것임을 이렇게 표현함과 동시에, 임시정부의 권위를 빌려서·이 두 사람의 내심의 결의를 마지막까지 유지시키려는 의도의 언술이었을 것으로 필자는 본다.
[85] 『독립운동사자료집』 10, 1056쪽. 이 부분에 대하여 『투쟁실기』, 91-92쪽에는, 23일

아마도 경찰 당국이 서둘러 중간 발표한 수사결과를 옮긴 것일 터인 8월 26일자의 신문보도에 의하면, 경무당국이 평소 엄중 주의하던 인물인 김상옥이 이즈음 무슨 음모를 꾸미고 있는 듯하여, 경관대가 8월 24일 01시 30분에 자택을 기습했으나 김상옥은 재빨리 지붕을 뛰어넘어 도주했다. 가택수색 결과, 한훈을 혐의자로 체포하고, 10연발 육혈포 1정, 탄환 34발, 암살단 가맹계약서, 불온문서 50매를 발견하여 압수했다. 한훈은 금월 10일 상해를 출발하여 안동현에서 배로 압록강을 건너 개성까지 도보로 와서 기차를 타고 경성 도착 즉시 김상옥을 찾아왔다고 진술하였다. 엄중 취조한 결과, 한훈이 실토한 거사목적은 미국 의원단이 남대문역에 도착할 때 육혈포로 일본인 고관을 암살하는 것이었다고 한다.[86]

사이토(齋藤) 총독 명의로 8월 24일 밤 10시 30분에 본국 외무대신에게 발송된 암호 급전문이 있었는데, 대체로 이와 같은 내용이나 조금 더 상세하며, 위의 신문기사 속의 시간표기가 착오였음을(10:30을 01:30으로 오식) 알 수 있게 해준다. 전보문을 전문 인용해보면 다음과 같다.

> 동대문가 거주 김상옥이 미국 의원단 경성 도착에 즈음하여 불온한 행동을 할 의심이 들어 검속할 필요에서 금일 오전 10시 반경에 동대문서 순사를 보냈을 때 도주해버렸으나, 바로 거동 불심(不審)의 한 선인(鮮人)이 그 집으로 오는 것을 체포 취조하였음. 김상옥 등 4명으로 조직된 암살단의 일원인 한훈인데, 출영 나갈 총독 기타 대관을 역두에서 암살할 목적으로 10일 상해발 안동현 경유, 육로로

11시경 두 사람이 무기를 수령코자 훈련원에서 만나 오관수 다리를 건너고 붕어우물께에 이르러 먼발치로 김상옥의 집을 바라보니, 평소 약정되어 있는 2층 창문 여닫이 신호가 비상상황임을 나타내주고 있어서 급히 발길을 돌렸다고 되어 있다. 김상옥이 나타나지 않으니 그의 집으로 가봤음을 말해주는 서술이다.

[86] 『동아일보』(1920.8.26), 「육혈포 암살단 검거」.

개성까지, 거기서 23일 밤기차로 경성에 잠입하였음. 모젤식 권총 1정, 탄환 34발, 서약서 및 암살단 취지서 11매를 휴대하였고, 다른 동행자 1명은 금일 밤 입경할 것임을 자백하였음. 김상옥 집 가택수색에서 불온문서 50매와 인쇄용지 50첩을 발견 압수하였음.[87]

후속 보도로 8월 24일 오전 11시경에 경찰이 입정정에서 암살단 관련자 윤기중, 윤상보, 김형규, 이근영을 체포하고 10연발 육혈포 2정과 탄환 175발을 압수했음이 알려졌다.[88] 수사 결과, 이 4명은 시민을 선동하여 만세를 부르게 할 임무를 받았고, 한훈이 안동현에서 받아 갖고 온 무기는 모젤식 육혈포 3정, 탄환 3백 발임을 확인했음이 다시 속보(續報)되었다.[89]

이와 같이 경찰의 김상옥 연행-검속 시도, 가택수색과 은닉물 발견, 그리고 의외의 수확인 한훈 체포, 그에 따른 암살단 조직 포착 및 수사 개시, 관련자 일부 체포는 모두 8월 24일 하루 중에 숨 가쁘게 벌어진 일이었다. 그런데도 운동주체(아마도 한훈이었을 것)의 회고기록인 『투쟁실기』에 그와 달리 23일과 24일 이틀의 일이었던 것으로 나누어 기술된 것은 무슨 까닭일까?

아마도 그것은 23일 오전에 일제(一齊) 예비검속 관련 전갈을 김동순이 받고난 뒤 그와 김상옥·한훈 3자 지도부가 취한 대응방향에 결과적으로 중대한 과오가 있었음을 사후 서술에서 드러내고 싶지 않아서였을 것이다. 일이 잘못되어버린 경위와 귀책 요인을 확실히 밝혀 적는 것을 유보키로 함에서 뒤따르는 일종의 '빗겨 쓰기'가 있었을 것으

---

[87] 「金相玉等ノ朝鮮總督暗殺計劃ニ關スル件」, 『不逞團關係雜件: 朝鮮人ノ部―在歐美 (4)』, 국사편찬위원회 한국사 DB. 밑줄은 인용자의 것임.
[88] 『동아일보』(1920.8.29), 「암살단 계속 체포」.
[89] 『동아일보』(1920.9.22), 「육혈포 암살단」.

로 추측되는 것이다. 대신에 암시적인 서술을 두어 군데 해두었음이 보인다. 우선은 무기전달 장소에 대한 한훈과 김상옥의 의견이 달랐는데 김상옥이 "아무 염려 없으니, (…) 걱정 말라고 고집"한 대로 김상옥의 집으로 약속되었다는 것,[90] 그리고 김동순이 거사 전일 23일 밤에 김상옥의 집으로 찾아와 '내일' 작전에 대해 숙의하고 "한 시 반경에" 돌아갔다고 함이[91] 그것이다.

  이 부분을 '깊이 읽기' 해보면, 새로운 해석과 추리가 가능해진다. 그것은 다음과 같다. 즉, 예비검속 개시 사실을 알게 된 후 3자 대좌로 대응책을 숙의했는데, 예정대로 거사를 강행키로 결론을 냈다. 그런데 만일의 경우를 대비하여, 『혁신공보』 사건 등의 전력으로 인해 요주의 대상이 되고 있을 김상옥이 일단 집을 나가 은신하고, 무기전달도 낙산이나 다른 동지의 집에서 하자고 한훈이 제의했다. 하지만 김상옥이 호언하면서 그 의견을 수용치 않고, 그냥 집에 있겠다고 했으며 무기도 집에서 전달받겠다고 했다. 이에 다른 2인이 더 긴말하지 않고 물러갔지만, 그래도 걱정이 된 김동순이 밤중에 다시 찾아와 재고를 요청하므로 얘기가 길어졌다. 그러다보니 아주 야심해서야 돌아가게 되었으리라는 것이다. 요컨대, 애써 준비한 대규모 거사 기획의 실패는 김상옥의 호걸적 성품의 소산인 방심 탓이 컸고, 다른 두 사람의 의견을 경청하여 수용하지 못한 그의 카리스마적 성격도 한몫한 것이다.

  24일의 일을 23일에 있었던 것처럼 서술하다 보니, 『투쟁실기』에는 서대순과 이운기가 전우진의 전언대로 세브란스병원 뒷산에서 김

---

[90] 『투쟁실기』, 83쪽.
[91] 『투쟁실기』, 84쪽.

상옥을 기다린 때가 24일 새벽이었고, 의원단 도착예정 시간도 24일 오전 6시였다가 부랴부랴 오후 6시로 늦춰진 것처럼 서술되었다. 그러나 기차 도착시각은 처음부터 24일 저녁 7시경으로 예정되어 있었다. 따라서 그 두 사람이 김상옥을 만나고자 기다린 때도 실은 새벽녘이 아니라 오후 늦은 시간이었다고 보아야 한다.

하기는 의원단 입경 예정일 하루 전까지도 입경 여부나 그 시점에 대해 갈피를 잡기 어렵게 만드는 대민공작이 벌어지고는 있었다. 총독부 기관지 『매일신보』의 8월 23일자 석간판에 "의원단이 24일에 온다 했으나 다시 듣건대 25일 오후 6시 50분 남대문 역 도착"이라고 보도되었다. 또한 그날 밤 평양 시내에는 「미국 의원단 여정변경」이라는 제목의 등사판 전단지가 '봉천 특전'임을 내세워 배포되었는데, 조선 각지에 괴질이 심하므로 의원단이 여정을 변경하여 금일 밤 봉천에서 대련(大連)으로 가서 기선 편으로 시모노세키(下關)로 직행할 것이라는 내용이었다. 이를 본 일반 시민들은 매우 분개하였다.[92]

4) 미국 의원단의 내한과 여정

조선총독부의 치졸한 공작과 관계없이, 의원단은 예정대로 8월 23일 밤 11시에 봉천역을 출발하여, 24일 오전 8시에 안동현을, 오후 2시에는 평양을 통과했다. 당연히 경찰의 엄중한 경계가 시작되었고, 서울 이북 지역의 분위기는 자못 삼엄하였다. 어느 역이든 조선민중의 출입이 엄금되었고, 철로변에 병사가 배치되어 경계에 나섰다. 한국인들은 철로 100미터 밖 지점에서 열차 통과를 지켜보며 환성을 질

---

[92] 『동아일보』(1920.8.26), 「'여정변경' 문서」.

렀다. 평북 정주와 곽산, 평남 신안주에서는 군중이 만세를 연호하였다. 서울과 평양, 인천에는 불온문서도 살포되어 나돌았다.[93]

24일 당일의 경성부 내는 경찰이 비상경계에 나섰고, 여차하면 엄중 단속할 기세였다. 있을지 모를 만세연호나 시위 혹은 그 이상의 돌발 사태에 대비한 경찰대대가 편성되고 수색대 활동도 개시되었다.[94] 중심가의 조선인 상점들이 항의의 뜻으로 전부 철시하자, 당국은 일일이 점주를 찾아다니며 개점을 요구하였다.[95] 그럼에도 상점 철시는 25일까지 계속되었다.[96]

드디어 24일 밤 8시 40분, 의원단을 태운 특별열차가 예정보다 1시간 이상 늦어진 시각에 남대문역에 도착하였다. 역전 광장과 도로에는 오후 1시경부터 모여든 군중 수천 명이 기대 반, 긴장 반의 분위기로 집결해 있었다. 하지만 그들은 하차한 의원단과 여하한 접촉도 대화도 할 수가 없었다. 의원단 일행 48명(여성 30명)은 준비된 승용차에 분승하여 만철(滿鐵) 소유의 조선호텔로 직행하였다.

그러자 역 앞의 군중을 필두로, 태평동, 구리개[아현], 대한문 앞, 종로통 등 각처에서 수천 명 민중이 독립만세를 외치며 경관과 충돌하였고, 그중 1백여 명 정도가 연행 구금되었다.[97] 종로경찰서로 인치된 조선인들은 구치감에서 만세를 불렀고, 평안도와 개성에서도 만세시위가 있었다. 25일에도 계속된 철시사태로 상점주 350여 명이 검속

---

[93] 『동아일보』와 『매일신보』 8월 26일자의 여러 기사 같이 참조.
[94] 『동아일보』 8월 24일자의 여러 기사 참조.
[95] 8월 24일의 계엄 및 경찰시위 상황과 일기 급변, 완전철시 등의 시내 분위기가 『동아일보』 8월 25일자의 여러 기사에 잘 묘사되어 있다.
[96] 『동아일보』 8월 26일자 참조.
[97] 『동아일보』(1920.8.26), 「경성의 만세소요 진상」.

되어 유치장에 갇혔다.[98]

8월 25일, 의원단은 국제친화회 주최의 환영회에 참석하고 여러 곳의 문화유적을 관람했다. 그리고는 저녁 8시 10분에 남대문역을 출발하여 부산으로 갔다. 이튿날 아침 7시 20분에 부산역에 도착한 일행은 부산항으로 직행하여 승선했고, 8시 10분에 일본 시모노세키로 향발하였다. 그들이 도쿄에 도착했을 때도 조선인 학생들의 시위와 접촉 시도가 있었지만 아무런 효험이 없었다.[99] 의원단은 9월 10일 요코하마(橫濱)에서 선편 귀국길에 올랐다.[100]

5) 암살단원들의 그 후 행로

천만다행으로 검속을 모면하고 피신했던 김상옥은 전우진의 집을 떠나 무내미의 이모 김여숙의 집으로 탈출하여 은신했고, 때때로 밤중에 서울 시내로 잠입하여 김동순 등과 밀회하였다. 향후의 거취를 의논한 끝에 그들은 경찰의 엄중 경계가 걷힐 기미가 없고 은신처도 곧 발각될지 모르니 일단 만주나 상해로 피신하였다가 기회를 보아 다시 입경하기로 합의하였다.

---

[98] 『동아일보』 8월 26 27 28 29일자 참조.
[99] 『매일신보』 9월 4일자.
[100] 이상하게도 『조선민족운동연감』에는 8월 22일부터 8월 26일까지가 아무 기사 없이 공백 상태이다. 9월 2일조가 되어서야 미국 의원단의 조선통과 때 있었던 일을 시위 계획 및 만세소동 두 가지만 간략히 소개하는 선에서 끝내고 있다. 원래 아무 자료도 없었던 것인지, 아니면 업무상 편간자가 되었던 상해 일본총영사관 경찰서의 정보계통('제2과')에서 의도적으로 그 기간의 일에 대한 기록을 회피하고 누락시킨 것인지, 알 수가 없다. 미국 의원단 내한을 전후한 한국인들의 동향과 일제당국의 대응 조치들을 전반적으로 파악해보려 한다면, 조선총독부 경무국에서 본국 내무성으로 보낸 종합보고문(「米國議員團ノ來鮮卜鮮人ノ行動ノ眞相」, 독립기념관 독립운동정보시스템 탑재)으로부터도 도움받을 수 있다.

이에 도피 여비를 만들기 위해 이돈구의 소개로 부호 이모(李某)에게서 1만원을 융통하여 받기로 하고, 김동순과 김상옥이 9월 8일 오후 6시에 약속장소인 종묘로 나갔다. 그러나 그 부호가 밀고한 것인지 경찰의 자체 첩보에 의해서인지, 30여 명의 형사들이 걸인으로 변장해 요소요소에 잠복 대기하고 있다가 김동순을 덮쳐 체포하였다. 약간의 거리를 두고 뒤따르던 김상옥은 그 장면이 목격되자 형사들을 향해 노호고성을 지르고 1발 위협사격으로 기세를 꺾으면서 급히 피신하였다.[101]

그 후 두어 달 동안 김상옥은 무내미와 녹본이 지경에 번갈아 숨어있으면서도, 생각하면 어이가 없고 화가 치밀어, 백주·야반 가림없이 서울 시내로 나와서 도처로 쏘다니며 분을 삭였다. 지명수배되어 있는 중에도 동소문에서 불심검문하는 순경을 발포해 처치하고, 청계천에서 우연히 마주친 종로서 형사 고바야시(小林)를 총격해 쓰러뜨리니, 추격하던 형사들은 그 특유의 고호노성에 놀라 도망을 가거나 위협을 느껴 먼저 피하였다. 하지만 그의 동지들은 김동순에 이어 서대순, 이운기, 신화수, 윤익중 등이 속속 검거 체포되었고, 끝내 피체되지 않은 6명 중 1인이 된 김상옥은 결국 10월 그믐에[102] 상해로 탈출하였다.

경찰 조사를 거쳐 검사국으로 송치된 피의자 21명에 대한 예심은 1921년 6월 21일에 종결되어, 5명 면소, 16명 기소로 결정되었다. 그해 10월 25일에 공판이 개시되고 같은 달 28일로 심리가 종결되면서 검사는 최고 12년(이돈구)에서 6개월까지의 징역형을 구형하였다. 이어서 11월 15일의 선고 공판에서, 유죄 판결과 함께 김동순 10년, 한

---

[101] 『투쟁실기』, 100-103쪽 참조.
[102] 『투쟁실기』 109쪽.

우석 8년, 박문용 7년, 이돈구 6년, 조만식·명제세(明濟世)·김태원(金泰源) 3년, 신화수·윤익중·서병철(徐丙轍) 2년, 서대순·김화룡·최영만(崔英漫) 1년, 이운기 10월, 최석기 6월의 징역형이 언도되었다. 6개월이 구형된 유연원(柳演元)만 유일하게 무죄를 선고받았다.

이들 중 비교적 단기형을 받았던 6인 중 신화수·윤익중·최석기 3인은 출옥 후 1923년에 다시 피검되어 악형을 겪었다. 1922년 상해에서 돌아와 재거사를 추진한 김상옥을 도왔다는 이유로였다. 1920년에 다행히 피검을 면했던 정설교와 전우진도 1923년에는 김상옥 의거의 연루자로 피체되어 옥고를 겪었다.

5. 암살단 의열투쟁의 의의와 교훈

돌이켜보면, 3.1운동 발발 직후의 고양된 정세 속에서『혁신공보』 발간·배포로 항일선전에 나섰던 김상옥과 그의 동지들은 몇 달 후 그 활동을 접었다. 일제 관헌의 핍박이 우심해짐에 더하여 자금난을 겪는 것이 주된 이유였지만, 항일운동 방법론 자체에 대한 인식 전환도 상당 정도 작용해서였다.

신문 발행이라는 온건 방법으로는 일제에 제대로 대항하기가 어렵고 그것만으로 독립을 쟁취할 수는 없음을 깨닫고 김상옥은 더 적극적이고도 유효한 투쟁방법을 모색하였다. 그 결과로 '혁명적 실천운동'으로의 일대 전환을 동지들에게 제기하여 설득하고 동의를 얻어냈다. 그럼으로써 그들은 '일인 고관 및 한인 반역도배 숙청' 즉 의열투쟁을 자기들의 제2단계 항일운동의 길로 상정하게 되었던 것이다.[103] 그것이 1920년 초의 국내외 정세에 걸맞게끔 새로 조정되고 있던 독립운동 방법론의 추이에 부합하는 행보이기도 했다.

그러던 차에 김상옥이 대한군정서 특파원인 김동순을 만나게 된 것은 실로 행운이자 필연이었다. 이 두 사람의 의기투합이 있었기에 재만 독립운동 세력의 군자금 모집운동에 국내 운동세력이 호응하는 형국으로 김상옥과 그의 동지들이 동참하게 된 것이다. 그 운동의 구체적 방법으로는 일제기관 투탄폭파와 악명 높은 친일인사 암살, 그리고 최악질의 한인형사 처단을 내용으로 하는 의열거사를 감행키로 했고, 그 실행조직으로 암살단을 발족시켰다. 1920년 5월경의 일이었다.

그 무렵, 임시정부의 독립전쟁 전략에 부응하여 '조선독립군사령부'의 국내 설립을 기도하고 있던 한훈 중심의 비밀조직 '(광복단)결사대'가 1920년 8월의 미국 의원단 내한에 즈음하여 임시정부가 적극적 대응행동의 일환으로 계획한 국내 항일거사 임무를 부여받았다. 그러나 결사대는 조직세가 약했음에서 그 단처를 보완해 줄 파트너를 찾던 과정에 한훈은 암살단 조직이 가동 중임을 알게 되어 그 지도자 김상옥을 만나서 협의하였고, 무기제공 조건으로 공동행동 이상의 합류와 합체로 나아가게 되었다. 그럼으로써 암살단은 명의 유지 상태에서 조직 확장을 기할 수 있었던 것이다.

1920년 8월 초부터 암살단은 미국 의원단 내한 때의 환영행사를 이용한 총독 등 고관 암살 거사와 그 효과에 기대는 거액의 군자금 수합을 계획하고서 다각도의 실행을 준비하고 추진하였다. 무기·장비의 미흡함과 상황조건의 불리를 뛰어넘을 장대한 시가전 구상까지 김상

---

[103] 『투쟁실기』, 42-43쪽 참조.

옥은 가졌고 언표도 하였다.

상상의 한도까지 여러 종류의 집단적 항일행동이 나오리라고 예측한 일제 당국은 온갖 방해책동과 비열한 악선전으로 미국 의원단의 내한 포기를 유도해보려 했지만 의원단은 아랑곳없이 예정대로 내한했다. 그럼에도 암살단의 거사는 실행 직전 단계에서 뜻밖에도 좌절되어버렸고, 김상옥 등 몇몇만을 제외한 암살단 관계자 거의 전원이 경찰에 체포되고 말았다.

그 실패를 경찰이 단행한 예비적 일제검속의 우연한 효과였다고 설명해볼 수 있고, 좀 더 나아가면 그 검속 조치에 대한 김상옥의 과잉대응에서 원인을 찾을 수도 있다. 하지만 그 상황에서의 김상옥의 신속 피신은 계획된 거사를 실행하려는 일념에서의 불가피한 선택이었다고 할 것이다. 그렇지만 일경의 예비적 일제검속을 우려한 한훈과 김동순이 예방조치를 취할 것을 권고했음에도 김상옥이 일방적으로 물리쳐 수용하지 않은 것은 비판받을 만하다. 그의 호기 어린 자기 과신과 지나친 고집과 방심이 일을 그르친 중요 원인이었을 수 있는 것이다.

아무튼간에 암살단과 김상옥의 1920년 의거계획은 마지막 단계에서 안타깝게도 실행이 좌절되고 말았고, 결국은 성과 없는 희생을 적지 아니 낸 셈이 되어버린 것이기도 했다. 그럼에도 불구하고 그들의 용기와 고투와 모색들은 그 자체로 의열투쟁이었던 것으로, 다음과 같은 몇 가지 의의도 지녔던 것으로 필자는 보고 싶다.

첫째, 1920년 벽두에 임시정부가 구상하고 제창했던 독립전쟁 발동 기획에 호응하여, 그 물질적 조건이 되는 군자금 모집에 적극 동참했다는 것이다.

둘째, 3.1운동의 정신을 계승하는 대대적 민중시위를 촉발함으로써 '제2차 독립운동'을 일으키려는 원대한 포석을 깔아놓은 행동이기도 했다는 것이다.

셋째, 총독(부)·종로경찰서 등 일제 식민통치의 중핵기관과 그 거두, 그리고 이완용·송병준·민원식·김태석 등의 대표적 친일주구들을 겨냥하여, 적의 심장부를 강타하고 그 수족을 제거하려는 행동이었다는 것이다.

넷째, 만세시위운동에서 선전고동운동으로, 거기서 다시 민중직접행동의 의열투쟁으로 옮겨가고 있던 1910년대 말~1920년대 초의 독립운동 추세를 여실히 드러내어 보여주는 중요 사례였다는 것이다.

다섯째, 웅대한 기획이었음과 동시에 결과적으로 실패한 사례임으로 해서, 그 후의 의열투쟁들에 대하여 소중한 교훈도 주고 반면교사도 되었으리라는 점이다.

마지막으로, 암살단의 활동목표와 실천은 그 명칭이 주는 이미지와 달리, 무분별한 '테러'가 아닌 절제된 의열행동의 성질을 띠고 있었다는 것이다. 일제 당국이 악선전했던 것과 같은 위해를 미국 의원단에 가하려는 비열한 의도는 추호도 없었고, 다만 그들의 일시 내한 기회를 최대한 이용하여 일제 요인과 기관만 정확히 타격하려 했음에서이다.

이러한 여러 의미에서 1920년 암살단 활동의 성격과 그 위상을 제대로 인식하고 온당하게 이해함이 요구된다고 하겠다.

보론 무장독립운동과 의열투쟁

1. 임시정부의 '독립전쟁' 전략과 전술체계 수립

민족독립의 열망과 혁명적 에너지가 분출하고 수많은 희생자가 나온 거족적 3.1운동으로도 독립은 성취되지 못하였다. 이에 많은 독립지사들과 일반대중은 공히 비폭력적 시위운동의 한계를 절감했다. 폭력수단도 불사하는 지속적 투쟁에 의해서만 일제를 내쫓고 독립을 얻을 수 있음을 자각하였다. 특히 만주·러시아 방면의 망명 독립운동자들에게서 그런 신념이 확고해져서, 조직적인 무장투쟁이 독립 성취의 유일한 방도로 상정되기에 이르렀다. 이에 따라 무장단체 결성과 독립군 편성에 박차가 가해졌고, 그런 활동이 매우 어려운 국내 지역에서의 강력한 폭력투쟁 방법도 별도로 강구되기 시작했다.

그렇게 무장독립운동의 기운이 3.1운동의 종식 얼마 후부터 불붙어 곧 본격화하기 시작한 것이다. 무장독립운동의 발흥에는 비폭력적 독립운동의 내재적 한계에 대한 비판적 성찰이 선행되고 있었을 뿐 아니라, 제1차 세계대전 종결 이후의 국제정세를 냉정하게 조망하면서 장기적 안목에서 최적의 기회가 오기를 기다리는 마음도 곁들여지고 있었다. 그리고 무장독립운동의 가장 큰 원동력은 조국 강토로부터 일제를 완전히 쫓아내고 절대독립을 성취해야 한다는 민족적 총의와 열렬한 자기희생의 정신으로부터 공급되었다.

1919년 11월 상해의 대한민국 임시정부가 러시아의 한인사회당 세력을 포용 흡수하면서 '통합정부'로 거듭났다. 그 독립운동 노선도 종래의 외교론 일변도에서 전투적인 방향으로 급선회했다. 민족독립 성취가 결국은 전쟁을 통해서만 가능해질 것으로 전망한 옛 신민회

계열의 통합정부 요인들은 1920년 1월의 「국무원 포고」 제1호 등을 통해 독립전쟁론을 정립하고 그 전략을 세워갔다.

그렇다고 독립전쟁이 아무런 준비 없이 무조건적 '즉시 결전'으로 치러질 것은 아니라고 그들은 보았다. 준비와 기회가 필요한 전쟁이었다. 그래서 그 전략체계 안에 전쟁 '준비'의 의미를 띤 각종 전술을 배치하였다. '적당한 기회가 오면 즉각 개시할 독립전쟁'을 일제 격멸과 독립 달성의 최상위 방략으로 삼되, 대일 결전의 기회가 올 때까지는 민족역량 증강의 '준비' 단계로 활용하면서 폭력과 비폭력, 무장과 비무장 수단을 두루 동원하는 복합적 전술로 일제에 대항해 가기로 노선 표준을 정한 것이다. 제시된 주요 전술은, 일제의 제반 통치행위에 대한 국내 대중의 전면적 거부와 일상적 저항, 만주·러시아지역 중심의 군사운동, 그리고 국내외 일제기관 및 그 요인과 반민족분자를 겨냥하는 '작탄투쟁'이었다. 이 3대 전술은 상호 보완적이면서 일부는 겹쳐 실행되기도 할 것이었다.

그런 견지에서 임시정부는 내정·군사·외교·재정·사법의 5개 부문에 걸쳐 14개 항의 「시정방침」도 확정지어 공표하였다. 「시정방침」에서 '내정' 부문의 '대적' 항에는 "목하 일본의 통치를 절대 거절하고 완전 독립의 의지를 표시하기 위한" 대일항쟁 방법으로 열두 가지를 제시하였다. 우선은 시위운동, 납세 거부, 소송 거부, 관공리 퇴직, 일본 연호 및 기장(旗章) 사용 폐지, 일본제품 배척 장려, 일본인이 만든 법령 거절 등, 일제의 통치권 행사를 거부하는 다양한 방법이 들어있었다. 그것으로 그치지 않고, 필요시 작탄 사용["필요하다고 인정될 시에는 작탄 등으로써 적괴(敵魁) 및 창귀(倀鬼)를 격살하며 혹은 그 영조물(營造物)을 파괴케 함"]과, 모험청년들로 국내외 각각의 감사대(敢死隊)를 편성하여 매사 선봉에 서도록 한다는 공격적 투쟁 방안이 같이 들어졌다.

다음으로 '군사' 부문에서는 "독립운동의 최후 수단인 전쟁을 대대적으로 개시하고 규율 있게 진행하여 최후 승리를 얻을 때까지 지구(持久)하기" 위한 '개전준비'의 방법으로 적격 인재 소집, 러시아와 중국 경내에서 10만 명 이상의 의용병 모집 훈련, 국내 의용병 모집 후 각방(各方) 요새들에 잠복 배치, 사관학교 설립, 비행대 편성, 작탄대 편성, 외국 사관학교 유학, 전시 긴용(緊用)의 기술·물자·식량 준비, 군사선전원 각지 파견 등이 차례로 열거되었다.

그와 같이 임시정부는 이미 1919년 말부터 독립전쟁 전략을 수립하고 그 전술체계를 정비하면서 구체적 내용을 담아낸 후 1920년 초에 시정방침으로 공표한 것이다. 그러면서도 그것들은 독립전쟁의 '준비'를 강조한 것이었지, 당장의 무장투쟁 실행을 천명하거나 그 방안을 제시한 것은 아니었다. 왕왕 '항일무장투쟁'으로 일컬어지는바 1920년대부터 만주 및 극동러시아 지역에서의 독립군 조직과 그 활동도 위와 같은 전략·전술 체계에 비추어보면 독립전쟁의 실행이 아니었다. 정확히 말해 그 '준비' 단계에서 행해지는 '군사운동'인 것이었다.

이처럼 한국독립운동의 가장 큰 흐름이요 주축으로 되어간 무장독립운동은 초기부터 두 갈래로 나뉘어 전개된다. 독립군 양성에서 무장투쟁에 이르는 제반 과정의 군사운동이 무장독립운동의 한 갈래였다면, 다른 하나는 '작탄투쟁'으로도 일컬어지던 의열투쟁이었다.

2. 무장독립운동에서 의열투쟁의 자리

임시정부의 시정방침에는 '대적' 방책의 하나로 청년감사대 편성 및 선봉역 부여와 작탄 사용이 들어있었다. '개전준비' 항에서도 그 방책의 하나로 '작탄대 편성'[*"내외의 모험청년을 선발하여 작탄대를 편성하고 작탄제조 및 작탄 사용술을 학습케 함"*]이 제시되었다. 그렇듯이 임시정부는 '작탄투쟁'을 독립전쟁 개전 이전의 중요한 '준비' 방법에 포함시켜 공식 장려도 한 것이다. 1920년 2월에는 '7가살' 대상을 낱낱이 지목해 공표하였다. 그것은 앞서 1900년대부터 1910년대까지 안중근을 위시한 여러 의사들과 광복회 활동 등에서 시범되었던 바 일제 요인 및 반민족분자 응징 처단의 당위성을 다시금 내외로 천명함과 같았다. 그 실행을 위한 무기 사용의 필요성과 정당성도 같이 짚어준 셈이었다.

안 그래도 국내에서는 군자금을 거두어 임시정부로 전달함을 주된 목적으로 삼는 비밀결사 조직들이 1919년 하반기부터 속출하더니, 1920년 들어서는 소규모의 ㈜무장 조직으로 전환해가고 새로운 무장 조직들도 연달아 결성되었다. 그에 따라 일제 지방기관 습격 파괴와 관공리 및 친일유지 처단과 같은 강력한 무장행동이 빈발하기 시작했다. 이러한 계기와 요인들이 복합적으로 작용함에 의해 '의열투쟁'의 열기가 급속도로 고조되고 단시일에 본격화 국면이 열려가면서 '군사운동'과 짝하여 '무장독립운동'의 다른 한 축을 이루게 된다.

'의열투쟁'이란 소박하게 말하면 '의사와 열사가 벌이는 싸움'이다. 의사든 열사든 행동으로 대의를 추구하며 자기희생도 마다하지 않음에서는 같다. 하지만 무기를 갖고 공격적 거사를 벌였으면 '의사', 맨손·맨몸으로 항거했음이 두드러지면 '열사'라고 하여, 호칭이 달라진다. 그래서 '윤봉길 의사'이고 '유관순 열사'인 것이다.

다른 한편으로는 '열'이란 행동 특성을 가리키고 '의'는 그런 행동에 담긴 정신과 가치지향이 압축된 표현이라고 보는 이해 방식도 있다. 이 경우에는 '열'이 자기희생의 '장렬함'보다는 대적공격의 '맹렬함'을 뜻하는 것이 된다. 거기에는 불가불 폭력수단이 동원된다는 의미도 담긴다.

하지만 그 폭력은 남의 것을 빼앗거나 남에게 피해를 입히면서 나의 것을 키우고 넓히려는 것이 아니었다. 그와 반대로, 침략과 강점, 억압과 수탈의 원천폭력에 순종하지 않고 당당히 맞서는 성격의 것이었다. 명백히 도의에 반하는 상황을 자아냈고 이를 정당화하려는 원흉과, 그에 빌붙어 사리사익을 도모하며 심지어 찬양까지 하는 자들을 단호히 응징하려는 것이었다. 불의한 현실체제 유지의 기구들을 하나씩 깨부수어 민족독립과 국권회복의 길을 뚫어내려 했다. 결국은 구조적 폭력과 체제폭력의 뿌리를 뽑아내고 인류 보편의 가치인 자유와 독립과 평화를 이 땅에서 구현해내려고 불가피하게 행사되는 폭력이었다. 그런 의미에서 궁극의 '반(反)폭력'으로 나아가는 '의로운 폭력'인 것이기도 했다.

의열투쟁도 무기를 요한다는 점에서 일종의 무장활동이었는데, 독립군의 무력투쟁과 대비되는 전술적 특징을 함유하고 있었다. 무력투쟁은 비교적 큰 규모의 병력과 장비, 일정한 숙영지 겸 근거지, 조직편제와 지휘체계가 필수요건이었다. 이에 반해 의열투쟁은 순전히 개인적인 결의와 준비로만 이루어지거나, 소집단 규모의 비밀결사나 큰 조직체에 속하는 하위 별동조직의 독자적 판단과 선택으로 목표물과 행동방식이 결정된다. 노출 가능성이 큰 근거지의 상비나 조직체계의 완비를 요하는 것이 아니라는 점도 전자와 상이했다. 이런 측면에 힘입어 의열투쟁은 독립군의 조직과 활동이 어렵거나 아예 불가능한 국내·일본·중국관내 등지에서 군사운동을 대신해줄 최선·최량의 투쟁방책으로 부각되어 나온 것이다.

2부

독립운동의 이론·
사상과 그 실천

의열투쟁과 테러(리즘)
— 바로 보고 제대로 이해하기

1. 머리말

일제 강점기의 한국독립운동은 다면전술이 배합시켜진 전략체계를 거느리고 있었다. 대일전 개전 후 국내진공을 통한 일제 구축과 자력 독립 달성이 최고 방략이자 최종 목표로 삼아진 가운데, 민족역량 강화('실력양성'), 국제관계 선용('외교'), 일상적 통치 거부와 비협력('국내항일'), 국외 무장투쟁, 농민·노동자·청년·학생층 조직화 및 대중투쟁 등이 시기별로 비중을 달리하며 그 전략체계의 요소를 이루었다.

여기에 추가될 중요 요소가 하나 더 있었으니, '작탄투쟁(炸彈鬪爭)' 혹은 '암살파괴운동'이었다. 그것은 가장 치열하고 모험적이며 폭력성도 강한 운동양식이었다. 그런데 이것이 1970년대 중반에 '의열투쟁'으로 재명명되면서 새로운 개념을 얻게 되고, 그 후로 그 용어는 독립운동사 담론 속에 자연스럽게 수용되고 계승되어 현재도 애용되고 있다.

그럼에도 이 신조어의 개념과 함의, 적용될 실체적 범위와 외연들이 정확히 규정되지는 못해온 것 같다. 또한 그 투쟁의 양상이 독립운동의 전사(全史) 속에서 점했던 위치와 총체적인 역사적 의미도 충분히 탐구되지는 못했던 것 같다. 서구든 비서구든 다른 지역, 다른 나라 해방운동사 속의 유사 사례/개념들에 견주어 어떤 특성을 지녔고 공통점과 차이점은 무엇인지에 관한 비교론적 고찰도 시도된 바 없다.

게다가 2000년대 들어서는 기왕의 전일적 용어법을 거부하고 '테러투쟁'·'테러활동'이라는 용어로 대치시켜 기술하는 논저들이 나타났다. 학계 밖에서도 '민족주의적 서사'인 의열투쟁론을 비판함을 넘어서 전면 거부함에 가까운 공격적 언사들이 종종 발화되곤 하였다.

그렇다고 전자와 후자가 어떤 공모관계에 있거나 논리적으로 상통함을 보인 것은 아니다. 후자의 것은 2001년의 '9.11 사건'을 계기로 전면화환 반(反)테러리즘 정책 담론에 편승하여 안중근과 김구를 '흉포한 테러리스트'로 매도하며 사뭇 비난하는 것인데, 모종의 정치적 의도를 깔고 있는 것임이 어렵지 않게 간파된다. 그래도 그런 얘기가 자극적인 만큼 역사인식 상의 극적인 반전인 것처럼 여겨지고 이에 대중의 귀가 솔깃해지는 양상이 일부 보인다. 그리고 그 후과는 총체적인 인지혼란으로 닥쳐올 것임이 예상된다.

그렇다면 이제라도 되물어볼 일이다. '의열투쟁'은 정말 무엇이었는가를. 그것의 행위론적 특질 이상으로 내면의 논리와 정신적 근거는 무엇이었고, 역사적 의의와 한계는 또 무엇이었는지를.

이 물음에 대한 답을 찾고 얻는 데는 종래와 같은 식의 내재적 접근만으로는 부족하다. 중언부언의 동어반복적 설화가 되어버리기도 쉽다. 그로부터 더 나아가, 독립운동 밖의 역사적 시·공간과 역사학 밖의 술어법 및 담론들 속에서도 유사한 사례와 유관한 표현들을 찾아보고 비교론적 고찰도 마다않는 외향적 접근을 같이 취해봐야 한다. 그래야 의열투쟁 개념이 더욱 정련될 수 있고, 그 정당화의 근거도 더 탄탄해질 것이라 본다.

  그런 견지에서 의열투쟁의 사실들 자체가 아니라 그 개념적 및 이론적 의미를 내·외 양면의 접근에 의해 검토하고 성찰해 보려는 것이 이 글의 목표이다. 그러기 위해 역사사회학적 시각을 도입하고 의미론적 분석을 시도할 것이다. 그것이 완벽한 답을 내줄 것이라고 장담할 수는 없지만, 시고 수준의 논의로라도 본격적 토론을 위한 물꼬를 열어놓을 필요가 있다.

  우선은 한국독립운동사 연구 지형 속에서 '의열(투쟁)'이라는 용어가 도입 또는 제조되고 정착해 간 과정과, 그 후의 개념화와 의미화가 어떻게 진행되었는지를 살펴볼 것이다. 다음으로 의열투쟁과 테러 및 테러리즘과의 의미연관 여부(와 그 정도)를 후자의 용어들에 대한 역사의미론적 고찰과 사회과학적 개념에 대한 검토를 통해 가늠해볼 것이다. 그에 앞서 테러 문제에 관한 국내 학계 안팎의 담론상황도 일별해 보려 한다. 마지막으로, 앞의 논의를 종합하는 차원에서 의열투쟁의 새로운 이해를 위한 소견을 그것의 역사적 위치와 의미를 중심으로 피력해볼 것이다.

2. 독립운동사 연구에서 '의열투쟁'의 개념과 의미

1) 용어의 기원과 정착

'의열투쟁'의 개념이, 또한 그 용어와 지시물과의 대응관계가, 본래 자명했던 것은 아니다. 누군가에 의해, 어떤 목적하에, 어쩌면 모호한 이해지평 속에서나마, 그려지고 다듬어지면서 '구성'되어 온 것이다. 그러니까 이것 역시 '언어의 정치'가 개입된 담론적 실천의 산물임이 분명하다. 그런 관점에서 '의열'이라는 용어의 기원과 용례들, 그리고 그 개념의 형성 과정을 차분히 살펴볼 필요가 있다.

'의열'은 중국의 옛 문헌에서 등장했던 말이다. '천추의열(千秋義烈)', '의열지사(義烈之士)' 등이 그것이다. 이런 쓰임새로부터 '의'와 '열'은 본디 불가분의 관계로 상정되었음을 엿볼 수 있다. 그러면서도 중핵 혹은 본체인 듯이 經史 문헌에 빈출하며 자주 쓰이던 것은 전자였다. 그것이 유교적 인륜과 그 사회·정치 도덕의 정수인 것으로 여겨져 왔음은 재언을 요하지 않는다. '의리'나 '충의'라는 말은 그래서 성립한 것일 터이고, '의병' 또는 '의군'이란 말 또한 그런 맥락에서 만들어졌을 것이다. 이에 대해 '열'은 '의'가 표출되는 방식, 혹은 그 외재화 행동의 독특한 성질을 가리키는바, 일종의 정의적(情誼的) 차원의 개념으로 자리매김된 듯하다. 달리 말하면, '의'는 내용이요 '열'은 형식인 관계로 여겨졌으리라는 것이다.

조선시대에도 '의열'은 '충효'와 함께 가장 추장되는 덕목이었다. 『조선왕조실록』에서 그 단어를 검색하면, 태종 때부터 순종 때까지 144번 나온다. 그 중에서 의열의 의미를 가장 명징하게 보여주는 사례는 다음의 것일 듯하다.

충청도 청풍군 충의위(忠義衛) 윤임(尹霖)의 집에 불이 났는데 그의 늙은 어머니가 나오지 못하였다. 그러자 윤임의 처가 구하려고 불 속으로 뛰어들었으나 그의 딸과 함께 모두 죽었다. 상(上)이 그 의열을 아름답게 여겨 포장(褒奬)할 것을 명하였다.[1]

사람됨의 도리[의]를 다하려고 생사를 돌보지 않는 행동을 취하여 결국은 '아름답게' 희생됨[열]이 의열임을 보여주고 있는 것이다.

대략 그와 같은 의미맥락 속에서 전수되어 온 두 글자는 1919년에 이르러 일단의 청년지사들에 의해 하나의 구체를 얻음과 같은 모양새로 재결합되었다. 비밀결사적 독립운동단체인 의열단이 창립되었음이 그것인데, 창단 취지는 "천하의 정의의 사(事)를 맹렬히 실행함"으로 천명되었다. 그리고 이듬해 1920년 봄에 중국 상해에서 출간된 박은식의 『한국독립운동의 혈사(韓國獨立運動之血史)』에도 '의'자를 담은 명사들이 여럿 등장하여, 한국인들의 불굴의 의기(毅氣)와 피어린 투쟁사를 표상해냈다. 예거해보면[2] 이렇다.

① 의혈: "우리 민족의 의혈은 조금도 막히거나 방해되는 바가 없었다."(35)
② 의리: "유인석은 이인영·이강년 등과 함께 의리를 외치며 적을 토벌하기로 하고 사방에 격문을 보내었다."(49); "적을 토벌하여 원수를 갚으려던 그들의 의리"(50).
③ 의거: '일본인의 민비 시해와 유림의 의거'(제4장 제목)
④ 의병: "의병이란 민군이다. 국가가 위급할 때에 의리로 즉각 일어나 조정의 징발령을 기다리지 않고 종군한, 적개심에 불타는

---

[1] 『中宗實錄』 권74, 28년(癸巳) 4월 5일조.
[2] 이하, 박은식(김도형 역), 『한국독립운동지혈사』, 소명출판, 2008에 의함. 밑줄은 인용자의 것이고, 인용문구 뒤의 ( ) 안 숫자는 해당 쪽수를 가리킴.

사람들이다."(71)

⑤ 의협: '세계를 진동시킨 의협(義俠)의 소리'(제13장 제목); "의협이란 것은 강자를 꺾고 약자를 일어서게 하고 공리(公理)를 유지하게 하는, 제일 굳세고 용맹한 장수이다"(87); "국난을 해결하려 했던 것이 바로 이 의협이었다....의협 있는 제공(諸公)들이 떨쳐 일어나지 않았다면 어찌 사람으로 세상을 향해 얼굴을 들겠는가. 이에 장인환(張仁煥)·전명운(田明雲)·안중근·이재명(李在明)·김정익(金貞益)·안명근(安明根)·강찬구(姜燦九) 등 7명의 열사가 나왔다."(88)

여기서 '의협'은 특정 인물형을 가리키는 말임과 동시에, 어떤 유의 기질 또는 정신을 뜻하는 것처럼 쓰였음을 본다. 후자의 의미로의 의협(心)을 체현한 인물은 '열사'로 명명되었고, 위의 7인 외에 서상한(徐相漢)·김영철(金榮哲)·박재혁도 '열사'로 특칭되었다(제26장 참조). '의'의 용례가 여럿 제시되는 가운데도 '의사'라는 말은 등장하지 않고, '열사'가 범칭어처럼 쓰인 것이다.³ 강찬구[강우규의 다른 이름]는 열사(88)임과 아울러 '(노)협객'(327)으로도 호칭되었다.

'의사'라는 용어는 1924년에 이상룡(李相龍)이 집필한 전기문에서 비로소 등장했다. "혼자 몸으로 보잘 것 없는 무기를 가지고 용감하게 적진 속으로 들어가 적의 우두머리를 섬멸하여 나라의 방해물을 제거하는 것"이 의사의 고전적 행동양식으로 들어졌다.⁴ 1925년에는 신채호가 장덕진 전기의⁵ 서문에서 '인인의사(仁人義士)'라는 말을 썼다.

---

³ 현대 중국의 역사서술에서도 '의사'라는 말은 쓰지 않고 '열사'로 통칭한다. 그 이유는 무엇일까? '의'를 유교 윤리로부터 유래한 전근대적-봉건적 관념으로 치부하고, 신중국에서는 그것과 단절한다는 의지를 분명히 해두기 위함인가? 아니면, 정신 자체보다 행동을 더 중시하고 신뢰해서일까?

⁴ 이상룡, 「세 의사의 합전」, 안동독립운동기념관 편, 『국역 석주유고』(상), 경인문화사, 2008, 715쪽.

⁵ 박태열 편, 『張德震傳』, 상해: 삼일서관, 1925.

1932년 이봉창 의거와 윤봉길 의거가 있고 난 후, 독립운동 진영의 신문·잡지·저술들에 '의사'라는 용어가 자주 나타났다.[6] 1932년 상해에서 밀간(密刊)된 『도왜실기』 중문판과 1946년 서울서 공간된 국문판에서[7] 이봉창·윤봉길·최흥식(崔興植)·유상근(柳相根) 등 한인애국단원 의거자들이 모두 '의사'로 호칭되었다. 1935년에는 이두산(李斗山)이 중국 광주(廣州)에서 『최근 한국 의사 열전』을 중국어로 펴냈는데, '합병 전의 제의사(諸義士) 및 순절사(殉節士)'로 민영환·장인환·안중근·이재명·김정익, '합병 후의 제의사 및 순절사'로 안명근·박상진(朴尙鎭), '3.1운동 후의 제의사'로 강우규·김익상·김상옥·박재혁, 그리고 '중일사변[1931년의 '만주사변'을 말함] 후의 제의사'로 이봉창·윤봉길·최흥식·남자현(南慈賢)·백정기(白貞基)·이강훈(李康勳) 등, 도합 17명의 열전을 간략히 정리해놓은 책이다. 또한 한국국민당 기관지 『한민(韓民)』의 여러 호와,[8] 한국국민당 청년단 기관지 『한청(韓靑)』 제1권 5기(1936), 1935년과 1937년의 미주 『신한민보』 기사 등에서 '윤봉길 의사'라는 호칭이 쓰였다. 그리고 한국광복군총사령부가 간행한 기관지 『광복』의 제1권 제5기(1941)에는 중국인 라오메이(老梅)의[9] 「의사행(義士行)」이라는 헌시가 실렸다.

　이렇듯 1924년 이후로 '의사'라는 말이 차츰 애용되어 갔고, '의열남녀'·'의열폭탄'·'의열제위'·'의열지사'와 같은 표현도 이따금 문헌에 등장하였다. 하지만 '의열투쟁'이라는 용어는 일제 강점기 내내 상용은커녕 창안된 적도 없는 것으로 보인다. 그 시기에 애용된 용어는

---

[6] 이 문단의 서술은 모두 매헌윤봉길전집편찬위원회 편, 『매헌윤봉길전집』 제6권(매헌윤봉길의사기념사업회, 2012)에 수록된 자료들에 근거하며, 한시준의 해제도 참고했음.

[7] 엄항섭, 『屠倭實記』, 국제문화협회, 1946.

[8] 『韓民』 제2호(1936), 제16호(1938), 제17호(1938), 제2기 1호(1940).

[9] '老梅'는 중국국민당 계열의 아나키스트 지사 경매구(景梅九)의 별호였다.

1920년 전후로 고안된 '작탄투쟁'이나 '암살파괴운동'이었다. 이것은 행위의 내면적·정신적 특성보다는 수단·방법·결과 등의 외현적·물질적 측면에 초점이 맞추어진 용어법이었다. 그 범주에 속하는 행동들도 '폭탄거사'·'격살'·'처단' 등의 용어로 지칭되었지, '의거'와 같은 표현은 잘 쓰이지 않았다. 후자 대신에 '장거(壯擧)'나 '순사(殉死)' 같은 말이 쓰이기는 했지만, 개개 사건에 대한 의미 부여의 언어로만 존재했지, 집합적 범주화에는 이르지 않고 있었다.

그런 사정은 해방 후의 독립운동 관계 문헌이나 연구서에서도 오랫동안 불변이었다. 그러다 1964년에 조지훈의 통사적 저술에서[10] 30~40여 년 전의 어휘 용례들이 모두 되살려져 종합되었다. 거기서 그는 '협사의 의거와 공포투쟁', '의열사에 의한 폭력 공포투쟁'을 각각 절과 항의 제목으로 달았으니, 협사·의사·열사를 특별히 구분함이 없이 거의 같은 의미로 쓴 것이다. 해당 인물·단체·사건들로는, 강우규, 공명단(共鳴團), 천마산대(天魔山隊), 보합단(普合團), 구월산대(九月山隊), 의열단의 폭격사건들, 금호문(金虎門) 사건, 도쿄(東京) 사쿠라다몬(櫻田門) 사건, 상해 홍구공원 사건, 흑색공포단(黑色恐怖團)을 열거하였다. '공포투쟁'이라는, 낯설고 다소 어색한 용어를 쓴 점이 이색적인데, 서양어의 '테러리즘'을 의식하고 어의(語義) 그대로의 번역어를 우리말 상대어로 삼았을 공산이 크다.

그 후 12년만인 1976년에 '공포투쟁'의 대체용어가 만들어졌으니, '의열투쟁'이 그것이다. 독립운동사편찬위원회가 주관한 편술서인 『독립운동사』 제7권을 통해서였다. 그런데 책 표지의 부제에만 아니라 편·장·절·목의 제명(題名)과 내용 서술에서 수없이 빈출하는 이 용

---

[10] 조지훈, 「한국민족운동사」, 고려대학교 민족문화연구소 편, 『한국문화사 대계』 Ⅰ(민족·국가사), 1964.

어의 개념 규정이나 뜻풀이를 그 책 어디서도 찾아볼 수 없다. 어쩌면 '의·열사의 투쟁'을 압축해 표현하는 소박한 의미로만 그렇게 쓴 것인지도 모른다. 이 책의 집필에 참여했던 김용국(金龍國)이 몇 년 후 『의사와 열사들』이라는 제목의 책을 저술했음도[11] 그런 추측의 한 근거로 삼아본다.

『의사와 열사들』의 서문에서 이은상(李殷相)은 의사와 열사의 성격을 구분함과 아울러 칭호도 구별할 것을 제안하였다. 즉, "성공 불성공 간에 어떠한 형태로든지 무력으로써 의거를 행한 이"는 '의사'라 일컫고, "비록 의거를 행하지는 않았다 할지라도 그 열렬한 뜻을 굽히지 않고 스스로 자기생명을 던짐에까지 이른 이"는 '열사'로 호칭하자는 것이었다. '무력 의거'의 실행 여부를 '의사'와 '열사'의 구분 기준으로 삼은 것이다.

이리하여 1976년 이후로 '의열투쟁'은 거의 공인어처럼 되어 갔고, 1990년대 들어서부터는 앞서의 여러 유사 용어들을 모두 수렴하여 품어 안는 대표용어로 굳어졌다.[12] 그것을 주제로 삼은 연구들이 산발적이나마 조금씩 이루어지고 성과도 축적되어 갔다. 1980년대 후반에 시동된 의열투쟁 연구는 1990년대 들어 진전을 보이기 시작했는데, 통사적·개괄적 논의가 먼저 시도된 후에 단체·조직과 사건·인물별 각론 격의 연구들이 조금씩 대상과 범위를 넓히면서 간헐적으로 진행

---

[11] 『의사와 열사들』(민족문화협회, 1980)의 내표지에 "편찬 민족운동총서편찬위원회, 집필 김용국"으로 기재되어 있다.
[12] 『독립운동사』 제7권의 5인 필진의 일원이었던 조동걸은 1910년대 후반의 대한광복회 활동을 '의협투쟁'으로 규정하였다(조동걸, 『한국민족주의의 성립과 독립운동사연구』, 지식산업사. 1989에 수록된 논문 「대한광복회의 결성과 그 선행조직」과 「대한광복회 연구」 참조). 박은식과 조지훈이 썼던 의협·협객·협사 등의 용례를 존중, 수용함과 더불어, 3.1운동 이후에 본격화한 '의열투쟁'의 전단계 또는 선행 모델로 '의협투쟁'을 위치시키려는 뜻이 있었다고 보인다.

되는 식이었다.¹³ 그것들을 통해 의열투쟁의 구체적 면모와 특질들에 대한 이해가 다소간 확대·심화되었다고 말할 수 있다. 하지만 전체상을 파악하여 온전히 그려내는 데까지는 아직 이르지 못하였다. 그러니 의열투쟁의 실상에 대한 전면적인 조감과 그 범위 구획, 그에 따른 확실한 개념 규정이 쉬운 일일 수만은 없게 되어 있는 것이다.

2) 독립운동사에서 의열투쟁의 개념과 특성

의열투쟁의 개념 규정이 전혀 불가능한 것은 아니다. 지금까지의 연구 성과와 논의들에 기대어서도 얼마든지 시도해 볼 만하다. 우선은 그 투쟁의 주체로 상정되는 의사와 열사란 어떤 존재인가를 살펴보는 데서 출발할 수 있다.¹⁴

관계 문헌을 두루 검토해보면, 의사 칭호는 민족사적 대의(大義) 실현을 위해 매우 용감하게 행동하여 큰 반향을 일으켰을 때 붙여지고, 열

---

[13] 그 개요를 짐작케 해줄 통사적 서술과 총론 격의 논저들만 들어보면 다음과 같다(단, '의열투쟁'을 중심주제로 삼았고 그 용어를 명시적으로 사용한 경우로 한정함). 윤병석, 「총론」, 『독립유공자공훈록』 제8권(의열투쟁), 국가보훈처, 1990; 김창수, 『항일의열투쟁사』, 독립기념관 한국독립운동사연구소, 1991; 박용옥, 「1920·30년대 항일여성 의열·무장투쟁」, 『성신사학』 12·13 합집, 1995; 김영범, 「1920년대 의열투쟁의 전개」, 『한국독립운동사사전』 1, 독립기념관 한국독립운동사연구소, 1996; 최창희·김주용, 「의사·열사의 항쟁」, 『한국사』 43, 국사편찬위원회, 1999; 김영범, 「의열투쟁의 전개」, 『한국사』 48, 국사편찬위원회, 2001; 김영범, 『의열투쟁 Ⅰ— 1920년대』, 독립기념관 한국독립운동사연구소, 2009; 오영섭, 『한말 순국·의열투쟁』, 독립기념관 한국독립운동사연구소, 2009; 장석흥, 「1920년대 의열투쟁의 전개」, 서울특별시사편찬위원회, 『서울항일독립운동사』, 2009; 조범래, 『의열투쟁 Ⅱ— 한인애국단』, 독립기념관 한국독립운동사연구소, 2009. 그런 한편으로는 의열투쟁의 기획 혹은 실제 사건을 중심으로 그 주동인물이나 실행자들을 개별화시켜 연구한 결과로서의 논문과 저술이 도합 수십 편에 달하는 것으로 추정된다. 그 서지의 정리와 연구사 검토 작업도 한번은 있어야 할 것이다.

[14] 본 절의 서술은 졸저, 『의열투쟁 Ⅰ—1920년대』(독립기념관 한국독립운동사연구소. 2009), 4-11쪽의 서술을 부분 발췌한 것이면서 수정도 기한 것임.

사 칭호는 대의를 위한 자기희생을 마다 않고 택하여 감연히 죽음의 길을 걸어간 이에게 붙여져 왔음을 알 수 있다. 전자의 용행은 목적에 걸맞는 종류의 무기나 수단을 갖고서 대적거사를 벌이는 것으로 구체화되고, 후자의 희생은 비무장의 항거나 자결 행위를 통해 충절 또는 의분을 절절히 드러냄으로써 대표된다.

어느 경우든, 소리(小利)를 버리고 대의로 나아가며 개아(個我)를 포기하여 공아(公我)를 지키려 한 것임에서는 다를 바 없으나, 공격성과 저항성의 비중이 어떻게 되었는지를 판별해서 달리 명명되는 것이다. 그러므로 '의열'이란 삶이냐 죽음이냐를 뛰어넘는 정신이 낳은 행동의 장렬함과 그 행동에 깃든 의로움의 가치를 함께 존숭하여 기리는 뜻이 담긴 용어라 할 수 있다.

이러한 의미의 의·열사적 행위양식의 구체적 사례들이 고대 이래 동아시아 유교문화권 내 여러 지역의 수다한 고사나 열전들에서 발견된다. 근대 전환기의 한국에서도 그 전통이 망국의 위기 속에서 크게 꽃을 피웠으니, 을사늑약과 군대해산의 치욕에 자결 순절로 항의한 전·현직 관료와 유생 및 군인들, 이토 히로부미(伊藤博文) 등의 침략 원흉과 이완용을 비롯한 '을사 5적' 등의 매국노 암살 응징에 나섰던 여러 의사들이 의열의 전통을 되살려 재구축하기 시작했다.

의열적 항일투쟁은 3.1운동 후 1920년대로 접어들면서 본격화하기 시작했는데, 그 초점과 함의는 구한말 시기의 그것과 상당히 달라지는 모습을 보였다. 초기 국면의 의열투쟁은 일제가 3.1운동을 진압하면서 누차 자행했던 학살 만행들에 대한 복수 또는 응전이라는 의미를 다분히 내포하고 있었다. 만세시위에 대한 일제의 무력탄압이 극심했던 지역에서 그 후 격렬한 대항폭력 행동들이 나타난 점을 보더라도 그렇다. 그러나 의열투쟁 자체를 목표로 한 단체조직들이 속속 결성되고 그 활동이 본격화하면서부터는 단순한 보복행동 차원을 넘어, 민족독립운동의 전체 전략구도를 전제로 한 방략 또는 전술의 하나로 의열투쟁이 채택되었고 실행되어 갔다.

그로부터는 의분자결과 같은 내향적 행위양식을 떠나서, 식민지체제 타파의 강력한 의지를 담아내며 일제와의 정면대결을 마다않는 외향적 공격거사가 대종을 이루었다. 개인적 결단에 의한 일회성의 단발적 거사도 상당수 있었지만, 전담조직이 성립하고 그것이 기획해내는 연속·다발적 거사가 하나의 전형을 이루어 투쟁의 지속성을 담보해 가는 것이 특징점이 되었다. 그로부터 의열거사의 규모 확대, 수단 다양화, 내용 풍성화의 추세가 나타났다. 그리고 1930년대 초의 한인애국단이나 남화한인청년연맹 등에서 벌여간 재중국 의열투쟁에서는 조직체적 기획과 개인적 결의가 절묘하게 맞물리는 모습과 더불어, 공격 대상 범위가 극히 좁혀지고 신중히 선택되어 특정화하는 양상도 보였다.

이와 같은 역사적 전개 과정을 종합하여 의열투쟁의 개념을 정리해 보면, "개인 또는 집단의 감투정신과 희생정신이 어우러진 대소 규모의 공격거사 방식의 항일독립투쟁"으로 규정할 수 있다. 그것은 순전히 개인적인 결의와 준비로만 이루어지기도 하고, 아니면 소집단 규모의 비밀결사나 큰 조직체에 부속된 하위 별동조직의 독자적 판단과 선택에 의해 목표물과 행동방법이 결정되기도 하는 것이었다.

소수 인원과 적은 비용으로 기동성과 집중성을 최대로 발휘하여 수행되는 암살파괴활동은 군사행동 못지않게 위력적인 성과를 낳을 경제적 투쟁방법이 될 것이고, 그런 활동을 통한 비타협적 투지의 지속적인 발현이 국내 민중의 의식을 각성·고동시킬 것이라는 기대도 품어졌다. 정서적 격앙이나 정세교란 효과에 의해 대중봉기를 촉발할 수도 있었다. 결사적 태세로 강도 높은 의열투쟁을 계속해서 벌이면 그 충격효과에 의해 종국에는 일제가 식민지 경영을 포기하게 될 것이라는 논리도 세워져 나왔다. 그런 맥락에서 의열투쟁이 독립운동의 주요 방략의 하나로 급부상한 것이다.

3. 의열투쟁과 테러(리즘)의 연관성에 대한 국내 담론 상황

'의열투쟁'은 확실히 가치부가적(value-laden) 용어이다. 합성어인 '의열'에서 '의'부터가 두터운 가치함의를 내장시키고 있다. '열' 또한 고강도의 폭력성을 함축하는 한편으로 자기희생에 대한 가없는 존숭의 뜻도 담고 있다.[15]

이런 가치부가성이 표준적 사회과학의 견지에서는 상당히 껄끄럽고 부담스러울 것이다. '과학적' 인식을 방해하는 오염된 렌즈라거나 '제 눈의 안경' 정도로 여겨지기 십상일 것이다. 그런 반면에, 구미든 한국에서든 의열투쟁과 같은 식의 행동에 대해 사회과학계에서 통용되고 인정되는 용어법은 늘상 '테러'와 '테러리즘'이었다. '의열투쟁'이라는 용어를 접하더라도 사회과학자들은 그 뜻을 잘 모를 것이고, 생소하게만 여기어 그냥 외면할 것이다.

그런가 하면 역사학계 내부에서도 테러(리즘) 용어로만 호칭하고

---

[15] 여러 함의를 갖는 토종 용어인 '의열투쟁'을 영어로 간명하게 옮기기가 쉽지 않다. 의열단을 상해 공동조계의 경찰당국이 'Righteous Blood Society'로 표기한 바 있는데(국사편찬위원회 편, 『한국독립운동사 자료』 20, 1991, 242쪽), '의열'에서의 '의'는 Right보다 Justice에 더 가깝다고 여겨진다. 그래서 의열투쟁은 직역하여 'Justice-and-Blood Struggle'로, 조금 의역한다면 'Self-sacrificing Fight for Justice'로 옮기는 것이 어떨까도 한다.

개념화하려는 입장이 고수되는 경우가 있다. 의열투쟁이란 용어와 그 개념의 수용을 민족주의 이데올로기에 포박된 것으로 보아서이다. 학계 밖의 시민사회 일각에는 의열투쟁 담론을 거의 역사 날조의 허구로 매도하고 '비인도적-반평화적' 극렬 폭력행동의 합리화·정당화 시도쯤으로 치부해버리는 입장이 형성되어 있다. 거기서도 애용되는 용어법은 시종 테러와 테러리즘이다.

그럴진대 우리는 회피 불가의 질문과 결국 마주하게 된다. "의열투쟁은 테러·테러리즘과 같은 것인가, 다른 것인가?"이다. "같다면/다르다면 어떤 점에서 얼마만큼 같은가/다른가?"—이것 역시 정밀하게 검토되고 진지하게 해명되어야 한다.

그런 검토 작업으로 들어가기에 앞서, 한국사학계 일각의 '테러투쟁'론과 시민사회 내 일부 담론권역에서의 의열투쟁 부정론을 잠시 살펴보기로 한다. 전자의 입론은 일제강점기의 공산주의자 및 아나키스트의 인식과 용어법을 역사적 사실로서 그대로 받아들이면서 현재적 개념화에도 원용하는 데서 비롯된다. 대표적으로 임경석과 이호룡의 경우가 그러하다.

임경석(2004)의 연구 결과와 논의에 따르면,[16] 식민지시기(특히 1920년대)의 한인 사회주의자들은 군사조직이 아닌 소집단 비밀결사나 개인 수준에서 행해지는 반일 폭력투쟁을 통틀어 '테러' 개념으로 일괄하고 있었다. 그래서 '테러운동, 테러정책, 테러전술, 테러활동, 테러행위, 테러부대, 테러단체' 등의 용어를 사용했고, 초창기 사회주의자들은 테러를 주요 활동영역의 하나로 삼기도 했다.[17] 테러가 3.1운동과 같

---

[16] 임경석, 「식민지시대 반일 테러운동과 사회주의」, 『역사와 현실』 54, 2004.
[17] 예컨대, 1921년에 비밀조직 '서울공산단체' 내부에 '테러부'가 있었고, 이르쿠츠크파 고려공산당 중앙위원회는 반일 무장투쟁을 실행하기 위한 방법으로 빨치산 및 '테러

은 대중운동의 열기를 다시 북돋을 수 있는 양호한 수단이 된다고 보아서였다.

그러나 '테러'에 대한 공산주의자들의 일반적 태도 혹은 정책은, 19세기의 러시아 마르크스주의가 나로드니키(Narodniki)의 테러 전술을 극복하면서 발전해 간 경험에 비추어서도, 그것에 단호히 반대한다는 것이었다. 1921년 모스크바에서 상해파 고려공산당 대표단과 회견했을 때 레닌(V. Lenin)이 제시한 요구사항 중에도 '테러정책의 폐기'가 들어있었다.[18] 이에 1921년 말~1922년 초 무렵, 한인 공산주의자들은 테러 수단과 결별키로 했다.

하지만 그 후에도 테러의 효용에 대한 미련은 쉽게 가시질 않아서, 복잡 미묘한 태도가 계속 연출되었다. 예컨대 국내 공산주의자들의 한 분파이던 '중립당'은 대중의 투쟁의욕 고취의 수단은 테러정책이라 평가하고, 1922~23년경에 김한(金翰) 등 지도부가 의열단의 대규모 반일공작을 지원했다. 이런 태도는 화요계 그룹과 조선공산당에 계승되어, 1925년에 조동호(趙東祜)와 조봉암은 당의 투쟁방침에 관해 코민테른에 제출한 보고서에서 테러정책을 '암살파괴운동'으로 표현하며 그것이 "현재에도 필요하다고 다수가 생각한다."라고 기술했다. 1926년에 당 책임비서 강달영(姜達永)은 무산대중의 혁명정신을 진작시키고 자본계급에게 공포감을 줄 목적으로 당 군사부 내 '붉은 테로단'

부대' 창설을 결정했으며, 전한군사대회 프로그램의 제11항은 '테러부대의 조직과 그 임무'였다고 한다. 임경석, 위의 글, 332쪽.

[18] 그럼에도 '모스크바 지향적 공산주의자'들이 테러리즘에 참여한 사례들이 있었다. 이에 대해서는 Daniel E. Georges-Abeyie, "Political Crime and Terrorism: Toward an Understanding," Graeme R. Newman (ed.), *Crime and Deviance: A Comparative Perspective*, Sage, 1980, pp.323-324를 볼 것. 현대 트로츠키주의자들도 자살폭탄공격을 하는 팔레스타인 청년들을 규탄하기를 거부한다(박노자, 『나는 폭력의 세기를 고발한다』, 인물과 사상사, 2005, 174쪽).

조직을 계획했다. 1932년 윤봉길 의거에 대한 논평이 국제선 기관지 『콤무니스트』에 실렸는데, 의거의 효과를 높이 평가하면서도 개인테러 전술은 반대한다는 입장을 표명하고 김구도 맹비난하였다.[19]

한국 아나키즘운동사 연구에 매진해온 이호룡도 일련의 논저들에서[20] 류자명 등 여러 아나키스트의 특징적 대일항쟁 방식을 일관되게 '테러활동'으로 규정했다. 의열단의 활동 특성도 그는 "민중적 폭력 촉발을 위한 수단인 직접행동으로서 테러"를 행한 것이라고 단언한다. 그것의 성과는 미미하고 오히려 인적 손실만 초래했는데, 류자명을 비롯한 아나키스트들이 관계하고부터는 "의열투쟁으로부터 나아가" '사실에 의한 선전'론에 입각한 민족해방운동으로 발전해간 것으로 보는 관점을 그는 제시하였다. 또한 신채호의 「조선혁명선언」을 통해서도 '테러'가 "단지 복수적 감정에서 매국노나 일본제국주의자들을 처단하던 차원에서 벗어나" 민족해방운동의 주요 수단으로 자리잡을 수 있었다고 해석한다.[21] 요컨대, 흔히들 '의열투쟁'으로 일컫는 초기 의열단의 활동은 소박한 복수감정의 발로인 '테러투쟁'에 불과한 것이었는데, 「조선혁명선언」과 아나키즘의 이념적 세례와 지도를 받고서 '민족해방운동'의 수준으로 승격할 수 있었다는 주장이다.

한국학 연구자이면서 일관되게 반폭력주의와 탈민족주의를 설파하는 논객이기도 한 박노자는 위 2자와 비슷하면서도 좀 다른 입장을 내보였다. 독자층의 호응이 컸던 한 계몽적 저술에서 그는 쓰기를, '외적에 대한 의로운 복수'는 "서구적인 정치용어를 쓰자면 테러리즘"

---

[19] 이 문단의 본문 서술은 임경석, 위의 글, 337-340쪽에서 따온 것임.
[20] 이호룡, 『한국의 아나키즘—사상편』, 지식산업사, 2001; 이호룡, 「일제강점기 재중국 한국인 아나키스트들의 민족해방운동」, 『한국민족운동사연구』 35, 2003; 이호룡, 『아나키스트들의 민족해방운동』, 독립기념관 한국독립운동사연구소, 2008
[21] 이호룡, 「류자명의 아나키스트 활동」, 『역사와 현실』 53, 2004, 229-232쪽.

이라고 부연하였다. 따라서 안중근의 하얼빈 의거도 "요즘의 미국에서라면 '테러리즘'으로 불려질 행동"이라고 그는 설명했다. 같은 맥락에서 그는 조선시대와 일제 침략기의 '의살자(義殺者)'들을 일본인이나 대다수 주류 서구인들은 테러리스트로 보았음을 지적해 말하고, '의리의 테러리스트'라거나 '의로운 테러'라는 어구를 구사했다.[22]

여기까지는 '의'와 '테러'라는 상반 인식 사이에서 한쪽으로 치우침 없이 나름 균형을 잡아보려는 시도였다고 볼 수 있다. 의와 테러를 속내와 겉면, 혹은 내용과 형식의 관계로 파악한 것으로 보이기도 한다. 그런데 '절망의 무기'인 '약자의 테러'들이 폭정을 제거하거나 정치적 괴물을 무너뜨리는 데 효과적일 것이라고 "순진하게 믿기는 힘들다"면서 자못 비판적인 시각을 내보이는 지점에서[23] 박노자는 의롭든 안 그렇든 관계없이 모든 유의 폭력에 대한 회의와 거부의 입장으로 돌아간다. 그 또한 '주류 서구인' 식의 '테러' 프레임으로부터 자유롭지 못했음과 동시에, 테러를 단지 과격 폭력행동으로만 이해하는 상식선의 개념파악 이상으로 나아가지 못했다고 볼 수밖에 없는 것이다.

안중근을 테러리스트로 규정하는 논법은 서구적·일본적이기만 한 것이 아니었다. 2000년대 초에 등장해 성세를 높이기 시작했던 국내 '뉴라이트' 진영의 것이기도 하다. 예컨대 〈뉴라이트 전국연합〉의 한 가맹단체인 〈비상계엄령 선포요청연합〉의 상임대표는 말하기를, "김구는 지금의 알카에다와 다름없는 악랄한 테러조직인 한인애국단을 결성하고 민간인의 희생도 불사하는 잔인한 테러를 자행한 사람"이라고 강변한 다음, "우리는 안중근이나 김구 같은 테러리스트를 절대 영

---

[22] 박노자, 『나는 폭력의 세기를 고발한다』, 177-185쪽.
[23] 박노자, 같은 책, 190-191쪽.

웅시하고 우상화해서는 안된다"고 주장했다.[24]

이런 언사가 발하는 효과는 두 가지이다. 하나는 뉴라이트 진영의 '우상'으로 삼아지는 이승만의 대극에 김구가 있다고 보고, 후자에 대한 반감의 노골화인 정치적 비난의 포문을 여는 데 있어서 좋은 구실이 되어주는 것이다. 다른 하나는, 그런 비난과 적대의 연장선에서 김구의 항일투쟁 노선과 그 공적까지 한데 몰아 폄하해 한인애국단을 '테러조직'으로 규정짓고 모멸하며, 나아가서는 안중근을 비롯한 모든 역사적 의사군(義士群)을 일률적으로 '테러리스트'로 몰아붙여 매도해버리는 것이다. 이는 '식민지 근대화론'과 맞닿아 있는 일제지배 찬미론 또는 친일협력자 재평가론과 연동되는 것으로 보인다.

짚고 갈 만한 흥미로운 사실 하나는, 뉴라이트 진영에서처럼 진보적 성향의 학생집단도 안중근과 김구를 테러리스트로 규정했다는 것이다.[25] 하지만 그들이 내린 평가는 정반대였다. 그들은 "김구 선생이나 안중근·이봉창 의사들은 일제시대의 걸출한 테러리스트들이었다."라고 단언하면서도, "테러는 무조건 나쁜 것인가? 이들의 테러에 대해 우리는 혐오감은커녕 깊은 존경심을 갖고 있다."고 언명하였다. 그들은 "일제도 조선인의 테러를 막지 못했"을 만큼 테러에 대한 대응은 원래 불가능하다고 보는 한편으로, 테러 근절은 그 원인이 되는 점령과 억압의 종결을 통해서만 가능하다고 진단했다.[26]

---

[24] 『데일리 서프라이즈』, 2007년 8월 1일자; 김치관, 「뉴라이트의 민족관 비판」, 21세기 민족주의포럼 엮음, 『재생의 담론, 21세기 민족주의』, 통일뉴스. 2010, 257쪽에서 재인용.

[25] 민주노동당 학생위원회, 「굴복과 응징의 이분법을 버려야 한다—보복은 더 큰 테러를 불러온다」, 2004. 이것은 기독교 선교활동 중이던 김선일씨가 이라크 무장단체에 납치되었다 피살된 사건에 즈음해서 나온 전단이다.

[26] 무장단체 하마스의 가자지구 지도자인 압둘 아지즈 란티시는 주장하기를, 자살폭탄은 '순교작전'이고 억압자 이스라엘의 잔혹행위에 대한 최소한의 대응일 뿐이며 '약자의

여기서 한 가지 유의해야만 할 점이 있다. 박노자나 뉴라이트 진영의 언술 속에서 '테러'나 '테러리즘'은 임경석이나 이호룡의 것에서처럼 역사적 근거를 갖는 규정이 아니라는 것이다. 같은 용어를 쓰고 있지만, 그 맥락은 상당히 다르다. 후자가 역사(학)적 용어라면, 전자는 정치적 용어이다. 다시 말해, '9.11 사건' 이후로 테러리즘을 절대적 부정과 타매의 대상으로 격하시켜놓은 논법 속에서 그들은 발언하고 있는 것이다.

그러나 이 시기의 테러리즘 호칭과 그 이전의 테러리즘 명명은 분명히 구별되어야 하고, 그럴 이유도 있다. 뜻도 맥락도 다른 점이 있는 것이다. 2000년대 들어 독립운동사 연구자들 사이에서 의열투쟁과 테러의 차이가 부쩍 강조되거나 "의열투쟁은 테러가 아니었다"는 주장이 자주 발해지기 시작한 것도[27] 실은 필자가 말하는 '구별'의 당위성을 놓친 것과 관련 있어 보인다. '9.11 이후'의 일면적 테러 규정만을 의식했거나, 의도치 않게 그 규정에 거의 전적으로 기대면서, 의열투쟁을 속히 구제(?)하는 데 급급했던 점이 있지 않았던가 하는 것이다.

그렇다면 정치적 입장과 정책적 목적이 혼입되기 전, 그러니까 2000년대 이전의 학술적인 논의들에 눈을 돌려볼 필요가 있다. 그럼

유일한 저항수단'이라 했다. 달리 말해, 이스라엘이 팔레스타인에 저지르는 국가테러에 대한 저항일 뿐이라는 것이다(김재명, 「란티시, "테러 아닌 저항" 신념」, 『한겨레』 2004년 4월 19일자). 일종의 '테러 균형론'일 수 있다

[27] 조동걸, 「이봉창의거의 역사성과 현재성」, 이봉창의사장학회 엮음, 『李奉昌義士와 한국독립운동』, 단국대학교 출판부, 2002; 신용하, 「백범 김구와 한인애국단의 의열투쟁」, 『백범과 민족운동 연구』 1, 백범학술원. 2003; 김지암, 「한국독립운동 중 암살투쟁의 대상과 성과」, 『순국』 213, 2008; 이용중, 「대한민국임시정부의 국제법적 성격」, 『대한민국의 건국 시점과 임시정부의 성격에 관한 조명』(한국학중앙연구원 학술회의 자료집), 2008; 김용달, 『일왕 궁성을 겨눈 민족혼 김지섭』, 지식산업사, 2011 등에서 그런 주장이 엇비슷한 논리로 개진되었다. 이보다 앞서 신용하(「윤봉길의 상해 홍구공원 의거」, 『대한민국임시정부 수립 80주년 기념논문집』(하), 국가보훈처, 1999)는 한인애국단의 '특공의거'가 테러와 구별되어야 하는 것임을 역설한 바 있다.

으로써 테러(리즘)에 대한 개념화가 역사학적 시각과 사회과학적 관점에서는 각각 어떻게 이루어져 왔는지를 살펴보고, 그것에 기초하여 의열투쟁과 테러(리즘)의 의미연관을 재검토해 볼 수 있을 것이다. 이제 그 작업을 시도해 보기로 한다.

4. 테러(리즘)의 역사적 의미론

테러와 테러리즘을 둘러싼 근래의 인식론적 상황은 대부분 두 가지 경향으로 표출되고 있다. 하나는 극도로 부정적인 현상으로 일반화시켜 바라보는 것이고, 다른 하나는 그 용어를 무턱대고 남용하여 아무데나 갖다 붙여 쓰는 추세이다.

그 두 경향에는 인과적 상관성도 있다. 전자의 맥락을 의식하여 너도나도(심지어 명백한 테러리스트조차도) 자기(들)의 폭력행위는 테러가 아님을 강변하기 일쑤고, 그럴수록 더 상대편/적대방과 그의 행동에는 '테러(리스트)'라는 딱지를 붙여서 그렇게 고정 인식되도록 획책한다. 그래서 서로를 '테러리스트'로 비난하는 일이 빈발하니, 분별의 노력은 번번이 허사가 되어버리고, 결국은 그런 구별 자체가 거의 불가능한 것처럼 되고 만다.

테러(리즘) 개념이 대중매체나 지배적인 정치권력들의 용법에서처럼 그리 간단하거나 자명한 것은 아니다. 복잡하고도 애매하다. Terror의 본래 뜻이자 사전적으로 우리말 역어에 해당하는 것은 '공포'이다.[28] 그런데 언제부터인가 테러는 공포 그 자체만 아니라, 공포

---

[28] 그 어원은 라틴어 동사 terrere로서, '놀라게 하다', '무섭게 하다', '위협하다'는 뜻을

를 만들어내는 기술로까지 외연이 넓혀져 쓰이게 되었고, 결국은 좀 강도 높다 싶은 폭력행위는 원인·이유·효과를 불문하고 죄다 테러로 치부되기에 이르렀다.

그러나 거듭 말하지만 테러는 폭력의 실재 자체에 대한 것이 아니라, 그 폭력이 파생시키는 심리적 효과의 차원에 속하는 것이다. 죽이고 파괴하는 행위 그 자체가 아니라, 공포심을 퍼뜨릴 의도에서 행해지는 폭력, 공포심의 확산이라는 방식으로 작동하는 폭력이 테러인 것이다.[29]

이런 의미의 테러가 전략이 될 때, 일컬어 '테러리즘'이라 한다.[30] '전략'이란 대상을 특정하여 어떤 목적을 달성코자 함이 전제되는 말이라면, 테러리즘의 궁극적 목적은 상대를 제압하고 완전히 복속시킨다는 의미에서 권력의 획득, 혹은 지배의 관철이다. 지극히 정치적인 것이다. 테러리즘이라는 말 자체가 프랑스혁명기의 자코뱅(Jacobin) 체제 속에서 자행된 '공포정치'에서 유래한 것임을 보더라도 그렇다. 1793년 9월부터 이듬해 7월까지의 자코뱅파 독재를 프랑스인들

가진 말이고, 그 명사형이 terror인 것이다. 중세의 라틴어 성서 『불가타』에서 테러는 단순한 두려움(timor)이나 공포를 뜻하기보다, 진노하는 신 앞에서 피조물 인간이 느끼는 절대적 죽음의 공포를 의미했다(공진성, 『테러』, 책세상, 2010, 22-23쪽).

[29] "폭력의 원초적 목적 자체가 공포"라는 관점(Charles Townshend, 심승우 옮김, 『테러리즘, 누군가의 해방투쟁』, 한겨레출판, 2002, 16쪽)도 있다. 일찍이 한 영자지의 칼럼에서도 "테러리즘은 폭력 그 자체가 아니라, 테러[=공포심] 확산을 위한 폭력의 사용을 말한다."고 언명되고 있었다("What is Terrorism?," *Economist*, Vol. 338, Issue 7955, 1996.3.2., pp.23-25).

[30] 테러리즘이 하나의 '전략'일 수 있다는 관점은 일찍이 종교학자 윌리엄 메이(William F. May, "Terrorism as Strategy and Ecstasy," *Social Research*, 41-2, 1974)에 의해 취해진 바 있고, 사회학자 찰스 틸리Charles Tilly, "Terror, Terrorism, Terrorists," *Sociological Theory*, 22-1, 2004)도 같은 관점에 섰으며, 정치학자 다이팩 굽타(Dipak K. Gupta, "Terrorism, History, and Historians: A View from a Social Scientist," *Journal of American History*, No. 98, 2011) 역시 그렇게 봐야 함을 강조해 말했다.

이 보통명사가 아닌 고유명사 'la Terreur'로 지칭했고, 테러리스트(Terreurist)라는 단어가 당시의 한 정파 호칭어이던 지롱디스트(Girondist)에 대응하여 등장했다.³¹ 그리고 1798년의 『프랑스 학사원 사전』에서 테러리즘이라는 단어를 "공포 체제(régime)"로 처음 정의하였다.

이렇듯 테러리즘은 본래 "국가가 자기의 적을 향해 행사하는 공적 폭력", "폭력의 법적 독점체인 국가의 이름으로 자행되는 테러행위"라는 의미를 담고서 출현한 말이었다. 그런데 1794년의 테르미도르(Thermodor) 반동 이후로 그 말은 직전의 로베스피에르(Robespierre) 독재를 겨냥하여 범죄적 의미를 내포하는 욕설로 바뀌어버렸다. 그리고 다시 19세기 이후의 정치사와 반체제운동사를 경유하면서 그 의미와 적용 대상이 거의 180도로 바뀌어, 주로 저항자들의 행동양식을 가리키는 데 쓰이게 되었다.

그 변전의 직접적 계기는 19세기 후반에 등장한 혁명적 테러리즘으로서, 아나키스트들의 정치적 암살과 약취(掠取) 행동이 1880년대 초부터 1900년대 초까지 서방세계를 휩쓴 것과 깊은 관련이 있었다. 이에 사회학자 데이비드 래포포르(Rapoport)는³² 근대적 테러리즘의 조류가 1880년대부터 시발하여, 이념적 축을 달리하면서 대략 40년씩 지속된 네 개의 조류로 이어져 온 것으로 보았다. 아나키스트 테러리즘, 반식민주의 테러리즘, 신좌파 테러리즘, 그리고 종교적 근본주의 테러리즘이 그것이다.

그에 따르면, 두 번째 물결인 20세기 전반기의 반식민주의 테러리

---

³¹ Terry Eagleton(서정은 옮김), 『성스러운 테러』, 생각의 나무, 2005, 11쪽.
³² David C. Rapoport, "The Four Waves of Modern Terrorism," in Audrey K. Cronin and James M. Ludes(eds.), *Attacking Terrorism: Elements of a Grand Strategy*, Washington: Georgetown University Press, 2004, pp.46-73.

즘은 반제 민족해방투쟁에서 게릴라전의 '전술적 요소'를 이루면서 중요 수단으로 이용되었고, 20세기 후반에 들어서는 게릴라전과 유사하게 독립적인 전략으로 바뀌기도 했다. 그리고 다른 어느 경우보다도 반식민주의 민족운동에서 테러 전략의 성공 가능성이 가장 크기도 했다. 테러리즘을 중요 투쟁수단으로 채택했던 민족주의/분리주의[33] 운동세력의 예로, 아르메니아 혁명가연합(FAR)과 아르메니아혁명군(ARA), 아일랜드 혁명형제단(IRB: Fenians)과 아일랜드공화국군(IRA) 및 북아일랜드의 가톨릭교도들, 이라크와 터키의 쿠르드노동당(PKK), 키프로스의 전사민족단, 스페인의 〈바스크족의 국가와 자유〉(BNL), 알제리 민족해방전선(FLN), 케냐의 토지자유군, 팔레스타인 민족해방전선(PLO), 체첸 독립파, 스리랑카의 〈타밀 엘람 해방 호랑이〉(LTTE) 등을 들 수 있다.[34]

아나키스트들이나 민족해방운동가들은 '테러리스트'란 이름을 정의롭지 못한 체제를 공격하는 사람들의 '명예로운 배지'처럼도 여겼다.[35] 그래서 과거의 혁명적 또는 민족적 테러리스트들은 행위의 의미와 그 결과에 대한 책임 성명들도 발표하곤 했다. 그것은 오늘날의 종교적 근본주의 테러리즘이 화려한 시각적 이미지만 남기는 것과 아주

---

[33] 모자파리(Mozaffari)의 테러리즘 유형론에서는 '독립주의 테러리즘'이 하나의 유형으로 성립하고 그 하위요소로 분리주의 테러리즘과 민족주의 테러리즘이 있다고 하였다(Mehdi Mozaffari, "The New Era of Terrorism: Approaches and Typologies," *Cooperation & Conflict*, XXIII-4, 1988).

[34] 반제/반식민지 저항운동과 해방투쟁 과정에서 동원된 '테러' 사례들과 그 수행조직에 대해서는 Jonathan Barker(이광수 옮김), 『테러리즘, 폭력인가 저항인가?』(이후, 2003)의 60-62쪽, 72-73쪽, 86-88쪽, 140쪽과 Charles Townshend(심승우 옮김), 『테러리즘, 누군가의 해방투쟁』, 132-164쪽, Jonathan R. White, *Terrorism: An Introduction*(3rd ed.)(Belmont, CA: Wadsworth., 2002), pp.188-193를 볼 것.

[35] Dipak K. Gupta, "Terrorism, History, and Historians: A View from a Social Scientist," p.98.

다른 점이었다.[36]

그런데 1970년대 이후로 근래까지 모호하거나 유토피아적인 명분을 내건 무차별적 살상사건이 동·서양 곳곳에서 번번이 일어나 수많은 사람을 공포에 떨게 했다. 그 결과로 테러리즘은 극도의 혐오와 비난의 대상이 되기 시작했다. 그와 더불어 테러리스트라는 단어도 극히 좁게 해석되어, 아무런 사상이나 원칙도 없으면서 단순한 살육행위에 거창한 원리들을 갖다 붙이는 범죄자, 연쇄살인마, 인간성 상실자, 정치적 낙오자로 낙인찍는 의미가 되었다.[37]

그리하여 오늘날은 '테러리즘'이란 말이 정당하지 못한 존재로 매도해버리고픈 상대나 범죄처럼 보이게끔 하고 싶은 정치적 활동에 집중적으로 적용되면서 너무도 남용되는 용어로 전락하여, 본래의 의미를 거의 상실해버렸다. 이제 어떤 행위/행위자를 테러리즘/테러리스트라고 일컫는 것은 하나의 낙인일 뿐, 그 행위/행위자의 본래 속성이라고 단언하기 어렵게 되어버렸다. 특히 '9.11 사건' 이후로 이 용어는 거의 무의미해질 정도로 다양한 의미를 띠게 되면서, 대부분의 정치적 폭력까지 포함할 만큼 애매모호한 단어가 되어버렸다. 미국 정부는 심지어 비폭력적 저항운동에 대해서까지 테러리즘이라는 범주를 적용하고 있다. 그럼으로써 적대성 자체 즉 '정치적인 것' 자체가 테러리즘으로 불리는 추세가 되어버렸다. 반대로, 모든 테러리스트는 자신이 가하는 테러가 국가편에서 먼저 가한 테러행위(즉 국가테러리즘)에 대한 자위적 대응이라고 주장한다.[38]

---

[36] 공진성, 『테러』, 95쪽.
[37] Terry Eagleton(서정은 옮김), 『성스러운 테러』, 12쪽; Charles Townshend(심승우 옮김), 『테러리즘, 누군가의 해방투쟁』, 12쪽.
[38] Giovanna Borradori(손철성·김은주·김준성 옮김), 『테러 시대의 철학: 하버마스, 데

이렇게 보면, 근대적 테러리즘에 대한 개념적 이해는 크게 두 개의 국면으로 나뉜다고 할 수 있다. 일정한 정치적 목적과 역사적 의미가 담기는 전술·전략으로 여겨지던 국면과, 자기존재 과시의 무절제한 스펙터클로 비쳐지면서 대중적 낙인—결국은 정치적으로 고립시킴으로 이어질—의 무기로만 이용되는 국면인 것이다. 전자를 역사적 개념화로, 후자를 정치적 규정으로 구분해볼 수 있다. 역사적 개념화 국면에서의 테러리즘 이해와 그 적용례들은 우리의 의열투쟁 개념과 실상 별 차이가 없어 보인다. 거의 같은 것으로 볼 수 있는 것이다.

그런데 지금은 테러리즘에 대한 이해와 그 단어의 용법이 거의 전적으로 후자의 의미로만 이루어지고 있고, 의열투쟁과의 거리도 사뭇 멀어지게 되었다. 이런 상황에서의 테러리즘 규정에는 정치적 편견이나 이념적 편향이 너무 쉽게 반영된다. 이미 감정개입적 용어가 되어버려서, 부당한 과잉 확대/축소 적용이 무시로 일어난다. 그럴수록 테러리즘의 개념은 더욱 모호해져버리고, 그 정의는 논쟁적이면서 점점 더 어려워지게 된다.

그런 상황을 돌파하려면 외연지시적(denotative) 또는 분석적 기준을 도입하여 꼼꼼히 재정의할 길을 찾아봐야 할 것이다. 그 길의 입구가 되는 것이 바로 사회과학적 개념화이다.

리다와의 대화』, 문학과지성사, 2003, 164·190쪽.

5. 테러리즘의 사회과학적 개념

사회과학계 내에서도 무엇이 테러리즘인가에 대해 합의된 정의가 나온 바는 없다.[39] 하지만 무엇이 테러리즘이 아닌가에 관한 합의 (negative consensus)는 어느 정도 존재한다. 군사시설에 폭탄을 던지는 식의 게릴라전과는 다른 것이고, 정치적 보복이나 비정치적 동기에 의한 표적암살과도 구별되어야 한다는 것이다.[40] 그에 따르면, 레스토랑에 시한폭탄 장치를 하여 수십 명의 사상자를 내는 것이나 예루살렘에서의 자살폭탄 거사자는 테러리스트이다. 그러나 이스라엘군 순찰대를 공격한 헤즈볼라 전사는 게릴라이지 테러리스트라 할 수 없다. 게릴라의 공격 대상이 관공리와 군인·경찰임에 반해, 테러리스트의 그것은 민간인인 것이다.[41]

사회과학적 개념으로서의 테러리즘은 목표물을 선별하지 않고, 그 범위에 제한을 두지도 않는다. 전투원과 비전투원, 정당한 목표물과 그렇지 않은 목표물 사이의 통념적인 도덕적 구분은 무차별적 공격을 통해 간단히 거부된다. 무고한 비무장 민간인을 상대로 무장집단이 폭력을 행사하는 것이 테러리즘의 가장 두드러진 특성인 것이다.[42]

---

[39] 1936~1981년 사이에 나온 정의만 해도 109개였다는 보고(A. Schmidt, *Political Terrorism: A Research Guide*, New Brunswick, N.J.: Transaction, 1984)가 있다. 여기서는 (Mehdi Mozaffari, "The New Era of Terrorism: Approaches and Typologies," p.181에서 재인용하는 것임.

[40] Raymond Duvall & Michael Stohl, "Governance by Terror," M. Stohl (ed.), *The Politics of Terrorism* (3rd ed.), N.Y.: Marcel Dekker Inc., 1988, p.238; 앞의 "What is Terrorism?," in *Economist*, p.24.

[41] 보다 자세한 논의는 Daniel E. Georges-Abeyie, "Political Crime and Terrorism: Toward an Understanding," p.319를 볼 것.

[42] Charles Townshend(심승우 옮김), 『테러리즘, 누군가의 해방투쟁』, 18·20쪽.

모자파리는[43] 기존 정의들의 공통 요소랄까 암묵적 합의점 같은 것을 뽑아내는 작업을 통하여 다음과 같이 결론적 정의를 도출하였다: "정치적 테러리즘은 두려움(fear), 좌절감 및 불안감 조성을 수단으로 모종의 정치적 목적을 달성코자 하는 폭력의 사용, 혹은 사용하겠다는 위협이다. 정치적 테러리즘은 항상 모종의 정치적 메시지를 전달한다."[44]

사회학자 잭 깁스(J.Gibbs)도 이와 비슷하면서 보다 촘촘해진 정의를 다음과 같이 내놓았다. 즉, "테러리즘이란 (직접적 표적보다는) 다수 대중에 대한 공포심 주입과 대의명분 선전(전략적 측면)에 의해 기존 규범을 유지 또는 변경시킬 목적으로 인적·물적 대상에 대하여 비밀리에 행사되는 불법적 폭력 또는 그 위협"이라는 것이다.[45]

그리하여 테러리즘에 대한 지배적 정의들에는 언제나 어떤 정치적 목적성 – 민간인에게 테러를 가함으로써 한 나라의 정치에 영향을 미치거나 그것을 바꾸어냄 – 이 함축된다. 이에 따라 테러리즘에 대해 내려지는바 가장 간단명료한 사회과학적 정의는 "정치적 목적을 위해, 민간인(시설) 대상으로, 실행된 폭력"이다.[46] 무고한 사람들에게

---

[43] Mehdi Mozaffari, "The New Era of Terrorism: Approaches and Typologies," pp.180-182.

[44] '메시지' 문제에 대해 정치학자 후앙 꼬라디(Juan E. Corradi, "The Mode of Destruction: Terror in Argentina," *Telos* 54, 1982-83, p.63)도 이와 비슷한 논급을 한 바 있다. 테러행위와 일반적 폭력행위의 차이는 직접 피해자가 아닌 이들에게 전달되는 메시지의 유무이다. 전자는 장차 그들도 비슷하거나 꼭 같은 방식으로 당할지 모른다는 메시지를 담고 있다는 것이다.

[45] Jack P. Gibbs, "Conceptualization of Terrorism," *American Sociological Review*, Vol.54, 1989, p.330.

[46] 이것은 Jonathan Barker(이광수 옮김), 『테러리즘, 폭력인가 저항인가?』, 44쪽에 인용된 바, 이스라엘의 테러 전문연구자인 보아즈 가너(Boaz Ganor)의 정의를 조금 변형시킨 것이다.

겨누어진다는 것 즉 무차별적 폭력이 테러리즘의 핵심인 것이다.⁴⁷

그러므로 사회과학적 관점에서 테러리즘 개념을 정교하게 구사하려면, 그래서 잘못된 통념도 불식시키려면, 두 가지 점에 특히 유의해야 한다. 폭력 그 자체인 것이 아니라, 테러(=공포심) 확산의 의도를 깔고 있는 폭력이면서 그것이 특히 민간인에게 가해졌을 때 테러리즘이 된다는 것이다. 바꿔 말하면, 다수 대중을 공포에 떨게 하는 무차별적 폭력행위가 진짜 테러리즘이고, [무차별 살상 → 공포심 조성 → 정치적 효과 획득]이 테러리즘의 핵심 문법인 것이다.

'정치적 효과 획득'을 노린다는 의미에서 테러리즘은 독립적이며 자기완결적인 정치적 전략이라 할 수 있다. 그렇지만 명분의 좋고 나쁨이 그 폭력행위의 테러리즘 여부를 가르는 기준선이 되는 것은 아니다. 좋은 명분도 테러리즘을 쓸 수 있다. 바꿔 말하면, 테러리즘이 그럴듯한 명분을 얼마든지 내걸고 있을 수 있다는 뜻도 된다. '해방전사'를 자임하면서도 명백히 범죄적인 행위를 자행하는 존재일 때 그들은 테러리스트인 것이다.⁴⁸

테러리스트의 실제적 테러 과정은 일반적으로, ① (충격, 경악, 공포, 또는 분노에 의한) 관심 유발 → ② (공공연하게든 암암리에든) 메시지 전달 → ③ (정치적 압력에 의한) 효과 발휘라는 세 단계로 진행된다.⁴⁹ 그로부터 기대되는 '효과'는 복종 또는 순응, 아니면 동조 혹

---

[47] 미국의 정치철학자 마이클 왈쩌(Michael Walzer)도 테러리즘의 핵심은 공포를 만연시키기 위해 무고한 사람들을 무차별적으로 죽이는 것이라고 했다(공진성, 『테러』, 119쪽).

[48] Giovanna Borradori(손철성 외 옮김), 『테러 시대의 철학: 하버마스, 데리다와의 대화』, 274쪽.

[49] Martha Crenshaw, "Current Research on Terrorism: The Academic Perspective," *Studies in Conflict and Terrorism*, Vol.15, 1992, pp.1-11 참조.

은 지지이다. 이에 따라 테러의 종류도 억지형(抑止型, enforcement) 테러와 선동형(agitational) 테러로 대별된다. 쉽게 말해, '~하지 말라'형 테러와 '~하라'형 테러가 있는 것이다.

이처럼 '테러리즘'의 요체가 정치적 목적의 관철을 위한 전략적 수단임에 반해, 관용어법에서 '테러'는 주로 폭력 사용의 특수한 방식을 가리킨다. 양자는 구분될 수 있고, 그럴 필요도 있다. 후자의 의미에서의 테러를 한 것만으로 테러리스트라 할 수는 없다. 모종의 의도와 신념을 가진 테러리스트이므로 테러리즘 전략에 따른 테러를 하는 것이다.

그 '의도와 신념'을 둘러싸고서, 정확히 말하면 그것의 승인 여부와 관련하여, 테러리즘의 정당화(justification) 문제가 언제건 대두한다.[50] 이 부분에서 테러리즘을 바라보는 시각이 한 가지로 고정되지 않고 몇 개로 갈리는 광경을 목도하게 된다. 부정·비난 일변도의 관변적(official) 시각, 그로부터 영향받아 언표와 내심이 엇갈리고 혐오와 동정이 교차하기도 하는 대중적(popular) 시각이 있다. 그런 반면에 테러리즘의 불가피성과 정당성을 내세우는 항거자적(resistant) 시각이 있는가하면, 테러의 구조적 원인을 중시함과 아울러 근본적 문제해결을 통해 테러리즘을 극복할 것을 강조하는 대안적(alternative) 시각도 있다.[51] 전자의 두 시각은 테러리즘을 비합리적 권력추구의 수단으로 보고, 그것에 경직성·폐쇄성·극단성·획일성 등의 특성을 갖다 붙인다. 후자의 두 시각은

---

[50] 권력은 정당성(legitimacy)을 필요로 하지만, 폭력은 정당화(justification)를 요한다. 각각 목적과 수단인 관계 때문이기도 하다. 이에 대해서는 Hannah Arendt(김정한 역), 『폭력의 세기』(이후, 1999), 84-85쪽을 볼 것.

[51] Alex P. Schmid and Albert J. Longman, *Political Terrorism*(rev. ed.), Amsterdam: North Holland, 1988, p.49.

어떤 사회적·정치적 쟁점이 합법적·제도적 방식으로는 해결되기 어려운 구조적 상황에서 테러리즘이 나오는 것으로 본다는 점에서 궤를 같이한다.

6. 의열투쟁과 테러(리즘)의 상관성 유무와 정도: 결론에 대신하여

살펴본 바의 사회과학적 관점과 개념화에 따르면, 테러리즘은 살상·파괴 그 자체가 목적인 것이 아니라, 그러한 폭력행위가 테러(=공포)라는 심리적 효과를 매개로 하여 최종적으로 가져다줄 정치적·상징적 효과를 노리고서 출현하는 것이다. 폭력 대상자/대상물 자체의 제거만이 목표라면, 응징·정화·소제의 폭력이지 테러리즘은 아니다. 다만 응징이 개별적 수준에서 상징적 수준으로 확장되어 가면, 어느 순간부터 테러 효과를 낳는 행동이 될 수 있다.

또한 테러리즘은 폭력대상 설정에서 민간인을 배제하지 않고 불특정 다수의 민간인을 무차별로 공격하여 희생자로 만들 때 붙일 수 있는 꼬리표요 규정이라는 점도 중요하다. 그런 희생을 담보로 하여 정치적 이득을 노리는 행동노선이면서 전략이 사회과학적 의미의 테러리즘인 것이다.

그러면 일제 강점기의 한국인들이 '작탄투쟁'(임시정부 계열), '암살파괴운동'(의열단), 혹은 '폭렬행동'(김구와 한인애국단)이라는 이름으로 벌였던 조직적 대일공격 거사와, '7가살'(임시정부와 의열단) 범주의 주요 표적들에 행한 응징적·정화적 폭력들은 테러리즘의 이러한 개념에 포섭될 수 있는 것이었을까?

일률적으로 잘라 말하기는 어렵다. 사례들이 많고, 경우마다 양상도 다른 점들이 있었기 때문이다. 거사 의도나 목적들이 때마다 확연히 드러나거나 정확히 포착되는 것도 아니었다. 그렇지만 나타난 사실만을 갖고도 우선 한 가지는 확실히 말할 수 있다. 적측의 '민간인'을 무차별 살상했거나 그러기를 기도한 사례가 단 한 건도 없었고, 어느 조직·단체도 거사 실행자도 그런 의도를 품었다는 징표가 보이거나 무심결에라도 표출한 바가 없었다는 것이다.

하기는 임시정부의 '7가살' 정책과 의열단의 '7가살·5당파(當破)'[52] 노선, 그리고 신채호의 「조선혁명선언」에서의 '혁명적 폭력'론 모두, 민간인 공격을 완전히 배제하지는 않았다. 하지만 유념해야 할 점이 있다. 이때의 민간인들은 '무고'하나 불가피한 잠재적 희생자(victim)로 상정된 것이 아니라, 그만한 이유가 있는 본래의 표적(target)으로 특정된 것이었다는 점이다. 그리고 많은 경우의 거사들은 모종의 사후 효과를 노렸다기보다 오히려 표적 자체의 제거나 파괴를 목표했던 것으로 보인다. 따라서 일반적인 경향과 흐름으로 보면, 의도 면에서 의열투쟁을 테러리즘과 동일시하기는 거의 불가능한 것이다.

거사 현장에서 '무고한' 일반 민간인이—일본인이든 '조선인'이든, 혹은 중국인을 비롯한 외국인이든—죽거나 다친 경우가 전혀 없는 것은 아니었다. 하지만 의열투쟁의 전 기간, 전 범위에 걸쳐서도 그 사례 수는 극히 적었고, 피해자 숫자는 통틀어 다섯 손가락 정도로 꼽을 수 있다. 또한 그 경우에도 공포심을 조성하려 해서가 아니었고, 예측

---

[52] 그 구체적인 내용은 졸저, 『의열투쟁 I—1920년대』, 18-24쪽과 141-142쪽을 볼 것. 흔히 '5파괴'로 일컬어져 왔으나 필자가 '5당파'로 재명명했는데, 그 이유는 다음과 같다. 즉, 殺은 인명을 없애는 행위이므로 대상을 잘 가려내는 조건으로 '可'하겠으나, 일제 기관을 破함은 가림 없이 가능만 하다면 언제나 당연히 할 일이었을 테니, 글자도 그렇게 구별해 쓰는 것이 맞겠다고 보아서이다.

과 사전통제가 불가능할 수밖에 없는 현장상황이 초래한 우발적 결과였을 뿐이다.

그러면 실행된 거사로서 개별 '사건'들이나 그것들의 단체·조직별 묶음 수준이 아니라, 그런 사건을 낳게 된 행동노선, 즉 당면목표와 전략의 측면에서는 어떠했는가?

이 부분에 대해서도 앞에서처럼, 명확히 단언하기가 다소 어려운 면이 있다. 조직별로 계열별로 행동노선이 조금씩 상이한 바 있었던 데다, 시기에 따라 달라지는 점도 있었기 때문이다. 적어도 1919년 이후로 의열투쟁에 참여했던 단체·조직들을 망라하여 세세히 분석하고 정밀한 검토를 가한 후에 종합하여 말함이 온당할 것이다. 하지만 그 작업은 이 글의 범위를 넘어선다. 하지만 그렇더라도, 독립운동 진영과 의열투쟁 조직들이 노렸던 주 표적은 언제나 '적의 심장부'에 해당하는 정치·경제·선전·폭압 기관과 그 수뇌급 요인들이었음을 부인할 수는 없다.

이에 관해 의열단장 김원봉이 1923년경에 다음과 같이 공언한 바 있다.

> 우리 단이 노리는 곳은 동경·경성 2개 처로, 우선 조선총독을 죽이기를 대대로 5,6명에 미치게 되면 반드시 그 후계자가 되려는 자가 없게 될 것이고, 동경 시민을 놀라게 함이 매년 2회에 날하면 한국독립 문제는 반드시 그들 사이에서 제창되어 결국은 일본 국민 스스로가 한국의 통치를 포기하게 될 것임은 명약관화한 일이다.[53]

이것은 의열단이 분명한 '정치적 목적'과 '신념'을 갖고 암살파괴운

---

[53] 국회도서관 편, 『한국민족운동사료: 중국편』, 1976, 485쪽.

동을 '실행'하여, 그것이 낳을 '공포효과'로써 일제의 총독통치를 무력화시키고, 나아가 그 운동이 일본인들에게 던지는 '정치적 메시지'가 낳을 모종의 '상징적·정치적 효과'에 기대어 일본 국민의 여론을 환기함으로써 결국은 일제가 식민지 경영을 자진 포기토록 하겠다는 '전략'을 갖고 있었음을 보여준다. 폭력노선이 가져올 심리적 및 정치적 효과를 명확히 예측하고 적극 활용하려 했다는 점에서, 적어도 의열단은 테러리즘 전략에 가까이 다가서 있었던 것으로 볼 만도 하다. 하지만 그 노선이 진짜 테러리즘 전략이 되기 위한 결정적 고리 혹은 중요 선행요소가 하나 빠져 있었으니, '무차별 살상'이 그것이다. 그런 측면은 의열단운동의 실행에서와 마찬가지로 그 의도에서도 전혀 없었던 것이다.

그러므로 1924년 상해 청년동맹회의 윤자영 등 사회주의계열 지도부가 의열단의 노선을 지목해 '공포론'(즉 테러리즘)으로 규정지은 것은[54] 어느 모로 일리 있지만 다른 면으로 보면 틀린 얘기였다. 장지락이 한때 자기가 몸담았던 의열단을 '테러단체'의 하나로, 의열단의 행동노선을 '테러리즘'으로 회고 속에서 규정한 것도[55] 그와 같다. 엄밀히 말해 두 경우는 극심한 경쟁관계에 놓인 상대 조직에 일부러 공격의 화살을 겨누려 했거나(전자), 혁명운동의 단계적 발전론을 신봉함에서 극복-지양 대상으로 본 데서 나온(후자) 일종의 정치적 규정이었다. 테러리즘의 역사적 의미론의 변천 과정에 후기 단계의 전변에 대응되는 '정치적 규정'과 거의 같은 것으로서 말이다.

그렇다고 윤자영과 장지락의 그런 규정들이 오늘날의 관변적 시각

---

[54] 독립운동사편찬위원회, 『독립운동사자료집』 제9집, 1975, 723쪽 참조.
[55] 님 웨일즈(조우화 역), 『아리랑』, 동녘, 1984

처럼 절대 배격의 부정적 함의만을 담고서 발해진 것도 아니었다. '테러' 전술이 채택 혹은 선호될 수밖에 없었던 시대적 환경의 특수성이 일정 부분 인정되고 있었다. 실은 윤자영 자신이 그 2년 전에 "암살, 一揆, 폭동" 등등의 '민중의 폭력적 대항'을 예찬하며 촉구하는 언설을 고려공산당 기관지에 공공연히 실어 내놓은 바도 있다.[56] 그러므로 사회주의자들이 보기에 '의열단의 공포론'은 하나의 불가피한 과도기적 양상인 것이기도 했다.

어쨌든 의열단 자신은 역사적 '정의'를 폭력수단으로라도 '맹렬'히 추구할 것임을 명칭 자체와 '공약' 제1조를 통하여 진작 천명해놓은 바였다. 민간인이 그의 폭력 대상이 되었을 때도 다 그럴 만한 이유가 있었고, 응징과 정화의 '테러'적 폭력이었을지라도 그 행사 범위는 극도로 한정되고 대상은 명확히 선정 지목되었다. 그 나름의 '절도(節度) 윤리'(ethics of restraint)가 어느 한때나 일회적이 아니라 몇 년을 두고 계속 지켜진 것이다. 이는 다른 유사단체들의 경우에도 마찬가지였다.

그렇다면 의열단을 비롯한 여러 '의열투쟁' 단체와 그 조직원들의 행동노선을 현대적 의미의 테러리즘으로 보아야 할 근거와 이유는 빈약하다. 반면에, 일제의 고위층이나 관헌 종사자와 반민족적 부류의 공포심을 자아내기에 족할 고강도의 폭력이 수차의 사례들에서 행사된 것에 대해서는 '테러'라 일컬을 수 있다. 그런 의미에서 민족주의적 및 아나키스트적 의열투쟁의 상당 부분을 '테러리즘 없는 테러'(terror without terrorism)로 규정지어 볼 수 있다. 하지만 그런 경우에도 테러는 '의열'의 역사적 의미를 결코 품어내지 못한다. 이 점을 잊어서

---

[56] 不可殺, 「善의 승리는 민중의 폭력에 在하다」, 『鬪報』 제2호, 1922(여기서는 국사편찬위원회 편, 『한국독립운동사 자료』 37, 2001, 93-95쪽에 옮겨 실린 것에 의함). '불가살'은 윤자영의 필명이었다.

는 안 된다.

그런 맥락에서 '의열투쟁' 용어와 그 개념의 적실성(relevance)이 다시금 부각된다. 역사용어치고는 가치관여(value commitment)의 정도가 너무 커 보이는 흠이 있을지 모르지만, 그럼에도 개념화 대상의 특성을 간명하게 잡아내어 잘 표상해 낸 독창적 어법임을 인정해야만 할 것이다. 개인 또는 소집단 수준의 투탄·총격·자격(刺擊)의 대적거사나 정치적 항의의 행동들이 외형으로는 '과격'하고도 '가공(可恐)'할 '흉행(兇行)'으로 보였을지 모르지만, 실은 정의 실현의 신념과 독립자유의 정신과 사생취의(捨生取義)의 결의—'테러리즘'이라는 용어로는 도저히 포착될 수 없는 것들인—로 충만해 있었음을 말해주는 것. 이것이 의열투쟁' 개념의 독창성이요 적실성인 것이다.

한 걸음 더 나아가보면, 의열투쟁의 위치에 대한 새로운 발견이 가능해진다.[57] 폭력과 비폭력을 그저 대칭시키기만 하는 손쉬운 이분법 도식은 닫힌 고정관념의 덫에 의해 숙명론과 패배주의의 함정으로 빠져들기 쉽게 한다. "폭력은 무조건 안돼!"라는, 사뭇 지당해 보이지만 고식적이기도 한 논리가 역사와 세계를 주시하는 우리의 시야를 아주 좁혀버릴 수도 있다. 권력을 얻고 지배하려는 것이 아니라 부당한 지배관계를 부인하려는 힘, 폭력의 구조화를 떠받치는 제도 자체를 해체하는 성질의 힘, 무기를 가졌더라도 함부로 쓰지 않고 맨손이나 다름없이 행사되는 힘—그런 힘은 '비폭력'도 '대항폭력'(counter-violence)도 아닌 '반폭력'(anti-violence)이다.[58] 그것은 증오가 아닌 분노, 의로운 분노

---

[57] 이하 두 문단의 서술에 사카이 다카시(酒井隆史, 김은주 옮김), 『폭력의 철학: 지배와 저항의 논리』(산눈, 2004)로부터 시사 받은 부분이 있다. '반폭력' 용어도 공유하는데, 그 개념에 대한 필자 나름의 이해 방식과 확장을 이 책 제5장의 6절에서 개진해보고 있다.

[58] 중국망명기의 저술들에서 역설적 어법으로 동시대의 강권폭력을 비판했던 신채호의

로부터 솟구쳐나오는 힘이다.

반폭력은 방어적 폭력이면서 직접행동의 회복이고, 본질적으로 비폭력을 지향하는 것이다. 폭력투쟁과 동질의 것이 아니다. 지배자가 휘두르는 폭력에 소슬한 육체가 대항하는 것은 스스로를 재구성해 나가는 과정이기도 하고, 이로부터 '새로운 인간'이 탄생한다. 여기서 일일이 다 거명하지는 못하지만, 일제의 침략주의·식민주의와 강권폭력에 맞서 피 흘리며 싸웠고 그러다 스러져 간 수다한 의·열사들이야말로 바로 그런 '새로운 인간'들이지 않았을까. 벽초 홍명희가 신채호를 일컬어 한 말을 빌려보면, "살아서도 사람이고 죽어서도 사람"인 존재들이 아니었겠는가.

논문들을 분석하고 재해석한 글에서 조관자는 '반폭력의 힘'에 관해 다음과 같이 묘사하였다. "스스로를 폭력의 주체로 일으켜 세워서, 폭력을 두려워하는 주체와 폭력을 구축하는 주체를 모두 해체하는 일….모든 현재적인 폭력을 비판하고 그것에 대항하는 힘으로서의 폭력….이러한 폭력의 자기비판력이 '반폭력'이 갖는 '滅罪의 힘'이다."(조관자, 「반제국주의의 폭력과 멸죄의 힘」, 『문화과학』 24, 2000, 185-186쪽).

폭력과 반폭력, 혁명적 폭력
― 3.1운동 다시 보기와 신채호 사상 다시 읽기

1. 문제 설정과 그 맥락

3.1운동의 역사적 의미는 여러 각도에서 되물어지고 거듭 음미되며 새롭게 조명될 수가 있다. 그런 견지에서 떠올려질 여러 접근법 중에서는 '인권과 평화'라는 신세기의 시대정신과 관련지어 그래보는 것이 가장 합당하며 시의적절하리라고도 보인다. 안 그래도 그런 방향으로의 사고가 진작부터 있어왔으니, 3.1운동의 '비폭력성'을 부동(不動)의 사실로 받아들이고 그에 대한 상찬을 밑돌로 삼아서였다. 33인의 '민족대표'들이 처음부터 비폭력 원칙을 표방했음에서 가능해진바 '세계사 최초의 비폭력혁명'이었고 '무혈혁명'이기도 했다는 의미 부여가 그로부터 나왔다. 비폭력이 3.1운동의 '실패' 원인 중 하나였고 그러므로 잘못된 선택이었다는 일각의 비판조차도 곰곰이 들여다보

면 입장은 상반되나 사실 인식에서는 상동인 것이었다.

그런 터에 '3.1운동에서의 폭력' 문제를 거론함은 시대착오적 언술이나 '반(反)시대적 고찰'로 여겨질지 모른다. 그럼에도 다음과 같은 물음이 아직도 가능하며 유효한 바 있다는 소견에서 이 글은 출발한다. 3.1운동의 전체상을 '비폭력적 운동'으로만 확고히 규정지을 수 있는 것일까? 그런 식의 일의적 성격규정은 3.1운동의 실제와 얼마만큼 부합하며 근거가 탄탄한 것일까? 만약에 폭력적인 부분이 있었다면, 어느 정도였고 왜 그랬던가? 그것이 띤 의미는 무엇이었던가? 우리는 그것을 어떻게 이해하고 받아들여야 하는가? 등등의 질문이 그것이다. 3.1운동의 인식론과 연구사에서 폭력과 비폭력 문제는 다루기 쉽지 않고 그만큼 미묘한 것이었으며[1] 그래서인지 논의축이 수차 바뀌고 옮겨지기도 했음 자체가 실은 이런 물음과 무관하지 않을지도 모른다.

3.1운동을 중심에 두는 독립운동사 편술 작업이 일찍이 시도되어 첫 결과물이 1920년에 출간되어 나왔고,[2] 그로써 민족사적 관점에서의 3.1운동 상(像)이 일차적으로 정립되었다. 그로부터 '순연(純然)한 비폭력운동'설이 기원하여 20여 년간 임시정부 계열의 인식추로 삼아지다 8.15 해방 후 미군정 시기에 우익진영이 내세워간 3.1운동 담론

---

[1] 이 문제를 쟁점으로 삼아 정면에서 다룬 논의로 신용하, 「3·1 독립운동의 非폭력 방법의 사회적 배경과 사회적 조건」(『3·1운동과 독립운동의 사회사』, 서울대학교 출판부, 2001)과 신용하, 「3·1 독립운동의 쟁점」(『한국 항일독립운동사연구』, 경인문화사, 2006)이 있었다.

[2] 박은식의 『韓國獨立運動之血史』(上海: 維新社, 1920; 김도형 역, 『한국독립운동지혈사』, 소명출판, 2008))를 말한다. 독립운동가의 입장에서 국제선전을 의도하고 일제의 비인도적 탄압 만행을 고발함에 역점을 둔 그 책에서는 한국인들이 맨손으로 평화적 만세시위를 벌였을 뿐으로 여하한 폭력행동 없이 막대한 희생을 치렀음을 다각도로 서사하고 강조도 하였다.

의 기본 축으로 부상하였다.³

1940년 전후의 재중국 독립운동 진영에서도 3.1운동 때 폭력이 적극적으로 행동화하지 못했다든지⁴ 우리에게 무력이 없다 보니 맨손맨주먹으로 강적에 대항케 되었던 것이라는⁵ 언설이 나왔다. 혁명은 유혈적이며 인민 전체 무장의 총궐기를 요하는데 3.1운동은 폭력이 아니고 평화운동에만 의존해서 그 조건을 결여했다는⁶ 비판적 논평도 있었다. 8.15 해방 직후의 급진 사회주의자들도 무장봉기 전술 배제를 3.1운동의 실패 요인의 하나로 논급하였다.⁷ 사상적 입각점과 함의는 서로 같지 않았지만 크게 보면 다 '비폭력운동' 설과 동궤인 것이었다.

하지만 그와는 상당히 다른 인식에서 나오는 언술도 있었다. 1930

---

³ 1946년 3월 1일 서울 종로의 보신각 앞에서 열린 '제27회 독립선언기념 축하식'에서 대한국민대표민주의원 의장으로서 개식사를 한 이승만은 3.1운동을 "세계의 처음 되는 비폭력혁명"으로 호명하고, "우리 광복에의 기초를 세운 비폭력인 시위운동"으로 자리매김했다(『동아일보』 1946.3.1,「민족신생의 국경일인 삼일절」;『동아일보』 1946.3.2,「비폭력혁명의 결실」). 전날의 기자회견에서도 그는 3.1운동이 '비군력혁명(非軍力革命)'을 세계역사상 처음으로 시작한 것이었다고 자기식의 의미 부여를 했고, "세계에서 비폭력주의의 원조를 인도의 깐듸씨로 말하나 사실 그 날자를 상고해보면 우리 만세운동이 처음으로 먼저 시작된 것입니다."고 주장했다(『동아일보』 1946.3.1,「우리의 기미운동은 세계 무저항의 시초」). 이런 인식과 주장은『주미외교위원부 통신』 제24호(1943.2.22)에 실린 무기명 칼럼「3·1 정신」(국사편찬위원회,『대한민국임시정부자료집』 19, 2007, 287-289쪽)에 피력된 주장의 복제본이면서 확장판이기도 했다. (밑줄은 인용자)
⁴ 원(遠),「3.1운동의 주동력」,『韓靑』 제2권 제3기(남경: 한국국민당 청년단, 1937), 56쪽.
⁵ 「3.1절 제22주년기념선언」,『光復』 제1권 제2기(중경: 한국광복군 총사령부 정훈처, 1941), 4쪽.
⁶ 이정호,「현계단조선사회화(和)조선혁명운동 (4)」,『朝鮮義勇隊』 제22기(계림: 조선의용대 총대부, 1939), 5쪽; 이정호,「조선'3·1'대혁명운동간사(簡史)」,『朝鮮義勇隊』 제41기(중경, 1942), 7쪽.
⁷ 이에 대해서는 박종린,「해방 직후 사회주의자들의 3.1운동 인식」(『서울과 역사』 99, 2018)이 상세하다.

년대의 조선의용대·조선민족전선연맹 계열 독립운동자들이 "전민족이 총궐기한 대(大)시위운동이 폭발하더니 격렬한 폭력적 직접행동으로 전변(轉變)하였다."거나[8] "무저항·비폭력의 시위운동이 금세 대규모 폭동으로 비화하여 전국 각지에서 유혈충돌이 발생"했다고 회고하면서 3.1운동의 주된 성격을 "전민족적 유혈폭동·유혈투쟁"으로 규정했음이[9] 그러하다.

후자와 비슷한 관점의 입론은 1949년 이후의 북한 역사서에도 등장했다. '무력항쟁 결여'설은 계승·견지하면서도 3.1운동 때 민중이 들고일어나 가열한 폭력행동으로 일제에 맞서고 타격도 했다는 '인민봉기'론과 '폭력투쟁'설을 제시한 것이다.[10] 흔히들 '폭력' 개념에 포섭시켜 같은 범주로 간주하는 '무력'을 전자로부터 분리해내고, 후자는 없었지만 전자는 있었음을 논증하려 했으니, '비폭력운동'설에 분

---

[8] 이달, 「30년래적조선민족해방운동 (상)」, 『救亡日報』 1939.6.21(『중국신문 한국독립운동기사집』(Ⅰ), 독립기념관 한국독립운동사연구소, 2008, 331쪽). 이달은 11세 때 국내 향리에서 3.1운동을 겪었다고 한다(達, 「아여(我與)3.1운동」, 『救亡日報』 1939.3.1; 『중국신문 한국독립운동기사집』(Ⅰ), 320쪽).

[9] 1939년 중국 계림의 '조선혁명자들'은 3.1운동이 "민족적 대유혈투쟁으로서... 8개월 동안 끊임없이 시위와 폭동"이 벌어졌다고 말하였고(「'3.1'운동제20주년기념일경고(敬告)중국동포서」, 『救亡日報』 1939.3.1), 1940년 중경의 '모(某) 조선혁명단체 책임자'는 1919년 3월 1일을 "조선인민이 영용한 반일유혈투쟁을 일으킨" 날로(「조선독립21주년기념여천선(旅川鮮)각단체거행기념회」, 『救亡日報』 1940.2.29), 이달도 "전민족적 반일시위와 유혈폭동을 일으킨" 날로(李達, 「'3.1'운동재조선혁명사상획시기적의의」, 『救亡日報』 1940.3.1) 표상하였다(이 3개 기사의 인용은 순서대로 『중국신문 한국독립운동기사집』(Ⅰ)의 319·347·348쪽으로부터임). 앞서 조선민족전선연맹 이사 겸 조선의용대 총대부의 정치조장인 김성숙도 "맨손의 군중이 도처에서 적 헌병과 유혈투쟁을 벌이고 폭동을 일으켰으니, 3.1 대혁명의 서막은 그렇게 열린 것"이라고 회고했다(성숙, 「'3.1'운동소사(小史)」, 『朝鮮義勇隊通訊』 제5기, 1939, 5쪽). (밑줄은 인용자)

[10] 1949년 백남운 등 8인의 공동저작으로 나온 『조선민족해방투쟁사』(3.1운동 부분은 김승화가 집필)와 1961년 사회과학원 역사연구소에서 펴낸 『조선근대혁명운동사』(3.1운동 부분은 전석담이 집필)가 대표적이다. 홍종욱의 상세한 분석(「북한 역사학의 3.1운동 인식」, 『서울과 역사』 99, 2018)이 이미 나와 있으니, 구체적 서술을 예증해 보임은 약한다.

명한 이의를 달고 배척한 셈이다. 남과 북의 3.1운동 인식에 명확한 분기점이 생기면서 쟁점화의 가능성도 열린 것이었다.

그 후 1960년대 말에 국내 사학계에서 '민중운동으로서의 3.1운동'에는 폭력행동이 적지 않은 비중을 점했음을 자료에 입각해 보여주는 논의가 나왔다.[11] 암암리의 금기가 그때 처음 깨진 것이다. 그 논점을 잇고 되살리는 연구는 한참 뒤인 1980년대 말에 가서 이루어졌다. '민중사학' 입장의 몇몇 소장 연구자가 일제자료 속에 묻혀 방치되어 온 기록과 사례들을 끄집어내 활용함에 의해서였다.[12] 그들은 3.1운동 때 적어도 평안도·경기도·경남 지역에서는 민중의 폭력행동이 빈발했음을 부각시켜 논급하였다.

그 무렵 주로 신진연구자들에 의해 수행된 3.1운동의 지방사례 탐색과 현지답사 기반형의 연구들에서도 시위운동의 '공세성' 증대와 그에 수반된 폭력화 추세가 발견되어갔다. 평화적 만세시위가 무자비한 탄압을 받아 대응하다보니 '어쩔 수 없이' 폭력성을 '약간' 띠게 된 정도가[13] 아니라 계획적으로 감행된 공세적 폭력시위 사례가 상당수

---

[11] 박성수, 「3.1운동에 있어서의 폭력과 비폭력」, 동아일보사 편, 『3.1운동 50주년 기념 논집』, 1969; 천관우, 「민중운동으로 본 3.1운동」, 같은 책.

[12] 1989년 한겨레신문사 주최의 3.1운동 70주년 기념 학술심포지엄에서 이윤상·이지원·정연태가 발표한 개별논문 3편(각각 평안도·경기도·경남 지방을 다룸)과 총설 격의 공동논문 1편을 말한다. 이 글들은 한국역사연구회·역사문제연구소 엮음, 『3.1민족해방운동 연구』(청년사, 1989)에 수록되었다.

[13] 1968년 국사편찬위원회가 펴낸 『한국독립운동사 2』에는 "시위를 전개하는 군중은 몇 곳의 특례를 제외하고는 무저항의 평화적인 시위를 벌렸을 따름이지 총검을 가진 일군에게 처음부터 저항한 것은 아니었다. 그러나 그들이 이에 대하여 무차별의 사격을 가하여 사상자가 속출하므로 이에 격앙된 군중은 간혹 겸(鎌: 낫), 곤봉 혹은 돌을 들고 경찰관서나 헌병관서에 몰려가 항의 시위하는 것이 일반적인 경향이었다. 이런 사실을 갖고 일제는 군중이 폭동을 일으켰기 때문에 부득이 군대를 출동시켜 발포 해산시켰다고 발표한 것이다."(정음문화사 판, 213쪽; 밑줄은 인용자)라고 교시하듯 서술되어 있었다.

있었음이 실증된 것이다.¹⁴

　이와 같이 나온 인식전환의 계기와 그 바퀴살 붙이기는 학계 주류의 일부 저항감을 낳고 반발에 부딪치기도 했지만, 더 많은 지방사례의 실증적 연구결과들과 잇대지면서 인식의 좌표를 이동시키는 결과를 낳았다. 그리하여 2000년대 중반 무렵부터 '비폭력에서 폭력으로의 전화'가 새로운 논의축이 되기에 이르렀고, 지금은 3.1운동에서의 폭력·비폭력 문제가 말끔히 정리된 것처럼 보이기도 한다. 2017년도에 검인정 본으로 간행된 한 고등학교 교과서의 다음과 같은 서술이 그 예증일 수 있다.

> 3월 중순을 넘어서자 시위는 농촌 지역으로 확산되었다. 3월 하순부터 4월 상순까지는 시위가 절정에 달하였다. 농촌 지역에서는 시위대가 면사무소나 주재소를 습격하기도 하였다. 3.1운동은 비폭력·무저항주의로 출발하였지만, 시위가 확산되면서 점차 폭력적인 양상을 띠었다.¹⁵

　그런데 자세히 들여다보면, 매끄럽게 읽히는 바로 그 지점에 미완결의 어떤 문제가 잠복해있다. 3.1운동의 전체상 조형에 핵심 포인트가 될 수도 있을 중요 사실을 적시하지 않고 그냥 넘어가버린데다 시점 특정에도 오류가 범해졌음과, 사실과 맞지 않는 규정어가 그대로 쓰인 대목 등이 그러하다. 당시의 전국적 상황을 두루 살펴보면, 중앙지도부와 서울 중심의 비폭력 원칙을 기각하거나 무효화하듯이 폭

---

¹⁴ 명시적으로 이런 결론에 맨 처음 도달한 연구는 이정은의 「안성군 원곡·양성의 3.1운동」(『한국독립운동사연구』 1, 1987)이었다. 다른 몇몇 사례들에 대한 그의 후속연구 결과는 『3.1독립운동의 지방시위에 관한 연구』(국학자료원, 2009)로 집성되었다.
¹⁵ 최준채 외 4인, 『고등학교 한국사』(리베르스쿨, 2017; 초판은 2014), 284쪽. 다른 교과서들이나 대학교재 수준의 근간 근대사 개설서들의 서술도 대체로 이와 같다.

력행동으로 나선 경우가 3월 초부터 북부지방의 농·산촌 지대와 일부 도시들에서 상당수 있었음에서다.

어쩌면 3.1운동의 총체적 형상은 아직도 분단체제의 그늘로 인해 일부 가려진 채 제시되고 있는지 모른다. 폭력 문제에 관해서는 모종의 체제이념 및 세계사적 연상이 작용하니 더욱 그리 되었을 것이다. 그래서일까. 고정관념처럼 굳어있던 통설을 새로운 연구결과들이 점차 압도해오고는 있었지만, 모양새 좋을 절충적 봉합으로 그치고 더 이상은 나아가지 않으려 한 것 같이도 보인다.

그런 견지에서 이 글은 3.1운동에서의 폭력 문제를 재검토하여 사실인식의 정확성을 더 높이도록 하면서 그것이 갖는 여러 의미도 추출해봄을 1차적 목표로 한다. 그 다음은 3.1운동에서의 폭력이 후속 독립운동/혁명운동에 어떤 효과를 발했으며 그 후 20여 년간의 사상사와 정신사의 문맥에서 어떤 함의를 띠었는지도 같이 살펴보려 한다.

2. 3.1운동에서 폭력시위의 출현과 빈발

1) '비폭력 원칙'의 의미와 한계

폭력과 비폭력은 일종의 개념적 변별의 도구일 뿐, 현상적으로는 뒤섞여 있거나 무시로 교차되는 일이 빈번하다. 어쩌면 비폭력이란 유사 이래 인간 삶의 상수가 되어온 폭력의 흐름에 어느 순간 제동을 걸고 단면화해 찍어낸 한 컷의 필름 같은 것일 수 있다. 폭력적이지 않으려고 애쓰는 인간주체의 자각과 몸부림의 한 징표라고나 할까. 3.1운동을 기획하고 준비해간 민족대표들이 내걸었던 '비폭력 원칙'

도 실은 그런 유의 것이었을지 모른다.

선행연구에서는 그 원칙이 대일 무장투쟁 혹은 전쟁을 벌이는 것이 국내에서는 전혀 불가능하다거나 승산이 없음을 의식해서 나왔다는 설명이 있었다. 그런데 불가능하거나 승산이 없다면 비무장이나 부전(不戰)을 굳이 원칙으로 내걸 일도 아니었겠다는 점에서 이 설명은 미흡해보이는 점이 있다. 그보다는 독립운동의 '대중화' 경로가 될 만세시위의 방법에 딱 맞추어 적용시킬 현실적 행동지침으로 제시된 것이었다고 보아야 옳지 않겠는가 한다. 그래서 별도로 〈공약 3장〉을 설정하고, "배타적 감정으로 내달리지 말 것"과 "질서 존중"을 명기해놓은 것이겠다. 독립선언서의 앞 대목에서 "함분축원(含憤蓄怨)"을 언급해놓고 뒤에 가서는 그것을 "구구한 감정상 문제"로 치부한 것도 그 분노와 원한의 폭발을 제어할 것을 촉구하는 뜻이었으리라.

3월 1일자로 찍어내 전국 각지로 비밀리에 배포한 『조선독립신문』 제1호에도 "우리 2천만 민족이 최후의 1인만 남더라도 결단코 난폭적 행동이라든지 파괴적 행동을 하지 말지어다. 1인이라도 난폭하고 파괴적인 행동이 있게 되면 이는 천년이 가도 구해내지 못할 조선을 만드는 것일지니 천만 주의하고 천만 보중할지어다."는[16] 〈대표 제씨의 신탁(申託)〉을 실어 내보냈다. 이는 시위대중이 '난폭·파괴적 행동'으로 나아갈 가능성이 매우 크다는 것을 민족대표들이 예측하고 크게 우려도 했음을 말해준다. 어디까지나 평화적 시위로 해야만, 일본을 적대시함 없이 '동양평화'라는 대국적 견지에서 즉시독립을 열망한다

---

[16] 원문이 이정은, 『3.1 독립운동의 지방시위에 관한 연구』, 174쪽에 인용되어 있는데, 여기 재인용하면서 독해의 편의를 돕고자 한자어를 현대식 표현으로 바꾸어놓았다. 국회도서관 편, 『한국민족운동사료 (3.1운동편 其3)』[이하 '국도 민운사 3」'으로 표기], 1979, 4쪽에는 경찰이 수거한 원본의 일본어 역문을 다시 국역하면서 표현이 많이 달라져버린 문장으로 실려 있다.

는 "우리 민족의 참뜻"을 제대로 잘 드러내어 광범위한 국제적 지지 획득이라는 효과를 얻어낼 수 있다는 전술적 고려가 있었다고 할지라도 민심의 실태와 예측되는 행동은 민족대표들이 충분히 알고 있었다는 것이다.

아무튼 3.1운동 초기에는 그 원칙을 준행하려는 노력이 서울과 평양 등지에서 나왔다는 것이 일반적인 관측이었다.[17] 경남지역 시위운동의 초기 국면에서도 충무(忠武)·하동(河東)과 창녕군(昌寧郡) 영산면(靈山面)에서 만세시위 주도자들이 '폭행' 또는 '폭동'을 경계하고 배척하는 의사를 격문, 자체 제작 독립선언서, 서약서 등에 강한 어조로 투영시켰다.[18]

하지만 전국적인 상황을 다 헤아려보면, 사태 전개가 그 원칙을 기각하거나 무시·무효화하는 것처럼 되어간 경우가 무척 많았다. 평화적 시위에서 폭력적 시위로의 급전 양상이 도처에서 나타났고, 처음부터 폭력행동을 불사한 경우도 상당수 있었다. 자료를 다시 들춰보며 재검토해봐야만 할 이유이다.

2) 시위 폭력화의 계기와 경로

3월 1일에 지방에서도 만세시위가 벌어진 곳은 평남·평북·함남의

---

[17] F. A. 매켄지(신복룡 역주), 『한국의 독립운동』(집문당, 1999)의 제15장, 특히 220-221쪽, 240-241쪽, 243쪽; 『大阪朝日新聞』(1919.3.8.),「소요의 방법은 매우 교활하다」; 『大阪朝日新聞』(1919.3.15), 「지방은 폭도, 경성은 평온」(윤소영 편역, 『일본신문 한국독립운동기사집』(Ⅰ), 독립기념관 한국독립운동사연구소, 2009[이하 '『일본신문 기사집』Ⅰ'], 118·148쪽 등을 볼 것.

[18] 권남선 외 8인, 「동포에 격하노라!!」(충무); 「대한독립선언서」(하동); 이정은, 「창녕군 영산의 3.1운동」, 『한국독립운동사연구』 2, 1988 참조. 앞의 2개 문건은 독립기념관 소장본임.

6개 도회지였고, 기독교인·천도교인·교사·학생 중심이었다. 그중 평양·진남포·안주·선천에서 시위대와 경찰 간의 충돌이 발생했다.

헌병경찰 당국과 지방장관들이 작성해 상부로 보낸 일일보고문에는 3월 1일 첫날부터 연일 '조선인'들이 경찰관서를 습격해 창유리를 파괴했다고 적혀있었다. 일본 신문들도 그대로 받아썼다. '투석'·'관서건물 또는 기물 파괴'·'소방수나 경관 폭행' 등의 내용이 담긴 보고·보도도 3월 1일 이후의 며칠 사이에 여러 차례 있었다. 3월 3일에는 조선총독과 조선주차군헌병대 사령관이 각기 본국의 육군성으로 보내는 전보문에 '폭도' 용어를, 총독부 경무총감부에서 따로 만든 극비 보고에는 '폭민' 용어를 쓰기 시작했고,[19] 일본 언론이 곧 따라 썼다.[20]

그 용어들은 피지배민의 강력한 저항에 직면한 지배자가 정보의 진위와 사실의 경중에 상관없이 강경 대처의 의도로 짜서 쓰는 프레임의 반영일 때가 많음을 우리는 안다. 일제가 한국 의병을 '폭도'로 지칭하며 '대토벌작전'을 벌였던 것도 그런 예다. 하지만 의병들의 항전 활동에 객관적 의미의 폭력이 포함되고 있었음도 사실이긴 하다.

그러면 3.1운동의 시위대에 '폭(暴)'이라는 글자가 따라붙게 된 연유는 무엇이고 어떤 의미였는가?

---

[19] 국회도서관 편, 『한국민족운동사료(3.1운동편 其一)』, 1977(이하 '『국도 민운사 1』'), 5-7쪽; 강덕상 편, 『현대사자료 26: 조선 1』(東京: みすず書房, 1967), 90쪽; 김정명 편, 『조선독립운동 Ⅰ: 민족주의운동편』(東京: 原書房, 1967), 315쪽 참조. 용례로 봤을 때 일제 당국의 폭도 개념은 "흉기를 소지하고 폭행을 감행하는 자"였다(『국도 민운사 3』, 171쪽).

[20] 시위운동에 관한 3월 3일자의 첫 보도부터 『大阪朝日新聞』은 기사 제목과 소제목에 '폭동'이라는 용어를 수차 썼고, 3월 7일자의 여러 기사에서도 '폭동'·'폭민'·'폭도'라는 표현으로 상황을 묘사했다(『일본신문 기사집』 Ⅰ, 80쪽 및 105-112쪽 참조). 『大阪每日新聞』도 3월 3일자의 첫 기사 본문에서 시위 군중을 '폭도'로 표현했고, 3월 7일자 기사들의 여러 곳에서 '폭민'·'폭도'라는 단어를 노출시켰다(윤소영 편역, 『일본신문 한국독립운동기사집』(Ⅱ), 2009, 114쪽 및 142-144쪽 참조).

여기 시사점을 주는 사례가 하나 있다. 3월 2일 평남 남동부 산간지대 어구의 중화군 상원에서 벌어진 시위이다. 관헌당국의 일일보고에서 '폭도'란 말이 처음 쓰인 사례이고, 경찰관주재소를 습격·파괴했다고 되어 있었는데,[21] 순시 나와 있던 중화경찰서장과 순사부장을 납치하고 주재소를 불 질러 태워버린 것으로 보도되었다.[22] 이에 대한 독립운동사의 서술은, 이날 아침에 시위대가 주재소로 몰려가 퇴거를 요구하니 경찰이 해산시키려 했고 이에 시위대가 역습을 감행하여 총기와 탄약을 탈취했으며, 순시 중이던 경찰서장을 포박 납치하고 주재소를 포위하여 대치했다고 되어 있다. 그러다 평양 경무부에서 급파된 군경 응원대에 총기와 탄약을 도로 뺏기고 39명이 피검되었다고 한다.[23]

이튿날 3일 새벽에 구금자 탈환 목적으로 기독교인과 주민들이, 오후에는 천도교도 주도의 시위대가 주재소를 습격하니 군대가 격퇴하고 '폭민' 10여 명에게 부상을 입힌 것으로 기관보고 되었다.[24] 이에 대해 『독립운동사』(384쪽)의 서술에는, 오후 3시경 기독교인 중심으로 시가행진을 벌이고 주재소를 습격하여 피검자 탈환을 시도하니 백병전이 벌어져 시위대 측에 일부 사상자가 발생하고 서장은 풀려났으며, 오후 4시경에 천도교인이 앞장선 시위로 일본군과 충돌하여 10여 명의 사상자가 나온 것으로 되어 있다.

3월 3일 경기도 개성에서 있었다고 보고된 시위대의 폭력행동도

---

[21] 『국도 민운사 1』, 5쪽; 『국도 민운사 3』, 8쪽.
[22] 『大阪朝日新聞』(1919.3.7),「각 지방의 불온상황」(『일본신문 기사집』 I, 109쪽).
[23] 독립운동사편찬위원회,『독립운동사』제2권(3.1운동사 상), 1971, 384쪽. 이후로 이 책을 전거로 삼을 때는 본문의 서술 속에 『독립운동사』로 표기하고 쪽수만 밝혀 병기할 것이다.
[24] 『국도 민운사 1』, 6·7쪽.

눈길을 끈다. 1천여 명의 군중이 일몰 후에 경관파출소를 습격하여 투석하니 유리창이 부서지고 순사 1명이 부상당하자 철도원호대가 출동하여 진정시켰다는 것이다.[25] 시위대는 일장기를 불태웠으며, 4일 밤에도 시가행진과 투석전을 벌이며 경찰저지선을 돌파했다고 한다.[26]

3월 4일부터 북부지방의 상황은 험악 일로로 직향했다. 평남 동부의 산간지대인 성천군에서 약 2천 명의 주민이 몽둥이와 도끼를 들고 헌병분대를 습격하여 분대장 중위를 중상 치사케 했고 '폭민' 사상자도 여러 명 발생한 것으로 보고되었다.[27] 『독립운동사』(390-391쪽)에 따르면 4일의 성천 시위에 천도교인 4천여 명이 참가했는데, 가두시위 후 헌병대로 진격하여 당도하니 헌병과 보조원이 돌연 발포하여 28명이 사망하고 70여 명이 부상당했다고 한다. 이에 흥분한 군중이 도끼와 괭이를 들고 헌병대를 습격하여 주재소장을 난타한 것이라고도 한다.[28]

같은 날, 연해지대인 평남 강서군 증산면에서도 '폭도'가 사천헌병

---

[25] 『국도 민운사 1』, 7·8·29쪽; 『국도 민운사 3』, 11쪽; 『大阪朝日新聞』(1919.3.7), 「조선 다시 소요가 벌어지다」(『일본신문 기사집』 I, 108쪽) 참조.

[26] 김정인·이정은, 『국내 3.1운동―중부·북부』, 독립기념관 한국독립운동사연구소, 2009, 20쪽.

[27] 『국도 민운사 1』, 7·8·30쪽. 『人阪朝日新聞』(1919.3.7), 「각 지방의 불온상황」(『일본신문 기사집』 I, 109쪽)에는 군중 200여 명이 헌병분대를 습격하여 유리창 등을 파괴하고 분대원 전부를 격살하자고 절규하니, 헌병대가 발포하여 '폭도' 중 사상자 20여 명이 발생하였고, 헌병분대장 마사이케 가쿠조(政池覺造) 중위가 오른쪽 무릎 밑으로 중상을 입고 5일 사망한 것으로 보도되었다. 이때 폭민 사망자가 110명, 부상자는 170명에 달했다는 후속보도가 있었다(『大阪朝日新聞』 1919.3.11, 「헌병분대의 고전」; 『일본신문 기사집』 I, 132쪽).

[28] 김정인·이정은, 『국내 3.1운동―중부·북부』, 231쪽. 이에 반해 『독립운동사』(390-391쪽)에는 시위대가 난동했다는 말은 거짓이고, 촌철도 없이 맨손시위를 벌였으며, 마사이케 중위의 중상 치사도 일본도를 빼들고 사격을 지휘하다 자기편의 오발탄에 맞은 때문인 것으로 서술되어 있다.

대를 습격하여 헌병 4명을 살해하고 보조원 주택에 방화한 것으로 보고되었다.[29] 『독립운동사』(407쪽)에 기술된 사건내용도 이와 같다. 전날 강서읍내에서 4천여 명이 시위를 벌이다 실탄사격으로 9명이 사망하고 4명이 부상당했으며, 이날은 증산면에서 기독교인 중심의 군중 5백여 명이 시위하다 헌병들이 제지하자 투석으로 밀어붙여 주재소를 파괴하고 소장인 상등병 1명과 보조원 3명을 추격하여 살해했고 보조원 집에 불도 질렀다는 것이다.

3월 5일에 헌병사령관이 육군대신에게 "각지의 정황은 이미 경찰서만으로는 진압이 곤란함을 인정하고 군대의 협력 방법을 목하 협의 중"이라고 보고한[30] 것은 이처럼 상호충돌과 폭력 사태가 급속도로 악화하고 있었음의 방증이다. 이날 이후 3월 10일까지의 상황으로, 헌병분견소를 폭민이 강습(3.5 평남 양덕); 경찰관서 습격, 투석하여 창유리 파손, 경관 부상(3.6 평남 용강군 온정리, 3.6 개성); 우편국에 투석(3.7 평북 철산); 헌병분대(분견소) 습격/침입/돌입폭행(3.7 평남 성천, 3.9 평남 영원, 3.10 평남 맹산, 3.10 함남 단천, 3.10 함남 신흥)이 연일 보고되었다.[31] 3월 11일 이후의 일주일 여간에도 황해도 안악군 온정동과 송화군, 함남 신상리와 장진군 고토리, 함북 명천군 화대동, 경기 가평군 목동리, 경기 양주군 마석우리, 충남 공주 등지의 헌병분견소나 경찰서·주재소의 습격/돌입, 폭행/격투 사례가 연이어 보고되었다.[32]

이처럼 시위가 폭력화한 사건들의 사례 종합에 의해 일반적 경과를

---

[29] 『국도 민운사 1』, 9·10·30쪽.
[30] 『국도 민운사 1』, 9쪽.
[31] 이상의 사례들은 『국도 민운사 1』, 9·12-17·20·23·30·51쪽에서 추출한 것이다. 번잡을 피하여 전거 주를 건별로 달지는 않는다.
[32] 『국도 민운사 1』, 24·35·41·42·43·49·52·53·54·57쪽 참조.

그려보면 아래와 같다. 사례에 따라서는 어떤 요소가 결락되거나 순서 바뀜이 있긴 하지만, 대체로 표준화해간 정형을 그려낸 것이라고 보면 되겠다.

① 집회 → ② 독립선언서 낭독과 만세 고창 → ③ 도보행진 → ④ 경찰서·주재소·분견소 앞 쇄도 → ⑤ (시위대가 관서를 포위하고 퇴거를 요구하는 형세로) 쌍방 대치 → ⑥ 해산 종용과 거부 → ⑦ 강제해산 시도 → ⑧ 투석 대응 → ⑨ 위협용 공포탄 발포, 또는 실탄사격(으로 사상자 발생) → ⑩ 경찰의 강습 난타와 주동자 검거(시도) → ⑪ 시위대 철수, 해산 → ⑫ (구금자 석방 요구와 발포에 항의성어) 시위 재발 → ⑬ 난투극, 또는 관서로 돌입 → ⑭ 즉각 발포 → ⑮ 관서 함락 후 파괴·방화, 드물게 관원 폭행이나 납치·살해

『독립운동사』에서 시위대와 경찰의 충돌 또는 시위 폭력화의 첫 계기랄까 요인으로 본 것은 위의 ⑦이었다. 3월 1일에도 여러 곳의 시위 현장에서 충돌이 있었다고 한 것은 대략 ⑦에서 ⑩까지의 실황을 말함인 것이다. 그러나 일제 측은 ④와 ⑤를 '습격'으로 칭하며 폭력화의 첫걸음으로 보는 경우가 많았다. 중립적으로 본다면, 실제의 폭력행위는 올려 잡아도 ⑧부터인 것이고, 본격적 폭행은 ⑬이나 ⑮의 상황에나 적용될 말이다. 그런데 바로 그와 같은 양태의 폭력화 기미가 상원에서 3월 2일부터, 그리고 3월 4일경부터는 평남·북의 여러 곳에서 완연해진 것이다.

좀 번잡해진 논의였지만, 중요한 시사점이 그로부터 나온다. 시위의 폭력화는 그 원인이 무엇이었든 간에 3.1운동의 아주 초기에, 즉 3월 초부터 시작되었다는 것이다. 그리고 시위대는 탄압에 즉시 대응하여 폭력행동으로 나아간 경우가 많았는데, 대항적 폭력이었을지라도 일단 그리되면 그 강도가 약한 편이 아니었다는 것이다. 그로부터

시위군중은 기세를 올려 공세적이게 되고, 거기에는 종교인도 예외가 아니었다. 폭력시위가 발화점을 넓히면서 빈발케 된 것은 그런 흐름으로였다.

3) 시위의 폭력성 정도와 추이

일제 당국은 조선인들이 폭력을 행하니 강력히 진압할 수밖에 없다는 논리를 시종 고수하였다. 그 논리가 군경 보고들의 문면에 깔려 있었고, 통계표와 신문기사에도 스며들곤 했다. 그런 때문에도 3.1운동의 양상 및 결과에 관한 각종 기록과 통계들이 시위의 폭력성만 부각시키거나 과장하고 자의적 분류에 의한 과다 집계로 체계적 왜곡을 범했을 개연성은 넉넉히 인정된다. 일제자료를 이용하고 해석할 때 엄정한 사료비판을[33] 먼저 해봐야 할 이유이기도 하다.

하지만 그렇더라도 일제자료가 영 터무니없거나 전혀 무용한 것이었다고 볼 수는 없다. 기록상의 수치들은 그래도 시위운동의 양상이 어떻게 변해갔고 그 폭력성 정도는 어느 정도였는지를 짚어 추리해보는 데 도움이 된다.

조선주차군 헌병대사령부와 조선총독부 경무총감부가 각 지방의 보고 내용을 종합해 4월 30일에 작성한 〈조선소요사건 총계일람표〉를[34] 보면, 그때까지의 전국 '소요' 발생처는 618개소, 횟수는 848회

---

[33] 일제 관헌기록을 한국 쪽의 것 및 선교사들의 당시 기록과 꼼꼼히 대조하는 작업을 통해 전자의 허위성·기만성을 드러내려 한 하라구치 유키오(原口由夫)의 「三・一運動彈壓事例の研究—警務局日次報告の批判的檢討を中心にして」(『朝鮮史研究會論文集』 제23집, 1986)가 그 점에서 인상적이다. 그러나 "3.1운동의 기본적으로는 비폭력적 성격을 명확히 하려는" 목적의식 때문인지, 일부 무리한 추단의 역편향도 있음이 눈에 띈다.

[34] 『국도 민운사 1』, 359-360쪽 참조.

였다. 그 중 '폭행 소요'가 332회(39.15%), '무폭행 소요'가 516회(60.85%)인 것으로 분류되었다. 폭행과 무폭행의 구분 기준이 무엇이었는지는 불명이나 거의 4:6의 비율인 것이었다.

다른 자료인 〈조선소요사건 경과개람표〉에는[35] '폭력운동'이 290회, '비폭력운동'은 486회로 집계되었다. 비율로는 37% 대 63%여서, 앞의 〈총계일람표〉와 비슷하다. 하지만 인원통계에서는 총 509,402명 중 전자에 299,751명(59%), 후자에는 209,751명(41%) 참가로 집계되어, 거의 그 비율로 역전된 수치를 보여준다. 그 정도로 '폭력운동'의 밀도가 높고 응집력이 강했다는 뜻도 된다.

관헌 측의 1차 자료를 가공하여 만든 다른 통계로는[36] 시간대별 추이를 엿볼 수 있다. 이미 3월 상순에 총 183회 중 41회(22.4%)가 폭력시위였는데, 중순에 193회 중 53회(26.7%), 하순에 359회 중 129회(35.9%)로 횟수와 비율이 점점 더 증가했고, 4월 상순에는 372회 중 73회(46.5%)로 절반에 육박했다. 그러다 4월 중순에 시위회수 자체가 급감하여 60회였고, 그 중 11건(18.3%)만이 폭력시위였다.

일본 육군성이 1919년 9월에 낸 보고문 「조선소요경과개요」[37]에 의하면, 피살된 관헌이 8명에(헌병 6, 경찰 2: 평남과 경기에서만), 부상자는 158명이었다(헌병 91, 경찰 61, 군인 4, 관공리 2: 평북 18, 황해 30, 경기 22, 충북 20, 경북 13, 경남 18). 파괴(소훼 포함)된 관공서는 278개소였는데, 그 내역은[38] 경찰관서 87, 헌병주재소 72, 군청·면사무소 77, 우편소 15, 기타(금융조합, 일본인 가옥) 27개

---

[35] 이 자료를 이용해 작성된 박성수, 「3.1운동에서의 폭력과 비폭력」, 윤병석·신용하·안병직 편, 『한국근대사론』Ⅱ(지식산업사, 1977), 132쪽의 〈표 5〉 참조.
[36] 이윤상·이지원·정연태, 「3.1운동의 전개양상과 참가계층」, 한국역사연구회·역사문제연구소 엮음, 『3.1 민족해방운동 연구』, 1989, 246쪽의 〈표 2〉 참조.
[37] 『국도 민운사 1』, 259쪽 참조.
[38] 김진봉, 『3·1운동사 연구』, 국학자료원, 2000, 85쪽 참조.

소였다. 13개 도 모두에서 파괴 사례가 있었고, 그중 많기로는 경기 80, 경남 38, 황해 27개소 등의 순이었다.

4) 계획적-공세적 폭력시위로의 변전 양상

3.1운동의 만세시위에서는 평화적으로 시작했는데 저지되고 탄압 받으니 완강히 저항하며 폭력시위로 바뀌어 간 사례들이 한 계열을 이루었다면, 처음부터 폭력시위를 계획하여 실행에 옮긴 경우도 적지 아니 있었다. 이 제2 계열의 폭력화는 지방 시위운동이 대형화의 면모와 공격성을 뚜렷이 내보임과 동궤의 것이었다. 예컨대, 3월 18일과 19일 이틀 사이에 경찰관서만 아니라 군청·재판소·면사무소를 습격 파괴하고, 나중에는 일인 소학교와 공립보통학교까지 파괴하는 격렬 시위가 경북 안동·영덕·의성군 관내의 여러 면에서 벌어졌다.

공세적 시위의 불길은 3월 19일 경남 합천·함안·진주와 충북 괴산, 20일에는 경남 마산과 함남 이원에서 거세게 타올랐다. 21일 이후로는 경남 산청, 전북 임실, 경기 마전(현 연천군 미산면) 및 김포군 양곡, 경북 영양군 청기동 등, 거의 전국으로 번져갔다.[39] 19일과 20일 이틀 동안 함안군 읍내와 군북면에서는 경찰서와 주재소, 우편국, 학교, 등기소 등의 관공서를 모조리 습격 파괴하고, 비치된 각종 수탈용 장부와 비품·집기류를 꺼내다 불 질러 없애며, 군수·순사·군인에게 폭행을 가하고 살해도 하는 등으로, 최고 강도의 폭력시위가 벌어졌다. 합천군 관내 여러 곳의 시위 양상도 거의 그와 같았다. 전통적 유림세력을 포함

---

[39] 『국도 민운사 1』, 60·61·63·64·65·66·72쪽 참조. 이하 세 문단에서의 다수 사실관계의 서술에 일일이 전거를 달지는 않으나, 3.1운동 관계의 여러 선행연구를 참고하고 종합한 것이다.

한 지역 명망가와 유지 자산가, 대성(大姓) 문중의 유력자가 주도했거나 배후 지원한 시위들이 대체로 격렬 양상을 보이며 폭력투쟁으로 나아간 점이 특이했다. 그 기세는 4월 3일 창원군 진동·진북·진전면을 넘나들며 대단히 공세적으로 진행된 '3진 시위'로도 옮겨갔다.

대체로 이 경우들에서는 장년층이 나서서 마을 주민들의 참가를 강제하는 식의 조직적인 동원으로 세를 불려 확보한 후, 돌멩이·몽둥이는 물론이고 가래·삽·괭이·도끼·낫 등 일체의 농기구나 벌목도구를 휴대하고 전선 절단과 전주 무너뜨림으로 통신선을 끊어놓고는 읍내 관공서들에 대한 공격-진입-점거 행동을 개시하였다. 그런 맥락 속에서 4월 초에는 경기도 수원군(현 화성군)과 안성군에서도 주민들이 들고일어나 정면 격돌 불사의 선제공격을 일제 통치기구와 그 요원들에게 가했다. 안성군 원곡면의 주민 시위대 1천여 명은 인접 양성면으로 진출한 뒤 경찰관주재소를 습격, 방화하여 잿더미로 만들고, 면사무소·우편소와 일본인 사채업자의 집을 파괴했다. "우리 지역만이라도 독립"을 목표로 내건[40] 주민봉기이고 폭력항쟁이었다. 이에 경찰과 하급 관리들이 도주하여 이틀간 '해방구' 상태가 연출되었다.

호서지방의 만세운동도 폭력화 경향에서 예외적이지 않았으며, 강원도와 충북의 여러 곳에서는 화전민이 되었거나 타지에서 숨어 지내던 의병 출신자들이 나타나 파괴적 행동을 종용하고 주도하기도 했다. 도시와 광산지대의 노동자들도 전차발전소에 투석하거나 전화선을 절단하고 채광도구를 파괴하는 등의 저항적 폭력행동을 산발적으로나마 벌였다. 그러기에 폭력항쟁의 출현을 평화적 시위에 대한 일제의 강경

---

[40] 원곡면의 동리연합 시위 준비 때 무학농민 이덕순이 "양성에 일본인이 많이 있는데 하나도 없이 다 내쫓고 우리 지방만이라도 독립자치를 하자"면서 시위계획에 앞장섰다 한다(이정은, 『3.1 독립운동의 지방시위에 관한 연구』, 332쪽; 밑줄 인용자).

진압 조치로만 귀인시킴은 진실의 상당 부분을 가려버림과 같다.

그렇듯 3월 하순 이래 근 20일 동안 지방에서, 특히 경북 동부 및 경남 중·서부의 내륙지대와 일부 연해지대, 그리고 경기 남부의 농촌지역을 중심으로 벌어진 수많은 시위와 집합행동의 모습은 독립전쟁의 임박을 예고하는 것처럼도 보였다. 그만큼 3.1운동은 단지 만세시위로 그친 것이 아니고, 초기부터 서북지방의 여러 중소도시와 농·산촌들에서 그랬듯이, 서울을 제외한 거의 전국적인 범위에서 전민항쟁처럼 되어갔던 것이다.

3. 민중적 폭력의 저변과 내면

지방의 3.1운동에서 강화되어간 폭력화는 운동의 민중성, 특히 농민층의 적극 참여와 관련 깊었음이 분명하다. 일찍이 이 방면의 선학이 수감자·수형자 통계 재구성 및 분석으로 잘 보여주었다시피,[41] 시위대 가담 및 조직화의 인적 자원은 소농·소작인 위주의 농민층으로부터 가장 많이 공급된 것이었다. 그들은 재촌지주와 유림층을 배척하거나 그들과 스스로 분리되려 하기보다 오히려 유림의 지도를 받기도 하면서 어깨를 나란히 해 항일대열의 전면에 섰다.

1910년의 한일 강제병합에 이은 무단통치 실시와 더불어 식민지 한반도에 들어앉은 '장기 군사계엄 체제'는 전래의 유교적 공론장과 그것에 잇대어 있던 민본주의 정치문화를 먼저 파괴해갔다. 일제가

---

[41] 신용하, 「3.1독립운동 발발의 경위」, 윤병석·신용하·안병직 편, 『한국근대사론』 II, 105쪽; 김영모, 「한국독립운동의 사회적 성격」, 『아세아연구』 59, 1978.

강행한 촌락재편 정책과 면·리제 강화를 통해 일방적 관치의 수직적 질서가 구축되어간 반대편에서 예전의 향촌자율성은 급격히 소거되어갔다. 그 빈자리에 '근대적' 억압 장치가 들어섰고, 그것에 둘러싸인 한국인들은 엄혹한 감시와 처벌의 새 폭력시스템 속으로 가뭇없이 끌려들어 갔다. 내리꽂히듯 공포되고 무조건 강행되는 신종 법령들은 상시적 포위에 의한 규제로 순치와 순응의 쇠 우리를 만들어가려 했고,[42] 그 안에 갇힌 민중은 몸의 원초적 에너지를 외화하고 생각대로 자유롭게 발화할 정상적 기회마저 봉쇄당한 채 노상 눌리어 숨죽이듯 지내야만 했다.[43] 그런 폭압체제는 도처에 두려움과 체념 심리를 심어놓기도 했겠지만, 다른 한편으로는 울울한 분노의 정서를 민중의 마음속에 계속 누적시켜 갔다.

그때그때 배출구를 얻지 못하고 쌓여만 간 분노가 일거에 폭발하고 분출될[44] 때와 장소를 얻었으니, 그것이 3.1운동의 만세시위였다고 볼 수 있다. 동족 내부의 계급적·신분적 적대가 아니라, 공동체의 삶을 4면으로 압박하고 위협해 오는 식민통치기구에 대한 저항이 지방사회 3.1운동의 기본 동력이 되고 마침내는 폭력적 항쟁도 낳은 것이다.

그 폭력항쟁의 출현은 평화적 시위에 대한 일제 군경의 강경진압 조처 하나로만 귀인시켜질 바가 아니었다. 진압에 대한 조건반사적

---

[42] 3.1운동 이전의 조선에서 일본이 행한 '철권 정치' 혹은 '폭정'의 실태가 F. A. 매켄지(신복룡 역주), 『한국의 독립운동』, 157-173쪽에 적나라하게 묘사되어 있다.

[43] 1911년에 18,100여 건이던 즉결처분이 1918년에는 82,100여 건으로 4.5배 이상 급증했다는(이종민, 「1910년대 경성 주민들의 '죄'와 '벌'—경범죄통제를 중심으로」, 『서울학연구』 17-1, 2001) 데서도 억압의 정도가 어느 정도였는지를 짐작할 수 있다.

[44] 안 그래도 '쌀 소동' 성격의 집단행동이 1917년 8월 전남 영광, 동년 11월 강원도 이천·평강, 동년 8월 서울 종로와 부산에서 돌발했고, 관권의 횡포에 항의하다 물리적 충돌을 빚은 사건도 1918년 3월 강원도 철원과 전북 남원, 동년 5월 강원도 춘천에서 발생했는데(이정은, 『3.1 독립운동의 지방시위에 관한 연구』, 123-128쪽), 이는 민중의 마음과 동향에 심상치 않은 변화가 일어나고 있음의 징후일 법했다.

행동이 시위의 폭력화로 귀결된 경우가 적지 않았지만, 그에 못지않게 강압통치 자체에 맞서는 집단행동이 만세시위 형태로 지금 여기저기서 나타나고 있다는 사실이, 또한 자신도 당당히 그 행동대오의 일원이 되어 있다는 자긍심과 의기 고양이 그렇게 만들어간 면도 많았다.[45] 익숙한 행동반경을 넘어서고 행동방식에 대한 선택지의 제약도 스스로들 같이 풀어버리는 속에서 일종의 카타르시스 효과를 맛보고, 쌓여온 분노와 적개심을 그런 감정적 환희와 격정 속에서 행동으로 풀어낼 태세로도 들어서고 있던 것이다. 그로부터 민중은 눈앞의 폭압 상징과 그 하수인들을 한 번이라도 본때 있게 응징해보려는 마음으로 고양되었다.

그와 더불어 농민층 중심의 폭력시위는 이심전심으로 공유되고 있던 집합적 열망이 어떤 계기를 맞아서 포효하듯 외화하는 통로이기도 했다. 원곡·양성 주민들의 경우처럼, 그 열망이란 일본인들이 강점 지배하면서 폭력으로 유린해 온 우리의 삶터를 다른 누구도 아닌 우리 손으로 되찾고 전래의 민족적 삶의 양식과 자치적 삶의 질서를 회복해내고 싶다는 것이었다. 그리하여 식민통치가 가해오는 압제로부터 해방됨의 열망, 그 해방을 위해 억압의 질서를 깨부수겠다는 의지와 직접행동의 선택이 지방 3.1운동의 양상을 점점 더 격렬한 것으로 만들어갔다고 볼 수 있다. 강제 해산시키고 진압하려는 경찰폭력에 무저항으로 그냥 물러서질 않고 대항폭력으로 과감히 맞섰음도 그런 의

---

[45] 일찍이 사회학자 뒤르켐(É. Durkheim)이 통찰해냈듯이, 사람들이 한곳에 모인다는 사실 자체가 강력한 흥분제가 된다. 모이고 나면 개인들을 열광시키는 전류가 생겨난다. 표현되는 모든 감정은 각인의 마음속에 자리 잡아 타인의 감정을 불러일으키면서 증폭되어 마침내 참가자 전체가 '창조적 열광의 시간'으로 들어서게끔 한다. 이에 대해서는 김종엽, 『연대와 열광: 에밀 뒤르켐의 현대성 비판 연구』(창비, 1998), 300쪽을 볼 것.

지가 강렬해졌기에 가능했을 터이다.

게다가 그때의 한국민중 특히 농·산촌지대 주민들의 뇌리와 마음속에는 과거 60년래, 짧게는 20여 년 전 이래로 수차 있었던 민중운동(1862년의 농민항쟁, 동학농민전쟁, 영학당·활빈당 운동, 의병투쟁 등)의 전설과 기억이 어떤 정도로든 들어앉아 있었을 공산이 크다. 서북지방에서 몸 사리지 않고 초기부터 폭력항쟁에 앞장선 이들은 자료에서 보면 주로 천도교인들이었는데,[46] 이들 중에는 천도교 남양교구의 교리강습소 책임자이면서 수원군 장안·우정면의 공격적 폭력시위를 주도한 백낙열이 앞서 동학농민전쟁에 참전했었음과 마찬가지로 '동학농민전쟁의 아들'이라고 할 이들이 적지 않았을 것이다. 그런 역사적 기억이 아직 생생한 터에 [47] 새 계기가 주어졌으니 또다시 궐기한 민중집단에게 질서 있는 평화적 시위란 외려 낯설고 어색한 것일 바였다.[48] 유심히 들여다보면, 참가 강제, 장시 집회, 횃불 행진, 동산에 올라 외침과 봉화시위, 그 모든 것은 기실 전래의 민중운동적 방법이 되살려졌음이었다.[49] 역사적 기억에서 환기되어 온 투쟁전술이 의도적으로 다시 채택된 것이다.

민중의 역사적 기억은 싸움의 방법만 아니라 믿음과 소망 차원에서도 작동했다. 동학을 위시한 여러 민중종교·신앙을 관류하며 전승되

---

[46] 『독립운동사』 2, 354-355쪽 참조. 통계수치를 동원한 자세한 설명은 이정은, 『3.1 독립운동의 지방시위에 관한 연구』, 84-86쪽을 볼 것.

[47] 서북지방의 초기 시위운동에서 가장 격렬한 양상을 보인 상원·성천·양덕은 의병장 채응언이 1915년에 피체될 때까지 그의 의병부대가 일본군과 계속 전투를 벌였던 곳이다(이윤상, 「평안도 지방의 3.1운동」, 한국역사연구회·역사문제연구소 엮음, 『3.1 민족해방운동 연구』, 260쪽). 조동걸, 「말기 의병전쟁과 3.1운동의 관계」(『대한제국의 의병전쟁』, 역사공간, 2010), 275-281쪽에서도 의병전쟁과 3.1운동의 인적 연결 및 사상·방략 면의 연관성이 여러모로 짚어져 논의된 바 있다.

[48] 이 점은 천관우, 「민중운동으로 본 3.1운동」(윤병석·신용하·안병직 편, 『한국근대사론』 II), 121쪽에서 언급된 바 있다.

[49] 조경달(정다운 역), 『식민지기 조선의 지식인과 민중—식민지 근대성론 비판』, 선인, 2012, 42쪽.

어 온 '후천개벽'의 소망과 사회적 상상이[50] 되살아나 새 힘이 되어주고, 새 세상에 대한 열망과 그리로 나아가려는 욕동(欲動)을 온몸에 실어 내보내게끔 했다. 그런 의미에서 3.1운동은 조선왕조 말 이래의 혁세(革世) 열망이 다시금 민중을 사로잡아 신생의 꿈을 품어보게끔 한 사건이었다. '독립 만세'의 절규는 민중의 마음 깊이 쟁여져 있던 '좋은 세상' 도래의 비원을 한꺼번에 토해내는 집합적 발성이었던 것이며, 그러기에 '민중해방 만세'와 동급의 발성, 동일한 의미로였다고 말할 수 있다.[51]

그래서였을까. 민중의 거듭되는 만세 외침과 시위는 그로써 나라의 독립을 달라거나 이제부터 독립을 이루어내자고 기약함과는 좀 다른 의미로 발해진 면도 있었다. 독립선언을 했으니 이제 곧 독립이 될 거라는 믿음에서, 또는 이미 독립이 되었다는 환각 속에서 행해지는 경축의례 즉 축제의 성질도 더불어 드러내 보인 것이다.[52]

그럴 때의 시위는 어떤 유의 비장함보다 흥겨운 도취로[53] 진행되는 듯했고, 농악과 나발과 징을 앞세운 시위 대열은 점점 규모를 키워가며 거침없이 앞으로 나아갔다. 경찰과 마주쳐도 위축됨이 없었다. 오히려 큰 소리로 꾸짖으며 물러갈 것을 요구하고, 그들의 소굴을 공격

---

[50] 이에 대해서는 김영범, 「19세기 民의 사회적 상상과 정감록」(『민중의 귀환, 기억의 호출』, 한국학술정보, 2010)을 볼 것.
[51] 이와 결을 같이하는 논의가 권보드래, 「'만세'의 유토피아―3.1운동에 있어 복국(復國)과 신세계」(『한국학연구』 38집, 인하대, 2015)에서 행해진 바 있다.
[52] 축제성을 폭동성과 함께 만세시위운동의 중요한 특성으로 발견·포착해낸 이는 재일 연구자 조경달이다. 그런 시각으로의 설명이 조경달(허영란 역), 『민중과 유토피아―한국근대민중운동사』(역사비평사, 2009), 238-242쪽에 개진되어 있다.
[53] 다음의 진술이 한 증례가 될 것이다. "과객(過客)이 전하는 말을 들으니 금번 파리평화회의에 의해 조선독립이 승인되었다는 것인즉 그 기쁨은 산보다도 바다보다도 크고 벅차 종일 축배를 들고 취흥이 도도하여 두 손을 들고 춤을 추며 조선독립만세를 두어 번 외쳤던바…"(독립운동사편찬위원회, 『독립운동사자료집』 제5집, 1972, 604쪽).

하여 쫓아내고 쳐부수려 했다. 남녀노소 가림 없이 한데 어우러져 시위 대오가 만들어진 상황에 폭력이 꼭 개재할 바는 아닐 수도 있었다. 하지만 일제 군경이 가해오는 현실적 폭력과 마주쳤을 때, 그 억압자의 형상이 두 눈 가득 들어왔을 때, 그것은 군중의 눌려있던 분노에 점화제로 작용해 거대한 화염을 낳게끔 했다. 그렇게 민중의 감정과 외침과 행동은 바로바로 연결되고 일치해갔다.

그리하여 지방 3.1운동에서 발양된 폭력시위나 공격적 행동들은 민중의 응축된 정념과 의지를 매섭게 뿜어내는 분화구 같은 것이 되었다. 프랑스 혁명기의 농촌지역에 미만했던 '대공포'가 귀족을 향한 농민폭력으로 외화했다면, 3.1운동에서는 농촌지역의 '혁명적 군중'을 일으켜 세운 집합적 열광이 거대 민중폭력으로 분출된 것이다.[54] 헌데도 그런 와중에 상점 절도 같은 것이 없었고, 관공서에서 탈취한 물품은 모두 파기 혹은 소각했지 개인 취득이 없었음이 특기할 만했다. 시위군중의 행동 속에 그들만의 논리와 자기규율이 일양으로 작동했다고[55] 보아야 할 모습들이었다.

이렇듯 3.1운동기의 지방 만세시위는 민중운동의 전통에 기반을 둔 장엄한 폭동이고, 민중의 무자각적 자율성으로 받쳐지는 열정적 축제이기도 했다. 이때의 '폭동'이란 질서 교란의 난폭한 행동이라는 의미가 아니라, 불의에 대한 분노[56] 속에서 키워지며 형체를 갖춰간 순정폭력이 현재화한 움직임이라는 의미로 쓰일 용어였다. 그 싸움은 총격 경찰에 맨손의 돌팔매로, 아니면 고작 농기구를 갖고서 용감하

---

[54] '혁명적 군중'의 생성 기반과 그의 망탈리떼에 대해서는 조르주 르페브르(김기실 역), 『혁명적 군중』(한그루, 1983)을 볼 것.
[55] 조경달(허영란 역), 『민중과 유토피아―한국근대민중운동사』, 241쪽 참조.
[56] 이유가 명확하고 정당한 분노(indignation)는 이유 불명/불문의 증오(hate)와는 다른 것이다.

게 맞서는 수준의 원초적 저항폭력으로 출발했는데, 결국은 주민 혼연일체의 고양된 축제적 분위기 속에서 사뭇 공격적인 성향의 대항폭력도 나타나게 된 것이었다.

4. 3.1운동 이후 폭력항쟁 노선의 정립

지방마다 역내 통치기관에 대한 전면적 공격으로 치닫던 시위운동의 기세는 4월 14일을 고비로 급격히 꺾이더니 일일 시위회수도 급감하여 4월 말에는 거의 종식되었다. 일본군 보병 6개 대대와 헌병보조원 약 400명이 증파되어 대한해협을 건너온 후 4월 14일 부대 배치가 완료되었음과 연관된 결과였다. 3월 말~4월 초의 격렬한 항쟁이 있고부터 수원·안성 일대에서 대대적 가택수색 및 체포와 주민참살이 자행되고 있다는 소식이 전파된 때문이기도 했을 것이다. 각지 시위 주동자의 다수 피검 또는 은신-도피-탈출로 지도인력이 거의 고갈되어간 것도 한 요인이었다.

어찌 보면 그 퇴세는 그야말로 맨손과 그 손에 쥐어진 원시적 도구에만 의지한 민중적 폭력의 한계를 드러낸 것이었다. 그렇다면 민족대표가 당부했던 비폭력 원칙과 행동 지침이 결과적으로는 옳은 것이었다고 볼 수 있을지 모른다. 하지만 3.1운동이 일제 수뇌부에 준 충격과 후속 독립운동에 미친 여파, 그리고 집단심리적 및 정치적 효과와 사상적 영향까지 두루 상고(詳考)해본다면[57] 그렇게만 말할 수 없게

---

[57] 이 점에 관하여 일찍이 소렐(G. Sorel)은 다음과 같이 갈파하였다: "폭력의 효과는 그것이 가져올 수 있는 눈앞의 결과들에 의해서가 아니라, 그 장기적 영향에 의해서 평

된다. 이제 그 점을 살펴보기로 하자.

  3.1운동이 종식되고 반년쯤 지나서부터 독립운동 진영이 폭력노선과 그 방략에 의탁하는 정도가 눈에 띄게 커져갔다. 가장 두드러진 변모는 상해의 대한민국임시정부가 보여준 것이었다. 수립되고 초기부터 외교론 방책과 평화적 노선에 의지하여 독립 성취를 위한 온갖 노력을 기울였음에도 실제적 성과가 나올 전망은 거의 없음이 자각되자 정부 요인들은 기대와 환상을 버리고 현실로 돌아와 독립운동의 새 방략을 모색하기 시작했다. 1919년 8월 21일에 임시정부 기관지 격으로 창간된 『독립』의 제2호 지면에서부터 국내 시위대와 손병희를 위시한 3.1운동 피검자들이 다 같이 '독립군'으로 호칭된 것도[58] 그 조짐이었다고 볼 수 있다. 이것은 만세시위의 실상과 그 성격에 대한 인식이 변하고 있었음과 아울러, 군사노선으로의 독립운동 기조의 전환 또는 무장투쟁의 필요성이 절감되기 시작했음도 말해주는 것이었다. 그리고는 이동휘 외 러시아령 한인사회당 세력의 합류로 9월에 '통합정부'가 되고 나서 임시정부는 전투적 운동노선을 확정짓고 실행에 역점을 두어갔다. 1920년 벽두에 임시정부가 그 해를 '독립전쟁의 제1년'으로 선포한 것은[59] 그런 연관에서였다.

    가되어야 한다. 폭력이 현재의 노동자들에게 능숙한 외교술보다 더 많은 식섭적 혜택을 줄 수 있는가 아닌가를 물어서는 안 되며, 프롤레타리아트가 사회와 맺는 관계 속에 폭력이 도입된 결과가 무엇인가를 물어야 한다... 우리는 현재의 폭력이 장래의 사회혁명과 어떤 관계를 맺고 있는가를 묻고자 한다."(조르주 소렐, 이용재 역, 『폭력에 대한 성찰』, 나남, 2008, 82쪽).
[58] 『독립』 각호의 다음 기사들을 참조: 제2호(1919.8.21), 「독립군 소식」과 「본국 소식—아(我)독립군 심판」; 제4호(1919.9.2.), 「독립군 두령의 공판」; 제5호(1919.9.4), 「경성운동의 후보」; 제7호(1919.9.9), 「각 지방 궐기」. 『獨立』은 그 해 10월 25일자의 제22호부터 『獨立新聞』으로 제호가 변경되었다.
[59] 「국무원 포고 제1호」(1920.1.13), 국사편찬위원회, 『대한민국임시정부자료집』 8(정부수반), 2006, 161쪽 참조. 앞서 1920년 1월 1일 상해의 어느 극장에서 열린 임

1920년 4월경에 확정된 14개 항의 〈시정방침〉에서 임시정부는 국내 국민을 향하여 일상 수준에서의 대일 불복종·항거의 방법들을 제시함과 더불어, 독립전쟁 준비의 일환으로 감사대 편성에 의한 작탄투쟁을 벌이겠다고 공언하였다. 이미 1월에 정부 직속의 대한민국의용단을 창설하여 그 예하의 탐정대 및 모험대가 작탄투쟁을 담당토록 했었다. 또한 『독립신문』이 2월 7일자에 '7가살'론을 실어, 독립성취에 방해되는 존재들을 가차 없이 제거해야 함을 역설하고 응징과 정화의 폭력에 정당성을 부여해주었다.

이와 같은 임시정부의 방침은 재중·재만 독립운동 단체들과 국내 민간사회 양쪽으로부터 호응을 얻어, 보조를 같이하는 움직임이 활성화해갔다. 이미 1919년 늦가을 무렵부터였는데, 그 후로 서간도 방면의 대한독립단·서로군정서·신흥학우단·대한광복군총영 등 여러 단체와 별동조직들이 앞서거니 뒤서거니 편의대(便衣隊)를 국내로 잠입시켜 농촌게릴라성 활동을 벌이고 조직거점도 확보해놓게끔 했다.[60] 편의대는 주로 서북지방의 면사무소와 경찰관주재소를 타격하고 군수·면장 등의 관공리와 순사·밀정·친일부호 등의 부일배를 처단한 후 만주 본영으로 귀환하였다. 3.1운동 때의 계획적 폭력시위에서 전형화한 행동양식을 거의 빼닮은 것이었다. 국내 거점조직을 구축해놓고 비밀리에 활동해간 유명 사례가 1920년 4월경부터 평남 맹산·덕천·영원군 연접지역들에 각각 조직된 대한독립단 국내지단들이었고 1921년

시정부 신년축하회에서 안창호가 〈신년은 전쟁의 해이오〉라는 제목의(『독립신문』 1920.1.17, 「전쟁의 년」) 축사를 하며 "당면의 대문제는 우리 독립운동을 평화적으로 계속하랴든 방침을 고쳐 전쟁하랴 함이오"라고 언명했다(『독립신문』 1920.1.8, 「우리 국민이 단정코 실행할 6대사(大事)(1)」).

[60] 이에 관해 더 자세한 내용은 김영범, 『의열투쟁 I—1920년대』(독립기념관 한국독립운동사연구소, 2009), 46-49쪽을 볼 것.

5월의 '호굴독립단' 사건으로 그 전모가 드러났다.

　1919년 9월에 총독 암살을 기도한 강우규의 투탄거사가 서울역전에서 감행되었고, 그것을 신호로 삼은 양 항일 비밀결사체들이 국내에서 속속 자생하였다. 주로 서북지방 일대에서 현주민의 주도와 참여로 결성된 이들 조직은 단출한 무장으로나마 군자금 징모 등의 활동을 펴가다 때를 보아 악질순사·친일부호 응징, 면사무소·경찰관주재소 습격 파괴 등의 행동에도 나섰다. 예거해보면, 한민회(1919.10 평양에서 결성), 숭의단(19.11 평남 성천), 천마산대(19.12 평북 의주), 대조선청년결사대(20.3 의주), 대조선독립보합단(20.5, 의주), 대한민족자결국민회(20.5 평북 구성), 국민회(20.5, 평남 진남포), 암살단(20.5 서울), 독립청년단(20.6, 황해 사리원), 권총단(20년 여름, 황해 재령), 농민당(20.8 평남 강동), 무장계획단(20.11 서울) 등이었다.[61]

　3.1운동 때 폭발적으로 분출했던 대중적 분노는 여전히 남아있고 새로 얹히기도 하면서 상시 내연 상태였다. 그러다 어떤 계기가 오면 기다렸다는 듯이 또다시 솟구쳐 나왔으니, 그 징표의 하나가 지역사회에서 돌발하는 주민 집합행동이었다. 1920년 9월 경남 밀양에서 벌어진 경찰서 습격사건을 일례로 들 수 있다. 일본인 순사부장이 사소한 이유로 한인 순사를 구타했음을 알고 분개한 주민 수백 명이 경찰서로 쳐들어가 사무실 집기와 유리창을 닥치는 대로 부수고 깨버리며 매섭게 항의한 것이다. 1년 반 전의 3.13 밀양읍내 만세시위 현장에서 진압헌병에 주민들이 무수히 구타당하며 수십 명의 피검자를 냈던 때와는 판이한 양상이고, 내심 벼르던 보복처럼도 보였다. 당황한 서장이 현장진압을 시도하자 이번에는 한인 순사와 일본인 순사 간에 격투가 벌어졌고, 결국은 서장 휴직에 순사 10명 징계면직이라는 결

---

[61] 이 비밀결사들의 조직과 활동에 대해서는 위의 책, 73-90쪽을 참조.

과를 낳았다.[62] 그리고 그 두 달 후에 의열단 신입단원 최수봉의 밀양 경찰서 진입 투탄의거가 감행되었다.

주지하듯이 의열단은 황상규·김원봉 등 밀양 출신 청년지사들의 기획과 주도적 참여로 1919년 11월 만주 길림에서 창립되었다. "천하의 정의의 사를 맹렬히 실행"함에 "신명을 희생하기로" 한다는 단원들의 공약과 기백은 "육탄혈전으로 독립을 완성하자"던 길림발 「대한독립선언서」의 호소와 독려에 그대로 조응하는 것이었다. 그들의 '맹렬'은 더 이상 맨손·맨몸의 '육탄'으로가 아니었다. 수요에 턱없이 부족하긴 했지만 그래도 폭탄과 권총으로 '무장'해서였다.[63] 그렇게 그들은 의열적 폭력투쟁의 권역으로 진입하여 그 중심에 서게 되어갔다.

의열단은 그 폭력을 '조선의 독립'만 아니라 '세계의 평등'을 위해서도 쓰겠노라 했다. 약육강식으로 독점해온 기득권이 여전히 당연시로 고수되고 있는 국제질서를 겨냥한 것이었다. 이제는 세계대전의 승전국임을 과시하는 제국주의 강국들이 저질러 온 온갖 죄악이 미사여구로 치장만 되는 기존 질서를 타파하여 나라와 나라, 민족과 민족 간 평등이 기해져야만 한다는 내심의 결의에서였다.

의열단은 일제의 조선지배가 이웃나라와의 신의를 짓밟고 무도하게 자행된 침략-강점의 결과이니 '강도정치'일 뿐이라고 규정지었다.

---

[62] 『매일신보』(1920.9.17), 「수백의 군중, 밀양경찰서를 습격」; 경상남도경찰부, 『고등경찰관계적록』, 1936, 28-29쪽.

[63] 1921년 6월, 의열단의 '밀양폭탄사건'과 '진영사건'(제1차 국내기관 강습거사 추진)의 피의자들을 심리 중인 법정에서 부단장 곽재기는 폭탄거사 계획의 이유를 묻는 재판장의 신문에 다음과 같이 답하였다. "재작년[1919년] 3월 이래로 조국독립을 입과 붓으로는 구할 대로 구하고 원할 대로 원하였으나 피로써 구한 일은 없었다. 그래서 [이번에는] 무기를 사용하여 혈전을 벌이려 했던 것이다. [그런데도] 우리는 군함도 대포도 없이 오직 폭발탄과 육혈포밖에 구할 것이 없었노라."(『동아일보』 1921.6.8, 「밀양폭탄사건 곽재기 등의 공판」; [ ] 안은 인용자의 것임).

그로부터 '천하의 정의로운 일'의 의미가 자명해지는 것이니, '강도 일본'을 응징하고 모조리 쫓아내는 것이었다. 그렇게 정의를 거역하고 짓밟은 일제와 그 주구들을 향한 폭력, 궁극적으로는 세계의 평등과 인류평화를 기성(期成)하는 폭력! 이것이 의열단을 건립한 취지였고 그 실천은 '암살파괴운동'으로 구체화해갔다.

5. '혁명적 폭력'의 사상적 모색과 실천

1) 신채호의 '혁명적 민중폭력'의 상상

1920년부터 조선총독부 등의 일제 기관을 표적 삼아 기도·실행되고 성공도 해낸 수차의 폭탄거사로 의열단의 폭력노선은 기세를 떨쳐갔다. 그렇지만 그것이 노상 지지받기만 한 것은 아니었다. 1922년 3월의 다나카 기이치(田中義一) 육군대장 암살기도 거사 때 빚어진 불상사로 인해 우려와 비난도 받았다. 그것을 받아치고 잠재우기도 할 요량인 듯, 의열단은 신채호가 집필해준 〈조선혁명선언〉(이하 '〈선언〉')을 1923년 1월에 발표했다.

〈선언〉에 의하면,[64] 제반 사실과 지나온 일들에 비추어 일본은 '제국'이라는 이름을 침략주의의 간판으로 삼는 강도국가에 불과하다. 그의 '강도정치'가 조선민족을 노예 이하의 '영세(永世) 우마'로, 서·북간도와 시베리아를 떠도는 '아귀·유귀(流鬼)'로, 또한 '종신 불구의 폐질

---

[64] 이하의 인용과 내용 소개는 단재신채호전집편찬위원회 편, 『단재신채호전집』 제8권 (독립기념관 한국독립운동사연구소, 2008), 891-901쪽의 원문에 의거한다.

자'로 만들어왔다. '강도 일본'은 "공포와 전율로 우리 민족을 압박하야 인간의 산송장을 맨들려" 하니, 요즘 말로 하면 국가테러리즘의 본산인 것이었다. 그 모든 의미에서 강도 일본은 '조선민족 생존의 적'이므로, 민족생존을 유지하려면 '살벌'해야만 한다. 최소한 '구축'이라도 해야 한다. 일제와의 공존을 바라고 타협하며 내정독립·참정권 혹은 자치를 구걸하거나 한갓되이 '문화발전'을 도모하며 그에 기생하려 할 일이 아닌 것이다.

'살벌' 또는 '구축'의 방법은 무엇인가? 오직 혁명으로일 뿐이다. 어떤 식의 혁명인가? 신채호는 그것이 민중직접혁명이면서 폭력혁명이어야 한다고 명쾌히 답하였다. 민중과 폭력이 결합해야만 하고, 그래서 거대 민중폭동이 불붙을 때 조선혁명은 성공하게 된다는 것이다. 〈선언〉에서 신채호가 "3.1운동의 만세소리에 민중적 일치의 의기가 별현(瞥現)하였지만 또한 폭력적 중심을 갖이지 못하였도다"고 굳이 비판한 것도[65] 위와 같은 논리 구성을 염두에 둔 때문이었을 것이다.

---

[65] 위의 책, 898쪽. 신채호가 3.1운동을 직접 언급한 글은 극소해 보인다. 『전집』 8권을 통틀어 봐도 3개뿐이다. 여기 본문에 인용된 〈선언〉 속의 한 문장, 그가 주재했던 잡지 『천고』 제1권 제1호(1921년 1월간) 「창간사」 속의 "(우리가) 인의를 성취하여 후세에 보이도록 한 것은 기미 독립운동의 전후에 이르러서 그 절정을 이루게 되었다."는 구절(『단재신채호전집』 제5권, 306쪽), 그리고 『천고(天鼓)』 제1권 제3호(1921.3.1)에 실린 「제3회 삼일절 보고(普告)동포」(같은 책, 484-489쪽)가 그것이다. 후자의 글에서도 "맨손으로 전쟁을 개시"했으되 "5천년 이래의 제일 큰 사건"이 된 3.1운동의 의의와 그 영향을 다소 평이하게 서술하고 그에 따른 각오를 피력했을 뿐, 3.1운동의 실상을 묘사했거나 평설한 것은 없다. 3.1운동기에 폭력시위가 적지 아니 빈발했음을 그가 알고 있었다면 〈선언〉의 논조로 보더라도 그렇게 소홀히 다루지는 않았을 것이니, 상세한 인지의 개연성은 거의 없었다고 봄이 옳을 것 같다. 오히려 그와 반대의 정황이었던—그리 된 이유를 그는 "3.1운동에 일반인사의 '평화회의·국제연맹'에 대한 과신의 선전이 돌이어 2천만 민중의 분용전진(奮勇前進))의 의기를 타소(打消)하는 매개가 될 뿐이엇도다"고 〈선언〉에 썼다— 것으로만 알고 있던 그의 무지 혹은 오인이 오히려 역설적으로 '민중적 폭력'론을 반성적으로 더 강하게 개진하게끔 만들었던 것이라고 볼 수가 있다. 그와 같은 신채호 사상과 3.1운동 사이의 가교 역할을 해준 것이 의열단의 존재와 그 활동이었던 것이다.

앞서 1921년 초에 신채호는 잡지 『천고』에 실은 글에서, "우리는 평화행복을 기구하는 바이지만, 강적 제거와 동양의 평안 도모는 '유혈' 두 글자를 떠나서는 이뤄낼 수가 없다... 적과 혈전을 벌일 것을 마음 깊이 새기어 잊어서는 안 될 것이다."고 하여,[66] 혈전을 통해서만 일제타도와 동양평화의 길트기가 가능하다고 역설한 바 있다. 이때는 신채호가 '군사통일' 사업에 매진 중이었으니 '혈전'의 뜻은 독립군 무장투쟁이었을 테다. 그렇지만 신채호가 그것에 걸었던 희망과 혁명 러시아의 지원에 대한 기대는 얼마 안 가 1921년 6월의 '자유시사변'으로 인하여 무참히 깨지고 거둬들여졌다.

이제 남은 건 무엇이겠는가. 조선민족 자기와 그 자신의 힘뿐이다. 민족의 큰 숙원을 이뤄내려면 자기 스스로, 오직 자력으로가 아니면 안 될 것이었다. 그런데 그 '자력'은 어디서 나오는가? 민중적 폭력 말고는 그 원천이 더 없다고 신채호는 보았으며, 준비니 뭐니 하며 오래 기다릴 나위도 없었다. 독립운동 진영 내부에서 그동안 일제 구축의 방법론으로 채택되었고 실천도 되어오던 외교론과 독립전쟁 준비론을 2천만 민중의 의기를 눌러 없애는 데나 기여하는 '한바탕 잠꼬대'요 '어지러운 꿈'일 뿐이라고 질타하여 배척함과 아울러, 십만 명 병사를 기름이 한 번 폭탄을 던짐만 못하며 만 장 천 장의 신문·잡지가 1회 폭동만 못하다고 그가 단언한 것도 그래서였다. 총봉기로써 일제 구축을 꾀하는 민중의 폭동을 상상하며 그것을 중심적 의미항으로 삼는 '혁명적 폭력'론이 그렇게 벼리어져 창도되어 갔다.

그런데 민중의 폭력혁명은 "일어나라!" 하면 그냥 일어나는 것이

---

[66] 진공(震公), 「한한양족지의가친결(韓漢兩族之宜加親結)」, 『천고』 제2권['제1권'의 오기] 제2호(1921.2.1); 『단재신채호전집』 제5권, 116쪽.

아니다. 촉발제가 있어야 한다. 선구적 폭력 같은 것이다. 의열단이 줄곧 벌여온 암살·파괴 활동이 바로 그것이다. 그렇게 신채호는 정곡을 찔러 말하며 심중한 의미부여도 해주었다. 하지만 파괴가 혁명적이려면 그 대상을 일제 기관이나 시설물로 국한할 것이 아니다. 식민제도 전반으로, 체제 자체로 넓혀 잡고 그 심장을 노려야 한다. 그 점을 신채호는 다섯 가지의 파괴 대상을 열거해 제시함으로써 교시해주기도 하였다.

이 지점에서 신채호의 혁명론은 방법론으로서의 폭력론 이상으로 나아간다. '이상적 조선'의 건설이 '조선혁명'의 최종목표로 삼아진다. 그의 혁명론의 진수는 실상 이것이었으니, 이민족의 전제통치, 총독 이하 강도단의 특권계급, 강도의 살을 찌우는 경제약탈제도, 강/약과 천/귀로 민중을 갈라놓는 사회적 불평등, 그리고 강자만을 옹호하는 노예적 문화사상을 파괴하고, 고유적 조선, 자유적 조선민중, 민중적 경제, 민중적 사회, 민중적 문화의 '신조선'을 건설하자 함이었다. 그것은 신채호 자신이 박은식·조소앙과 나란히 재발견해오던 중인 유교적 대동사상, 그리고 문헌 열독과 친교자와의 담화를 통해 접속 중이던 아나키즘을 버무려 주조했을 것인 총체적 유토피아 상이었다.

이처럼 신채호가 구상한 조선혁명의 의미는 다층적이었다. 그러면서 민족혁명을 넘어서고 계급철폐만으로 멈추지 않을 세계혁명의 첫걸음도 될 것이었다. 동서양 인류 속의 개개인 모두가 노예상태에서 벗어나 스스로 주인이 되는 주체해방, 인간혁명이 신채호의 최종적 이상이고 새로운 '꿈하늘'이었다.[67] 오직 하늘이 행할 수 있을 벽력같

---

[67] 필자는 이 관점을 졸고, 「신채호의 '조선혁명'의 길」(『한국근현대사연구』 18, 2001)에서 제시한 바 있다. 「꿈하늘」은 1916년 신채호가 망명지 베이징에서 지은 환상소설로, 그때는 사회진화론적(social Darwinist) 욕망에 입각하여 영광의 고대사를 되

은 파괴와 창신을 상상했기에 '꿈하늘'이라는 표현을 쓴 것일 테다. 그런 의미에서 그의 혁명적 폭력은 그 무렵 1921년에 멀리 독일에서 발터 벤야민(W. Benjamin)이 독창적 사고로 주조해내고 있던 '신적 폭력' 개념을[68] 방불케 한다.

그리하여 일생일대의 개벽·개천이 온다면, 그로써 이상적 조선이 건설될 수 있다면, 그 힘은 민중의 것이면서 제어 불가한 폭력이라고 신채호는 본 것이다. 그 폭력은 서양 '문명' 세계가 조형해낸 근대체제의 구조적 폭력과 '제국' 일본이 그것을 본떠 이웃나라를 늑탈하고 심어놓은 식민주의 체제폭력(systemic violence)에[69] 맞서 종국에 다 쓸어버릴 유일한 힘이었다.

2) '혁명적 폭력' 사상의 계승과 영향

〈조선혁명선언〉에 담긴 웅대한 사상과 단호한 언설은 그 후 신채호의 환상소설「용과 용의 대격전」(1926)과 〈(무정부주의동방연맹) 선언〉(1928로 추정)으로[70] 이어졌다. 그러면서 깊이와 적용범위를 더해갔다. 독립운동 진영에서도 3.1운동을 기념할 때면 신채호 사상의 요점에 기대는 언설이 종종 나오곤 했다.

예컨대 1925년 3월 1일 중국 광주에서 '여월(旅粤)한인 전체' 명의로 나온 〈대한민국독립선언 제6주 기념사〉(중문)는 "폭동, 암살, 파괴가

새기며 한국이 다시 일어나 강국이 되는 꿈을 담아낸 것이었지만, 1923년의 시점에 와서는 꿈의 내용과 구성이 확연히 달라진다고 본 것이다.
[68] 이것에 대해서는 뒤의 주 78에서 한꺼번에 말하기로 한다.
[69] '체제(의) 폭력'은 지젝에게서 빌려오는 용어이다. 슬라보예 지젝(이현우 외 옮김), 『폭력이란 무엇인가—폭력에 대한 6가지 삐딱한 성찰』, 난장, 2011 참조.
[70] 두 작품은 각각 『단재신채호전집』 제7권, 5-20쪽과 393-395쪽에 실려 있다.

우리의 유일한 전투무기이고, 전민족의 공동혈전이 되도록 분진(奮進)하리니, 최후의 1인 1각까지 벌일 싸움은 위대하고 신성한 자유를 되찾아야만 그칠 것이다!!"라고 선언하였다.[71] 1926년에 반(半)공개적 혁명당으로 조직체제를 일신시켜 개편한 의열단이 1929년 상하이에서 발표한 〈3.1 10주 선언〉도 "혁명은 전쟁이요 폭동은 예술이다. 조선민족의 완전한 해방은 오직 조선민족의 피와 땀과 폭발탄과 육혈포와 칼과 창—부절(不絶)의 폭력적 운동—으로써만, 그리고 최후로의 대중적 총폭동으로만 획득할 수 있다"고 하였다.[72] 끊임없는 폭력적 혁명운동의 열매로서 나타날 '대중적 총폭동'을 무장투쟁 이상 가는 최후의 민족해방 방법으로 다시금 내세운 것이다.

그로부터 10년 후인 1939년 3월, 조선의용대 지도위원 김성숙은 중국항전에 직접 참가함과 전 조선민족의 '반일혁명폭동'을 발동시키는 것이 의용대의 임무임을 확언하였다.[73] 한국광복군 총사령부도 1941년의 3.1절 기념선언과 기관지 논설에서 '제2차 3.1운동,' '제2차 대혁명,' '제2차 전민혁명'의 발동을 역설하며 국내진공의 대일전쟁과 민중항쟁의 결합을 민족혁명의 최후 방략으로 제시한다.[74] 그와 동일 시점에 중경에서 발표된 〈한국3.1절 22주 기념대회 경고(敬告)중국동포서〉(中文)[75] 역시 "조직과 계획을 가진 전민족적 혁명적 폭력이 있어야만 일본제국주의 통치를 뒤엎을 수 있다는 것을 조선민족은 깨

---

[71] 독립기념관 소장본에 의함. '粵'은 광동 지방에 대한 중국식 별칭.
[72] 김영범, 『한국 근대민족운동과 의열단』, 창작과비평사, 1997, 239쪽 참조.
[73] 성숙, 「쾌향적인적후방매진(快向敵人的後方邁進)」, 『조선의용대통신』 제7기(1939.3.21), 4쪽.
[74] 앞의 각주 5의 「3.1절 제22주년기념선언」과 「제2차대전시 응유지인식여노력(應有之認識與努力)」, 『光復』 제1권 제4기(1941.6.20), 7쪽 참조.
[75] 독립기념관 소장본.

달았다"고 하여, 폭력으로 뒷받침되는 '전민혁명'에의 간구를 강력히 언표하였다.

신채호가 창도한 '혁명적 폭력' 사상은 그렇게 짙은 여운을 남기며 지속적으로 영향을 미쳤고, 그 유효성이 점점 더 실감되어 간 것이다.

6. 폭력과 평화 사이의 반폭력

번설이 되어버린 논의를 정리하고 마무리해야 할 지점에 이제 이르렀다. 본론의 요약으로 정리를 하고 약간의 보충도 하는 외에, 이론적 쟁점이 될 수도 있을 부분에 대한 얼마간의 첨언으로 끝맺도록 하겠다.

종교계 인사들 중심의 민족대표에 의해 비폭력 원칙의 준행이 신신당부되었음에도 3.1운동의 초기 국면부터 일제의 지방통치기구를 향한 폭력적 행동이 터져 나와 급속도로 전국적 현상이 되어갔다. 처음에는 시위가 폭력적으로 진압되니 그에 맞서는 저항적 폭력이 대종을 이루었으나, 3월 중순을 넘어서고부터 지역 내 통치기관들을 습격하여 파괴하고 관공리 살해도 불사하는 계획적 폭력투쟁이 중·남부 지방에서 빈발했다. 군사적 수준에서, 혹은 표준적 의미의, 무장을 해낸 것은 아니었지만, 농기구 등의 원시적 장비를 동원해 갖추고서였고, 이미 3월 초에도 그런 현상이 일부 나타나고 있었다.

그렇듯이 3.1운동에는 평화적 시위와 폭력시위가 처음부터 혼재해 있었다. 통계에 비추어보면 6:4의 비율쯤 된다고 할 수 있었다. 국내의 독립선언서는 정의와 인도라는 보편적 가치를 일깨우며 자유와 평화를 위한 한국독립을 점잖게 요구했지만, 농촌봉기에서는 몸으로 실감되던 억압질서의 전복과 즉각적 해방에의 열망이 폭력적 직접행동으로 표출되곤 한 것이다. 그러므로 3.1운동이 전적으로 비폭력운동이었다고만 보는 관점이나 주장은 이제 얼마간 교정될 필요가 있다. '무저항주의'나 '무혈혁명'이란 용어도 그 의미를 오해 또는 변조하지 않는 한에서는 3.1운동에 그대로 적용될 수가 없다고 하겠다. 다른 한편으로는 '폭력화'를 개별시위의 양상 전화를 뜻함과 전국적 시위상황의 주조가 변해갔다는 뜻의 두 경우로 준별해서 써야 한다. 후자의 의미에서 '비폭력에서 폭력으로'라는 추세를 강조하는 진화론적 도식은 확인된 사실들에 비추어볼 때 부분적으로만 들어맞는다.

3.1운동은 두 달 만에 사실상 종식되었지만, 민중의 거대한 함성과 폭력항쟁은 커다란 변화를 낳았다. 일제의 통치정책이 '문화정치'로 바뀐 것이 그렇거니와, 임시정부의 독립운동 노선도 외교론 일변도에서 독립전쟁 준비와 무장투쟁으로 바뀌어 갔다. 그 노선전환에 국내 민중이 호응하여, 지역 수준의 비밀결사를 조직하고 어렵게 무기를 구하여 관공서 습격 및 폭파거사를 벌이며 친일협력자를 응징하는 등의 폭력적 항일활동을 펴갔다. 3.1운동 때 일구어진 새로운 행동양식의 본격적 발현이었고, 그때의 방어적 및 공격적 대항폭력의 경험이 길러준 자신감 덕분이기도 했다.[76]

1920년부터 독자적 기획과 준비로써 무장투쟁적 암살파괴운동을 맹렬히 전개해간 의열단의 폭력은 일제가 문화정치를 내세우고도 지

---

[76] 파농(F. Fanon)에 따르면, 식민지 원주민에게 있어서 폭력은 열등감과 좌절, 무기력을 없애주고 용기와 자존심을 되찾게끔 해준다(프란츠 파농, 남경태 옮김, 『대지의 저주받은 사람들』, 그린비, 2010, 105쪽). 여기서 파농이 논급하는 '반식민적 폭력'은 보복과 응징의 의미를 띤 파훼와 살해의 직접적·원시적 폭력이고 자기해방적 폭력이었지, 기성체제 자체를 부수고 바꿔놓거나 새로 만들어내려는 혁명적 폭력인 것은 아니었다. 그 점에서 신채호의 폭력론이 훨씬 더 나아간 것이고 의미도 깊었다.

능적으로 계속 가동시키는 강권주의 폭력통치가 종결되도록 그 장치들을 파괴하고 조종자를 제거하겠다는 목적으로 발해진 것이었다. 유의할 점은 그것이 테러적 충동이 낳는 무차별적·맹목적 폭력이 아니라 대단히 자기제어적인 폭력이었다는 것이다. 자기희생을 담보하고라도 무고한 타인의 희생—군사용어이지만 일상 관용어도 되어버린 '부수적 피해'(collateral damage)—은 없이 해야 한다는 신조와 원칙이 암살·파괴 거사의 극대효과를 매번 노려야만 하는 입장과의 상충으로 딜레마를 낳으면서도 시종 지켜졌다.[77] 그렇듯이 의열적 폭력은 제반 위압적 폭력의 발생경로나 성질과는 많이 다른 것임과 동시에 현실 속의 제도화된 보법폭력(保法暴力)에[78] 맞섬이기도 하니, 결과적으로 보면 '反폭력'(anti-violence)[79]에로의 길을 여는 새로운 유형의 폭력이었다고 할 수 있다.

---

[77] 이에 대해서는 지면 제약으로 상설하지 못하고 졸고, 「의열투쟁과 테러 및 테러리즘의 의미연관 문제—역사사회학적 일고찰」(『사회와 역사』 100, 2013, 특히 192쪽; 제목이 바뀌나 본서의 제4장과 같음)의 논의로 대신코자 한다. 이 점은 1897년부터 1915년까지 독립운동으로서의 반영투쟁을 격렬하게 벌였던 인도 '폭력파'나 1970~80년대의 아일랜드공화국군(IRA)의 활동 특성과 비교해볼 수도 있다. 인도 폭력파에 대해서는 조길태, 『인도 민족주의운동사』(신서원, 1993)의 제5장이 참고된다.

[78] 벤야민의 폭력론(발터 벤야민, 최성만 옮김, 「폭력비판을 위하여」, 『역사의 개념에 대하여 (외)』, 길, 2008)을 간략히 정리해본다면, 그는 법을 정립해놓고 그 신포된 대상에 상시 개입하여 통제하는 '(그리스)신화적 폭력'과 그 법을 보존하며 전자에 봉사하는 관리형 폭력이 실재함을 논하고, 부정의를 격멸하는 섭리의 성스러운 집행이 될 미래의 '(유대)신적 폭력'을 그것들에 대위시켰다. 데리다(J. Derrida; 자크 데리다, 진태원 옮김, 『법의 힘』, 문학과지성사, 2004)를 따라 국내 논자들이 '법 정립적 폭력'과 '법 보존적 폭력' 둘 다를 신화적 폭력에 포함시키는데, 필자가 보기에는 잘못된 도식이고 오해이다(그리고 필자는 전자를 '창법폭력(創法暴力),' 후자는 '보법폭력'으로 역어를 좀 달리해 쓰고 있다). 여기서 '법'이란 지배의 질서와 그것을 지탱하는 각종 장치의 환유라고 보면 될 것이다. 1920년대 당시로는 일제의 조선강점, '한일병합 조약'으로 통치는 강점의 합법화, '동조동근'론에 의한 정당화는 창법폭력이었고, 총독부 설치 이래의 무단통치와 기만적 문화정치의 장치들, 둘 다가 보법폭력이었다고 할 수 있다.

[79] 이 용어와 그 개념에 대해서는 주 81에서 후술할 것이다.

의열적 폭력이 단체활동에 기반하는 한에서는 조직적인 면모도 나타나지만, '제국'의 강고한 성채를 함락해야 하는 독립운동전선 전체의 지평에서 보면 역시 개별·분산적인 것이었다. 따라서 '의거'들의 효과도 냉정히 말하면 일시적·부분적일 수밖에 없었다. 그런 실정 속에서 신채호가 문득 새로이 제시해 앞길을 열어준 것이 민족의 응축된 분노와 소망의 에너지를 다 담아내는 것 같은 거대폭력의 '신화'적 상상이었다.[80] 그것을 그는 '폭동'이라는 당시의 상용어로 담아냈다. 3.1운동 때 발현되었던 민중적 폭력을 그 자신은 제대로 다 알아채지 못했던 것 같으나, 그래도 3.1운동에서의 민중적 의기와 그 내장 에너지가 의열적 폭력을 부싯돌로 삼아 일제 식민체제와 그 기둥 격인 제도적 폭력들을 섬멸하고야 말 혁명적 폭력으로 타올라야만 한다는 생각을 강하게 피력한 것이다. 3.1운동에서 그랬던 것처럼 민중이 직접 나서면서 그 규모와 에너지가 엄청나게 증폭되는 총봉기의 발동을 마음에 그려 대망한 것인데, 그것을 그는 '꿈하늘'로 표상되는 바의 '이상적 조선'을 창출해낼 혁명의 비전과 단단히 결합시킨다. 말하자면 그것은 민중의 힘과 그 원초적 폭력성의 재발견임에 더하여, 민중이 자신만을 믿고 그 자신의 힘으로 조선혁명을 이루어냄의 일대 각오를 촉구함이었다.

신채호가 상상하고 자기식의 의미도 부여한 혁명적 폭력이란 결국 현실 속 폭력적 지배의 매트릭스를 완전히 걷어내 없애버리려는 '신적' 의지가 민중적 폭력을 몸체로 하여 구현됨과 같았다. 눈앞에 현전

---

[80] 소렐은 거대한 사회운동에 가담한 사람들이 임박한 행동을 자신들의 대의가 어김없이 승리할 전투의 이미지로 마음속에 그려볼 때의 그 구성물을 '신화'로 명명하고 생디칼리스트의 총파업, 마르크스 이론 속의 프롤레타리아혁명을 예로 들었다(조르주 소렐, 이용재 역, 『폭력에 대한 성찰』, 55쪽). 그에게 있어서 중요한 것은 총파업이나 혁명의 성공 가능성 여부가 아니라 신화적 역능 그 자체였다.

하는 직접적 폭력만을 문제 삼는 것이 아니라 그것의 구조 자체를 해체함에 목표를 두는 폭력, 영구평화를 그냥 염원하거나 되뇌기만 하는 것이 아니라 반드시 지상에 구현해내려는 결기의 폭력, 그러면서 마침내는 은하계로 사라져가듯이 영원 소멸할 운명의 폭력이었다. 그런 여러 의미에서 그 폭력은 '구주대전'의 참화 이후로 '세계 개조'와 '국제평화'가 그렇게 고창되는 중에도 여전히 강권주의와 식민주의가 결착하여 고수되는 시대에 꿈꾸어진 창조적 '반폭력'인 것이었다.[81]

신채호는 그가 지은 환상소설 「용과 용의 대격전」에서 상제(上帝)의 경호대장 겸 동양총독인 '미리'의 대극에, 그와 친형제이면서도 민중 수탈·박삭과 억압·기만을 일삼는 천궁세력을 "0으로 소멸"시켜버릴 반역괴수 '드래곤'을 위치시켰다. 그리고 양자는 동생이성(同生異性)인

---

[81] '반폭력'이란 마르크스주의 철학자 발리바르(É. Balibar)가 대항폭력을 포함한 모든 폭력을 거부하고 반대하는 것이 '(인권의) 정치'를 가능케 해줄 시민다움/문명성(civilité)의 태도 혹은 전략이 된다는 견지에서 자신의 새 문제틀 안으로 도입해 쓰기 시작한 말이다(에티엔 발리바르, 윤소영 역, 「반폭력과 '인권의 정치'」, 『마르크스의 철학, 마르크스의 정치』, 문화과학사, 1995). 그가 볼 때 대항폭력은 무장봉기나 테러리즘, 자살폭탄 공격과 같은 극단적 폭력으로 귀착되기 쉬워서, 능동적 주체성과 집합적 연대 형성의 장이 된다는 적극적 의미로의 '저항의 정치'의 가능성을 소멸시키는 경향이 있는 것이었다. 이에 그는 대항폭력도 비폭력도 아닌 제3의 길('레닌과 간디의 만남')을 주창하게 된 것이다(에티엔 발리바르, 진태원 옮김, 『폭력과 시민다움: 반폭력의 정치를 위하여』, 난장, 2012; 진태원, 「극단적 폭력과 시민다움」, 『철학연구』 제118집, 2017; 서관모, 「반폭력의 문제설정에 대하여」, 『마르크스주의 연구』 제15권 1호, 2018). 필자는 현대 서구가 아닌 식민지 조선에서 헌정적 시민권(citoyenneté)에 기반하는 발리바르식 '정치'의 가능성과 그 현실화 공간이 (만만치 않게 컸다고 보는 논자들이 근래 등장하고 있음은 알지만) 과연 얼마나 되었을지 회의적이다. 그래서 정치철학이 아닌 역사사회학적 관점에서 '반폭력'의 의미를 일부 변용시켜 발리바르의 것과는 좀 다르게 쓰고 싶다. 즉, 대항폭력이 복수와 응징의 기능성에 머무르지 않고 폭력적 정치·경제·사회·문화 구조 및 그 작동체계의 파괴와 궁극적인 소멸을 꾀하면서 무폭력(aviolence)의 시간대로 항진해갈 때 점차로 띠게 되는 어떤 상징적 형상 또는 의미론적 잠재태라는 것이다. 무폭력의 평화로 이르려는 길에 갈퉁(J. Galtung)의 '평화적 수단에 의한 평화'(요한 갈퉁, 이재봉 외 역, 『평화적 수단에 의한 평화』, 들녘, 2000) 제안처럼 비폭력적(nonviolent) 방식도 상정해볼 수 있겠지만, 그것만을 유일의 것으로 절대시할 수는 없다는 생각이기도 하다.

존재라고 하였다.[82] 이것은 그때 벌써 그가 폭력(즉 미리)과 반폭력(즉 드래곤)의 관계를 통찰하고 있었음을 보여주는 비상한 은유이다. 그렇다면 1920년대 중엽에 신채호가 급속히 빠져 들어간 '무정부주의'도 그에게는 무강권주의로 이해되는 면이 컸고, 결국은 영구평화의 꿈하늘을 열어 보여줄 반폭력에의 소망과 기대를 가득 담은 것이었다고 볼 수 있다.

그와 같이 반폭력이 될 혁명적 폭력에 대한 상상과 그 필요성 및 효능에 대한 감각은 그 후로 재중국 독립운동 진영에서 계속 흡수·전파되어간다. 그렇지만 일제 직접통치 하의 국내에서는 그 상상이 현실화할 만한 정치적 지평이 끝내 열리질 못하였다. 그 대신에 중국 관내(關內) 지구에서 1938년과 1940년에 창설된 두 '혁명무력' 즉 조선의용대와 한국광복군이 '전민혁명'을 추동하고 준비해갈 새로운 선도자를 자임하게 된다. 이 두 민족혁명 군대의 설립을 고대했거나 거기에 어느 정도로든 관여했던 세력은 3.1운동을 일종의 반면교사로 삼겠다는 듯이 그것의 무장봉기·무력투쟁 결여태를 콕 짚어 지적하곤 했다. 반면에, 그 무장력과 전혀 관계 맺지 못하고 거의 방관자적 태도까지 내보였던 이승만 같은 이는 환국 후에 3.1운동의 현재적 의미를 정치적으로 전유하려는 듯이 '순연한 비폭력·비군력 운동'으로 성급히 규정지어버렸다.[83] 그러는 중에 3.1운동의 주요 측면 하나가 논외로 빠지거나 아예 외면되고 시야 밖으로 내쳐지기까지 했으니, 그것은 곧 대항적 민중폭력의 발현이라는 점이다.

그런 견지에서 돌아볼 때, 3.1운동은 흔히 말해지듯 '실패'한 것이

---

[82] 『단재신채호전집』 제7권, 609쪽 참조.
[83] 이 언설이 갖는 정치적 의미는 달리 더 있었다고 보이나 여기서는 논급을 약한다.

아니었다. 독립선언과 평화적 만세시위만으로도 독립이 곧 성취되리라고 기대한 민족대표의 턱없는 낙관과 막연한 희망이 큰 오산이었고, 실패라면 실패였을 따름이다. 폭압 일제가 조선민중이 내보인 폭력적 직접행동의 격한 기세에 경악하고 사실상 굴복하여 통치정책을 바꾸게끔 된 것이 3.1운동의 직접적 성과였다. 그럼에도 '문화정치' 또한 일제의 어떤 숨은 의도 하의 '문치교화'를 꾀하는 기만술책이었다면, 3.1운동의 더 큰 성과는 따로 있었다고 말할 수 있다. 독립운동 진영의 인식과 사고와 태세를 크게 바꿔놓아 새로운 각오로 정대(正大)의 노선으로 나아가게 한 것, 그 이상으로 한국민중 속의 수많은 3.1 아(兒/我)들이 나름의 자각과 결의로써 의열투쟁의 주역으로, 폭력의 담지자로 기꺼이 나서게끔 한 것, 그것이 3.1운동의 실질적 성과이고 숨겨진 성공이었다. 민중적 폭력의 가능성에 대한 지속적인 믿음과 그 발현에의 크나큰 희망, 그리고 조선혁명의 장대한 비전도 따져보면 그로부터 나왔으니 그렇게 말할 수가 있다. 3.1운동이 민족해방운동의 큰 진전이고 혁명운동의 새 출발점이었다면 실로 이런 의미에서도 아니었을까 한다.

'법'의 이름으로 자행되는 각종의 제도적 폭력과 신체적 폭력을 대행체(agency)로 삼고서 식민주의적 체제폭력이 상시 가동되는 시·공간에서 역사적 필연으로인 듯 홀연히 나타난 대항폭력이 단순 보복의 테러 또는 증오의 테러리즘으로 전락하지 않고 의열투쟁으로 외화하면서 궁극에는 '창조적 파괴'로 나아갈 거대 민중폭력의 선도체로 삼아진 것, 그리고 그 민중폭력은 폭력체제 자체를 소멸시키고 진정평화의 세상을 열어줄 반폭력이 될 수 있다는 것, 이것이 신채호의 폭력사상과 혁명사상의 속깊고도 중요한 함의였다. 이로부터 우리는 갈퉁의 평화학이 유일의 진로로 제시하고 강조했던 것과는 다른 길일 '반폭력에 의한 평화'도 새로이 상상해볼 수 있음과 아울러, 어떠한 역사적 국면에서 그것이 필요하고 가능할지에 대해 진중하게 사유해볼 수 있음도 시사 받는다. 이에 동의하는 한에서 후자의 작업은 만만치 않은 고뇌와 지적 분투를 요하는 이론적 과제가 될 것이다.

신채호의 「조선혁명선언」과 의열단(계)의 실천 행로

1. 「조선혁명선언」 이후 100년

1923년 1월, 「조선혁명선언」(이하 '「혁명선언」,')이 중국 상해에서 의열단 이름으로[1] 나왔다. '한국 근현대 최고의 명문'(서중석)이요 '불후의 명편'(임중빈)으로 평가되는[2] 이 선언문은 익히 알려진 대로 신채호가 집필해준 것이다.

---

[1] 당시의 인쇄본에는 선언 주체로 '義烈團'이 말미에 또렷이 박혀 있었는데 해방 후의 새 활자본에는 지워져 안 보이는 경우가 꽤 있었다. 북한판이 그랬고, 그것의 국내 복제본들이 그러하다.

[2] "일제강점기(1910~1945)의 한국의 민족독립운동이 성취한 가장 귀중한 불멸의 문헌의 하나이며, 독립선언문들 중에서도 정상에 서 있는 문헌"이라는 평가도(신용하, 『신채호의 사회사상 연구』, 한길사, 1984, 266쪽) 그와 같다 불교적 상상력과 문학적 상상력의 결합에 역사적 상상력까지 가미된, 가장 탁월한 걸작이라는 평언이(임헌영, 「불교적 상상력과 문학」, 『유심』 27, 만해사상실천선양회, 2006) 나온 바도 있다.

그 후로 신채호는 '혁명적 폭력'의 분출에 기대는 '신조선' 건설의 꿈을 계속 키워갔으며,[3] 의열단과 그 후계조직들은 혁명 방략과 그 실천 방안들을 구체적으로 세우고 다듬어내면서 선언의 이행에 힘써갔다. 일시적·단기적인 것으로 그쳤음이 아니던 후자의 경로와 과정은 그 자체로 큰 의미를 띠었음과 아울러, 한국독립운동의 폭이 갈수록 넓어지고 내용 풍부해지는 데 기여한 바 컸다.

100주년을 맞아 「혁명선언」을 다시 꺼내 들여다보노라면 종횡무진의 통관과 벽력같은 노호에 눈 귀 번쩍 뜨인다. 그 뜻을 되새겨보려 하니, "어째서 자유에는 피의 냄새가 섞여 있는가를 / 혁명은 왜 고독한 것인가를"[4] 물었던 한 시인의 외침이 먼저 귀청을 때린다. "산천은 의구하되 인걸은 간 데 없네."라는 옛시조가 불쑥 떠오르며 먹먹해지는 마음이기도 하다. 산천이, 이 조국 강토가, 의구한 것도 아니기는 하다만…

돌아보면 1970년대 이래로 「혁명선언」의 내용과 그 사상, 그것의 역사적 의미에 대해 일일이 다 들어보이기 어려우리만치 많은 논구와 다양한 고찰이 있어 왔다. 다루는 학문분과와 채용된 관점이 여러 갈래였던 만큼이나 논의 방향이나 결과도 서로들 달랐다. 그 다른 시선과 목소리는 그것대로들 존중하고 참고도 히는 것이 「혁명선언」의 생명력과 역사적 파장이 오래 가는 데 도움이 될 것이다.

그런 점을 염두에 두면서 이 글에서는 「혁명선언」이 신채호의 작품이면서도 발포 주체는 의열단이었음에 특히 주목해보려 한다. 단지

---

[3] 이는 1924년 이후 1928년 피체까지의 그의 공적 활동 행보와 문필작업의 내용들에서 역력했다.
[4] 김수영의 시 「푸른 하늘을」(1960.6.15).

「혁명선언」의 분석으로만 그치지 않고 의열단(계)의[5] 후속 실천 행보와 활동의 흐름으로 논의를 더 끌어가 접속시켜보려 하는 것은 그런 뜻에서의 선택이다. 이러한 시도가 잘 없었던 것이기는 한데, 이 방면 선학들의 고견과 축적되어 온 선행연구들에 충분히 유의해 활용함과 아울러 논제 관련의 졸저·졸고에도 일정 부분 의탁하면서 한 번 총정리해보는 셈의 논의를 시도하고 그렇게 논지를 구성해갈 것이다.

2. 「조선혁명선언」 발포의 맥락

1) 「혁명선언」 발포 배경

의열단은 "천하의 정의로운 일을 맹렬히 실행"하겠음을 약속하고 1919년 11월 만주 길림에서 창립되었고, '강도 일본'을 응징하고 쫓아냄을 '정의로운 일'의 으뜸으로 삼았다. 그 일을 해내려면 당연히 무기를 갖고 계획적·지속적으로 움직여가겠다는 것이 '맹렬'이란 어휘의 속뜻이었다.

그렇게 '의열'은 '정의로운 폭력'의 대용어였고, 일제의 식민지 강권통치와 그에 의해 축조된 폭력적 질서를 깨고 부숴버릴 대항폭력 행사의 의지를 대변해주는 말이었다. 그런 결의는 창단 직후부터 7가살, 5당파 대상의 '암살파괴운동'으로 실천에 옮겨졌다. 독자적 기획

---

[5] 의열단운동이 그 조직 해소 시점인 1935년에 종결되었다고 보는 것은 단견일 수 있다. 민족혁명당이 김원봉의 리더십과 그의 핵심참모들의 지략에 힘입어 의열단의 후계조직처럼 되어갔고 그것을 매개로 의열단의 인적 자산과 운동전통이 거의 그대로 계승·유지되었음에서다. 의열단 아닌 다른 몇몇 정치조직·군사조직들을 '의열단계'로 묶어보는 것이 그래서 가능하다.

과 준비로 조선총독부를 위시한 일제 정치기관 및 폭압기구와 그 요인들을 주 표적 삼아 단행하는 폭탄거사로 기염을 토해갔다. 때로 실패가 있더라도 거뜬히 일어나 다시 실행하는 투지도 돋보였다.

의열단의 과감한 반일투쟁과 담대한 폭력노선을 일제는 '흉행(兇行)'으로 낙인찍어 시종 비난하고 압박을 가했다. '젠틀'한 '문명국'이라는 원근의 타자들도 의열단을 응원하기보다는 혐오와 경계의 편에 서기 십상이었다. 독립운동계 일각에서도 '과격 모험주의'라고 비평하면서 곱지 않은 시선을 보냈다. 그러다 1922년 3월의 상해 황포탄 의거 때 미국인 여성 여행자의 유탄피격 사망이라는 불상사가 발생했다. 의열단으로서는 상당히 당혹스러운 상황이었다. 그랬기에 의열단은 자기의 운동노선을 스스로 변호하고 투쟁방법을 정당화시켜 안팎의 몰이해와 우려를 걷어내야 했다.

의열단장 김원봉이 평소 '선생님'으로 경앙하던 신채호에게 선언문 작성을 특청한 것은 대략 그런 이유에서였다고 말해져 왔다. 그런데 지금 보면, 그 이상의 여러 배경과 이유가 있었음 직하다. 그때 상해에서는 독립운동의 제반 상황과 임시정부 문제를 집중 논의해 결정짓기 위한 국민대표회의가 막 개최될 참이었다. 그동안의 활동으로 높아진 성망이 있었기에, 의열단이 거기서 새삼 자기 존재를 알리고 굳이 부각시키려 했을 리는 없다.[6] 그러기보다는 자기들이 왜 폭력투쟁

---

[6] 국민대표회의 참가대표 125인 명단(『동아일보』 1923.2.6,「참가대표의 성명과 단체별」및 조철행,「국민대표회 개최과정과 참가대표」,『한국민족운동사연구』 61, 2008)에 의열단 대표는 없다. 창조파에 가담하라는 강력한 종용을 자금지원자였던 한형권(韓馨權)으로부터 받았는데도 김원봉이 중립을 선언하고 대표 파견을 하지 않은 것으로 일제 관헌당국은 보고 있었다(국회도서관 편,『한국민족운동사료(중국편)』, 1976, 486쪽). 개회 직전에는 김원봉과 의열단이 대량의 폭탄 반입에 의한 국내총공세 준비로, 회기 중에는 '황옥경부 사건'의 뒷수습으로 여념 없이 분망했음도 유의해 볼 점이다. 대신에 김원봉이 다른 단체 대표로 하여금 자단의 입장과 목소리를 대변해

노선을 고수하는지, 그 방법이 왜 그렇게 필요한지를 선언문 형식을 빌려 각지 대표들에게 천명하여 납득시킬 필요가 더 컸을 것이다. 독립운동계 일반의 이해·공감과 지지를(바라건대 동참까지도!) 키워내려면 절호의 기회이고 필수적인 절차였다. 그런 노선 정당화 이상의 자체 이념 무장도 긴요했다. 단원들의 자발적 헌신을 더 크게 끌어내기 위해서는 "우리는 왜 싸우는가? 어떻게 싸워야 하는가?"에 관한 사상적 지침을 명확히 제시해 공유되게끔 해야 했다.

독립 방략에 관한 김원봉의 사념과 의열단의 노선 기조에서 그 무렵 어떤 변화의 기미도 있었는데, 이것도「혁명선언」작성 및 발포의 한 배경이 되었을 것 같다. 간단히 말하면 그것은 일제 식민통치 기관이 맛볼 '충격과 공포' 효과를 노리는 단발적 거사로부터 적의 심장부를 겨냥하는 총공세로의 대적전술 변경이었다. 그것이「혁명선언」에서는 소집단 비밀결사의 희생적 의열투쟁이 거대 민중혁명 추동의 불쏘시개가 될 것이라는 논리로 한 걸음 더 나아간다.

2)「혁명선언」작성 경위

1919년 신채호는 상해에서 대한민국임시정부 수립과 임시의정원의 초기 운영에 적극 참여했었다. 그러나 여러 대목에서 의견충돌이 생기고 개탄과 불만이 쌓여가니 결국은 임시정부와 결별하고 1920년 4월에 북경으로 옮겨가 잡지 간행을 통한 선전사업과 군사통일 추

주게끔 했을 여지는 있다.「혁명선언」말미의 발포 시점을 '4256년 1월'로 표기한 것이 '(대한)민국' 아닌 '(개천)기원' 연호를 주장하던 창조파에 의열단도 동조하고 있다는 하나의 증좌였을 수 있다. 신채호가 명백히 창조파 편에 섰음도 고려되고 있었을 것이다.

진에 주력했다. 1922년 들어 두 사업이 연이어 중단되어버린 후 그는 독립운동의 최고 통솔기관을 새로 세우려는 목적으로 개최될 국민대표회의에 관심을 쏟았다. 회의 개최가 결정되고도 개회는 두 차례 연기된 끝에 1922년 12월 20일로 일자가 최종 고지되었다. 때마침 김원봉의 심방 간청이 있었기에 그는 회의 대표가 된 것은 아니지만 가까이서 소식을 그때그때 접하기 위해서라도 상해에 가 있으면서 선언문 작성 작업에 임하게 된 것이다.

그때 의열단의 통신연락 겸 선전업무 담당자이고 신채호의 충북 동향인이기도 한 류자명이 북경에서부터 동행했고, 상해의 의열단 후원자이던 중국인 조모(曹某) 집에서 동숙하며 도운 것으로 알려진다. 그러면서 류자명의 아나키즘적 의견도 상당 정도 청취되고 반영도 되었다는데, 어느 부분에서 얼마만큼이었는지는 미상이고 함부로 추측하기도 어렵다. 그와 별개로 김원봉도 수시로 찾아가, 청탁 당사자요 의열단장인 입장에서 의견을 내거나 물음에 답하지 않았을까 한다. 그러다 보면 초안의 문구·표현 등에서 얼마간 조정이 있기도 했을 것이다. 그렇다면 「혁명선언」은 신채호가 책임지고 집필한 것이긴 하나 작성과정에 김원봉과 류자명 2인이 각자 부분적으로 개입 또는 동참했다고 볼 만하다.

국민대표회의 정식 개회 전의 임시회의가 15차로 막을 내리던 1월 말경에 전문 6,400여 자에 5개 장(章)으로 짜인 「혁명선언」이 완성되어 나왔다. 제1장에서 일제의 강도정치가 조선민중에게 가해온 극단의 고통을 절절히 묘파하여 혁명의 당위성을 논증하고, 제2장에서 민족 내부의 타협주의 노선 대두를 격하게 비판했으며, 제3장에서는 기왕의 독립운동의 중심 노선이던 외교론 및 독립전쟁 준비론의 맹점과 한계를 날카롭게 지적하며 신랄하게 비판·질타했다. 제4장에서 민중

직접의 폭력혁명을 대안 노선으로 제시하고, 결미가 되는 제5장에서 일제의 '강도정치' 질서와 그 기반의 전면적 파괴가 민중 주체의 '신조선' 건설로 직결될 것임을 천명하며 마무리 지었다. 요컨대 1장은 조선민족 외부의, 2·3장은 그 내부의 비아(非我)를 정확히 짚어내 통격한 것이고 4·5장은 그에 맞서는 민족아(民族我)의 자립 방향과 방법을 일러준 것이었다.[7]

그야말로 '하늘북(天鼓)' 소리와도 같은 장엄한 음성과 웅혼한 필치가 장관을 이루었고, 논지들은 유기적 접속과 점층법적 연쇄로 빈틈이 없었다. 그런 속에서 '조선혁명'으로 새로 명명되는 독립운동의 정향(正向)과 최종 지향점, 그리고 주축이념 및 방법론까지 명료하게 설정·제시해주는 '불후의 문장'이 탄생한 것이다.

3. 「조선혁명선언」에 개진된 혁명사상과 그 논리

1) 왜 혁명이어야 하는가?

1916년 북경에서 탈고한 소설 「꿈하늘」이[8] 잘 보여주듯이 1910년대 후반까지도 신채호의 현실인식은 주로 사회진화론(social Darwinism)의 생존경쟁 논리에 입각해 있었다. 그랬기에 그의 머릿속에는 자강하여

---

[7] 1·2·3장을 비아와 관련시켜보는 독법은 김종학, 「신채호와 민중적 민족주의의 기원」(『세계정치』 28, 2007)에서 선보여졌다. 하지만 '아와 비아의 투쟁' 사관은 1년 후 1924년에 탈고되는 『조선사』의 「총론」에서 논리가 세워지고 명시적으로 개진된 것이기도 하다.

[8] 우리 민족의 영광스런 고대사를 환기시키고 자주정신과 국수주의로 조선이 다시 일어나 강국이 되는 꿈을 담아내려 한 것이 이 소설 창작의 배후동기였던 것으로 보인다.

당당히 독립을 기한 민족국가 상이 강렬한 희원으로 한시도 떠나지 않았다. 1918년 말에 제1차 세계대전이 종결되기는 했지만 그마저도 그동안의 국가간 생존투쟁의 강승약패(強勝弱敗)-승생패사(勝生敗死)라는 결과를 일시적이 아닌 장기적인 것으로 구조화시키고 나아가 정당화까지 할 것으로 그에게는 보였다. 종전 후 '세계개조'의 기운이 도처에서 발양되는 양하지만 인도주의·사회주의·민주주의 등의 '신사조'도 강대국에서나 호응 얻고 효험 볼 수 있지 약소국 국민이나 식민지 민중에게는 그림의 떡과 같아서 여하한 실효성도 갖지 못한다고 신채호는 날카롭게 지적했다.[9] 그러면서 그의 사고는 국가의 자립-강성의 소망에 고착된 시민적 민족주의 수준을 넘어서서 강권주의 일반에 대한 근본적 비판으로 나아간다. 견고한 강권주의 지배질서가 버티고 있는 한에서는 '세계대동'의 꿈도 한낱 몽상에 불과하니, 강권주의 타파가 시급하고도 선차적인 과제라고 보게 된 것이다.[10]

그런 생각은 「혁명선언」 집필 때도 변함없이 유지되고 있었다. 강권주의 질서가 요지부동으로 건재해 있으면서 약자와 패자의 생존을 절대적으로 위협하고 있다고 그는 보았다. 그 질서가 19세기 말~20세기 초에 자강에 실패하고 만 약소국들을 멸망의 구렁텅이로 몰아넣어 식민지로 만들고 그 국민들을 지배자 강국의 노예로 만들었는데, 대한제국의 인민도 똑같은 경위로 망국민이 되어버렸다. 그 후로 자강의 길은 꽉 닫혀 차단되어버렸으니, 민족생존의 출로는 강권주의

---

[9] 「인도주의의 可哀」, 김병민 편, 『신채호문학유고선집』, 한국문화사, 1994, 180쪽 참조. 이 글의 집필연대를 김병민은 1925년경이었을 것으로 추정했는데, 필자는 1918년 말에서 1919년 3월 사이였을 것으로 본다.
[10] 이에 관한 상세 논술은 졸고, 「신채호의 '조선혁명'의 길」, 『혁명과 의열—한국독립운동의 내면』(경인문화사, 2010), 484-486쪽을 볼 것.

파괴를 기하는 '혁명'에서 찾을 수밖에 없다는 결론을 신채호는 도출한다. 그가 신채호가 일제의 조선 지배를 '강도정치'로 규정짓고 반일투쟁의 혈전화(血戰化)를 촉구하는 문서를 집필하여 「조선혁명선언」이라 제(題)한 것은 그런 현실인식과 논리상관의 필연적인 귀결이었다.

「혁명선언」의[11] 1장 서두에서부터 신채호는 일제의 강도정치가 2천만 조선민중의 생존권과 자유를 철저히 유린·말살해왔음을 낱낱이 들어 규탄했다. 이어서 날로 심해지는 정치적 압박과 경제적 착취로 조선민족 전체가 노예화하고 있음을 통절한 언사로 폭로했다. 제반 사실과 지나온 일들에 비추어보더라도 일본은 '제국'이라는 이름을 침략주의의 간판으로 삼는 강도국가에 불과하고, 그의 강도정치가 조선민족을 노예 이하의 '영세우마(永世牛馬)'로, 서·북간도와 시베리아를 떠도는 '아귀(餓鬼)·유귀(流鬼)'로, 마구잡이 투옥과 갖은 악형(惡刑)의 결과인 '종신불구(終身不具)'의 폐질자(廢疾者)'로 만들어왔다. 그처럼 '강도 일본'은 "공포와 전율로 우리 민족을 압박하야 인간의 산송장을 맨들려" 하고 있다는 것이다.

그런 모든 의미에서 강도 일본은 '조선민족 생존의 적'이고 "네가 망하지 아니하면 내가 망하게 된 '외나무다리 위에 선'" 절대적 대립항의 비아적(非我的) 타자이다. 때문에 아(我)의 생존을 유지하려면 '살벌'해야만 한다. 최소한 '구축(驅逐)'이라도 해야 한다. 강도와의 공생공존을 바라고 '타협'하며 비굴하게 내정독립·참정권이며 자치를 구걸하거나 한갓되이 '문화발전'을 도모한다면서 그에 '기생'하려 할 일이

---

[11] 이하 「조선혁명선언」의 인용과 내용 재구성은 단재신채호전집편찬위원회 편, 『단재신채호전집』 제8권(독립기념관 한국독립운동사연구소, 2008), 891-901쪽의 새 활자본에 의하되 쪽수를 일일이 밝혀 적지는 않겠다. 이후로 이 전집은 '『단재신채호전집』(독립기념관 판) 제○권' 식으로 표기한다.

아닌 것이다.

그러면 살벌 또는 구축의 방법은 무엇이겠는가? 오직 혁명에 의할 뿐이라고 「혁명선언」은 단언한다. '혁명'은 유교문화권에서 예로부터 익히 알려져 온 말이었고, 독립운동계에서는 1910년대 중반부터 되살려 써왔다. 그런즉 새로운 용어법인 것은 아니었다. 1920년에는 박은식이 그 개념의 외연을 넓게 잡아낸 바 있다. 상해에서 출간한 『한국독립운동지혈사』에서 갑신정변, 동학농민운동, 3.1운동을 모두 '혁명' 또는 '혁명운동'으로 재규정하여 서술했으니, 반봉건 변혁운동도 반제 독립운동도 다 같이 혁명운동에 속한다고 보았음과 같다.

독립운동을 혁명운동으로 보는 관점은 1920년 7월의 코민테른 제2차대회를 통해서도 확립되었다. 이 대회에서는 피압박민족의 해방운동이 세계혁명의 일환이 될 것이라고 보아 적극 지지한다는 방침을 정하고, 식민지의 '부르주아민주주의(적 해방)운동'의 두 조류 중에서 '개량주의적 운동'에 대비되는 '혁명적 운동'을 지원키로 했다. 그리고 그것을 '민족혁명운동' 또는 '(혁명적)민족해방운동'으로 특칭하기 시작했다. 1922년 1~2월의 모스크바 원동민족혁명단체대표회의('극동인민대표대회')에서도 식민지 공산주의자들은 민족혁명운동에 매진할 것이 요구되었다. 그때부터 고려공산당 중심의 좌익진영에서 '민족혁명(운동)'이라는 용어를 즐겨 쓰기 시작했다.

그와 같이 '민족혁명'은 공산주의자들 사이에 통용되면서 식민지에 적용되어 계급해방-사회주의혁명의 앞 단계 과제로 상정되는 모토처럼 되었다. 하지만 그 말의 핵심적 의미는 역시나 제국주의 타도와 독립국가 건설이었기에 민족주의자와 넉넉히 공유될 수 있는 용어요 과제이기도 했다. 예컨대 조소앙은 1922년 5월의 『독립신문』 기고문 「독립당과 공산당의 전도(前途)」에서, "독립당은 횡적 독립인 민족혁명의 권화로서 민주정치의 실행자로 자거(自居)"하고 "공산당은 종적 독립인 계급해방의 표현으로서 빈주정체(貧主政體) 또는 공치주의(共治主義)의 선봉대로 자신"한다고 대비시켜 정리하였다. 일단은 '독립'과 '민족혁명'을 같은 선상, 같은 의미의 말로 여긴 것이다.

2) 어떤 혁명이어야 하는가?

이미 1919년 후반기부터 신채호는 독립군 양성과 항일무장투쟁 실행을 주창했었고,[12] 이어서 군사통일 촉성에 매진했다. 독립군이야말로 실제적인 파괴력을 갖고 일제를 강타해 붕괴시킬 주력이라고 보아서였다. 1921년 초에는 선전계몽 잡지 『천고』에 "우리는 평화행복을 기구하는 바이지만, 강적 제거와 동양의 평안 도모는 '유혈' 두 글자를 떠나서는 이뤄낼 수가 없다. (...) 적과 혈전을 벌일 것을 마음 깊이 새기어 잊어서는 안 될 것이다."라고 하여,[13] 혈전을 통해서만 일제타도와 동양평화의 길 트기가 가능하다고 역설하는 글을 실었다. '혈전'의 중심내용으로 그가 상정한 것은 필시 독립군 무장투쟁이었을 것이다. 그렇지만 혁명러시아로부터의 지원에 대한 기대가 그 해 6월의 흑하사변(黑河事變: '자유시 참변')으로 무참히 깨짐에서 그의 희망도 같이 사그라져버렸다.

크나큰 실망과 배신감에 신채호는 공산당 조직과 결별했고,[14] 조

---

[12] 『新大韓』 제1호(1919.10.28)의 「창간사」에서 신채호는 "理想의 국가보다 이상의 독립군을 제조할 주의"에 의해 『신대한』이 출현했다고 적었다.

[13] 진공(震公), 「한한양족지의가친결(韓漢兩族之宜加親結)」, 『천고』 제2권['제1권'의 오기였을 듯] 제2호(1921.2.1); 『단재신채호전집』(독립기념관 판) 제5권, 116쪽.

[14] 일제관헌 문서들에는 신채호가 1920년에서 1921년 사이의 짧은 기간이나마 몇몇 공산당 조직에 가담 또는 관계했음에 대한 보고가 있다. 자세한 내용은 임경석, 『한국

선 공산주의운동이 '혁명운동'의 위명(威名)을 선점해놓고도 갈수록 전투적 기세를 잃어가면서 독립군운동의 약화와 퇴조를 낳는다고 비판하였다. 조선의 공산주의운동자들이 몰주체적 사대주의의 늪에 빠져 허우적대고 있으니 '조선의 공산주의'가 나올 희망은 전혀 없다고 본 그만의 사태진단이 그 비판과 나란히 나왔다. 그래서 그는 러시아혁명이 단연 러시아식으로 일어나고 수행되어 성공했듯이 '조선혁명'도 진정 조선식의 혁명, 조선의 역사와 실정에 들어맞고 조선인 스스로 기획해 수행하는 혁명이어야 한다는 신념을 확고히 포지하게 되었다.[15]

그런 맥락에서 볼 때, 신채호가 상정한 조선혁명은 단연코 민족혁명이었을 법하다. 「혁명선언」에서도 '민족생존 유지'가 조선혁명의 목적이고 '이족통치'가 그 대상이라 했으니 민족혁명일 것이었다. 「혁명선언」에 이 용어가 나오는 적은 한 번도 없지만, 내용상 그렇게 보는 것이 옳다. 그 2년 후인 1925년 벽두에도 그는 "송곳 못으로 박을 땅도 없이 타인에게 빼앗기고. (…) 경찰들과 군대가 끊임없이 위압을 주는 판에서 사회의 조직부터 개혁하려 함은 너무 우거(愚擧)가 아닌가 한다."[16]는 소견을 국내신문 지면을 빌려 피력한다. 그 기고문 중의 「병을 따라 약을 쓰자」는 소절(小節) 제목에도 현단계 조선혁명의 본의는 민족혁명에 있고 그 길로 매진함이 올바른 진로라는 뜻 함축되고 있었다.

사회주의의 기원』(역사비평사, 2003), 201-202쪽과 졸저, 『혁명과 의열』, 507쪽을 볼 것.
[15] 졸고, 「신채호의 '조선혁명'의 길」, 『혁명과 의열』, 507-508쪽 참조.
[16] 신채호, 「낭객의 신년만필」, 『동아일보』(1925.1.2); 『단재신채호전집』(독립기념관판) 제6권, 585쪽.

그렇다고 신채호가 사회혁명의 필요성을 외면했거나 그 가능성을 전연 부인·배제했던 것일까? 그건 아니었다고 본다. 1919년 10월의 『신대한』「창간사」에서 그는 인류 역사를 투쟁의 기록으로 보고, 그 축을 민족전쟁과 계급전쟁으로 대별했었다. 그리고 최근세의 계급전쟁은 노동·자본 양 계급의 전쟁인데 자본주의 발전은 노동자와 소자본가를 망하게 한다면서, "우리도 미래의 이상세계는 빈부평균을 주장하노라"고 썼다. 「혁명선언」에서도 그가 특권계급과 경제약탈 제도와 사회적 불평균 현상을 파괴하고 '자유적 조선'·'민중적 경제'·'민중적 사회'를 건설해냄을 혁명의 목표로 제시하니, 그것이야말로 사회혁명의 비전이 아니고 무엇이었겠는가. 그런데 그 파괴 대상들은 따라붙는 설명들로 볼지라도 일제 식민지 지배의 각 층위에 하나하나 대응되는 것들이었다. 그러므로 신채호에게 있어서 '사회혁명'이란 일제가 한반도에 구축해 놓은 강권통치의 구조를 타파함, 바로 그것이었다. 이는 실상 민족혁명과 겹치는 것이 아닐 수 없었다. 결국「혁명선언」의 '조선혁명'은 내용상 민족혁명과 사회혁명을 다 포괄하는 것, 민족혁명임과 동시에 사회혁명인 것, 더 정확히 말해보면 사회혁명의 성질을 함유한 민족혁명이었다.

3) 조선혁명의 주체와 방법론

조선혁명은 누구에 의한, 어떤 방식의 혁명이어야 할 것인가? 이에 대해「혁명선언」은 민중이[17] 민중 자기를 위하여 실행하는 민중직접

---

[17] 한국에서 '민중' 개념은 1890년대의 동학농민운동 관련의 글들에서 처음 발견되며, 3.1운동의 영향으로 1920년대부터 빈번히 쓰이기 시작한 것으로 파악된다(장상철, 「1970년대 '민중' 개념의 재등장」, 『경제와 사회』 74, 2007, 117쪽). 『동아일보』 기

혁명이면서 폭력혁명이라고 명쾌하게 답한다. 민중과 폭력이 결합하여[18] 일대 민중폭동이 불붙을 때만 조선혁명이 성공하게 된다는 것이다.

1921년 중반부터 독립군 확편 및 통일운동이 난항을 겪다가 퇴조의 징후까지 보였을 때 사면팔방에 원군은 하나 없고 독립운동은 속절없이 고립되어 앞길이 캄캄해 보였다. 그런 정황이라면 남은 것은 무엇이고 믿을 것은 무엇인가? 조선민족 자기와 그 자신의 힘뿐이었다. 민족의 큰 숙원을 이뤄내려면 자기 스스로, 오직 자력으로가 아니면 안 될 것이었다.

그러면 그 '자력'은 어디서 나오겠는가? 그때 신채호가 새로 눈을 돌린 대상이 '2천만 민중'이었다.

그 무렵 '민중'은 확실히 사회주의적·아나키즘적 용어였는데, 그것을 「혁명선언」에 도입해 도배하듯 썼다는 말도 나올 수 있다.[19] 하지만 신채호로서는 민중이 어떤 주의나 이념이 가르쳐준 관념적 범주가 결코 아니었다. 일찍이 국내에서 체험했던 만민공동회운동과 의병투쟁은 물론이고 3.1운동을 통과하면서 갈수록 더 응집력과 규모의 위력을 실감케 해준, 그야말로 살아 움직이는 실체적 존재였다. 특히나

시 제목을 분석해보면, '민중'은 1920년 그 신문이 창간된 때부터 쓰였고, 1920년대 내내 '인민'·'국민'·'대중'보다 매년 최다 빈도수를 보였다. 그러면서도 민중은 국내 독립운동 및 계몽운동을 포괄하는 사회운동의 맥락에서 사용되는 경우가 가장 많았다 (허수, 「식민지기 '집합적 주체'에 관한 개념사적 접근」, 『역사문제연구』 23, 2010).

[18] 양자의 결합이 있어야만 함을 「혁명선언」은 "안중근, 이재명 등 열사의 폭력적 행동이 열렬하얏지만 그 후면에 민중적 역량의 기초가 없었으며 3.1운동의 만세소리에 민중적 일치의 의기가 별현(瞥現)하였지만 또한 폭력적 중심을 갖이지 못하얏도다."라는 말로 표현해낸다.

[19] 텍스트의 형태소 분석으로 집계해보면, 「혁명선언」에 나오는 집단적 주체 지칭어의 빈도가 '민족' 15회, '인민' 9회, '국민'은 전무인 데 비해 '민중'은 55회나 되었다고 한다(허수, 「1920년대 신채호의 텍스트와 '민중'」, 『역사비평』 140, 2022, 286쪽).

3.1운동 때 솟구친 민중의 거대한 함성과 전국 방방곡곡에서 터져나온 폭력항쟁의[20] 반향은 컸다. 일제의 통치정책이 '무단'에서 '문화'로 바뀐 것이 그렇거니와, 임시정부의 독립운동 노선이 열강에 대한 호소와 청원 위주의 '외교' 일변도에서 '독립전쟁' 준비와 무장투쟁으로 바뀌어 감에도 적잖이 영향을 미쳤다. 그 노선 전환에 국내 민중이 호응하여, 1919년 가을 이래로 지역 차원의 비밀결사를 속속 조직하고 어렵게라도 무기를 구하여 관공서 습격 및 폭파 거사를 벌이면서 친일부호와 밀정을 응징하는 등의 양상이 도처에서 나타났음도[21] 주목되는 바였다.

「혁명선언」에서 민중은 "총독이니 무엇이니 하는 특권계급의 압박 밑에 있는" '피지배자들'로 지칭된다. 친일 주구 및 협력자와 일부 부호층만 제외하고 민족성원 대부분을 포괄하는 것이게 된다. 민중은 국가의 노예가 되고 특수세력을 상전으로 모셔야 했던 구시대의 '인민'과는 다르다. 스스로 각오하여 일어설 줄 알기 때문이다. "일어서라!"고 누가 외치거나 지도해서 각오하는 것도 아니다. 그의 각오는 "선각한 민중이 혁명적 선구가" 되어 "강도정치의 시설자인 강도를 때려죽이고 강도의 일체 시설을 파괴"해가는 모습으로부터 촉발된다. 그런 모습을 보고 들은 민중에게 정서적 격동과 의식의 각성이 생겨나고, 그로부터 봉기해 '대혁명'의 길이 되는 '폭동'으로[22] 나아간다는

---

[20] 그 상세 내용은 졸고, 「3.1운동에서의 폭력과 그 함의: 反폭력이 될 '혁명적 폭력'의 상상과 관련하여」(『정신문화연구』 153, 2018; 본서의 제5장으로 수록), 73-81쪽을 볼 것.
[21] 상세 내용은 졸저, 『의열투쟁 Ⅰ—1920년대』, 46-49쪽 참조.
[22] '폭동'은 신채호가 그제야 쓴 말이 아니었다. 이미 1921년 1월의 『천고』 「창간사」에 "안으로는 인민들의 기운이 날로 성장하여 암살과 폭동의 장한 거사가 거듭 나타나 끊이지[….] 않으리라."는 기대가 표해지고 있었다.

것이다.

여기서 '폭동'은 오늘날처럼 부정적 의미로 쓰인 말이 아니다. 조선민중의 응축된 분노와 소망에서 크나큰 에너지를 얻어갈 거대폭력의 발동을 상징하는 말이었을 뿐이다. 또한 이 부분에서 「혁명선언」은 의열단의 암살·파괴 활동을 '선각한 민중'이 담임하는 선구적 폭력으로 위치지었다. 평면적 관찰로는 의열단의 대일거사들이 개별·분산적이고 효과도 일시적·부분적에 그치는 것으로 보일지 몰라도 거시동태적으로는 큰 의미를 띤 행동들이라는 뜻이었기도 하다.

이렇게 강도일본 타도·구축을 기해낼 민중 총봉기와 그것의 중심적 의미요소가 될 '혁명적 폭력'의 상상이 「혁명선언」에서 장려하게 펼쳐진다. 3.1운동처럼 민중이 직접 나서면서 그 규모와 힘이 엄청나게 증폭되는 총봉기를 대망하는 것이었다고 하겠다. 3.1운동 때 일제 군경이 총검으로 자행했던 잔인한 진압·학살 행태와 그에 따른 민중의 막심한 피해와 크나큰 희생은 여기서 고려되지 않는다. 민중직접혁명은 일단 발생하면 여하한 수단으로도 저지할 수가 없고 반드시 최후의 승리를 얻는다고 단언된다. "양병(養兵) 십만이 일척(一擲)의 작탄만 못하며 억천장(億千張) 신문·잡지가 일회 폭동만 못할지니라."는 언명도 민중적 폭력혁명의 무조건적·절대적 승리에 대한 믿음에서 발해졌을 것이다. 외교론과 독립전쟁 준비론을[23] 2천만 민중의 의기를 눌러 없애는 데나 이바지할 '일장(一場)의 잠꼬대'요 '미몽(迷夢)'일 뿐이라고 일축

---

[23] 독립전쟁 준비론은 일찍이 신민회에서 수립한 독립전쟁 전략의 하위개념이었고, 즉시결전론에 대비될 기회포착론의 의미가 컸다. 1920년 1월 임시정부의 이동휘 내각이 국무원 포고를 통해 독립전쟁론을 재확인했고, 2월에 확정지은 '시정방침' 중의 군사부문 항에 전쟁준비 프로그램을 포함시켜 공표했다. 그것의 구성과 내용에는 안창호의 지론이 되는 '6대 운동 요령'도 많이 반영되었다. 이것이 신채호로 하여금 독립전쟁 '준비론'도 기각케 하는 한 요인이 되었을지 모른다.

한 것 또한 그처럼 도저한 자신감의 발로였을 것이다.

4) 조선혁명의 최종 목표와 궁극적 비전

「혁명선언」은 파괴가 '혁명적'이려면 대상을 일제 기관이나 시설물로 국한시킬 일이 아님을 분명히 했다. 그래서 다섯 가지 파괴 대상―이민족의 전제통치, 총독 이하 강도단의 특권계급, 강도의 살을 찌우는 경제약탈제도, 강/약과 천/귀로 민중을 갈라놓는 사회적 불평등, 강자만을 옹호하는 노예적 문화사상―을 명확히 적시한다. 식민제도 전반으로, 체제 자체로, 파괴 대상을 폭넓게 잡고 그 심장을 노려야 한다는 말과 같았다.

나아가 「혁명선언」은 파괴의 자리 바로 거기에[24] 고유적 조선, 자유적 조선민중, 민중적 경제, 민중적 사회, 민중적 문화의 '신조선'을 건설하자고 부르짖었다. 「혁명선언」의 대미를 장식하는 외침처럼 "인류로써 인류를 압박치 못하며 사회로써 사회를 박삭(剝削)치 못하는 이상적 조선을 건설"하자는 것이었다. 조선혁명론의 진수는 바로 여기 있다고 할 바였으니, 「혁명선언」의 혁명론이 맹목적인 폭력예찬론에 머무르는 것이 아니었음도 알 수 있다.

요컨대, 일본 강도정치를 폐절시킴과 아울러 일체의 봉건적 질곡으로부터의 해방도 기하는 사회혁명으로 '신조선'이 건설되고 '이상적 조선'이 도래할 것이라는 비전이다. 그것이 조선혁명의 최종 목표이

---

[24] 「혁명선언」에서는 파괴와 건설이 형식상으로는 구별되지만 "정신상에서는 파괴가 곧 건설"이라 했다. "파괴의 기백 없이 건설할 치상(癡想)만" 갖고 있다면 혁명은 백년하청이고, 파괴할 것을 파괴해야만 건설이 있게 된다는 것이다. 이는 신채호가 1907년 12월의 『이태리건국 삼걸전』에서 시작하여 여러 기회에 일관되게 피력해온 소신이었다.

고 궁극적 전망이다. 그러니까 어느 일 계급이나 그 전위가 아닌 자각한 민중이 직접 주체로 나서면서 사회혁명의 내용을 담고 있되 일본제국주의 타도를 직접 목표로 하는 폭력혁명, 그러니까 민중적 민족혁명의 추동이 「혁명선언」의 핵심적 주장이었다.

    그와 같은 혁명론의 근저에는 절대자유·극대평등의 삶의 터전과 양식에 대한 희원이 짙게 서려 있었다. 신채호에게 있어서는 확고부동하게 민족공동체가 그런 삶의 단위였다. 그것이 근대국가 체제를 취해야 한다는 생각은 후기로 갈수록 엷어졌을지라도, 민족중심·민족단위의 사고방식은 끝까지 고수되었다. 그의 사상은 국가주의와 동일시되지 않는 선에서 민족주의의[25] 자장 안에 자리 잡고 있었고, 아나키즘을 받아들였을 때도 그 점은 변함이 없었다.[26]

---

[25] 세계대전 이후에 '주의'란 명사가 널리 유행하게 되고부터 "공산주의 무정부주의자 등에 대하여 민족주의자 국가주의자 등의 구별"이 생겼다고 신채호는 말했다(「조선의 지사」, 김병민 편, 『신채호문학유고선집』, 170쪽). 그가 '무정부주의 대 국가주의'와 같은 식의 구도로써 '공산주의 대 민족주의'로 보고 있었음이 이로부터 간취된다.

[26] 1910년대 말쯤부터 아나키즘사상의 어떤 요소들이 신채호사상의 내부로 조금씩 유입되어 그 편린이 조금씩 나타나 보였다고 할 수 있다. 그러나 그것들이 그의 사상의 저변에까지 들이박혀 "그때부터 그를 순연한 아나키스트로 변신시켰다"고 보기는 어렵다. 그 시점 이후에도 그 스스로 아나키즘과 배치되는 논리나 아나키즘적 지향과 일부러 거리를 두려는 듯한 표현을 종종 구사했는데(졸고, 「신채호의 '조선혁명'의 길」에서 여러 증례를 들어 보인 바 있음), 그 점을 도외시하면 안 될 것이다. 그렇게 1920년대 초의 신채호는 아나키즘을 무조건·전면적이 아니라 선별적·부분적으로만 수용하려 했다. 그렇게 볼 수 있고 보아야만 할 대목이 여러 글에서 산견된다. 그만큼 신채호에게 있어서는 아나키즘도 교의(doctrine) 사제보가 아니라 '조선의 아나키즘'으로 변성이 될 때만 의미 있게 수용될 수 있었고, 그런 한에서만 그는 '아나키스트'가 될 수 있었다. 신채호가 아나키즘 노선으로 완전히 옮겨가는 것은 일러야 1925년쯤이었고 그로부터야 그가 '아나키스트 혁명가'의 반열에 설 수 있었다고 보는 것도 대체로 그런 이유에서이다. 「혁명선언」이 아직은 민족주의 사상에 무정부주의 방법을 포용한 혁명적 민족주의의 특성을 가진 것이었다는 신용하의 판단과 정리도(『신채호의 사회사상 연구』, 제4장) 그런 의미에서 적실한 것이었다. 같은 시점에 집필되고 있던 「조선상고사」와 「조선혁명선언」은 각각 민족주의와 아나키즘을 표방한 별개의 문건이 아니라, 단일한 사상('정신주의적 민족 관념')을 상이한 방식으로 반영시킨 작품이었다는 해석도(김종학, 「신채호와 민중적 민족주의의 기원」, 260쪽) 경청해볼 만한 점이 있다.

5) 혁명론의 새 문법

위와 같이 「혁명선언」은 기왕의 동·서양 혁명사와 기존 혁명담론의 틀을 깨고 확연히 창조적인 논리로 조선혁명론을 개진했다. 명료한 현실인식과 폭넓은 통찰에 기하여 조선혁명의 필요성과 당위성을 설파했고, 이어서 무엇을 목표로, 누가, 어떻게 혁명을 수행할 것인가를 묻고 답하면서 새로운 문제틀을 제시한 것이다.

한 걸음 더 나아가 1920년대 신채호의 다른 여러 논설까지 같이 살펴보면, 그가 상정한 '조선혁명'의 의미망에는 민족혁명·사회혁명과는 다른 차원의 의미요소도 같이 들어가 있었던 것으로 보인다. 정신·도덕·문화 차원의 혁신이 그것이다. 어쩌면 신채호는 그것을 가장 선차적인 과제로 여겼을 수 있다. 그 혁신이 '고유적 조선' 건설의 밑바탕이 됨과 동시에, 민족아 내·외부의 비아를 모두 물리쳐 아를 확립하는 길인 인간혁신으로 통하는 것일 법하고, 인간혁신은 민족혁명·사회혁명 주체의 확립으로 직결될 것이라는 점에서 그렇다. 그렇다면 인간혁신은 조선혁명의 제일 조건이요 기초로 삼아진 셈이고, 그것이 신채호식 '민족적-민중적' 혁명의 새 문법이었다고 보아도 좋을 것이다.[27]

그렇기 때문에도 신채호가 조선혁명의 주체로 설정한 민중은 '즉자적'이 아닌 '대자적' 존재이다. 사회경제적 조건으로부터 곧바로 연역되는 군집성 범주가 아니라, 노예처럼 압박받고 수탈당해 생존 가능성 자체가 의문시될 지경에 이르렀음을 자각하게 된 존재, 그것이 민

---

[27] 신채호의 여러 글에서 문화혁신론과 인간혁신론을 읽어낼 수 있다. 이에 관한 논거와 상세 논의는 졸고, 「신채호의 조선혁명의 길」, 493-497쪽을 볼 것. 그 글에서는 '문화혁명'·'인간혁명'이라는 용어를 썼었다.

중이다. 그런 의미라면 민중은 이족통치 하의 '고통받는 민족'과 많은 부분 겹칠지라도 꼭 일치하는 것은 아니다. 후자가 새로운 도덕과 정신으로 깨치고 나가서 그것으로 무장할 때 민중이 되고, 민중이 되고서야 혁명의 주체로 나서게 된다는 것이다. 결국 조선혁명은 인간혁신의 결과일 민중형성에 의해 민족혁명이 되고, 나아가 총체적 사회혁명으로 진화하면서 완성될 것이었다.

그리하여 조선혁명의 장기목표요 미래비전으로 설정된 '이상적 조선'은 자유의 미명 아래 노예화가 확대·심화되는 구조 위에서 자기전개를 보이는 근대와는 많이 다른, 무척이나 새로운 자유의 시·공간일 터였다. 말하자면 신채호의 독창적인 논리로써 조형되는 '또 다른 근대' 혹은 '탈근대'의 미래표상이라고 할 만했다. 그 안에 파괴와 건설의 변증법이 내장되어 있으면서 당대의 사회사상이 도달하기로 최고치의 유토피아적 비전을 보여준 것이다. 그것은 신채호가 의열단에게 주는 절체절명의 지침이었음과 동시에 의열단이 내고픈 자기만의 목소리였다고 보아도 될 것이다.

4. 의열단과 그 후계조직들에서 조선혁명론의 계승과 실천

1) 의열단의 혁명운동과 혁명당적 행보

「혁명선언」에서 의열단의 반일 폭력투쟁은 혁명운동의 선봉에 서는 것이면서 민중혁명의 촉발제인 것으로 인식되면서 새로이 평가받았다. 그 운동노선은 충분히 이유 있는 것이요 지극히 정당하다고 논증된 셈이다. 그렇게 「혁명선언」은 의열단의 운동이념을 재정립해 명

문화하고 당당히 포고도 해준 것이다.

완성되어 나온 「혁명선언」은 즉시 인쇄되어 국민대표회의 참석자들에게 우선 배포되었다. 이어서 그들의 손을 통해, 또한 우편으로도, 중국 관내는 물론이고 멀리 만주·러시아·국내·미주 등지로 전해져갔다. 일본으로도 단원들이 잠입해 여러 도시에 살포하였다. 거사를 위해 국내나 일본으로 특파되는 단원들은 「혁명선언」을 수십·수백 매씩 꼭 휴대하였다. 그래서 「혁명선언」에 담긴 혁명 이념과 논리, 그리고 의열단의 확고부동한 투쟁 의지가 국내외 독립운동 진영으로 전파되어갔다.

「혁명선언」 발포로 단원들의 사기와 자부심이 고양되는 효과도 나타난다. 의열단이야말로 진정한 혁명단체이고 의열단운동은 바로 혁명운동이며 자기들이 진짜 혁명가라고 자임·자처할 수 있었다. 대외적으로도 한층 더 커져가는 지지와 기대감 속에서 의열단의 조직세는 한동안 급성장을 보았다. 지리적 거점과 활동공간도 중국 관내로 국한되지 않고 만주·러시아·일본·타이완·국내 각처로 넓게 확장되어갔다.

그에 따라 의열단은 대규모의 고강도 폭탄거사와 폭동계획을 계속 추진해갔다. 1922년 여름부터 진행된 국내-만주-도쿄 3각 연계의 동시다발적 광역거사 계획의 일환으로 1923년 3월에 폭탄 36개를 밀반입해 실행하려던 국내 일제기관 총공격 계획,[28] 일본 황태자 히로히토(裕仁)의 혼례식 시점을 노려 1923년 말부터 1924년 봄까지 재추동된 '제3차 폭동계획'이 그러했다. 그러던 중 1924년 1월에 작성 살포한 격문에서[29] 의열단은 "영구 망감(亡滅)의 함정으로 향하는 [중략] 운명

---

[28] 박태원, 『약산과 의열단』(백양당, 1947)에서는 '제2차 암살파괴계획'으로 칭해졌다.
[29] 의열단, 「격(檄)」, 『한국독립운동사연구』 제3집, 독립기념관 한국독립운동사연구소, 1989, 646-647쪽.

에서 해방되려면 오직 폭력혁명밖에는 다시 길이 없다"면서 "자유의 값은 오직 '피와 눈물'이다. [중략] 우리를 옭아맨 '쇠줄'은 우리의 손으로 끊어버려야 한다. [중략] 완전한 자유와 독립이 올 때까지 온갖 수단과 무기로 싸우자"고 전의를 북돋았다.

1925년 8월에 상해의 의열단 본부 요원 대부분과 핵심단원 몇몇이 중국 국민혁명운동의 책원지인 광주로 옮겨갔다. 북경의 김성숙(金星淑)·장지락(張志樂) 등 사회주의자 단원들도 뒤따라가 합류했다. 주로 전자에 해당하는 김원봉 직계의 20명가량은 황포군관학교에 정식 입학했다. 입학식이 있고 난지 1주일 후인 1926년 3월 14일,[30] 중산대학 근처의 어느 중국인 집 에서[31] 의열단 제1차 전국대표대회가 열렸다. 의열단 지도부는 거기서 과감한 조직개편을 기해낸다.

앞서 대표대회 개최 준비 중이던 3월 1일에 3개 장, 67개 조의 '조선혁명당 총규장(總規章)'이 시안으로 작성되어 나왔는데.[32] 제1장에서 독립주의, 사회주의, 공산주의를 현재로부터 미래까지의 점이적 시대상으로 설정하고 각각의 사회성격을 제시하였다. 그 내용은 레닌주의적 혁명론을 원용한 듯하면서 공산당의 혁명프로그램을 방불케 하리만큼 급진적이면서 또한 경직된 것이었다. 조직 면에서는 전당(全黨)·지방·지부 대표대회와 분부당원회(分部黨員會)의 4개 단위를 설정했고, 각각은 상응하는 층위의 의열단원회의 관리를 받을 것으로 규정해놓았다. 규장의 마지막 부분에 '특별성명'이라 하여, "본 혁명당은 의열단과

---

[30] 이 일자 특정은 「朝保祕 제645호, 義烈團總章送付ニ關スル件」(1927.3.28)에 의한 것임.
[31] 「서응호 검사신문조서(제2회)」(1929.11.6), 국사편찬위원회, 『한민족독립운동사자료집』 30, 1998.
[32] 이 문단의 서술은 「조보비 제702호, 朝鮮革命宣言書竝朝鮮共産黨總規章譯文送付ノ件」(1927.4.12)에 의거한다. 문서 제목에는 '조선공산당 총규장'으로 되어 있지만 본문에서는 시종 '조선혁명당'이다. 후자가 맞다고 보며, 문서 기안자의 무의식적 착오가 있지 않았나 여겨진다.

이명동주의(異名同主義)가 되므로 본당 당원은 의열단 단원을 영구히 동지로 인정할 것"이라고 못박아놓았다.

그러니까 의열단과 조선혁명당 두 조직을 병립시키되 후자는 전자의 직접 관리를 받으면서 일종의 표면단체로 기능하게끔 하자는 취지였다. 이렇듯 기묘해 보이는 조직체계가 발의된 것은 「혁명선언」으로 천명된 혁명이념의 실천 조직을 새로 만들어내되 의열단은 해소(解消)시킴 없이 명의도 조직도 계속 존치함을 대전제로 삼은 때문일 것이다.

북경에서 온 사회주의자 단원들이 주동한 것으로 보이는 이 혁명당 조직안과 그 규장 초안은 간부진 일부의, 특히 류자명 등 아나키스트 성향 단원들의 거센 반발에 직면했다. 그러자 김원봉과 그 직계 간부들이 이 조직구상과 그것을 받쳐줄 '총규장' 안을 전부 철회하고, 3개조의 강령부터 새로 작성해 3월 14일의 전국대표대회에 내놓고 통과시켰다. 그것이 이번에도 13개 장, 67개 조로 구성된 '의열단 총장'이었다.[33] 의열단 자체를 종래의 소집단적 투쟁조직 혹은 비밀결사적 전위행동대로부터 중국국민당과 같은 격의 혁명당 조직으로 완전히 변환시켜, 별도의 당을 창설하지는 않는 것으로 정리된 것이다. 이렇게 의열단의 조직성격과 그 특질은 아주 많이 바뀌어 일신된 것이다.

위와 같은 경과로 의열단이 정치결사로 바뀌어 간 데 따라 얼마 후 정치강령이 20개 조로 제정, 공표했음도 중요하다. 이것은 1926년 11월경 광주 동산(東山)의 한봉근(韓鳳根)의 셋집에서 열린 제2차 전국대표대회에서[34] 결정되었음이 확실시된다. 그 주요 조항을 옮겨 적어보

---

[33] 「朝保祕 제645호, 義烈團總章送付ニ關スル件」 참조.
[34] 「서응호 검사신문조서(제2회)」(1929.11.6).

면 다음과 같다.[35]

1. 조선민족 생존의 적인 일본제국주의의 통치를 근본적으로 타도하고 조선민족의 자유독립을 완성함.
2. 봉건제도 및 일체 반혁명세력을 삭제하고 진정한 민주국을 건립함.
3. 소수인이 다수인을 박삭하는 경제제도를 소멸시키고 조선인 각개의 생활상 평등의 경제조직을 건립함.
4. 민중경찰을 조직하고 민중무장을 실시할 것임.
5. 인민은 언론·출판·집회·결사·거주에 절대 자유권을 가짐.
6. 인민은 무제한의 선거 및 피선거권을 가짐.
7. 1군(郡)을 단위로 하는 지방자치를 실시함.
8. 여자의 권리를 정치·경제·교육·사회상 남자와 동등하게 함.
9. 의무교육과 직업교육을 국가의 경비로 실시함.
13. 대지주의 토지를 몰수함.
14. 농민운동의 자유를 보장하고 빈고(貧苦) 농민에게 토지·가옥·기구 등을 공급함.
15. 공인운동의 자유를 보장하고 노동평민에게 가옥을 공급함.
16. 양로·육영(育瓔)·구제 등의 공공기관을 건설함.
17. 대규모의 생산기관 및 독점성질의 기업(철도·광산·기선·전력·수리·은행 등)은 국가에서 경영함.
18. 소득세는 누진율로 징수함.
19. 일체의 잡세를 폐제(廢除)함.

이것은 「혁명선언」 발포 후 3년여 벼리어 온 혁명이념을 구체화하고 그 세목을 하나씩 제시했음에 값한다. 추상적 비전 수준에서 포괄적 어법으로 제시되었던 '신조선 건설'의 과제를 이제 조목조목 풀어

---

[35] 지면 절약을 위해 옮겨적지 않는 10~12조는 국내 일본인과 그 계열 단체, 매국적과 탐정, 친일 외국인의 재산을 몰수한다는 요지의 것이었다.

놓은 것이기도 했다.

　이 강령은 민족혁명 완수와 반봉건 민주변혁 추동을 각각 횡축과 종축의 얼개로 삼아 짜인 것이다. 그리고 후자의 약속으로 '봉건제도 및 일체 반혁명세력의 삭제'를 기초로 하여 인민의 자유권·평등권·참정권·행복권이 폭넓게 보장되는 '진정한 민주국' 건설을 내놓았다. 사회정책으로 사회복지기관 설치와 노동자·빈농층에 대한 주거 공급도 규정해놓았다. 이는 그해 7월에 나오는「조선공산당 선언」에 삽입된 강령보다 앞선 시점의 것이면서 내용은 훨씬 더 충실한 것이었다. 조공 강령에서 아무런 언급이 없는 새 경제체제의 성격까지 여기서는 명기되었으니 더욱 그러하다.[36]

　「혁명선언」에서 언명되었던 '파괴'가 이 강령에서 되풀이되지는 않는다. 그러나 여러 조항에 들어있는 '타도'·'삭제'·'소멸'·'몰수'·'폐제'가 '파괴'를 대신하고 있다.「혁명선언」에 명기된 다섯 가지 건설 목표 또는 미래상이 이 강령에서 그대로 반복 언급되지는 않는다. 그렇지만 살펴보면, 각 조항이 저마다 그 다섯 가지 중의 어느 하나와 부합한다. 제1조는 '고유의 조선', 제5·14·15조는 '자유의 조선', 제3·13·17~19조 등은 '민중적 경제', 제4·8·16조는 '민중적 사회'라는 미래상을 구체화하고 부연해주는 식이다. 다만 '민중적 문화'에 직결되는 조항은 보이지 않는데, 제5조와 9조가 민중적 문화 건설의 조건 또는 제도적 기초에 해당한다고 볼 수 있다.

　의열단 강령의 사회변혁 이념은 서구에서와 같은 부르주아혁명과 고전적 자본주의 모델을 따르기보다 오히려 극복·지양하려 했음이 명

---

[36] 양자의 자세한 대비와 차이점 설명은 졸저,『한국 근대민족운동과 의열단』, 194-198쪽을 볼 것.

확하다. 여러 조항에서 그 점이 거듭 확인된다. 또한 정치·사회체제의 기본성격과 관련해서는 인민 일반을 국가권력의 기초로 삼는 한편으로 국가를 인민의 경제·사회생활 및 권익·복리의 여러 면에서 막중한 책임을 지고 그만큼의 권능도 행사할 주체로 위치시켰다. 권리 보유자 개개인을 지칭해 '인민'이라는 용어를 썼고, 인민 집합체는 '민중'으로 일컬었다.

1927년 중국의 국공합작 파열과 더불어 닥쳐온 정치정세 급변이 재중국 한국독립운동 진영에도 적지 않은 영향을 미쳤다. 파장은 좌우 양익 계선의 고착화와 양 진영 분극화를 낳고, 결실이 눈앞에 보이던 대독립당 조직운동은 돌연 중단으로 흐지부지되고 만다. 그런 속에서 김원봉을 위시한 의열단의 지도부는 농민·노동자층에 기초한 전투적 협동전선 결성을 주창하고 국내 기층조직의 건설을 시도하며 조선공산당재건운동에도 나서리만큼 좌향 일로의 행보를 3~4년간 계속해서 보여갔다.

그러다 1932년 중국국민당 삼민주의역행사(후일의 '남의사')의 지원을 얻어내 남경에 항일투사 양성 목적의 간부학교를 설립함에 성공했고, 그로부터 방향타를 조정해 민족혁명운동의 선도자 역을 담지하고 나선다. 1934년경에 이르면, 간부학교 졸업생을 국내로 특파해 '전진대(戰進隊)'라는 명칭의 지하조직을 요소요소에 구축해두었다가 머지않아 발발할 중일·소일·미일 전쟁 발발에 때맞추어 전민족적 무장봉기를 추동토록 함으로써 마침내 일제를 구축하고 민족해방과 조국독립을 기해낸다는 기조의 전략구상을 세워놓는다.[37] 또한 1932년 가을 이후

---

[37] 졸저, 『한국 근대민족운동과 의열단』, 329쪽 참조. 이 지점에서 의열단은 1923년의 「혁명선언」에서 배척되었던 독립전쟁 준비론을 결국은 수용한 것이 된다. 외부로부터 주어지는 계기 없이 국내 분위기가 무르익어 민중폭동이 발생하거나 성공할 수는 없다

로 대독립당 조직운동의 재개라는 의미를 띠는 '대동단결체 조성' 운동도 의열단이 주도하여, 1935년 기존 5당 통합의 단일 대당으로서 '민족혁명당' 성립이라는 결실을 낳기에 이른다.

이와 같은 의열단의 운동노선과 그 실천에는 일종의 '양 날개 전략'이 구사된 것이라고 볼 수 있다. 결정적 시기가 도래하여 독립전쟁이 벌어지면 민족혁명군과 국내대중의 합력으로 혁명적 '파괴'를 단행할 것이고, 그렇게 일제를 타도한 후 환국할 혁명당 조직과 당내 민족간부들의 주도로 혁명적 '건설'을 해나간다는 것이다. 요컨대 군사와 정치 두 날개이고, 그래서 의열단이 설립, 운영한 민족간부 양성기관의 명칭이 '조선혁명군사정치간부학교'였던 것이다.

2) 민족혁명당의 조선혁명론 재정립

민족혁명당 창립에 동참하여 해소된 5당 중에서 의열단은 좌익을 대표했고, 신한독립당과 대한독립당이 중간 입장이었으며, 한국독립당과 조선혁명당은 그 주류가 공산주의의 '국제노선'을 매양 경계하고 그들과의 대결도 경험했기에 반공적 우익노선을 걸어온 이들이었다.[38]

창당세력은 세 개의 '혁명원칙'을 내걸었다. 요점만 적어보면, 민

는 체험적 교훈에 더하여, 만주사변 도발과 같은 일제의 팽창정책이 필경은 중일전쟁·소일전쟁·미일전쟁을 유발하고 말 것이라는 예측이 그런 선택을 낳은 것이라 하겠다.

[38] 신한독립당은 민족주의·민주주의 정당을 표방하면서 강령에 토지와 대생산기관 국유화, 국민의 경제활동 통제와 재산사유 제한, 국민 기본교육 및 인재양성의 국가 부담을 명기해 놓아서 의열단과 별 차이가 없기는 했다. 만주의 조선혁명당은 내부 이념투쟁에서 민족주의자들의 주도권 장악으로 공산주의자들을 축출했고 그 후 관내로 이동해 와 있었다. 이하 이 절의 서술은 졸고, 「1930년대의 전선통일운동과 혁명운동의 진로」, 『혁명과 의열』, 88-91쪽에서 많이 빌려온 것이다.

족의 자주독립 완성, 진정한 민주공화국 건설, 국민생활상 평등의 경제조직 건립이었다. 그러니까 1926년 의열단 강령의 첫머리 3개 조를 거의 그대로 원용한 것처럼 보이는 이 3대 원칙은 각각 민족주의, 민주주의, 사회주의 이념을 대변하면서 삼위일체 구조로 결합하여 신당의 정신적 기조가 되었다. 독립 후의 신국가 상을 그려내 보여주는 17개 조의 당강도 의열단 강령을 골간으로 하고 한국독립당과 신한독립당 강령의 한 두 조항을 삽입해 보완하면서 약간의 어구 수정을 가한 것이었다. 주요 내용은, 국민 참정권 및 기본적 자유권의 완전 보장, 남녀평등, 토지 국유화 후 농민에게 분급, 대생산기관 및 독점기업의 국영, 계획경제·통제경제 제도 도입, 누진세제 실시, 의무교육 실시, 노동운동·농민운동의 자유 보장, 생활보호를 위한 공공기관 설치 등이었다.

　이상의 혁명원칙과 강령은 "조선혁명의 두 개의 근본적 방법 문제," 바꿔 말하면 "조선혁명의 파괴와 건설 양 방면의 지도원리"에 관해 창당세력이 내놓은 답이기도 했다. 혁명의 대상을 '일본 침략세력'만 아니라 민족 내부의 '봉건세력 및 반혁명세력'과 '소수인이 다수인을 박삭하는 경제제도'로까지 넓혀 잡아, '파괴'(유사 표현으로 박멸·숙청·소멸)의 과제를 철저히 이행하면서 신국가 '건설'에 임하려 한 것이 의열단계의 기본 입장이었다. 반면에 한국독립당은 대내적 파괴의 대상은 일절 명시함이 없이 신민주국 '건설'의 과제와 그 방법론적 이념(=삼균주의) 및 미래상을 주로 부각시켜 왔는데, 그 입장은 민혁당의 당의(黨義)가 한독당의 것을 거의 그대로 빌려와 기술되는 방식으로 수용이 되었다.

　신당의 이념적 지표와 운동노선 정립을 주도해 간 의열단계 이론가들은 **민족혁명**("일본제국주의의 통치를 전복하고 민족자주정권을 건립함") **만큼이나 민주주의혁명**("구왕조의 봉건유제를 완전 숙청하여 인민자유정권을 건립함")**도 강조했다.** 양대 혁명의 유기적 결합과 동시적 수행에 의해서만 '조선혁명의 완성'을 기할 수 있다고 보아서였다. 그것은 조선혁명의 '특수성과 일반성'의 조화·통일을 모색하고 추구해가는 자세이기도 했다. 특수성은 반제 민족혁명의 성질로부터 배태되는 것이고, 일반성은 근대적 자유·평등의 지평을 최대로 넓혀가는 민주주의혁명의 성질을 담보함이었다. 조금 달리 말하면, 조선의 사회성격이 '식민지 반봉건사회'인 것을 올바로 인식한다면 민족해방도 사회개조도 혁명적 방식으로 수행하지 않을 수 없다는 뜻이기도 했다.

그렇다고 민족혁명당이 사회변혁의 진로를 프롤레타리아혁명이나 교과서적 수준의 사회주의혁명으로 귀일시키려 한 것은 아니다. 그 점은 의열단계의 혁명노선 대변자들이 '우경낙오사상' 혹은 '우익 특수주의'를 배격하는 만큼이나 '공산주의 좌경 유치병(幼稚病)' 혹은 좌익 교조주의도 강력히 비판한 데서 엿볼 수 있다. 후자가 "민족해방운동을 계급혁명·계급투쟁에 예속 내지 해소시키려" 한다는 데서 비판이 가해졌다. 같은 맥락에서 김원봉·김두봉[39] 등의 당 지도자들도 조선혁명의 제1의적 목표이면서 선결과제는 완전독립·영구독립 쟁취의 민족혁명이라고 누차 역설했다.

민족혁명당의 민족혁명 전략은 "국내 혁명대중 중심의 전민족적 혁명전선 결성"에 기초한 조직적 무장항쟁과 '전민폭동'의 결합으로 설정되었다. 그 군사정책의 골자는 집단군제의 '민족혁명군'을 편성해 두었다가 제2차 세계대전이 발발하면 대대적인 국내진입작전을 전개

---

[39] 김두봉은 이름난 한글학자이기도 했지만, 1919년 10월부터 신채호가 임시정부에 대항하는 노선의 신문 『신대한』을 상해에서 내다가 임정의 압력으로 이듬해 1월 종간할 때까지 편집장으로 일한 바 있다. 김주현, 「신채호의 『신대한』 발행과 독립운동」, 『한국독립운동사연구』 제36집, 2001 참조.

하여 독립전쟁을 승리로 이끈다는 것이었다. 이에 못지않게 강조된 것이 대중투쟁 전술 활용과 국내 대중조직 육성이었다. 그것이 대일결전기에 후방의 민중무장조직이면서 유격조직으로 전환되어, 국외로부터 발동되는 군사작전과 호응할 것이었다. 무장투쟁과 대중투쟁의 결합이라는 이 전략기조는 1920년대 후반기 이래 민혁당 창당 직전까지 계속 유지되어 온 의열단운동의 전략방침에서 발원하고 자연계승된 바였다.

중일전쟁 발발 후 1937년 11월에 결성된 조선민족전선연맹은 조선민족혁명당(동년 2월 개명, 이하 '조민혁')을 주축으로 하는 범좌파 연합체였고, 중심인물들의 면면으로 볼 때는 '의열단의 복원'이라는 의미가 짙었다. 5인 이사진 중의 4인이 과거 의열단에 몸담은 바 있었는데, 그 중 '민족적 공산주의자'를 자칭하는 이론가 김성숙과 무정부주의자 조직을 대표한 류자명도 조선혁명의 성격을 민족혁명으로 못박아 규정했다. 물론 그것의 내포는 민족해방과 독립달성만 아니라 신국가에서의 민주정치와 민중적 경제제도의 시행에로까지 확장되고 있었다.

3) 광복과 환국에 대비한 조선민족혁명당 혁명노선의 변화

1941년 말까지 조민혁은 "밖으로 이족통치를 전복하고 안으로 봉건유제를 숙청하여 민족독립·민권자유·민생행복의 신조선 건설"을 원칙으로 삼는 '민족민주혁명' 노선을 한결같이 표방하였다.[40] 그러다 1942년 10월에 조민혁의 '임시정부 참여'가 성사되고부터 그의 혁명

---

[40] 「조선민족혁명당 제6계(屆) 전당대표대회 선언」(1941.12.10), 추헌수 편, 『자료 한국독립운동』 II (연세대학교 출판부, 1974), 209쪽 참조.

노선·정치노선에 상당한 변화가 나타난다.[41]

우선 조민혁 자체의 성격을 노동자·농민·소자산계급의 '정치연맹'으로 규정지었다. 소자산계급(쁘띠 부르주아)의 정치적·사회적 위치를 전보다 격상시켜 비중 있게 보고 노농계급 중심의 사회관을 수정함과 같았다. 여기에는 조선사회의 계급분화 정도와 계급상태에 대한 인식의 조정이 개재하였다. 조민혁의 이론가들은 조선사회가 자본계급과 농민·노동자계급 양쪽의 역량 모두 중간계급의 그것에 미치지 못하는 '양두소(兩頭小) 중대(中大)' 사회라고 재규정하고, 조선혁명은 어느 일 계급이나 그를 대표하는 계급정당 단독이 아닌, 각 계급 공동으로 영도되어야 한다는 논리를 세워 제시했다.

건설하려는 신국가의 형태와 체제도 "사회주의국가가 아닌 민주주의국가" 즉 '자본주의 민주주의국가'로 언명된다. 단, 영·미 식의 부르주아국가가 아닌 "최신식의 진보적 자본주의 민주주의국가"로 성격을 한정지었다. 그 국가는 사적 자본의 극단적 발전을 제한하고 부르주아독재에 반대하며 공·농·소자산계급의 정치경제적 이익을 극력 보호할 것이라고 전망했다. 창당 후 애용되어 온 '자주·민주·평등' 구호가 이제 "민족자유, 정치자유, 경제자유, 사상자유의 4대 자유"라는 새 어법으로 대치되기도 했다. 1945년 10월 중경에서 개최한 제9차 전당대회에서도 이 4대 자유가 "신조선 민주공화국 건립의 기초"로 삼아진다.

이와 같은 변화의 배경과 그 함의는 무엇인가? 다각도로 짚어볼 수

---

[41] 이하 두 문단의 서술은 「조선민족혁명당 제7차 대표대회 선언(개조대표대회 선언)」(1943.2.22), 국사편찬위원회, 『대한민국임시정부자료집』 37(조선민족혁명당 및 기타 정당), 2009, 62-64쪽; 윤징우(尹澄宇), 「조선혁명과 조선민족혁명당」(1944.7.5로 추정), 국사편찬위원회, 『한국독립운동사 자료』 3, 1968, 500-506쪽; 왕통(王通), 「조선민족혁명당의 성질 문제」(1944.7.5로 추정), 같은 책, 510-513쪽에 의거한다.

있겠지만, 가장 중요하게는 객관적 정세의 제반 변화가 요구하는바 '민족통합'의 과제가 점점 더 부각되며 실감도 되어간 때문이라 하겠다. 태평양전쟁에서 종국의 승리는 미국이 거둘 것임에 대한 예측과 확신이 급격히 힘을 얻어서이기도 했을 것이다. 그 결과로 종래의 이상론에서 현실론으로 선회하기 시작한 것이고, 민중혁명론의 날개를 접고 공화주의로 착지해간 것이라고도 볼 수 있었다. 한마디로 말해 정치적 입장의 온건화이면서 세련된 융화노선으로의 이행이었다.

5. 맺음말: 「조선혁명선언」의 역사적 의의와 현재적 의미

「조선혁명선언」에서 신채호는 외래 담론에의 몰입과 그의 포로화라는 사상적 인습의 틀을 깨고 독창적 발상과 주체적 논리로 '조선혁명의 길'을 개진해냈다. 명확한 현실인식과 예리한 통찰에 입각해 조선혁명의 당위성과 필요를 설파한 후, 무엇을 목표로 누가 어떻게 혁명을 수행할 것인가에 대한 답도 명징하게 내놓아, 문제틀 자체의 전환과 새로운 설정을 기해냈다.

「혁명선언」에 제시된 조선혁명론은 민족문제 해결을 주축으로 하면서도 그 이상의 지향점과 내용을 풍부히 설득력 있게 담아내고 있었다. 왕조시대의 제도적 관습들이 상당 정도 남아있고 일제의 식민통치가 체제모순을 더 심화시켜놓은 조선사회의 전면적 변혁에 의한 '이상적 조선'의 건설을 고창하였다. 그가 말하는 '조선혁명'의 성질은 단연코 민족혁명임과 동시에 사회혁명이고, 주체로 보면 민중혁명이었다.

집필은 신채호가 해주었지만 '선언'의 기획자요 주체는 엄연히 의열단이었다. 그로부터 3년 후인 1926년에 의열단은 조직성격을 의열투쟁에 전념하는 소집단 비밀결사 겸 전위적 행동조직으로부터 반공개적 혁명당 체제로 완전히 바꾸어 일신시켰다. 그와 더불어 처음으로 제정하는 강령을 통해서는 민족혁명과 민주변혁 이념을 새로이 정립시켜 자기의 운동노선에도 내장시켜 갔다. 사회주의 이념 수용의 기미가 여러모로 내보였지만 대세 추종의 외래사조 도입으로는 아니었고 교조적 공산주의운동과도 거리가 두어졌다. 그보다는 민족주의와 민주주의를 대전제로 삼아 기해지는 바 혁명사상 토착화의 진지한 시도였다. 그 결과로 의열단의 사회주의는 민족주의와 접합되는 사회주의, 민족주의라는 뿌리를 키워줄 자양분과도 같은 사회주의가 되었다.

그 후 1935년에 의열단의 주도로 건립되는 민족혁명당도 역시나 민족독립과 사회변혁을 동시에 추구하는 정당으로서 두 개의 길을 하나로 묶어내려 했다. 그럼으로써 의열단과 마찬가지로 혁명적 민족주의 세력의 가장 중요한 구성인자이면서 중간좌파/중도좌익의 기수요 선두주자가 되어갔다. 그렇게 의열단운동은 「혁명선언」 발포를 전기(轉機)로 하여 '신조선 건설'의 장정(長程)을 20년 이상 이어간 것이고, 그 과정에 「혁명선언」의 혁명사상이 한국독립운동의 중요한 이념적 지표로 받아들여져 정착되기에 이른다.

임시정부가 1940년대 들어 사회주의적 지향을 아우르고 담아내는 「건국강령」을 제정해 내놓으면서 좌우연합 정부가 되기에 이르는 것도 크게 보면 (조선)민족혁명당의 성립과 활동을 매개로 한 의열단운동의 한 효과였다고 말할 수 있다. 또한 임시정부의 그와 같은 입장전환에 부응하여 조선민족혁명당의 정치노선도 통합의 과제를 적극적으로 껴안는 방향으로 바뀌어 간다. 그로써 '조선혁명'의 이념은 관념론적 급진성의 한계와 부담을 상당히 덜어내면서 실현 가능성이 커졌고, 그 부수효과로 민족통합의 정치적 기반이 다져질 수 있었다.

그러면 8.15 해방 후에는 어떠했는가? 조국광복의 환희 속에 크나큰 희망을 안고 환국했지만 조선민족혁명당의 '앞길'은[42] 순탄치가 않았다. 말 그대로 험로였다. 그간의 모든 포부와 노력이 외세의 점령통치로 부인당하고, 잔존 친일파를 포함한 미군정 의부세력에 눌려 빛을 보지 못하더니 나중에는 거의 물거품처럼 되어버린다. 급기야 김원봉을 비롯한 조민혁계의 다수 요인이 외려 '청산' 대상이 되는 것처럼 탄압받고 내몰림 당한다. 그런 마당에 민중 주도의 '신조선 건설' 비전은 부분적으로라도 현실화하기는커녕 그 시도조차 어려워졌다. 오히려 연목구어(緣木求魚)와 같은 일이 되어버렸다. 그렇게 '건국' 과정은 민족통합의 대의를 저버린 일부 정치세력에 독점된 채 굴절과 파행으로 얼룩진 것이 되어버렸다.

1960년, 어둠 속의 한 줄기 섬광과도 같이 4.19혁명이 발발했고, 민족사의 새 길이 열릴 것 이라는 기대가 고조되었다. 하지만 얼마 안가 그 기대는 꺾이고 희망이 사그라져버렸다. "혁명은 안 되고 나는 방만 바꾸어버렸다"고[43] 한 김수영의 자탄은 그저 몇 부림의 말로 나온 것이 아니었다. 게다가 5.16 군사쿠데타까지 돌발해 역사의 물줄기를 또 한 굽이 크게 돌려놓았다.

그래도 좌절감을 떨치고 일어선 많은 지식인과 학생층, 일부 기층민중의 열망과 행동에 힘입어 현대적 민족운동이 1960년대 이후로도

---

[42] 조선민족혁명당이 1937년 3월에 창간하여 부정기 간행되다 1945년 6월의 제42기로 종간된 기관지의 제호가 『앞길』이었다. 그 일부 기의 지면과 기사를 국사편찬위원회, 『대한민국임시정부 자료집』 제37권에서 볼 수 있다.
[43] 김수영의 시, 「그 방을 생각하며」(1960.10.30).

줄기차게 이어졌다. 사상·문화 부면에서 「조선혁명선언」의 정신사적 맥을 놓지 않고 지켜내려는 힘겨운 분투와 정치·경제·사법 등의 제반 제도 운용에서 국민주권의 원리가 제대로 작동토록 하려는 민주주의 이념이 그 운동을 함께 받쳐주었다.

그 물길들이 1980년대 들어 한 데 모아지면서 혁명적 민족주의의 한 지류이고 현대적 버전이 되기도 할 '민중적 민족주의'의 재발견과 부상(浮上)을 낳았다.[44] 그렇지만 그 흐름은 1990년대로 들어서고부터 서구발(發) 각종 '포스트' 주의의 공세에 직면해 약화되고 목소리가 가라앉는 양상이 나타났다. 그렇더라도 분단체제 타파와 민족 재통합으로 한반도 평화를 기어코 이뤄내려는 숱한 노력은 사그라지지 않았고, 그 방향타와 나침반이 여전히 필요했다. 그러하니 그 문제에 진정성 있게 다가가려는 국민 대중의 염원과 깨어있는 시민사회의 가치론적 지향점을 같이 수렴해내고 배합·응집도 시켜줄 새로운 유형의 민족주의가 제언되기도 했다.[45]

긴 호흡으로 보면,[46] 「혁명선언」의 웅대한 혁명사상과 그 미래비전은 다 잊히고 인멸된 것이 결코 아니다. 그 유산은 연면히 살아 있으니, '이상적 조선'의 상이 우리가 꿈꾸는 '좋은 세상'의 원형으로 기억되고 마음에 두어지는 한에서는 계속 그럴 것이다. 하지만 그 반대편

---

[44] 그 연원과 역사적 흐름을 여러 각도에서 추적 고찰하면서 명시적으로 그 용어를 내걸고 담론 활성화를 기해보려 한 저작이 1985년에 나왔다. 박현채·정창렬 편, 『한국민족주의론 Ⅲ: 민중적 민족주의』(창작과비평사)가 그것이다.

[45] 예를 들어, 한기태, 『진보적 민족주의』(법문사, 1993); 민경우, 『민족주의 그리고 우리들의 대한민국』(시대의창, 2007); 21세기민족주의포럼 엮음, 『재생의 담론, 21세기 민족주의』(통일뉴스, 2010) 등이 그러했다.

[46] 서중석교수의 일련의 저작이 그 호흡을 느껴볼 수 있게 한다. 『한국현대민족운동연구』 1·2(1991·1992), 『배반당한 한국민족주의』(2004), 『한국현대사 60년』(2007), 『지배자의 국가, 민중의 나라』(2010), 『서중석의 현대사 이야기』 1~20(2020), 『전환기 현대사의 역사상』(2021).

에서는 진작 파괴·제거되어 잔재도 없이 사라졌어야 했을 것들이 온존해있으면서 활개치고 위세 부린다. 거기 더해 세계화의 질풍과 신자유주의의 격랑이 '민족적-민중적인 것'의 위상과 가치를 저락·훼손시키면서 우리 삶의 조건도 전반적으로 악화시켜놓았다. 무모하고도 시대역행의 독단적 선택과 결정들이 더없는 긴장과 불안으로 우리를 내몰기도 했다. 그로 인해 누증되는 공동의 과제들은 갈피를 잡기 어려울 만큼 많아졌고 서로 얽혀있다.

그런 현실이 「혁명선언」을 다시금 보듬어 그 정신을 반추해보게끔 한다. 그랬을 때 진실로 요청되는 것은 문면과 자구에 얽매이는 의고적(擬古的) 독법과 평면적 해석에서 벗어나 그 너머로 나아가봄이다. '지금 여기'의 절실한 문제의식을 반영시켜내면서 통세대적(通世代的) 보편감각에도 들어맞을 참신하고도 섬세한 재해석이 긴절해지는 때문이기도 하다. 그런 요청에 더 많은 지성의 발휘와 인문학적·사회학적 상상력의 가동으로 응답이 있어야 하겠다. 우리에겐 가야 할 먼 길이 있고 그 길을 터 다져가는 일도 우리 자신의 몫이어야 하다면 더욱 그렇다. 그 길을 피하지 않고 능동적으로 준비해 일향 전진해보려는 이들은 「조선혁명선언」에 집약되었다가 다시 뻗어나간 신채호의 역사관 및 사회사상 속의 빛나는 통찰들로부터 많은 영감과 용기를 새로 얻을 수 있을 것이다.

3부

조선의용대의 용전분투와 묻힌 역사

화중·화남 항일전선에서 조선의용대의 참전 양상과 실적

1. 문제 설정

잘 알려진 대로 조선의용대는 1938년 10월 10일, 중국 호북성(湖北省) 한구(漢口)에서 100여 명 인원의 참여로 창설되었다. 중일전쟁 상황에서 "중국 군사위원회 정치부와 조선민족전선연맹의 공동 추동"에 의해서였고,[1] 만리장성 이남의 '관내(關內)' 지역에서는 처음으로 등장한 한인 군사조직이었다. 그렇지만 독자적 작전권을 갖는 독립부대는 되지 못하고, 중국 군사위의 지휘·통제를 받는 '국제의용군'의 1개 지대로 성립한 것이었다. 개인화기 이상의 기관총·야포 등 중화기와 통신·수송 장비까지 갖춘 '무장' 대오도 아닌 채로였다.

---

[1] 李貞浩, 「朝鮮義勇隊之成立由來」, 『朝鮮義勇隊』 제40기(1941.10), 19-20쪽; 馬義 編, 『朝鮮義勇隊勝利的四年』, 重慶: 國際出版社, 1942, 7쪽.

출발이 이러했음은 조선의용대의 이후 활동에 여러 제약을 가하는 요인이 된다. 대장―'사령관'이 아니었다― 김원봉(金元鳳)을 위시한 지도부와 대원들은 그런 제약을 뚫어내고 지위상의 한계를 극복하며 돌파해낼 방안을 여러모로 고민하고 시험도 해가면서 새 진로를 모색한다. 이 글에서 그런 과정을 따라가며 하나하나 살피어, 적어도 1941년 화북행 이전의 조선의용대 초기 활동의 양상과 특징은 어떠했고 어떤 실적과 성과들을 낳았는지를 되살려보려 한다.

중일전쟁 발발 후 1주년이 되는 시점인 1938년 7월에 김원봉과 그의 참모들이 무한(武漢)에 집결해있는 한인들로 '중국항전'에 참여하는 군사대오를 조직해낼 안을 만들었다. 그것이 전년도 3월 중국으로 망명한 후 중일전쟁의 발발과 개전 시점을 정확히 예측해내 장제스(蔣介石)의 신임이 두터워진 일본인 공산주의자 아오야마 가즈오(青山和夫)에게 넘겨져 검토된 후 중국 군사위원회에 「국제의용군 제1대 조직계획 방안」으로 제출되었다. 건의안에서는 '제1대'의 병력 규모가 100명으로, 지급할 무기는 소총 100정과 탄환 3만 발, 체코식 경기관총 4대와 탄환 2만 발, 수류탄 1천 발, 무전기 2대, 지프차 3량으로 제시되었다.[2] 그러나 막상 조선의용대가 창설됨에 이르러서는 그 정도의 '경무장'조차 충족되지 않았다. "중국항전을 지원할 국제종대의 1개 지대"인[3] 한에서 선전공작이 주 임무로 부여된 때문이었다. 조선의용대

---

[2] 楊昭全 等 編, 『關內地區朝鮮人反日獨立運動資料彙編』(下), 遼寧民族出版社, 1987, 908-910쪽 참조. 아오야마의 이력과 중국망명 후의 동향 및 역할은 염인호, 「중국 관내지방에서의 조선인 민족해방운동과 青山和夫」(『한국독립운동사연구』 17, 2001)에서 상설되었다.

[3] 韓志成, 「目前朝鮮義勇隊의 動態」, 『朝鮮義勇隊通訊』 30(1939.12.15), 1쪽. 중국군 편제에서 '종대(縱隊)'는 본래 군단급(軍團級) 조직단위였는데, 여기서도 그 의미로 쓰인 것인지는 알 수 없다.

도 대적선전에 의한 적군와해 공작이 주 임무이고 전투 임무는 부차적임을 자인했다.[4]

그런 사정은 일찍부터 빈번히 지적, 노출되었다. 조선의용대 기관지에서 '자체 무장화'가 중요 과제로 계속 제기되는 식이었다. 하지만 중국 영토에서 중국군의 작전지휘에 따라 움직여가야 하는 이상, '완전 무장'이 허용될 여지는 극히 좁았다. 그런 가운데도 창설 후 2년여 동안의 활동 실적은 다대한 것이었다. 추려보면 대체로 다음과 같았다.[5]

① 대적공작: ㉠ 선전공작, ㉡ 대적전투, ㉢ 정보수집 공작, ㉣ 포로 신문 및 교도
② 중국군·민과의 합작 노력: ㉠ 군내 정훈활동, ㉡ 대민 친선사업
③ 동포 흡수 및 발동 공작
④ 대외선전과 반제연합전선 주도
⑤ 내부역량 강화 활동

여기서 조금 의아해지는 것은 변변치 못한 무장 수준의 조선의용대가 '대적전투' 실적을 기록해 내세운(위의 ①-㉡) 점이다. 그러면 당연히 던져봐야 할 물음이 있다. 대적전투에 참가했음이 과연 사실인가? 참전했다면 어떻게 가능했는가? 양상과 내용은 어떠했으며, 전과는 어느 만큼이었는가? 평가는 어떠했으며 의용대는 어떻게 자평했던가? 이런 물음을 그냥 지나치거나 내쳐버릴 수가 없다. 창설 80주년을 막 보낸 지금 묻고 답을 얻지 않으면 이후에는 그럴 날이 없을지도 모른다.[6]

---

[4] 馬義 編, 『朝鮮義勇隊勝利的四年』, 8쪽.
[5] 졸고, 「조선의용대 연구」, 『한국독립운동사연구』 제2집, 1988, 490-498쪽 참조.
[6] 조선의용대와 독립운동기 조선의용군의 본체에 관한 논문과 저서를 발표·출간 순으로

'중국항전 제2기' 그러니까 지구전 국면으로 들어서고부터는 '선전이 전투보다 중요함'이 중국 군사위의 주요 전략방침의 하나로 되어 갔다.[7] 그래서 의용대의 주된 과업도 '적군 와해' 및 '적군 쟁취'(즉 일본군

열거해보면 다음과 같다(2019년 8월 현재로이며, 미간행 학위논문은 제외하고서임).
近藤正己,「중국항일전쟁과조선의용대(中國抗日戰爭と朝鮮義勇隊)」,『季刊 三千里』 41, 1985.
鹿嶋節子,「조선의용대의 성립과 활동(朝鮮義勇隊の成立と活動)」,『朝鮮民族運動史研究』4, 1987.
김영범,「조선의용대 연구」,『한국독립운동사연구』2, 1988.
이철환,「조선독립동맹과 조선의용군」,『수촌박영석교수화갑기념 한민족독립운동사논총』, 탐구당, 1992.
염인호,『조선의용군 연구』, 국민대 박사학위 논문, 1994.
楊昭全·이보온,『조선의용군 항일전사』, 도서출판 고구려, 1995.
염인호,「조선의용대 화북지대의 팔로군과의 연대투쟁」,『한국독립운동사연구』10, 1996.
楊昭全,『조선민족혁명당과 조선의용대(朝鮮民族革命黨與朝鮮義勇隊)』, 길림성 사회과학원, 1997.
김희곤,「조선의용대의 기관지 발간과 그를 통해 본 대적공작」,『사학지』31, 1998.
김희곤,「조선의용대의 독립운동 전략」,『한국근현대사연구』11, 1999.
염인호,「조선의용대의 창설과 한·중 연대」,『한국근현대사연구』11, 1999.
장세윤,「조선의용대의 조직편성과 구성원」,『한국근현대사연구』11, 1999.
염인호,『조선의용군의 독립운동』, 나남출판, 2001.
한상도,「조선의용대와 재중 일본인 반전운동집단의 연대」,『한국민족운동사연구』38, 2004.
최봉춘,「조선의용대의 창설과 활동 보유(補遺)」,『한국독립운동사연구』25, 2005.
염인호,『조선의용대·조선의용군』, 독립기념관 한국독립운동사연구소, 2009.
염인호,「중국 계림에서 전개한 조선의용대 본부의 항일운동(1938.11~1940.3)」,『한국사학보』35, 2009.
김주용,「중국언론에 비친 조선의용대」,『사학연구』104, 2011.
김영범,『의열단·민족혁명당·조선의용대의 영혼, 윤세주』, 역사공간, 2013.
자오구이진(矯桂瑾),「조선의용대 지도위원회의 중국인 요원들」,『한국독립운동사연구』56, 2016.
장세윤,「의열단과 조선의용대, 조선의용군」,『조선의용대 창설 80주년 기념 학술회의(발표문집)』, 신흥무관학교기념사업회, 2018.

[7] 의용대 창립 때 중국항전 제1기가 끝나고 제2기로 들어서면서 군사보다 정치가 중대하고 전투보다 선전이 중시되는 시기로 접어들었음이 강조되어 말해졌다. 奎光,「對敵宣傳在二期抗戰中的重要性」,『조선의용대통신』제4호(1939.3.15), 1-2쪽;「賀祕書長衷寒對朝鮮義勇隊各區隊長及分隊長訓話」, 같은 호, 3쪽; 矯漢治,「新階段抗戰與宣傳」, 같은 호, 4-5쪽.

의 귀순)를 위한 대적선전, 달리 표현하면 '정신폭탄 살포'로 창설 초부터 정해진 것이었다. 안 그래도 한인 의용대원들은 일본어를 어렵지 않게 구사하고 일본사회와 일본인의 생활·풍속·습관 및 군대·병사의 정형에 대해 잘 아니까 대적선전이 가장 알맞은 사업일 것으로 중국군 당국이 간주하기도 했다.

하지만 그런 속에서도 조선의용대는 '선전 즉 전투'라는 원리를 발현시켰다. 이것은 선전도 전투에 값한다는 것이라기보다, 선전하다 보면 전투도 하게 된다는 뜻에 더 가까웠다. 그만큼 선전공작은 전투성을 함유했고, 동시에 유능한 전투인재가 선전의 효과도 최고로 올릴 수 있었다. 그러면서 '선전과 전투는 불가분'임을 대원들이 점차 인식하게 되고, '싸우면서 선전함'이 "전투보다 선전이 중하다"는 말보다 더 실감 나게 다가오고 현실적인 진리도 되어갔다.[8]

이러한 견지에서 조선의용대의 항일전투(참가) 양상과 그 실적을 독립주제로 삼아 집중적으로 고찰하고 논의해볼 필요가 있다.[9] 다른 한편으로는, 1940년에 조선의용대가 화중·화남 지역에서의 2년간 활동을 돌이켜보며 검토하고 자체 평가한 끝에 '북상항일' 결정을 내림에 있어서 이 문제는 실제로 어떻게 얼마나 연관시켜지는지도 새로운 각

---

[8] 王繼賢 편저, 『中國戰場上的朝鮮義勇隊』(桂林: 조선의용대, 1940)의 국문 번역본인 「중국전장에서의 조선의용대」, 『조선의용대 혈전실기』(최봉춘 역, 밀양문화원, 2006), 232쪽과, 「중국전장의 조선의용대」, 『중국신문 한국독립운동기사집 (Ⅰ)—조선의용대(군)』, 독립기념관 한국독립운동사연구소, 2008, 266쪽 참조.

[9] 앞의 주6)의 선행논저 중에 김영범(「조선의용대 연구」), 楊昭全(『조선의용군 항일전사』; 『朝鮮民族革命黨與朝鮮義勇隊』), 김희곤(「조선의용대의 기관지 발간과 그를 통해 본 대적공작」; 「조선의용대의 독립운동 전략」)이 조선의용대의 대적전투 내용을 기관지 등에서 추출하여 독립항목으로 설정하든가 시기별 활동 내역의 하나로 위치시켜 서술한 바 있다. 이 글에서는 대적전투를 소항목 이상의 대주제로 삼아 집중적으로 고찰하고 자료를 망라하여 가능한 대로의 완전한 내용복원에 목표를 둔다. 또한 그런 의미에서 필자는 이 글을 1988년 졸고의 해당 부분에 대한, 매우 지체되어버렸으나 비로소 가능해진, 전면적 수보편(修補篇)으로도 삼아본다.

도에서 재고찰해볼 필요가 있다고 본다.

2. 제1구대의 항일전투(참가) 양상과 성과

1) 전선 파견과 배치

조선의용대 창설 후 2주 만인 1938년 10월 25일, 무한 3진(鎭)이 일본군에 함락되고 만다. 보위전의 막바지에 중국 군·정 최고기관과 부대들은 무한을 떠나 남방의 광서성 계림(桂林)과 서쪽의 사천성 중경(重慶) 방면의 두 갈래로 나뉘어 후퇴하기 시작했다. 군사위의 지령대로 의용대도 철수하게 되었는데, 제1구대는[10] 본부대와 함께 10월 21일 한구를 벗어난 후 9전구 관할지인 호남성 북부의 형산(衡山)으로 향진했다. 월한로(粵漢路)를 따라 악양(岳陽), 백가요(白家坳), 황화(黃華), 장사(長沙)를 기차와 트럭과 도보로 연이어 넘어가는 행로였다.

형산 당도 직후 제1구대 대원 중 20명이 11월 29일 선편으로 북행하여 12월 3일 장사로[11] 들어갔다. 이어서 9일부터 4개 조로 나뉘어 이재민 구호금 지급 사업을 도왔고, 다시 벽보, 표어, 가두보, 출판, 행동의 5개 조를 편성해 활동했다.[12]

장사의 대민구호사업 및 도시복구사업이 완료된 1939년 1월 말경

---

[10] 구대장은 황포군관학교 제4기 출신으로 김원봉의 직계이던 박효삼(朴孝三)이었다.
[11] 12월 초에 일본군이 장사를 침공하기 시작하자 중국군은 장제스의 명령으로 초토항전책을 써서 장사 시내에 큰불을 내 일본군을 퇴각시켰다.
[12] 鐵, 「義勇隊在長沙」, 『조선의용대통신』 4(1939.3.15), 7-8쪽; 朴孝三, 「第一區隊在前方」, 『조선의용대통신』 6(1939.3.11), 7쪽.

에 제1구대는 전선으로 나갔다. 배속처는 국민혁명군 제31집단군 92군 21사(師)와 82사였고,[13] 활동의 지리적 범위는 21사 본부가 있는 호남성 평강현(平江縣)을 중심으로,[14] 북으로는 악양 및 동정호(洞庭湖) 부근과 일본군 점령 하의 호북성 통성(通城)까지, 남으로는 구령산(九嶺山) 인근까지였다.[15]

구대 본부는 평강현 상탑시(上塔市)에 주둔했고, 구대원들은 2개씩의 진지선전대와 유격선전대로 분속 배치되어 중국군과의 합동작전에서 대치, 돌격, 유격 등의 상황에 맞추어 과업을 수행하였다. 진지선전대는 말 그대로 참호에서, 유격선전대는 적의 배후로 침투해 대적선전을 하는 것이 차이점이었다.[16] 후자의 경우는 선전과 전투가 어우러지는 무장선전이 되기 쉬웠고, 그럴 때는 의용대원도 당연히 전투에 동참하였다.

그렇게 제1구대는 3월부터 5월까지 사이에 통성 전투와 잠산(岑山)의 왕가(汪家) 공격, 만자평(萬家坪) 공격, 북항(北港) 습격전 및 새공교(賽公橋) 혈전에 연이어 참가했다.[17] 특히 통성과 새공교 전투에서는 각자 소총 1정과 수류탄 2개를 휴대했음이[18] 무장의 전부였음에도 그야말로 "전

---

[13] 제1구대는 92군, 제2구대는 84군을 전선 대적공작의 중심기지로 삼았다고 한다(金學武, 「一年來朝鮮義勇隊工作總結與今後工作方向」, 『조선의용대통신』 30, 1939.12.15, 7쪽).
[14] 王繼賢, 「중국전장에서의 조선의용대」, 229쪽; 「중국전장의 조선의용대」, 262쪽.
[15] 馮仲天, 「戰線工作的感想」, 『조선의용대통신』 25·26·27기 합간호(1939.10.10), 20쪽.
[16] 馬義 편, 『朝鮮義勇隊勝利的四年』, 9쪽.
[17] 王亞平, 「戰鬪在前線及敵後的朝鮮義勇隊」, 『조선의용대통신』 25·26·27(1939.10.10), 13쪽; 王繼賢, 「중국전장에서의 조선의용대」, 『조선의용대혈전실기』, 232쪽.
[18] 劉金鏞 편역, 『火線上的朝鮮義勇隊』(조선의용대총서 3; 계림: 조선의용대, 1939)의 국역본인 「전선에서의 조선의용대」, 『조선의용대 혈전실기』, 39·50쪽. 유금용은 1915년 하북성 태생의 중국인으로 1937년 육군군관학교 성자(星子)분교 특훈반에서 조선어 과정 이수 후 조선의용대 창설 때 번역관으로 파견되어 있었다.

투로 선전을 대신"했다 할 만큼의 감투정신을 발휘하였다. 이제 4개 선전대가 저마다 참가했던 전투들과 그 상황을 자세히 들여다보고 묘사도 해보기로 한다.

2) 제1 유격선전대의 전투(참가) 실적

의용대원들에게 '유격전'은 적의 후방을 파괴하여 적의 행군과 운송을 교란, 적정을 정찰하고 각종 정보를 수집, 역선전을 해냄 등의 공작인 것으로 이해되었다.[19] 그렇다면 '유격선전'이란 대적선전에서 유격전으로 나아가는 과정의 매개적 활동, 혹은 선전전과 초보적 유격전의 혼합형을 말하는 것이었다고 할 수 있다.

82사 488단으로 배속된 제1 유격선전대는 통성 남쪽의 막부산(幕阜山) 정상에 구축된 유격구 진지로 배치되었다.[20] 이들이 일본군과 처음으로 접전하기는 3월 21일의 석성만(石城灣) 전투에서였다.

3월 20일 밤 9시부터 의용대원들이 중국군 제3중대와 함께 석성만 북쪽에 매복했는데, 다음날 아침 8시 30분에 대사평(大沙坪) 동쪽으로부터 일본군 탱크 2량이 접근해왔다. 이에 중국군이 박격포 4발을 쏘아 맞춰 폭발시키니 의용대원들이 박수치며 환호해주고 일본어로 구호를 외쳤다. 일본군 보병을 가득 태운 기차 8량에도 수류탄 11발을 던져 불붙으니, 적병들은 뛰어내려 산으로 도망쳐 올라가 아군에 기관총을 쏘아댔다. 이에 아군도 기총사격으로 반격하며 반시간 동안 격전을 벌이고 피해 없이 귀대하였다.[21] 이 내용이 82사 정치부의 3월

---

[19] 李達, 「從游擊戰說到朝鮮義勇隊」, 『조선의용대통신』 15(1939.6.11), 3쪽.
[20] 劉金鏞, 「전선에서의 조선의용대」, 33-34쪽.
[21] 「游擊捷報: 本隊協同友軍殺寇」, 『조선의용대통신』 8(1939.4.1), 9쪽.

21일자 「전투상보」에 그대로 들어갔고, 신문에는 '조선의용대 제1분대 즉 유격공작대'가 적 탱크 2량과 자동차 8대에 포탄을 쏘아 불태우고 적군 약 30~40명 사살의 전과를 올린 것으로 보도되었다.[22]

3월 24일 밤에도 제1 유격선전대는 석옥포(石屋鋪)의 민중 자위유격대원 10명과 함께 석성만에서 2리, 숭양성(崇陽城)에서 25리, 적주만(荻洲灣)에서 10리, 계구시(桂口市)에서 10리 되는 어느 지점을 수색하며 전진했다. 그러다 도로에 다다르자 삼각형으로 박격포탄을 묻고, 부근에는 대적 전단지 1천여 매를 뿌려놓았다. 전주를 뽑아낸 구멍에 수류탄을 묻어놓고, 잘라낸 전선으로 도화선과 전주를 동여매기도 했다. 다음날 일본군이 와서 보고 전주를 건드려 움직이기만 해도 터지게끔 장치해놓은 것이다.[23]

3월 27일 새벽 1시에 중국군 유격대가 백예교(白霓橋), 부계교(浮溪橋), 하세시(下細市), 세 곳의 적군(합하여 약 1,350명)에 대한 동시 기습작전을 폈다. 이때도 의용대는 무기라고는 몇 정의 기관총뿐이지만 세 부분으로 나뉘어 참가했다. 맹렬한 사격전과 함께 적 병영을 포위 공격하는 동안에 장문해(張文海)·문명철(文明哲)·마일신(馬一新) 등 대원들이 전단지를 돌에 묶어 적 진지로 던졌고, 통나무 장벽과 바윗돌에 전단을 붙여놓기도 했다. 4월 1일에는 중국인 유격대원 5명을 대동하고 적의 보초선인 황가산(黃家山) 밑에 이르러 전단을 붙이고 벽에 표어를 썼다. 그러던 중 적군 편의대원 15명의 습격을 받자 권총과 소총으로 응사하며 15분

---

[22] 예를 들면, 『新華日報』(1939.4.5), 「反侵略的朋友朝鮮義勇隊活躍敵後」(潘石英 主編, 『深厚的友誼』, 北京: 世界知識出版社, 1993, 434-435쪽)과 『大公報』(중경판, 1939.4.13), 「朝鮮義勇隊的工作, 對陣宣傳游擊殺敵」(추헌수 편, 『자료 한국독립운동』 Ⅲ, 연세대학교 출판부, 1972, 44쪽)가 그러했다.
[23] 이하의 제1 유격선전대의 활동에 관한 서술은 「전선에서의 조선의용대」, 42-91쪽의 내용을 정리한 것임.

간 전투를 벌이고 일본군의 도주로 끝이 났다.

4월 16일 정오경에는 대원들이 일본군 진지 앞 300m 부근의 홍산(紅山)으로 포복해 올라가 중국군 몇 명을 엄호병으로 배치해두고 맞은편 30m 지점의 양가옥(楊家屋) 마을에서 표어와 전단 붙이는 작업을 하였다. 이를 목격한 일본군 약 40명이 수류탄, 기관총, 소총, 산포(山砲)로 공격해옴에 대원들은 권총사격으로 맞서며 어렵사리 귀환하였다. 그 무렵 일자 미상의 어느 날에는 대원들이 30리를 심야 행군하여 강가촌(崗家村)에 도착한 후, 강 건너 대사평의 적 병영으로 쳐들어가 "병사들은 투항하라"고 외쳤다. 일본군이 기총사격으로 응수하기에 30분간 총격전을 벌이면서 함화(喊話)와 전단 살포를 계속하였다. 의용대원들은 전투가 있을 때마다 참전을 적극 요청하는데도 선의의 만류와 저지를 받곤 했다. 이날도 488단(團; 연대)의 단장이 의용대원들은 빠지기를 권했으나 오히려 대원들이 단호히 요구해 야간기습에 동행한 것이었다.

5월 하순에 제1 유격선전대는 명령대로 청동산(靑童山)을 떠나 82사 전체 집결지인 상하백죽(上下白竹)으로 여러 날 행군해가서, 북항 부근의 유격전 과업을 맡은 중국군 제2영(營)에 배속됨을 명받았다. 이어서 5월 27일에 상하백죽을 출발해 상사산(相獅山)으로 가서, 488단의 유격 근거지 중 하나인 주항(朱港)의 남충(南沖)에 도착했고, 여기서 126단 배속의 제2 진지선전대와 상봉하였다. 얼마 후 6월 3일에 북항 인근의 장전포(莊前埔)로 가서, 지나가는 일본군을 생포할 요량으로 매복하였다. 그러나 이튿날 새벽까지도 통행하는 일본군이 없어서 빈손으로 철수하였다.

3) 제2 유격선전대의 전투(참가) 실적

중국군 21사 125단에 배속된 제2 유격선전대의 조열광(趙烈光) 대장과 진한중(陳漢中), 관건(關健), 이동호(李東浩), 이만영(李萬英), 장중광(張重光), 장지복(張之福) 등 대원들은 5월 5일 제3영(營: 대대)이 벌이는 석산(錫山) 공격전에 단장의 만류에도 불구하고 참가하였다.

의용대원들은 중국군과 함께 4일 오후에 양가령(楊家嶺)에 도착 후 매복했다. 그러다 5일 새벽에 제1선 결사대의 중국군 22명이 적 진지의 철조망을 끊고 보초선을 넘어 양가루로 돌진하였다. 그로써 적의 전방초소를 소멸시킨 중국군은 이어서 적의 보루를 맹렬히 공격하기 시작했다. 그러자 제2진인 분용대(奮勇隊)가 공격에 가담했고, 분용대에 가담한 의용대원들은 중국인 대원들과 더불어 탄우를 헤치며 전진하여 사격과 투탄으로 적의 초소와 막사를 불태우고 탄약고를 파괴하였다. 적은 진지로 후퇴하고 아군 결사대와 분용대는 그 진지를 공격하니, 적은 다시 석산 절벽 위의 토치카 안으로 퇴각하는 것이었다. 이에 아군은 토치카 30m 앞까지 전진하여 일본군과 장시간 대치하고, 의용대원들이 토치카 주변의 다섯 겹 철조망 파괴에 협력하여 결국은 돌파해낼 수 있게끔 만들었다.[24]

철조망 파괴 중에 제3영 제8연장(連長: 중대장)[25] 류운서(柳運瑞)가 일본군이 던진 수류탄 파편에 맞아 우측 다리에 중상을 입었다. 이에 진한중·관건·이동호 3인 대원이 뛰쳐나가 일으켜 업고 후송하였다. 100m쯤 급히 걸어가던 그들은 일본군 병사 데라모토 요시오(寺本吉雄)

---

[24] 劉金鏞, 「전선에서의 조선의용대」, 60-61쪽; 「중국전장의 조선의용대」, 269·271쪽.
[25] 「柳連長的來信」, 『조선의용대통신』 17(1939.7.1), 10-11쪽.

와 마주치자 재빨리 총격해 사살하고, 그의 소총·망원경·철모 등을 챙겨 진지로 귀환하였다.[26] 이처럼 류운서를 구출해낸 공적이 크다 하여 3인 대원은 전구 사령장관의 표창을 받았고,[27] 중국군사위 정치부 주임 하충한(賀衷寒)은 위 3인 외에 조열광·이만영·장지복·장중광도 추가 표창토록 부대에 하명하였다.[28]

4) 제1 진지선전대의 전투(참가) 실적

제1 진지선전대는 배속처인 25사가 다른 전지로 옮겨가니 82사 92단으로 재배속된다.[29] 거기서 의용대원들은 사단장이 "당신들은 위험을 무릅쓰지 마시오. 당신들은 미래 조선혁명 광복의 공로자입니다."라며 극구 만류함을[30] 뿌리치고 통성 공격전과 철주항(鐵柱港) 공격전에 참가한다. 정확한 시점은 미상이나, 석산 공격전과 동시에 이 작전이 수행되었다니 5월 5일쯤이었을 것이다.

공격전에 앞서 부대는 리항(鯉港)을 출발하여 통성에 당도했고, 적진 400m 앞에서 수심 1.4m, 폭 300m의 강을 잠수로 수영해 건넜다. 그리고는 철주항 개활지에서 공격을 개시하여, 작은 고지인 석벽사(石 辟寺)를 점령하고 적진지의 교통참호를 차폐물 삼아 전진하였다. 그 와중에 중국군 2개 소대의 지휘관이 전사하자 의용대가 병사들을 대신

---

[26] 「游擊捷報」, 『조선의용대통신』 12(1939.5.11), 10쪽; 劉金鏞, 「전선에서의 조선의용대」, 62쪽. 이날의 전투상황과 류연장 구출기는 「夜襲」, 『東方戰友』 제10기 (1939.7.15), 12-13쪽에도 자세히 묘사되어 있다.
[27] 표창장 전문은 劉金鏞, 「전선에서의 조선의용대」, 97쪽이나 「중국전장의 조선의용대」, 270-271쪽에서 볼 수 있다.
[28] 劉金鏞, 「전선에서의 조선의용대」, 97·236쪽; 「중국전장의 조선의용대」, 271쪽.
[29] 劉金鏞, 「전선에서의 조선의용대」, 80쪽.
[30] 같은 글, 55·60쪽.

지휘하였다. 이윽고 중국군 선봉대가 철주항을 점령했고, 의용대는 통성 북문으로 도주하는 일본군에게 투항 권유 구호를 외쳤다.³¹

이 작전에서 아군은 대포 1문, 중기관총 2정, 경기관총 2정, 소총 14정, 작전계획서, 휴대용 촬영기, 군용지도, 일본돈 수천 원을 노획했다. 곧이어 적의 지원 병력이 대량 투입되니 아군은 통성을 포기하고 철수하려다 그만 포위되고 말았다. 그렇지만 2일간의 악전고투 끝에 포위를 뚫고 10여 리를 행군해 리항으로 귀환할 수 있었다. 적군과 아군 쌍방의 사상자가 5백여 명에 달한 격전이었다.³² 일자 미상의 어느 날 밤에는 일본군 생포를 위해 청룡산(靑龍山)의 제5연 본부를 몇 명의 중국군 엄호대원과 함께 출발하여 마안산(馬鞍山) 측면에 위치한 상봉사(翔鳳寺)의 적진지 80m 앞까지 접근해 총격전을 벌이기도 했다.³³

제1 진지선전대는 5월 어느 날 밤의 잠산 왕가 기습전에도 동행 참가하였다. 그날 자정에 의용대는 1천 명 이상의 중국군 유격대와 함께 양가무(楊家畝)를 지나 채가돈(蔡家墩)에 이르러 세 갈래로 강을 건넜다. 그리고는 100m 앞의 숭통(崇通) 공로(公路)에 진 치고 있는 적군을 포위하여 기습공격으로 3백여 명을 거의 섬멸하였다. 노획물은 군마 28필, 대포 포신 2개, 기관총 10여 정, 망원경, 박격포탄, 권총, 소총 등이었다.³⁴

---

³¹ 『조선의용대통신』 12(1939.12.15)에 실린 金學武, 「一年來朝鮮義勇隊工作總結與今後工作方向」, 7쪽에는 의용대가 통성 부근 전지에서 100m 전방의 일본군에게 구호를 고창하고 연설하자, 감복한 일본군 병사 200여 명이 총을 버리고 참호에서 뛰쳐나와 투항했다고 적혀 있다.

³² 이상의 철주항 공격 전황과 전과는 劉金鋪, 「전선에서의 조선의용대」, 55-59쪽에 의함.

³³ 劉金鋪, 「전선에서의 조선의용대」, 66-67쪽.

³⁴ 「朝鮮義勇隊第一區隊血戰紀實 (五)」, 『조선의용대통신』 18(1939.7.11), 11쪽; 「朝鮮義勇隊第一區隊血戰紀實 (六)」, 『조선의용대통신』 19·20기 합간호(1939.8.1), 8쪽.

5) 제2 진지선전대의 전투(참가) 실적

제2 진지선전대는 21사 126단에 배속되었고,[35] 악양현 제3구 삼합향(三合鄕) 부근의 유격구가 주둔지였다.[36] 이 대오는 일본군 주둔지인 북항 및 새공교 습격전을 통해 전투경험을 갖게 된다.

3월 23일 최·황·진·이씨 성의 대원 4명이 중국군 1개 중대와 함께 산록 경계선으로 출동하여 한 마을을 포위했다. 그리고는 경기관총과 소총으로 맹렬히 사격하며 적병과 30분간 격전을 벌여 20여 명을 사살함에 일조하였다. 3월 31일에는 400m 전방의 일본군 편의대 3인을 발견한 대원 주혁(朱革)이 조준사격으로 1명을 명중시켜 거꾸러뜨렸다.[37]

일자 미상의 어느 날 오전에 선전대는 교상포(橋上鋪)를 출발해 통성에서 45리 떨어진 곳인 모가새(毛家賽)에 도착하였다. 저녁 6시에 그들은 선전물을 휴대하고 중국군 2개 중대와 함께 모가새를 떠나 20리 저편의 북항으로 전진하였다. 이튿날 새벽 2시경에 아군은 양가저(楊家咀)에서 사복정보원의 보고를 받고 대기하다 새벽 4시 반에 북항을 기습하여 다수의 적을 사살하고 여명에 귀대하였다.[38] 게릴라 생활에서는 이처럼 매일 저녁 50~60리 길을 걷고 큰 산 몇 개를 넘는 것이 밥 먹듯 예삿일이 되었다. 기습전 때 의용대는 포복전진하면서 800여 장의 전단을 적의 철조망 안으로 투입하였다.

다음의 공격 목표는 역시 일본군이 점령해 있는 새공교였다. 그곳

---

[35] 劉金鋪,「전선에서의 조선의용대」, 87쪽 참조.
[36] 같은 글, 73·75쪽. 그 무렵 이두산(李斗山) 주관으로 광서성 오주(梧州)에서 발간되고 있던『東方戰友』제7기와 제8기에도「조선의용대 제1구대 제2 진지선전대 내신」이 실려, 3월 14일에서 31일까지의 대원 동정과 활동상을 알게끔 해주었다.
[37] 「朝鮮義勇隊 第一區隊 第二陣地宣傳隊 來信 (續)」,『東方戰友』8(1939.5.1), 9쪽
[38] 「朝鮮義勇隊第一區隊血戰紀實 (三)」,『조선의용대통신』16(1939.6.21), 16쪽.

은 통성과 15리, 북항과 15리, 육가저(陸家咀)와 12리, 조명관(朝明關)과 8리 거리의, 작으나 아주 중요한 거점이었다. 습격이 결정된 후 어느 날 오전 9시에 최성장(崔成章)과 중국군 변모(邊某) 배장(排長, 소대장)이 농민으로 변장하고 새공교 부근으로 접근해가서 적정과 지형을 정찰하였다. 출격 당일 저녁에는 오가충(吳家沖)에서 제1 진지선전대와 중국군 1개 영이 합류하였다. 밤 8시가 되어 아군은 현지 민간인 유격대원들의 안내를 받으며 새공교 석잠산(石岑山) 아래의 석남옥(石南屋)을 향해 전진하였다. 이윽고 적 병영 앞 70m 지점에 이르자 매복하고, 의용대 김모 대원이 철조망 안으로 숨어들어 전단을 살포하였다. 그 작업이 끝나자 중국군 결사대 1반이 철조망에 접근해 수류탄을 투척하고 사격을 가하여 치열한 전투가 벌어졌다. 전투 중에 중국군 기관총 사수가 총상을 입고 쓰러지자 최성장이 달려가 사수 역할을 대신하였다.[39]

그 후의 모월 모일에 제2차 새공교 습격전이 있었다. 이날도 중국군과 의용대는 새공교의 적 병영에 접근해 전화선을 끊고 공격을 개시했다. 그리하여 기관총·수류탄·박격포로 일제히 사격을 가하고 적 진지 부근에 불을 놓아 병영을 불바다로 만들어버렸다. 그 결과로 적군은 대부분 소멸되고 잔적(殘敵)은 도주했는데, 일본군 중대장 미즈노(水野)와 장교 2명, 조장(曹長) 2명, 오장(伍長) 1명, 병사 14명 전사에 7명 부상이라는 혁혁한 전과를 거두었다.

이때 도주한 일본군이 북항의 자군 부대와 함께 새공교 탈환을 꾀

---

[39] 같은 글, 17쪽; 劉金鏞, 「전선에서의 조선의용대」, 70쪽. 王亞平, 「戰鬪在前線及敵後的朝鮮義勇隊」(『조선의용대통신』 25·26·27기 합간호, 1939.10.10), 14쪽과 王繼賢, 「중국전장에서의 조선의용대」, 233쪽에는 최성장과 중국군 연장이 정찰에서 돌아오고 1시간 후에 부대를 이끌고 새공교 북단의 석잠산에 도착해 공격을 개시했고, 30분가량의 맹렬한 전투 끝에 아군이 석잠산을 점령하고 새공교의 적 병영을 향해 포위 진공했음이 보고되어 있다.

할 것이 분명해 보이므로, 중국군은 미리 준비하여 북항을 재공격키로 하였다. 그래서 의용대 진모 대원이 중국군 제3연의 이모 배장 및 휘하병사 3명과 함께 북항으로 가서 적정을 정찰했고, 심야에 새공교 10리 밖의 사주옥(四周屋)을 거쳐 새벽 4시경에는 북항의 적진지 동남방 300m 거리의 송림 뒤로 잠입하였다. 날이 밝기를 기다려 병영 쪽을 관측하니, 적진지 주변은 논인데 교통호 밖으로 3중 철조망을 치고 그 바깥쪽에는 지뢰를 매설해놓았다. 그 동편은 시냇물이고, 서편의 3개 언덕 꼭대기에 보초 2명씩의 중기관총 진지가 있었다. 적군 병력은 4백여 명에 산포 2문, 박격포 2문임도 확인되었다. 귀대한 그들은 왕(王) 연장과 함께 20여 명 병사를 데리고 북항으로 가서, 적 병영 500m 밖에서 교란사격을 하고 돌아왔다.[40] 1939년 9월의 상북(湘北) 대전투 때도 제1구대는 유양(瀏陽)에 집결해 전투와 선전에 참가한 것으로 전해진다.[41]

3. 제2구대의 항일전투(참가) 양상과 실적

1) 전지 파견과 배치

제2구대도 무한보위전 때 선전공작에 동참하다 10월 22일 새벽이 되어서야 마지막으로 철수했다. 호북성 북부의 제5전구로 차량행군한 대오는 진가점(陳家店)에서 5전구 장관사령부(사령 이종인[李宗仁]) 요원들을

---

[40] 이상의 새공교 습격전 및 북항 공격전 실황은 「朝鮮義勇隊第一區隊血戰紀實 (三)」, 18쪽과 劉金鏞, 「전선에서의 조선의용대」, 71-73쪽에 의함.
[41] 尹爲和, 「重返長沙」, 『조선의용대통신』 29(1939.11.15), 15쪽.

만나, 그 지시대로 무승관(武勝關)의 광수(廣水)를 향해갔다. 도중에 화원 (花園)을 지나는데, 적기의 공습으로 주민들이 피난 중이었고 광수 방면 도로는 파괴된 상태였다. 이에 서쪽으로 방향을 바꾸어, 대홍산(大洪山) 기슭을 따라 행군하여 종상(鍾祥)을 거쳐 양번(襄樊: 양양[襄陽]과 번성[樊城]을 합쳐 일컬은 것)으로 들어갔다.[42]

거기서 11월 15일부터 21일까지 선전공작을 수행한 2구대는 11월 24일에 두 부분으로 나뉘었다. 한 부분은 구대장 이익성(李益星) 외 호유백(胡維伯), 왕극강(王克强), 박무(樸武), 김철원(金鐵遠) 등의 26명 대원으로 구성되었는데, 국민혁명군 84군이 관할하는 수현(隨縣)의 응성(應城)·신양(信陽) 일대와 조양(棗陽)에서 활동하도록 배치되었다.[43] 그중 제2분대의 8명이 대홍산 일대의 13개 현이 산재한 악북(鄂北)-예남(豫南) 유격구에서 활동키로 되어, 왕자인(王子仁) 인솔하에 노하구(老河口)로 가서 주둔하였다.

다른 한 부분인 제1분대는 제5전구 사령부의 정치부에 배속되었는데, 그중 장지민(張志民)·공명우(孔明宇)·이극(李克)·노민(魯民) 등의 몇몇 대원은 최창익(崔昌益)·허정숙(許貞淑) 부부를 따라 연안(延安)으로 간다고 빠져나가고, 분대장 이세영(李世榮)과 문정일(文正一)·오민성(吳民星)·고봉기(高峰起)·백정(白正)의 5인은 제1전구 사령장관이 정잠(程潛)에서 위립황(衛立煌)으로 바뀌던 때인 1939년 여름에 성시백(成始伯)의 인솔로 하남성 낙양(洛陽)의 1전구 사령부로 옮겨갔다. 거기서 문정일과 오민성은 일본군 포로 심사 등을 위한 사령부 요원으로 활동하고, 이세영·고봉기·백정 3인이

---

[42] 劉金鏞 編, 『國際隊伍』, 重慶: 朝鮮義勇隊, 1941, 82-85쪽.
[43] 劉金鏞 編譯, 「活躍在一·五兩戰區的朝鮮義勇隊」, 『조선의용대통신』 13(1939.5.21), 8쪽; 金學武, 「一年來朝鮮義勇隊工作總結與今後工作方向」, 『조선의용대통신』 30(1939.12.15), 7쪽; 劉金鏞, 「전선에서의 조선의용대」, 109-110쪽.

황하 북안(北岸)으로 파견되어 적 후방의 신향(新鄕) 등지에서 선전공작을 벌인다.[44] 결국 제2구대는 수조(隨棗)전선의 선전공작 팀, 노하구의 유격구 팀, 제1전구 사령부 배속 팀의 세 부분으로 나뉘게 된 것이고, 공작구역은 5전구의 수조전선에서 평한로의 측면과 대홍산록이다가 뒤에 가서 황하 북안이 추가된 것이다.

2) 제2구대의 전투참가 실적

수조전선으로 간 26명 대원중에 왕극강(=김창규[金昌奎])의 경우로 말하면, 1939년 1월[45] 수현 응산(應山)의 여가점(余家店)에서 중국군 유격대원들을 교육하던 중에 일본군 기병 1개 중대가 소하촌(小河村)을 습격 점령했다는 보고가 들어오자 바로 출격하였다. 그리고는 1개 소대의 중국군을 지휘하며 돌격전을 벌여 일본군을 격퇴했다.[46] 또한 그는 중국군과 동행하며 선전공작에 종사하다 계하(界河) 신점(新店)에서 800여 명의 일본군과 마주쳐 다섯 차례나 치른 격전에도 참가했다고 한다.[47]

황하 북안에 가있던 이세영의 독립분대는 1939년 12월 14일, 하남성 북부의 적후지구에서 작전하는 신사군(新四軍)의 어느 단을 도와, 평한로의 신향 북방 고교촌(高橋村)에서 급현(汲縣) 북쪽까지의 50리에 이르는 철로와 전선을 폭파하였다. 이때 일본군은 탐조등을 비춰가며

---

[44] 劉金鏞 編譯, 「活躍在一·五兩戰區的朝鮮義勇隊」, 9쪽; 楊昭全·이보온, 『조선의용군항일전사』, 77·80쪽; 김형직 외, 『격정세월—문정일 일대기』, 北京: 민족출판사, 2004, 66-67쪽 같이 참조.
[45] 韓志成, 「朝鮮義勇隊三年來工作的總結」, 『朝鮮義勇隊』 40(1941.10), 12쪽.
[46] 劉金鏞, 「전선에서의 조선의용대」, 116·244·282쪽.
[47] 劉金鏞「活躍在一·五兩戰區的朝鮮義勇隊」, 『조선의용대통신』 13(1939.5.21), 8쪽. 北鷗, 「在火線上的朝鮮義勇隊」(『新華日報』 1939.3.19)에도 수조전선의 제2구대 26명 대원의 활약상이 자세히 서술, 소개되었다.

기관총, 유탄발사기, 대포 등을 쏘아댔다. 이튿날 오후에 의용대 분대는 중국군 17명과 함께 묘구(廟口) 방면의 적정 관측에 나섰다. 그러던 중 전방 경계초소로부터 적군의 습격이 예상된다는 보고가 오자 작은 고지에 숨어 대기하다 적이 근접해오자 사격 개시하여 40분 동안 격전을 벌였다. 적군이 물러간 후인 그날 밤에는 철도의 아홉 군데를 파괴하였다.[48] 1940년 4월에는 대원 김철원 등이 황하 너머 산서성 남부의 중조산(中條山)에서 벌어진 제11차 반(反)소탕전에 참가하여 대적 선전공작을 수행하였다.[49]

전반적으로 제2구대의 전투참가 실적은 제1구대에 비해 그리 돋보이지 않아 보인다. 횟수부터가 절대적으로 적었던 것처럼 나타나는데, 이는 기록의 누실(漏失) 때문이기보다 실제 그러했던 것으로 짐작된다. 왜 그랬을지를 여러 각도에서 추찰해 볼 수 있겠으나, 번잡함을 피하여 여기서는 약(略)하기로 한다.

4. 조직 증편과 제3지대의 강서성 전투 참가

호남성 일대의 9전구에서 맹렬하게 대적공작을 벌이고 있던 조선의용대 제1구대는 1939년 9월에 본부의 명령으로 전원 형양에 집결

---

[48] 文正一,「活躍在平漢路上的第二區隊 (第二區隊通訊之一)」, 『조선의용대통신』 32(1940.2.1), 7-8쪽; 樸茂,「從平漢路上的戰鬪, 說到開展華北工作問題 (第二區隊通訊之二)」, 『조선의용대통신』 32, 9쪽; 王繼賢,「중국 전장에서의 조선의용대」, 245-246쪽 및 282-283쪽;「朝鮮義勇隊活躍在各戰線」, 『新華日報』(1940.2.8);「朝鮮義勇隊協助抗敵屢建功勳」, 『中央日報』(1940.2.8) 같이 참조.

[49] 金鐵遠,「中條山的反掃蕩戰―朝鮮義勇隊隊員的戰鬪日記」, 『朝鮮義勇隊』 36(1940.7.15), 13쪽.

하여 11월까지 3개월간 강화훈련을 받았다. 그 사이 10월 29일에 의용대 지도위원회는 편제 확대에 중점을 둔 조직개편안을 중국 군사위에 보고했다. 현재의 2개 구대를 3개 지대 및 2개 독립분대로 증편하고 '본부'는 '총대부(總隊部)'로 격상시키는 것이 핵심 내용이었다.

증편의 이유 또는 근거는 창설 때의 병력에서 그동안의 사망자를 뺀 대원 97명에 최근 58명(중국인 11명 포함)이 늘어나 총원 155명으로 되었고 활동공간도 대폭 확장되고 있다는 것이었다. 155명 중에 제1구대가 63명, 제2구대는 37명, 기타 인원 50여 명은 본부 요원이거나 훈련 중이라 하였다.[50] 앞서 10월 중순에 귀주성(貴州省) 진원(鎭遠)의 군정부 제2 포로수용소에서 해방된 한인 포로 31명 중의 오문성(吳文星) 등 남자 22명이 입대해 있었다. 11월 들어 의용대 본부는 1구대의 절반 인원인 31명으로 제1지대를 새로 편성하여 북상(北上)토록 하고,[51] 나머지 32명과 해방포로 출신 신입대원(31명)으로 제3지대를 신설하였다.

중국 군사위 정치부에서는 이를 추인했고, 1940년 7월 3일에 의용대 조직규정 및 편제표에 관한 훈령도 보내왔다. 조직개편에 따라 제1지대는 총원 78명에 지대장 박효삼, 정치지도원 왕통(王通)이고 4·9전구 배치, 제2지대는 총원 75명에 지대장 이익성, 정치지도원 임평(林平)이며 1·2·5전구 배치, 제3지대는 총원 63인에 지대장 김세일(金世日), 정치지도원 양민산(楊民山)이고 3·9전구 배치로 확정되었다.[52] 이 3개 지대만 합해도 216명에 달하여, 창설 때 인원의 2배 이상으로 늘어난

---

[50] 楊昭全 等 編, 『關內地區朝鮮人反日獨立運動資料彙編』(下), 922쪽 참조.
[51] 劉金鋪 編, 『國際隊伍』, 120쪽.
[52] 楊昭全 等 編, 『關內地區朝鮮人反日獨立運動資料彙編』(下), 861-864쪽의 편성표 참조. 3지대장 김세일의 본명은 김세광(金世光)이었고, 1932년 조선혁명군사정치간부학교 제1기 입학 이래로 써오던 가명을 1941년 조선의용대의 북상이동 후 태항산으로 들어가고부터 버리고 본명을 쓴다.

것이었다.

신편 제3지대는 1939년 12월 3일, 명에 의해 강남전선으로 이동해간다. 구체적으로 말하면, 중·일 양군이 8개월 이상 서로 물러섬 없이 대치 중인 강서성 북부 금하(錦河) 일대의 전선으로였다.[53] 녹구(淥口)까지는 화차로, 거기서부터는 무려 800리를 1일 평균 40리 이상의 도보행군으로 예릉(醴陵), 평향(萍鄕), 의춘(宜春)을 거쳐 제19집단군 사령부 소재지인 분의(分宜)로 들어갔다.[54]

거기서 3지대원들은 신가(新街)를 경비 중인 58군에 배속된 후 4개 공작대로 나뉘었고, 금하 연안의 최전선에서 신년 벽두부터 전투를 치렀다. 예컨대 이(李)모와 여(呂)모 대원은 남창(南昌)의 봉신(奉新) 공격전에 참가했고, 김 지대장과 문(文)모·유(劉)모 대원은 건주가(乾州街) 야습에 참가했다.[55] 제1공작대의 이모 대장 외 한·김·이·박모 등 대원은 1940년 3월 11일부터 4월 6일까지에 걸쳐 후전가(厚田街) 부근과 하가도(夏家渡) 일대의 적후로 가서 3차의 전투에 참가하였다.[56]

1940년 3월 총대부가 계림에서 중경으로 옮겨갈 때 3지대에 대해서는 "즉시 화북공작으로 옮겨가라"고 명하였다. 이에 김세일 휘하의 3지대는 4월 11일 제19집단군 총사령부 참모장 왕일서(王逸曙: 김홍일[金弘壹])의 환송을 받으며 고안(高安) 일대의 공작지를 떠나 강서성 길안(吉安)으로 집결하였다. 거기서 3전구의 절강성(浙江省) 금화(金華)로 간 일부 대원 이외의 병력은 학습과 준비를 한 다음에 6월 20일 길안을 떠나 형

---

[53] 民山,「接敵行軍記 (第三區隊通訊之一)」,『조선의용대통신』 32(1940.2.1), 11쪽.
[54] 劉金鋪 編,『國際隊伍』, 120-123쪽.
[55] 王繼賢,「중국 전장에서의 조선의용대」, 247-248쪽.
[56] 劉金鋪,「江南火線上 (第三支隊工作報道)」,『朝鮮義勇隊』 34(1940.5.15), 14쪽. 금하 전선에서의 조선의용대의 활약상은『新華日報』(1940.9.25)에「活躍在錦河戰線的朝鮮義勇隊×區隊」라는 제목의 긴 기사로 소개되었다.

양·계림·귀양(貴陽)을 거쳐 중경으로 들어간다.[57] 이어서 그들은 후임 지대장이 되는 박효삼의 지휘 아래 1941년 1월 화북으로 떠난다.

5. 2개 독립분대의 분투

1939년 11월 형양에서 제3지대가 신편될 때 2개 독립분대도 추가 편성되었다. 그중 1개 분대는 광서성의 남녕(南寗) 방면으로 파견되고 다른 1개 분대는 산동성 방면으로 파견될 것이었다. 전자는 '계남분대(桂南分隊)'로, 후자는 '북진분대'로 호칭되었다.

1) 계남분대의 곤륜관 전투 참가

1939년 11월 13일, 일본군 제21집단군 제5사단, 대만 혼성여단, 해군 제5함대 및 제3연합항공대 등이 해남도(海南島)에서 광서성 남쪽의 흠주만(欽州灣)으로 발진하였다. 기사(企沙)와 흠현(欽縣)으로 상륙해 남녕을 점령하고 중국군의 서남 보급선을 차단하기 위해서였다. 이에 계림의 중국군 서남행영은 제16집단군에 남녕 및 계남지구 방어와 일본군 진공 저지의 임무를 맡겼다.

11월 15일, 일본군 선발대 일부가 기사로 상륙하자 중국군은 제19사를 급히 편성해 완강히 저항했다. '계남회전(會戰)'이 그렇게 시작되는데, 기습당한 중국군은 일단 방성(防城)으로 후퇴한다. 기세를 올린

---

[57] 劉金鋪 編, 『國際隊伍』, 135-136쪽. 귀양을 출발할 때는 9월이었다(「조선의용대 제3구대 소식」, 『중국신문 한국독립운동기사집 (Ⅰ)』, 108쪽).

일본군은 방성을 공격해 점령하고 흠현 상륙에도 성공한 후 계속 진공했고, 중국군은 다시 후퇴하였다. 이윽고 11월 23일에 일본군이 남녕도 포위 공격하여 다음 날 점령해버렸다. 중국군은 동·서·북로군 연합으로 반격했지만 수복해내지는 못하였다. 오히려 12월 4일, 남녕 북쪽의 곤륜관(崑崙關)마저 일본군에 일부 점령되면서 쌍방 대치의 형국이 되어버렸다.[58]

전황이 이러한 가운데 의용대 총대부에서는 장사·황화·영안(永安) 등지에서 대적공작을 벌이는 중인 1개 독립분대를 계남전장으로 급파키로 결정하였다. '대서남(大西南) 보위의 남로공작'에 참가토록 함이었다.[59]

12월 초에 분대장 엽홍덕(葉鴻德, 이덕상[李德相])의 영솔 하에 형양을 떠난 계남분대는[60] 12월 8일 계림에서 서남행영 정치부 휘하의 남로전선공작대에 합류하여, 중국인 항선대(抗宣隊), 방영대(放映隊), 신안여행단(新安旅行團) 서남공작대 등과 함께 그 일원이 되었다. 그리고는 당일에 계림을 떠나 유주(柳州)와 북사(北泗)를 거쳐 12월 15일 천강(遷江)에 도착했다. 거기서 서남행영 전방판사처장 백숭희(白崇禧)와 회견했고, 선전공구 일체 지원을 그에게 요청해 파음기(播音機) 2대를 빌려 받는다.[61]

12월 18일, 중국군이 제1차 반격을 개시하니 '곤륜관 전투'라 일컬어졌다. 그날 계남분대는 천강을 출발하여 빈양(賓陽)을 거쳐 19일에 남천(南天)의 제5군 전방지휘부에 도착했고, 12월 25일 계수(界首) 진지 쟁

---

[58] 이상의 전황 서술은 武月星 主編, 『中國抗日戰爭史地圖集, 1931-1945』(신화서점 북경발행소, 1995), 167·170쪽과, 張憲文 主編, 『中國抗日戰爭史: 1931-1945』(남경대학출판사, 2001), 630-643쪽에 의함.

[59] 韓志成, 「目前朝鮮義勇隊的動態」, 『조선의용대통신』 30(1939.12.15), 2쪽.

[60] 대원은 이경산(李景山), 이지복(李之福), 최동광(崔東光) 3인이었다(최동광, 「항전의 만리길」, 조선의용군 발자취 집필조, 『중국의 광활한 대지 우에서』, 연변인민출판사, 1987, 150쪽).

[61] 劉金鋪 編, 『國際隊伍』, 136-137쪽.

탈전에 참가하였다. 그들은 중포·산포·탱크포·기관총탄이 비 오듯 쏟아지는데도 확성기와 나팔, 마이크를 쓰면서 일본군 제5사단의 최강 2개 연대를 상대로 선전공작을 벌였다.[62] 마침내 중국군 제5군과 159사의 협동작전이 성공하여 12월 31일 곤륜관이 수복되고, 대치 지점은 팔당(八幢)으로 옮겨졌다. 그런 후 계남분대는 거기를 떠나 1940년 1월 8일 계림의 총대부에 도착했고, 1월 하순에 재차 특수임무를 부여받고 제3전구로 옮겨가 활동한다.[63]

2) 북진분대의 활약

신설된 제1지대로부터 정예요원 6인을 떼어내[64] 특설된 북진분대는 1939년 12월 2일 형양에서 산동성으로 파송되었다. 적후지구인 그곳의 한인동포 쟁취를 위해서였다. 분대장 마덕산(본명 이원대[李元大])의 인솔하에 장사를 거쳐 동정호를 배로 건너고 호북성의 사시(沙市)·강릉(江陵; 옛이름은 형주[荊州])·서초점(西草店)을 연이어 경유하며 전진해간 북진분대는 1940년 1월 6일, 중·일 양군의 육박전까지 벌어진 하남성 묘아령(廟兒嶺) 전투에 참가해 나한령(羅漢嶺) 진지에서 선전전을 수행하였다. 이어서 1월 12일의 총반격전 때는 전투에 직접 참가하였다.[65]

중국군이 동계반공(冬季反攻)으로 일본군에 대타격을 입힌 후인 4월에

---

[62] 같은 책, 138-139쪽.
[63] 같은 책, 142-143쪽; 葉鴻德, 「朝鮮義勇隊在南路戰線 (第一區隊通訊)」, 『조선의용대통신』 32(1940.2.1), 5-7쪽; 王繼賢, 「중국 전장에서의 조선의용대」, 238-239쪽; 「중국 전장의 조선의용대」, (Ⅰ)』, 275쪽.
[64] 그 명단은 장중광(본명 강병학[康秉鶴]), 장평산(張平山), 마덕산(馬德山), 마일신(馬一新), 주혁(朱革), 진국화(陳國華)로 확인된다. 「在支朝鮮人의 反日運動에 關한 調查」, 日本 司法省 刑事局, 『思想月報』 제77호(1940.11), 7쪽 참조.
[65] 劉金鏞 編, 『國際隊伍』, 143-145쪽.

큰 전투가 벌어졌으니, 유명한 악북(鄂北)회전이다. 북진분대는 여기에도 참가했고, 5월 5일 사단 선봉대가 되어 일본군을 추격하였다. 그러던 중, 한 일본병사의 사체(死體)에서 작전지도와 일기장을 노획하여 거기 들어있는 중요정보를 번역해 군 사령부에 보고하였다. 5월 18일에는 수현 방면의 방성으로 통하는 도로에 매복해 있다가 지나가는 일본군 기차 2량에 수류탄을 던지고 엄호부대가 집중사격을 가하니, 화염에 휩싸인 기차는 전소되었다.[66]

악북회전 종결 후 하남성 비양(泌陽)을 거쳐 안휘성 쪽으로 행군하던 북진분대는 확산(確山) 일대에서 적군과 마주쳤다. 그런 상황인데다 동계 반격전과 악북회전의 여진도 있는지라, 조기에 산동성에 당도하기가 매우 어려워보였다. 정황이 그러함을 총대부에 보고하니, 그대로 돌아와 확대간부회의에 참가하라는 지령이 떨어졌다. 귀환 길에 오른 북진분대는 1940년 11월 하순에야 중경에 도착 완료했고, 대기하다 1941년 1월에 제3지대와 함께 북상한다.[67]

의용대 총대부 편집조의 중문간(中文刊) 주편위원이던 한지성(韓志成)은 1941년 10월에 기관지 『조선의용대』의 창설 3주년 기념 특간호에 기고한 글에, 의용대가 초기부터 적과 대치 중인 진지에서의 선전공작만 아니라 "전투참가 중에 선전을 진행했거나 전투파괴 공작에 직접 참가"도 했음을 명확히 적어놓았다.[68] 그 말의 증거가 될 실제 사례로 그가 든 것들 가운데 제1구대의 것으로는 1939년 3월부터 5월까지 사이에 전개된 총 10회의 공격전(상봉 3회, 석산 3회, 질계항(秩桂巷)—'철주항(鐵柱港)'의 오전(誤傳) 또는 오기였던 듯— 2회, 새공교 2회)과 홍산, 하가옥(何家屋), 영가(嶺家), 왕

---

[66] 같은 책, 146쪽.
[67] 같은 책, 143쪽.
[68] 韓志成, 「朝鮮義勇隊三年來工作的總結」, 『朝鮮義勇隊』 제40기(1941.10).

가, 만가반(萬家伴) 등에 대한 총 14회의 습격전, 그리고 하동항(下東港), 대사평, 십리시(十里市), 북항 등에 대한 총 10회의 매복기습전에 참가했음 등이었다. '파괴' 실적으로는 적의 통신교량 5~6개소, 탱크 40~50량을 꼽았다.

이어서 제2구대 것으로는 1939~1940년의 악북회전에 3회 참가한 것과 중조산 제12차(실제로는 제11차) 반소탕전 참가를 들었다. 또한 제3지대는 1939년 12월의 강서성 건주가 습격전 참가와 1940년 2월의 만산전역(萬山戰役) 및 항주(杭州) 성내의 파괴공작 참가를 들었다. 그뿐 아니라 중국군 감사대(敢死隊)와 함께 적과의 육박전을 용감히 벌였거나 편의대로 참가, 또는 항주 교외의 전투 중에 전투부대를 인도하여 혈전을 벌인 바 있음도 들었다.[69] 그렇듯 조선의용대는 1939년 초부터 1940년 상반기까지의 1년여 동안 화중·화남의 항일전선에서 대적 선전공작의 일환이거나 그 연장선에서의 다대한 전투참가 실적을 보였고[70] 실전 경험도 충분히 쌓았음을[71] 그는 강조해 말한 것이다.

---

[69] 이상 2개 구대의 다수 사례 중에는 내용 미상이거나 아직은 확실한 근거자료를 찾지 못해 본론에서의 상설 때 언급되지 못한 것이 있다.

[70] 문정일은 1939년 5월부터 9월까지 사이에만도 조선의용대가 국민당군과의 협동작전에서 400여 명의 적을 살상하고 차량 121대를 파괴하는 등의 전과를 올렸음을 회고했다(문정일, 「중국의 항일전쟁에서의 조선의용대」, 『요녕조선문보』 1985년 8월 21일자; 김병민, 「'조선의용대' 관련 항일서사에 대한 문화적 고찰」, 『통일인문학』 제72집, 2017, 119쪽 재인용).

[71] 이 글의 내용 및 논지와 관련하여 "당시의 조선의용대 본부와 중국신문들이 보도한 의용대의 활약상이나 전과는 좀 더 비판적으로 검토할 여지가 있다."는 지적이 나올 수 있다. '비판적 검토'란 과장 또는 조작된 것도 있지 않은지를 꼼꼼히 살펴봐야 한다는 뜻일 테고, 필자 역시 공감하고 동의하는 바이다. 졸고를 쓰면서 계속 고민했던 문제도 그것이다. 1차 자료로 삼았지만 기본적으로 선전지였던 『조선의용대(통신)』 등에 기술된 내용 중에 과연 사실 그대로(만)인지 의심 가는 대목이 드문드문 보이기도 하는 때문이다. 하지만 그런 대목을 교차검증해볼 만한 다른 자료가 희소하니 난감하였다. 그렇다고 자료에 엄연히 '팩트'로 기술되어 있는 것들을 의구심만 갖고서 함부로 제외해버릴 수는 없는 일이다. 조선의용대의 전투(참가) 양상과 실적이 지금까지 제대로 구명되어본 적이 없으니, 지금으로서는 가용자료를 최대한 동원·활용하여 그

6. 맺음말

　조선민족혁명당과 조선민족전선연맹에서 당원과 맹원들을 군사대오로 조직하려 했을 때의 포부는 '(의용)군'을 건립해 중국항전에 직접 참가할 뿐 아니라 독자적인 작전으로 일본군에 맞서 싸우며 실력을 길러 조국광복을 위한 '민족혁명군'으로 키워낸다는 것이었다. 하지만 중국 군사위 당국에 의해 '(의용)대' 창설 수준으로 낙착되고 말았다. '군'이 되기에는 인원이 많이 부족함을 이유로 내세웠지만, 실은 전투 아닌 대적선전 공작을 주 임무로 설정한 데 따라 명칭이 그리되었고 무장도 빈약하였다.

　그렇게 '총 잡지 않는' 대오가[72] 되어버린 채로 의용대원들은 구대별 전구 배치가 완료된 1939년 초부터 1940년 상반기까지 호남·호북성 중심의 화중 항일전선에서 중국군을 도와 선전공작을 수행하였다. 그러는 중에 그들은 전투 참가의 기회를 최대한 얻으려 하면서 보병 전투요원을 방불케 하는 적극행동을 수시로 자담하고 용감하게 나서는 일이 비일비재하였다. 그럼으로써 기습전, 매복전, 유격전 등 여러 형태의 전투 참가 실적을 근 20회나 내며 실전 경험을 쌓아갔다. 1년 사이에 50명가량이나 신입대원이 충원되었음에 힘입어 1939년 11월에 신설된 제3지대는 강서·광서·절강성 등지의 화남전선으로 파견되어, 더욱 본격적이고 한층 더 실감도 나는 전투상황을 접하는 가

　전모를 복원-재구성해보는 작업이 한 번은 있어야 할 것이기에 일단은 써놓았다. 추후 비교와 확인을 가능케 해줄 자료가 새로 발견되면, 혹시 있었을지 모를 오류의 보정(補正)도 하나씩 가능해질 것이다. 그래도 이 글을 쓰는 데 이용한 자료 범위에서는 서로 맞아떨어지지 않는 부분을 정밀 검토해 원자료의 착오도 교정토록 애써봤고, 그런 부분은 본문 여러 곳에 그때그때 적어놓았다.

[72] 李斐如, 「朝鮮義勇隊的新發展」, 『조선의용대통신』 7(1939.3.21), 5쪽.

운데 실전 감각을 익혀갔다. 그럼으로써 의용대의 가장 소중한 군사적 인적자원이 되어간 것이다.

그럼에도 의용대원들은 화중·화남 전선에서의 분전 중에도 무언가 공허하고 상당히 외롭다는 생각이 종종 들었을 법하다. 일본군에 맞서 싸우고는 있지만, 정말 '누구를 위해' '무엇을 위해' 오늘의 이 전투를 수행하며 소중한 시간을 보내고 있는지를 자문해볼 때면 필경 그랬을 것이다. 독립전쟁 발동과 그 승리를 위해서는 만주의 압록강 부근까지 가 있어야만 하고, 동포들을 많이 만나 격려받고 자극도 주면서 끌어들여 의용대의 역량을 확충해가야 할 텐데, 화중·화남의 전지들에서는 그러기가 거의 불가능하지 않은가 하는 것이다. 1940년 들어 의용대 안에서 화북진출 요구가 빈발하는 이유 중의 하나도 그로부터 찾을 수 있었다. 그 요구에 의용대 지도부가 응답하는 식으로 다음의 행동계획을 짜고 실행해 감에 대해서는 다음 장에서 고찰할 것이다.

조선의용대의 화북진출과 태항산지구 정착, 그 배경과 경위

1. 문제 제기

1941년 1월, 조선의용대 제3지대가 중경에서 낙양(洛陽)까지 1천 리 행군으로 북상 이동하고 그곳 제1지대와의 통합으로 혼성지대가 된다. 이어서 제2지대가 호북성의 주둔지를 떠나 거기로 옮겨오니, 4차에 걸쳐 북상대오와 낙양 주둔 대원 거의 모두의 황하 도하와 화북 진입이 성사된다. 그리고 제2진까지는 태항산(太行山) 남단 동쪽의 예북(豫北, 하남성 북부) 지구에서 국민당 부대와의 합작으로 적후공작(敵後工作)을 펴지만, 얼마 후 도하 예정 인원이 전부 건너오자 북쪽의 태항산록으로 몰래 이동해 산서성의 중국공산당 팔로군 구역으로 들어갔고, 거기에 정착 주둔해 항일활동을 계속해간다. 이는 제3지대의 중경 출발 때 국민당 군사위원회의 승인을 받으면서 약정했던 행로와 종착지에서 많이 벗어난 결과였다.

안 그래도 국·공 관계의 균열이 점점 커져서 긴장이 고조되고 무력충돌까지 벌어지던 상황이었기에 이 '일탈'은 적잖은 파문을 낳지 않을 수 없었다. 또한 그 후로 의용대는 중경의 총대부와 화북의 지대로 양단되어 연락과 소통이 거의 끊겨갔다. 총대장 김원봉의 자타공인 통솔력과 위신이 크게 실추되는 결과도 낳았다. 여기까지는 그동안의 관련 논구와 저작들을 통해 대체로 밝혀지고 알려진 일들이다. 하지만 그 상세 경로와 행로변경의 연유 및 경위는 아직도 규명되지 못한 부분이 있다. 김원봉도 이 문제에 대해서만은 환국 후에도 입을 봉하여 일절 말이 없었고, 그래서 의문점들이 미해소인 채 그대로 남겨진 것이기도 했다.

그런 중에도 하나의 통설처럼 되어온 것은 태항산 팔로군지구로의 진입과 정착이 처음부터 작정된 것이었다고 함이다. 그 무렵 중공당 비밀당원이면서 김원봉의 개인비서였다는 스마루(司馬璐)가 그로부터 10여 년이 지난 후에 출간한 회고록과, 의용대의 북상 이동과 태항산지구 활동에 참여했던 대원 몇 분의 노후 회고기록 혹은 '증언'들에 의지해서였다. 하지만 사실 검증과 확인이 어려운 혼자만의 주장이거나, 부분적 체험과 개인적 식견으로 전모를 대신하고 '그것은 예정된 운명이었다'와 같은 식의 결과론적 정당화를 그냥 밀고 나가는 것처럼 보일 때도 있다. 게다가 그대로 받아들여 인정하기에는 의문시되고 석연치 않은 부분도 더러 남아있기에, 더 파고들어 두루 살펴보고 문제를 깔끔히 해명해낼 필요성이 대두한다.

이 장에서 초점을 맞추어볼 문제와 관련해 구체적인 질문을 던져보면 다음과 같은 것들이다. 의용대의 실병력 거의 전부를 화북으로 보내기로 했을 때 중국 군사위 당국으로부터 승인받은 종착지는 정확히 어디였는가? 그것과 실제 행로의 종결점이 상위해졌음이 사실일진대, 그 어긋남의 시초는 언제, 어디서였는가? 중경에서부터였는가, 화북행 전체 경로의 중간 어디쯤에서였는가? 그 발단은 누구 또는 어느 세력에 의해 주어진 것인가? 대오의 화북행이 결정되고 중경을 출발할 때부터 의용대 지도부의 내정된 종착지는 본래 팔로군지구였던 것인가? 이에 관해 중공당의 책략과 그 대행자들의 역할이 일찍부터 짜여 있었고 의용대 수뇌부도 그것을 받아들여 은밀히 작동시킨 합종과 음모의 모양새로 일들이 진행되어간 것으로 말해져 왔는데, 정말 그러했는가? 그렇다면 북상 의용대가 최종적으로는 팔로군지구로 진입할 것이라는 시나리오를 김원봉도 공유했거나 최소한 감지는 하고 있으면서도 아예 모르는 척했거나 그냥 묵인해버린 것인가? 아니면 그와 반대로, 그 자신도 따돌려졌거나 기만당한 것인데도 오해만 받고 국민당 쪽과 광복군-한국독립당 일각에서 가하는 비난의 표적이 되면서 책임론에 시달렸던 것인가? 덧붙여, 조선의용대의 행보에서 '화북진출' 혹은 '북상항일'이라는 말의 관용적 의미는 대체 무엇이었으며, 지금이라도 그것은 정확히 어떻게 매겨지고 쓰여야 옳을 것인가? 등등이다.

  이러한 물음을 방기·외면해버림 없이 이제라도 되짚어 충분히 검토하고 숙고해볼 필요가 있다. 그렇지 않으면 조선의용대의 화북진출 및 태항산지구 진입과 그 후의 일들은 계속해서 흐릿한 풍설과 결과론적 억측에 갇혀만 있게 될 것이다. 진부한 문제 제기로 여겨질지 모름에도 다시 끄집어내 꼼꼼히 살피고 따져보려는 것은 모름지기 그런 뜻으로이다.

  어쨌거나 방법은 하나다. 지금 시점에서 동원할 수 있는 모든 자료를 가져다 적절히 배치하고 활용하되 각각의 한계와 오염 가능성에도 유의하는 것이고, 원점에서부터 전면 재점검하듯이 일들의 경과를 차근차근 추적해가며 복기해보는 것이다.[1]

---

[1] 이 장의 모본(母本)이 되는 것은 졸고, 「조선의용대의 항일전투(참가) 실적과 화북진

2. 조선의용대의 북상항일 추진과 화북진출 결정

1) 북상항일의 발론과 준비작업

이미 1939년 3월에 조선의용대 지도위원 김성숙(金星淑)은 "적의 후방을 향하여 힘써 나아갈 것"을 주문하고 있었다.[2] 그해 가을에 계림의 의용대 본부는 지난 1년간 활동의 성과와 교훈에 입각해 향후의 공작방향을 정하였다. 압축하면 두 가지였으니, 해오던 공작 계속하기와 적후를 향해 발전하기였다. 후자는 전선 너머 적군의 배후가 되는 점령지구에서 중국군이 벌이는 유격전과 배합하여 의용대의 대적선전 활동을 강화하고 그 효과로써 이민동포를 대거 쟁취함에 의해 무장 전투부대를 건립하기 위해서라 했다. 그와 더불어 "북방의 ○[1]전구와 ○[5]전구에 부대를 집중시켜 제2년의 공작을 준비"하려 한다고 공표하였다.[3]

그런 맥락에서 의용대가 그해 11월, 새로이 '북진분대'를 편성하여 호북성과 하남성을 관통하는 경로로 산동성까지 나아가보도록 했음은 앞 장에서 서술한 바와 같다. 아울러 제1지대의 편성인원에서 절반을 떼어내 신편 제3지대로 넘기고 나머지 절반으로 1지대를 재편

출 문제 재론」(『한국독립운동사연구』 67, 2019)의 후반부이다. 그러나 자료를 더 보강하고 논의의 흐름도 정합성과 전후 연관도를 훨씬 높이는 방향으로 일부 조정하고 재구성하며 논지에 상당 정도의 보충과 수정이 가해진 것이라는 점에서 전면 개고본이 됨을 밝히는 바이다.

[2] 星淑, 「快向敵人的後方邁進」, 『朝鮮義勇隊通訊』 7(1939.3.21), 4쪽.

[3] 韓志成, 「目前朝鮮義勇隊的動態」, 『조선의용대통신』 30(1939.12.15), 1쪽. [ ] 안은 인용자의 추정이며, 1전구는 하남성 북부, 5전구는 하남성 남부와 호북성 서부가 관할지였다.

성한 후, 부대장(副隊長) 신악(申岳)이 임시 지대장이 되어[4] 인솔하고 1940년 3월 14일 계림을 떠나 북상토록 했다. 왕지연(王志延, 한빈[韓斌]) 외 이정호(李貞浩)·이동호(李東浩) 형제와 이대성(李大成)·이화림(李華林, 이춘실[李春實]) 등 20여 명의 동행으로 장사, 형양, 의창(宜昌), 한구, 노하구를 거치며 행군해 간[5] 이 선견대는 4월 21일 하남성 낙양에 당도하였다. 그 후 그들은 예정된 활동 목적으로 황하를 건너가, 일부는 박무·김철원·장중진(張重鎭) 등이 몇 달 전에 들어가 있던 산서성 남단 중조산(中條山)의 39군에 배속되어 접적지대에서 무장선전 공작을,[6] 다른 일부는 태항산 동쪽의 신오군(新五軍)에 배속되어 하북성 평원지대에서 적후공작을 벌이기 시작했다.[7]

1939년 12월 초경에 김원봉이 제2구대 정치지도원 김학무(金學武)를 노하구에서 계림으로 오도록 해 총대부 정치조장으로 임명했는데,[8] 이는 연안(延安)에 가 있는 최창익과 몇몇 추종자들의 2구대에 대한 영향력을 견제 혹은 차단하려는 의도에서만 아니라, 의용대의 향후 진로 관련의 큰 그림을 그려보기 위한 포석으로도 그랬던 것이 아닐까 한다. 과연 김학무는 얼마 지나지 않아서 '무장화'와 '윤함구(淪陷區) 공

---

[4] 1940년 3월 계림의 서남행영이 폐설되면서 의용대 본부가 중경으로 옮겨갈 때, 1지대장 박효삼이 중국어에 능통하므로 총대부 외교주임으로 전임시켜 김원봉이 대동하고 중경으로 가면서 신악을 한시적 후임자로 앉힌 것 같다(「在支朝鮮人의 反日運動에 關する調査」, 『思想月報』 77, 1940, 7쪽; 金正明 편, 『朝鮮獨立運動』 II, 東京: 原書房, 1967, 685쪽).

[5] 리화림, 「진리의 향도 따라」, 조선의용군 발자취 집필조, 『중국의 광활한 대지 우에서』, 234쪽.

[6] 공작 상황과 내용은 리화림, 「진리의 향도 따라」, 235쪽이 참고된다.

[7] 金正明 편, 『朝鮮獨立運動』 II, 653·679쪽과 劉金鏞 편, 『國際隊伍』, 82쪽 같이 참조. 이들은 1940년 가을에 국공합작 파탄으로 장제스가 39군을 남방으로 이동시킬 때 동행 권유를 거절하고 낙양으로 귀환했다(리화림, 「진리의 향도 따라」, 236쪽).

[8] 「本隊消息」, 『조선의용대통신』 30(1939.12.15), 3쪽.

작'이 '금후의 공작방향'임을 천명했고,[9] 머지않아 의용대가 전쟁대오로 발전함은 필연적이고 가능도 하다는 생각을 피력했다.[10] 그가 말한 '무장화'란 선전공작을 하더라도 무장대오를 기간(基幹)으로 하여 실행함, 그러니까 '무장한 대적선전 공작대'를 건립함이었다. 이것이 장래의 '전투적 무장대오'의 기초가 되고, 적후에서 측면을 타격하는 '유격식 소전투'를 가능케 해주며, 활동자금을 획득하고 대량의 조선동포를 쟁취할 방안이기도 하다고 그는 역설했다. 그리고 '윤함구 공작'이란 중일전쟁 개전 후 적의 손에 넘어가 있는 화북의 북경, 천진, 석가장(石家莊), 신향(新鄕) 등지에 이민동포가 격증하여 벌써 10만 명에 달하는데 이들을 쟁취하여 대오를 확충하고 적후에 혁명적 연락기지와 활동근거지를 건립함을 말하는 것이었다. 그래야 관내(關內)의 혁명운동을 고립에서 구해내고 동북처럼 국내운동과의 연계를 기할 수 있다고 했다.

　요컨대, 지금까지는 의용대가 중국군 지원 기능을 갖는 대적선전대에 불과했으나, 앞으로는 적의 무기를 탈취함에 의한 자체무장 전투부대가 되고 적후로 침투하여 동포를 쟁취하며 근거지를 구축함으로써 동북 및 국내와의 연계를 도모하고 마침내 '최후의 결전'으로 나아가야 한다는 논지였다. 이것은 그즈음의 의용대 내부에 팽배해있는 열망과 내심의 결의를 그대로 반영시킨 것이기도 했다. 조선의용대 지도위원회의 중국인 위원들과 군사위 관계자들도 관심 있게 읽어볼 『조선의용대통신』에 그런 논지를 공표하여 노출시킨 것은 일차 운을 떼어보는 식이어서 상당히 의도적이었다고 볼 만하다. 두 달 후 3월

---

[9] 金學武, 「一年來朝鮮義勇隊工作總結與今後工作方向(續完)」, 『조선의용대통신』 31(1940.1.1), 2쪽.
[10] 같은 글, 3쪽.

1일에 조선의용대가 간행한 기획도서에 실린 글 「조선의용대의 금후 공작방향과 발전의 길」에서도[11] 무장화로 자체역량의 충실 기하기와 전투부대화, 그리고 적후진출에 의한 대오 확충과 그를 통한 동북 및 국내 혁명운동과의 연결이라는 주장 및 전망이 되풀이해 나타난다.

총대부의 중경 이전 후 첫 호로 1940년 5월에 나온 『조선의용대』[12] 제34기에서는 앞서 말해지던 전투부대를 '조선혁명군'으로 호칭하기 시작했고, 그 건립을 목전의 가장 중요한 공작으로 들었다.[13] 한 달 후의 『조선의용대』 제35기에 실은 글에서 박효삼도 객관적 정세 변화와 2년간의 투쟁경험 축적에 의한 내부조건 성숙을 들어, 대적선전이 주요 공작이던 시기는 일단락 짓고 의용대를 '조선혁명군'으로 확대하여 대적작전 위주로 나아갈 것을 견결히 주장한다고 썼다. 그래도 대적선전이 필요하다면, '전투로써 선전한다'는 원리대로 선전을 전투에 배합시켜야 한다고 언명하였다.[14] 뒤이은 36기와 37기에 수록된 글들도 마찬가지로 제목에서부터 '조선혁명군'을 공통의 화두로 삼거나 이구동성의 주장을 폈다.[15] 이 용어는 입에 발린 관용어로 쓴 것이 아니었다. '의용'에 대하여 '혁명'을, '대'에 대하여 '군'을 대응시킨

---

[11] 「朝鮮義勇隊今後的工作方向與發展前途」, 王繼賢 편저, 『中國戰場上的朝鮮義勇隊』(계림: 조선의용대, 1940). 이 책의 국역본 전체가 최봉춘 역, 『조선의용대 혈전실기』(밀양문화원, 2006)에 「중국전장에서의 조선의용대」라는 제목으로 실려 있고, 위의 글은 그 책의 250-252쪽에 있다.

[12] 이때까지의 기관지 제호이던 『조선의용대통신』에서 제34기부터 '통신'을 빼고 『조선의용대』가 된다.

[13] 韓志成, 「目前環境與朝鮮義勇隊今後工作方向」, 『조선의용대』 34(1940.5.15), 4쪽.

[14] 樸孝三, 「爲建立朝鮮革命軍而鬪爭」, 『조선의용대』 35(1940.6.15), 2-3쪽.

[15] 李達, 「關於朝鮮革命軍問題」, 『조선의용대』 36(1940.7.15); 傑夫, 「朝鮮義勇隊與朝鮮革命軍」, 같은 호, 3-4쪽; 馬義, 「建立朝鮮革命軍中的幹部問題」, 같은 호, 5-6쪽; 馬義, 「向敵後進軍」, 『조선의용대』 37(1940.10.1), 5쪽 참조. 걸부(傑夫)의 글에는 "최근 조선의용대가 혁명군을 조직하기로 결정했다."는 구절까지 나온다.

것으로, 자체 '무장'하여 일본군과 '전투'를 벌일 '독립'군의 의미로 강조해 쓴 것이다.

이런 흐름 속에서 10월 1일자의 『조선의용대』 제37기에는 "[우리는] 제2년에 통일적 책략과 동일한 공작을 통해 각 당파의 공동요구인 공작의 통일을 촉성했고 정치적 통일의 완성으로 나아가고 있음. 그리하여 의용대 제1구대는 북상 후 그곳의 부대와 합병할 것이고, 강남의 제3구대 역시 북쪽[여기서는 중경을 말함: 필자]을 향해 집결 중임"이라는 박효삼의 보고가 실려 나왔다.[16] '정치적 통일'이란 김학무의 정치조장 수임이 좋은 예가 되었듯이 조선민족혁명당과 조선청년전위동맹의 정치노선 상의 간극을 해소함이고, '북상한 제1구대의 그곳 부대와의 합병'이란 낙양의 제1전구 장관사령부 예하로 배속되어 활동 중인 제2구대 제1분대 요원들을 흡수 통합함이었다. 같은 기에 실린 한지성의 글에서도 "우리 (의용)대는 지금 어느[某] 지점에 모여 있고, 어느 지점으로 옮겨갈 준비를 하고 있다. 다만 최후의 결정은 중국 최고당국의 작전계획 및 우리에게 바라는 바에 달려 있다."[17]고 했다. 여기서 '어느 지점'이란 각각 중경과 낙양을 가리키는 것이었다고 보는 것이 맞겠고, 아니라면 낙양과 화북의 암시적 표현이었을 수도 있다.

이 글과 앞서거니 뒤서거니 식으로, 10월 3일에 의용대 총대부는 중경의 일심호텔로 국민당계 『중앙일보』와 중공당계 『신화일보』 기자를 같이 초대하여 의용대의 지난 2년간의 공작정형과 그 성과를 알려 선전했다. 또한 3지대가 머지않아 낙양으로 북상하여 적후로 들어갈 것이며, 금후 '한적(韓籍) 적군'(일본군 내의 한인 병사를 말함)을 쟁취하고 동포

---

[16] 樸孝三, 「兩年來本隊工作的總結」, 『조선의용대』 37(1940.10.1), 12쪽.
[17] 韓志成, 「二年來的教訓與今後的工作」, 『조선의용대』 37(1940.10.1), 16쪽.

들을 단합시켜 군중적 혁명무장을 건립하는 것이 주요 과업이라고 발표하였다.[18] 선전주임 한지성이 주재하고 3지대의 김세광 지대장과 정치지도원 양민산, 정치조리원(政治助理員) 이명선(李明善)이 동석한 이날의 기자회견 내용은 『중앙일보』 10월 4일자에 "조선의용대 제3구대가 머지않아 화북의 전지(戰地)로 가서 (...) 대적선전 외에도 무장하여 유격대에 참가하며, 적후로 섞여 들어가 조선지사와 연락하고 중국군대와 배합하여 공동으로 살적(殺敵)하리라 한다."는 기사로[19] 즉시 반영되어 나왔다.

조금 전 언급한 『조선의용대』 기고문에서 한지성은 차후 선택할 공작근거지의 조건으로 중국으로 내몰려 온 조선인이 많은 지방, 강박으로 '지원병'이 된 조선청년들이 출정해 있는 지방, 유격대가 발달한 지방의 세 가지를 들었다.[20] 이것은 화북과 동북을 염두에 둔 지적이었음이 분명하다. 같은 지면에 박효삼은 "우리가 (...) 화북에 투쟁 근거지를 구축하고 나아가 동북지방의 조선 무장부대와 연합하게 되면 진실로 조선혁명운동은 하나의 새로운 단계로 들어서게 될 것"이라는[21] 포부 겸 전망을 담아냈다. '화북으로, 다시 동북으로'라고 간명하게 압축될 향후 진로의 구상을 그렇게 표현한 것이다.

관련하여 짚어보고 가야 할 문제가 '동북노선'이다. 비록 이때 쟁점으로 다시 제기되었거나 표면화해 기록으로 남겨진 것은 아니지만, 그래도 2년 전과는 뒤바뀐 입장이 어떤 식으로든 언표는 되었으니 흥미로운 것이다. 그러므로 잠시 그 점에 눈을 돌려보기로 한다.

---

[18] 楊昭全 等 編, 『關內地區朝鮮人反日獨立運動資料彙編』(下), 961쪽 참조.
[19] 「朝鮮義勇隊赴華北參加抗戰」, 추헌수 편, 『자료 한국독립운동』 Ⅲ, 67쪽.
[20] 韓志成, 「二年來的敎訓與今後的工作」, 『조선의용대』 37(1940.10.1), 16쪽.
[21] 樸孝三, 「兩年來本隊工作的總結」, 『조선의용대』 37(1940.10.1), 8쪽.

1938년 5월 호북성 강릉의 군관학교 분교에서 열린 조선민족혁명당 제3차 전당대표대회에서 당내 비밀그룹인 재중조선인공산주의자전위동맹[22] 소속의 최창익(崔昌益)과 그를 추종하는 청년당원들이[23] '동북노선'을 고창하며 당장의 실천을 주장했다. 그러다 막판에 채택된 「결정서」는 동북노선에 관한 제6항과 제9항을[24] 볼지라도 사려와 분별력과 용의주도함이 투영된 타협안이었다. 그 문서를 들여다보면, 이 대회에 대한 일제 당국의 첩보 및 관측과는 아주 다르게, 김원봉과 그의 측근들이 동북노선을 무작정 반대하거나 기피·무시하려 한 것이 아니었다. 당장의 실행은 어렵지만 여건이 호전되고 기회가 온다면 동북노선을 반드시 실행하리라는 포부와 약속을 「결정서」의 두 항목은 구체적 서술과 표현들로 담아내고 있었다.

1940년 10월 10일 중경에서 열린 '조선의용대 성립 2주년 기념대회'에서 총대장 김원봉이 「우리는 승리를 향해 매진한다」는 제목으로 연설하였다. 그는 말하기를, "오늘 우리는 다시금 우리의 대오를 확대하고 무장시켜 적후의 광대한 조선인민을 쟁취하여 반일투쟁에 참가시키고 중국 관내의 조선혁명운동과 동북 및 조선의 혁명투쟁을 밀절(密切)하게 연계시킴을 요합니다. (중략) 동북항일연군의 조선인 부대

---

[22] 이 명칭은 로민, 「청춘시절의 추억」, 『중국의 광활한 대지 우에서』, 141쪽에 의거한다. 1936년 남경에서 10월회의 확대 개편으로 결성되었고, 1937년 중일전쟁 발발 후 맹원들이 개별적으로 조선민족혁명당에 가입해 있었다.

[23] 전당대회 직후 군관학교를 졸업한 이 청년들은 무창(武昌)으로 옮겨간 후 민혁당을 탈당하고 최창익 영도 하의 '조선청년전시복무단'을 결성했다. 그러나 기대와는 달리 중공당(정확히는 무한판사처 주임인 저우언라이[周恩來]) 측의 별다른 호응을 얻지 못하고 외면되자 그동안 최창익의 외골수적 주장과 급진노선에 반대해온 김학무 등 일부 단원들이 기왕의 비밀조직을 '조선청년전위동맹'이라는 이름으로 공개하고 조선민족전선연맹에 가입함과 아울러 조선의용대 창설에도 참여한다.

[24] 이 「결정서」는 염인호, 『조선의용군의 독립운동』, 54-55쪽에 전문이 번역되어 실려 있다.

는 수백 명의 독립군에서 수만 명의 강대한 무장력으로 발전하지 않았습니까? 소련에서 4개 사단의 조선혁명군이 생장하고 있지 않습니까?"라고 역설하였다.[25] 동북항일연군과 소련 경내의 강대한 조선인 부대가 있음을 알리고 환기시키면서 무장화와 적후동포 쟁취라는 포부 겸 결의를 힘주어 표명한 것이다. 아울러, 관내의 무장독립운동을 동북 및 국내의 항일투쟁과 연계시킴에 대해서도 말하고 있는 것이었다. 그 두 달 후의 『조선의용대』 지면에 나온 김일성부대 관련 기사도[26] 의미심장한 상징적 언표였다. 이제는 동북으로 가야 함을 김원봉이 강조해 말하고 있음과 직결되는 언설이었다. 그렇다면 의용대 창설 2년쯤 후부터는 김원봉 등의 지휘부가 머지않아 동북노선도 실천해가겠다는 의지를 품고 그 방향과 방안에 대해 진지하게 생각해보고 있었다고 할 수 있다.

2) 확대간부회의에서의 북상항일 결의와 그 정황

1940년 11월 4일, 중경 남안구(南岸區)의 의용대 총대부 사무소 대례당에서 총대부의 간부진과 지대장 3인 및 독립분대 대표 2인이 참석하는 확대간부회의가 열렸다. 참석자는 김원봉, 신악, 윤세주(尹世

---

[25] 金若山, 「我們向勝利邁進—金隊長在本隊成立兩週年紀念大會演詞—」, 『조선의용대』 38(1940.11.15), 5쪽.

[26] 韋明, 「英勇戰鬪中的東北朝鮮革命軍」, 『조선의용대』 39(1941.1.1), 15-17쪽. 이 기사에서 필자는 김일성부대의 근래 활약상을 자세히 서술하고 "보총 3백여 정. 기관총 20여 정. 권총 100여 정"에 달하는 노획 전과를 칭송하였다. 여기서 언급된 내용을 보면 그 활약상이란 1940년 3월 김일성부대가 만주 길림성 화룡현 홍기하(紅旗河)의 일본인 목재소를 습격한 후 추격해오는 화룡현 경방대(警防隊)의 마에다(前田) 중대를 안도현 대마록구 고지에서 매복 공격해 120명가량 사살이라는 전과를 올린 것을(와다 하루키, 이종석 옮김, 『김일성과 만주항일전쟁』, 창작과비평사, 1992, 229-232쪽) 말하는 것이어 보인다.

靑), 박효삼, 이익성, 한일래(韓-來), 김준(金俊, 김종[金鍾]), 이춘암(李春岩), 한지성, 이달(李達), 김세광, 진원중(陳元仲), 마일신의 13인이었다.²⁷ 대부분이 김원봉과 한솥밥을 먹어왔다고 할 오랜 동지이거나, 그의 제자이면서 직계 참모가 되는 지휘관들이었다. 상당수는 국민당 계통 군대와 기관에 종사했거나 관계해온 이들이기도 했다.

그로부터 15일간이나 계속된 이 회의는 앞에서 짚어본 발전전략 격의 포석과 준비를 내부적으로 재확인하고 점검하는 자리가 되었다. 비밀회의가 아니라 일반대원의 방청 허용으로 공개리에 진행된 간부회의에서는 그때까지의 의용대 활동상을 되새겨본 끝에, 자체무장 결여, 동포발동 공작 미흡, 자력갱생 정신 결핍이라는 한계를 보여왔다고 자기비판하였다. 그래서 자체 무장화를 통한 민족혁명군 건립, 조선동포 다수거주 지역으로의 진출, 선전공작으로부터 무기획득을 위한 전투공작으로의 중점 변경을 향후 활동의 우선 방침으로 설정하였다.²⁸

그리하여 간부회의에서는 "무장화가 안되면 대적선전도 유효한 진행이 곤란하다"는 등의 5개 교훈이 도출되었고, 그로부터 4개 항의 결정을 보았다. 결정의 제1항은 "조선군중 집거지대로 정진(挺進)하여 동포발동 공작에 적극 나설 것"이었고, 제3항은 "과거의 분산이동적·정치선전적 공작방식을 바꿔서 역량을 집중하고 전투를 벌여감에 의

---

²⁷ 劉金鏞 編, 『國際隊伍』, 153쪽.
²⁸ 회기가 길어진 것이 무슨 사유로였는지는 확인되지 않는다. 짐작되기로는, 국공관계 중심의 관내지역 정세와 향후 전망, 동북지역의 항일정세와 항일연군 동향, 유럽의 정세와 전황, 일본·미국·소련 각국의 근래 동태와 그에 연동되는 국제정세 추이, 소일전쟁·미일전쟁 발발 가능성과 예상되는 시점, 얼마 전 9월에 임시정부와 한국독립당이 중경서 발족시킨 한국광복군 총사령부의 움직임과 공작정형 등, 광범위한 문제들에 대해 보고와 검토를 하고 대응책도 논의하다 보니 그런 것이 아닌가 한다. 화북진출 이후의 상황별 도상연습이나 공작 관련의 지침 설정이 곁들여졌을 수도 있다.

해 근거지를 건립할 것"이었다.[29] 간단히 말하면, 전선의 대적선전에서 적후의 유격전으로 공작중점을 바꾸겠다는 것이었다.[30] 그를 위해 꼭 필요한 당면의 진로 계획을 한마디로 압축해 표현하고 정식으로 결의도 해낸 것이 '북상항일'이었다.

의용대가 정진해가서 동포를 발동시키고 근거지를 건립할 '조선군 중 집거지대'는 물론 화북지방이었다. 그러므로 북상 행로의 종착지이면서 그 후의 활동지도 화북일 것이었다. 하지만 북상부대의 구체적인 기착지가, 또는 주둔지 겸 근거지가 정확히 어디일지는 이 결정의 문면에 드러내지 않았다. 군사보안을 위해서도 당연히 그랬을 것이지만, 실제로 그때는 확정 짓지를 못했을 수 있다. 다만 화북으로 이미 가있는 일부 대원들이 활동 중인 항일근거지가 우선적인 후보지로 부상했을 가능성이 크며, 그렇다면 1년 전부터 북진분대의 일부 요원이, 그리고 그해 봄부터는 제1지대가 적후공작을 펴고 있던 임현(林縣)[31] 부근의 국민당군 근거지가 가장 유력하게 꼽혔을 법도 하다. 그 북쪽의 하북성 섭현에 속하는 태항산록 안에 팔로군(정식 명칭은 '국민혁명군 제

---

[29] 韓志成,「朝鮮義勇隊三年來工作的總結」,『조선의용대』40(1941.10), 11·13쪽.
[30] 확대간부회의가 진행 중이던 11월 15일자의 기관지에 한 대원이 지난 2년간의 의용대 활동을 '일종의 소모전'이었다고 혹평하면서 다시는 그 지점들과 예전의 방식으로 돌아가지 않겠다고 단호히 성명하는 글도(陳郞,「鬪爭了兩年的朝鮮義勇隊」,『조선의용대』38, 13-16쪽) 실렸다.
[31] 임현은 하남성 최북단이면서 태항산 남단의 동쪽 기슭에 자리한 산간지대로, 하남·하북·산서 3성의 경계지대 지점이었다. 임현 서쪽 10Km 지점의 임려산(林廬山)에 태항산 대협곡이 험준함을 자랑하며 가로놓여 있고, 동쪽으로 화북평원의 하북성 안양현(安陽縣), 북쪽의 장하(漳河) 건너편으로 하북성 섭현(涉縣)과 산서성 동욕진(桐峪鎭) 및 요현(遼縣; 현 좌권현[左權縣])이 차례로 위치해 있었다(李顯國,『중국문화행정지리(하남성)』, 황매희, 2019, 128쪽). 1940년 3월에 임현의 북쪽 일부가 임북현(林北縣)으로 분리되면서 진기로예변구(晉冀魯豫邊區) 태항구 제5전구에 속하여, 팔로군 129사 총부가 임촌진(任村鎭) 서파촌(西坡村)에 설치되었고(얼마 후 섭현으로 옮겨감) 임현은 국민당 통치구가 되었다(〈임주시 인민정부〉홈페이지, www.linzhou.gov.cn). 1994년에 임현이 현급 시가 되면서 지명이 임주(林州)로 바뀌었다.

18집단군') 129사 총부와 그 관할구역이 있었으니, 만약에 의용대 지도부에서 팔로군과의 결합을 미리부터 생각하고 있었다면 역시 안성맞춤일 곳이었다.

그 무렵의 화북지역 정치정세와 지리적 변동의 추이를 보면 이러했다. 중일전쟁 발발 후 중국공산당 북방국의 군사부장 주서(朱瑞)가 하남성 신향에서 '국민혁명군 제18집단군 제1전구 사령장관부 연락처'(약칭 '팔로군 연락처')라는 이름으로 예북의 국민당 당국과 연락관계를 맺음과 동시에 중공당 예북특위와의 합작으로 항일근거지 구축 공작을 개시하였다. 주서는 국민당 당국과 공동으로 '예북항일민중동원위원회'를 건립하고 '예북사관구(豫北師管區) 군정간부훈련반'을 개설하고 진보적 청년과 유망 학생들을 불러 모아 교육훈련 시킨 후 각지로 보내서 '항일구망(抗日救亡)'의 선전활동을 전개하며 유격대를 건립토록 했다.[32] 그 결과, 1938년경에 팔로군과 중공당이 섭현과 무안(武安)에 근거지를 만들어낼 수 있었는데, 그 밖의 다른 곳들은 대부분 국민당 정권이 영도했고 공산당원들은 그 안에서 암약하는 정도였다.[33] 그러다 1939년 말에 산서성 주석 겸 제2전구 사령장관인 염석산(閻錫山) 휘하의 구군(舊軍)과 격전을 벌여 승리한 친중공의 신군이 팔로군에 합세하니 두 정권과 양종 군대가 병존하는 국면이 되었고, 태항산맥 남단에서 국민당군을 격퇴함으로써 팔로군이 화북을 장악하는 형세로 점점 바뀌어갔다.[34] 그렇게 태항·태악(太岳)·기남(冀南)의 71현이 팔로군의 손아귀에 들

---

[32] 中國抗日戰爭史學會·中國人民抗日戰爭紀念館 編, 田西如 著, 『中國抗日根據地發展史』, 北京出版社, 1995, 121쪽.

[33] 같은 책, 125쪽.

[34] 肉戶寬 外, 『中國八路軍·新四軍史』, 東京: 河出書房新社, 1988, 81-85쪽(염인호, 「조선의용군 연구」, 국민대학교 박사학위논문, 1995, 74쪽 재인용).

어오자 1940년 4월에 중공 북방국과 팔로군 총부가 여성현(黎城縣)에서 고급간부회의를 열어, 진기예의 태악구 독립을 결정하고 군구(軍區)와 당위(黨委)를 성립시켰다. 이어서 행정구역을 위의 3개로 구획하고 그 아래에 15개 전구(專區), 115개 현을 설치하니, 동으로 진포철로(津浦鐵路), 서로는 동포선(同蒲線)에 이르고, 북으로 진찰기(晉察冀), 남으로 황하에 접하는 근거지가 형성되었다.[35] 요컨대 1940년 말의 태항산 일대는 극히 일부의 국민당군 관할지를 빼고는 거의 전역이 중공당과 팔로군의 세력권이 되어 있다고 볼 수 있는 것이었다.

그런 가운데도 광복군은 하남성과 산서성, 멀리는 수원성으로도 대원들을 보내 활동토록 하고 있었는데, 어느 경우든 국민당군 관할지 안에서였다. 앞서 1939년 11월에 임시정부가 군사특파단을 설립하여 섬서성 서안(西安)으로 파견했고, 무정부주의 계통이면서 김구와 기맥이 통하는 단체인 한국청년전지공작대도 1940년 1월 서안으로 이동하여 본부를 두었다. 서안은 낙양과 더불어 화중에서 화북으로 들어가는 양대 관문의 하나였기에, 그곳을 활동근거지로 삼는다는 것은 화북지역 공작의 포석임이 분명했다. 실제로 1940년 6월에 군사특파단이 산서성 남부의 임분(臨汾) 등지에서 초모공작을 개시했고, 청년전지공작대도 호종남(胡宗南) 휘하 제34집단군의 태항산 유격대와 손을 잡고 1940년 5월부터 하남성 북부와 산서성 남부 일대에서 초모공작에 돌입하였다. 그로부터 전지공작대는 태항산 진입의 길목인 능천(陵川)에 거점을 두고 일본군 제36사단 주둔지인 노안(潞安) 외에 신향·초작(焦作)·수무(修武)·장치(長治) 등지에서 비밀공작을 벌인 결과, 반년 만에 60여 명 초모라는 성과를 거두어냈다. 광복군도 총사령부가 1940년 11

---

[35] 張憲文 主編, 『中國抗日戰爭史』, 南京大學出版社, 2001, 688쪽.

월 서안으로 이전한 후로 각 지대가 군무부 관할의 5개 징모분처를 겸하도록 하여 초모활동에 더 적극적으로 나섰다. 그 중 제1·제2 징모분처의 거점이 산서성 북부의 대동(大同)과 수원성 포두(包頭)였다시피, 광복군의 활동지역이 화북지역 깊숙이 확대되는 효과도 나오고 있었다.[36] 광복군의 이런 동향이 조선의용대를 자극하고 경쟁심을 촉발하여[37] 3개 지대 전체의 화북행을 서둘렀다고 보아도 큰 무리는 없을 것이다.[38]

3. 조선의용대의 북상 이동과 태항산 항일근거지 진입

1) 의용대의 화북행 승인 취득과 종착지 택정 문제

북상항일을 결의한 의용대 총대부는 중국군사위 정치부에 정식으로 건의하고 승인을 요청했다. 그 내용은 동북 진출을 위해 수원성 오원(五原)의 동삼성정진군(東三省挺進軍) 사령부(사령관 마점산[馬占山])로 가서 합류

---

[36] 이상의 초모활동과 그 성과 및 효과는 한시준, 『한국광복군 연구』(일조각, 1993), 235-238쪽을 참조.

[37] 광복군이 창설될 무렵에 그 주역들이 조선의용대에 가한 폄하성 비판이 있었고, 이에 대해 1940년 10월의 『조선의용대』 제37기에 「조선의용대의 혁명운동 중 지위를 논함—두 종류의 잘못된 인식을 바로잡으며—」(원문의 국역임)라는 글이 반론 겸 역비판으로 나왔다. 그만큼 두 군사대오의 관계는 처음부터 사뭇 경쟁적이면서 불화의 징후도 나타나고 있던 것이다.

[38] 낙양행 직전에 박효삼은 그 나름으로 확대간부회의의 '중요 결의'를 다섯 가지로 꼽아 정리했는데, 그 중 첫 번째 것이 '본대의 정치입장의 확정'이었다. 전민족이 공동으로 반일에 나서야 하는바, 계급·당파를 나누지 말고 혁명적 통일전선을 결성할 것이며, 항일진영의 각당 각파와 친밀하게 합작하고 단결을 견지할 것이라 함이 그 내용 요지였다. 樸孝三, 「擴大幹部會議의 收獲」, 『조선의용대』 39(1941.1.1), 5-6쪽.

하겠다는 것이었다고 한다.³⁹ 그런데 이 얘기는 1945년 5월 중경에서 출간된 한 신문기자의 저술에 처음 나온 것으로⁴⁰ 원출처가 불명이다. 그리고 그것이 수십 년 후 국내에서, 1940년의 의용대 지휘부에는 다가서거나 속해본 적이 없는 특정인의 회고록과 '증언' 속에 그대로 복제된 것이다.⁴¹ 그러니만큼 그 전언의 진위랄까 내용의 사실성을 확인·측량하기가 어렵고, 따라서 신빙성을 크게 부여하기도 곤란하다. 게다가 수원성과 그 역내의 소도시인 오원은 내몽고 지역에 속하여, 의용대 기관지에서와 간부진이 매양 입에 올리던 '화북'에 포함되는 곳이 아니었다. 군사위와의 상시 소통과 연락, 원활한 물자보급도 기대 난망인 곳이었다. 김원봉과 의용대 간부진이 자주성을 한껏 고양시키고 발휘하면서 활동해갈 요량이었다면 그편이 낫다고 판단되었을 수 있기는 하다. 그렇지만 그곳을 종착지로 하여 북상부대가 주둔할 경우에는 이민동포들이 집거하는 화북의 대·소 도시구역을 오가며 활동함이 지난한 일인데다 너무도 비효율적일 것이었다. 그러므로 더욱더, 이 전언을 그대로 믿고 그냥 취하기가 어려운 점이 있는 것이다.

그러므로 다시 생각해보면, 선견대로 북상해 있는 제1지대의 현지 활동과 직결되어 명분도 있는 곳, 즉 황하 너머로 그리 멀지 않은 곳이면서 태항산 동쪽 기슭에 자리한 제24집단군(군장 방병훈[龐炳勳]) 관할구역이 이제 북상할 의용대의 행로 종착지이자 예정 주둔지로 군사위

---

³⁹ 葛赤峰, 『朝鮮革命記』, 重慶: 商務印書館, 1945; 여기서는 추헌수 편, 『자료 한국독립운동』 Ⅰ에 전재(轉載)된 것의 114쪽.
⁴⁰ 『조선혁명기』의 서지사항과 내용 개요가 졸고, 「조선혁명기」, 『한국독립운동사 사전: 운동·단체 편(Ⅳ)』(독립기념관 한국독립운동사연구소, 2004), 680-681에 소개되어 있다.
⁴¹ 김홍일, 『대륙의 분노』(문조사, 1972), 352쪽과, 「김승곤 지사 증언」, 이현희 대담, 『한국독립운동 증언자료집』(한국정신문화연구원, 1986), 47-48쪽의 것을 말한다.

측에 건의되었을 가능성이 훨씬 더 크다. 그때로서는 사리에 맞게 내놓을 수 있는 유일한 선택지가 아니었겠는가 한다. 그렇게 본다면 '수원성 오원' 운운은 상당히 잘못 전해진 말이거나, 의용대 쪽에서 흘린 위장용 정보가 사실로 믿어져 후일 기자에게도 '제보'된 것이 아니었을까 한다. 어쩌면 1941년 9월에 김두봉(金枓奉)이 중경에서 태항산으로 가려 할 때 수원성 오원을 국민당의 유관기관에 행로 목적지로 거짓 제시했던 것이[42] 의용대 북상 때의 목적지였던 것으로 와전되었거나 잘못 기억된 것이었음 직도 하다.

어쨌거나 김원봉과 황포군관학교 동기인 강택(康澤)과 1기 후배 등걸(滕傑)이 군부 내 실력자로서 힘써준 덕에 군사위 관계자들은 선선히 승인해주었고, 전선통행증과 제1전구 사령부에 내밀 소개장도 만들어주었다.[43] 그러자 의용대 총대부는 노하구의 2지대에도 낙양으로의 이동 명령을 하달하고 3지대의 중경 출발을 준비시켰다. 그와 동시에 3지대장 직을 전에 1지대장이었고 현재는 총대부 외교주임인 박효삼이 새로 맡도록 하고, 지대장 김세일은 부지대장으로 낮춰 앉혔다. 낙양 도착 후 1지대와의 통합을 위한 사전조치였을 것이다. 2지대장은 이익성이 유임되고, 부지대장에 진동명(陳東明), 정치지도원은 호유백(胡維伯)으로 바뀌었다.

1941년 1월 1일, 드디어 중경에서 북상 대오가 길을 떠났다. 총대부의 몇몇 요원과 3지대원 합하여 40여 명이 기선을 타고 조천문(朝天門) 부두에서 출발했다. 전날 밤 중국 군사위 관계자들과 애국인사들이

---

[42] 金雲龍, 『金九評傳』, 瀋陽: 遼寧民族出版社, 1999, 321쪽 참조.
[43] 군사위 위원 진성(陳誠)·풍옥상(馮玉祥)·장치중(張治中) 등의 지지와 찬성도 있었던 것 같다. 이에 대해서는 馬義 編, 『朝鮮義勇隊勝利的四年』, 107쪽을 참조.

베풀어준 성대한 환송연도 받고서였다.[44] 마침 그날 자로 간행되어 나온 『조선의용대』 제39기에 실린 글에서 김원봉은 '적후 유격전쟁' 발동을 주문하면서 "적후발전과 무장화로의 전진이 오늘의 관내 조선혁명운동의 유일 정확한 노선"임을 천명했다.[45] '오늘의 관내'라고 했음에서 '적후'의 범위에 동북지구는 아직 들여놓지 않고 있었음이 읽힌다. 그렇지만 윤세주는 출발 직전에 잔류 간부진 앞에서 "금년에 화북 근거지를 건설하고, 명년에는 동북 근거지를 건립할 것이며, 내명년에는 조국으로 진입하겠노라"고 공언하였다.[46]

중경을 떠난 북상부대는 1천여 리의 노정을 한 달여 강행군하여 낙양에 당도했고, 거기서 합류하게 된 제1지대와 합쳐 혼성지대로 재편하고 지휘계통을 단일화했다. 지대장 박효삼, 정치위원 윤세주, 부지대장 이춘암과 김세광으로 바뀌는데, 네 명 다 김원봉의 신임이 두터운 민혁당원이고, 화중·화남 전선을 누비던 역전의 지휘관이었다.

연후에 박효삼이 제1전구 사령장관 위립황을 찾아가, 도하증과 24집단군 사령관 방병훈에게 내보일 소개장 발급을 요청하였다. 국공관계의 긴장이 매우 고조된 상황인지라 어떤 의심이 들었거나 동향 관찰의 시간을 나름대로 가져보는 것인지, 위립황은 금방 내주지 않고 이리저리 미루다 3월 중순이 되어서야 발급해주었다. 그것도 3지대에 대해서만이었다. 그 2개월 동안을 혼성지대는 낙양시 5km 밖의 교외에 주둔하며 부대정비와 자체 학습·토론 시간으로 보냈다.

그러다 3월 하순에 1·3 혼성지대 일부가 제1진이 되어 목선으로 황

---

[44] 馬義, 『朝鮮革命史話』, 重慶: 自由東方社, 1944; 여기서는 추헌수 편, 『자료 한국독립운동』 I 의 전재본, 165쪽.
[45] 金若山, 「新形勢與新任務」, 『조선의용대』 제39기(1941.1.1), 3쪽.
[46] 金若山, 「石正同志 略史」, 『앞길』 제32기(1943.6.15), 3쪽.

하를 건너고 24집단군 사령부가 있는 임현으로 나아갔다. 그리로 들어가서는 교외 합간(合澗) 근처의 이진청(李振靑) 휘하 제40군의 주방지(駐防地)에서[47] 숙영하면서 두어 달 동안 방병훈 부대의 대적공작을 도왔다.[48] 그 사이 의용대의 낙양통신처 주임인 왕극강(王克强: 김창규[金昌奎])이 박효삼과 윤세주의 명을 받고 팔로군 전선총지휘부로 가서 의용대의 태항산 진입의 적절한 시점과 지점에 대해 문의하였다. 귀로에 그는 주운룡(周雲龍: 이극)을 대동하고 왔는데, 후자가 태항산 진입 방법과 경로에 관한 팔로군 측의 지령을 전달해주었다.[49] 제1진 도하 2주일 후에 2지대와 약간 명의 1지대원을 더한 제2진 30여 명이 황하를 건너가 합류했고, 6월 하순에 제3진도 무사히 도하해 임현으로 들어갔다.[50] 이러한 전후 경과로 볼 때, 중경의 의용대 총대부가 군사위에 제시해 승인된 바의 화북행 종착지와 배속처는 하남성 임현의 제24집단군이었다고 판단된다.

---

[47] 이곳은 팔로군구와 50화리(華里) 거리인 곳이었는데, 1화리는 약 700m이므로 35km 정도를 격한 것이었다.

[48] 이를 두고 의용대 총대부에서는 1942년에 가서 다음과 같이 담담히 기술한다. "명령에 따라 계속 북진하여 화북의 각 성으로 나뉘어 가서 활동하였다. 각지 주둔군 및 행정당국은 의용대에 언제든지 협조해주어 공작상의 편리가 적지 않았다."(馬義 編, 『朝鮮義勇隊勝利的四年』, 18쪽).

[49] 鐸木昌之, 「잊혀진 공산주의자들」, 이정식·한홍구 엮음, 『항전별곡』, 거름, 1986, 71-72쪽.

[50] 「朝鮮義勇隊渡河投入中共的經過」, 윤병석 편, 『한국독립운동사자료집-중국편-』, 한국정신문화연구원, 1993, 256쪽; 楊昭全, 『朝鮮民族革命黨與朝鮮義勇隊』, 長春: 吉林省社會科學院, 1997, 217쪽 참조.

부도: 태항산 일대의 항일근거지 개요도

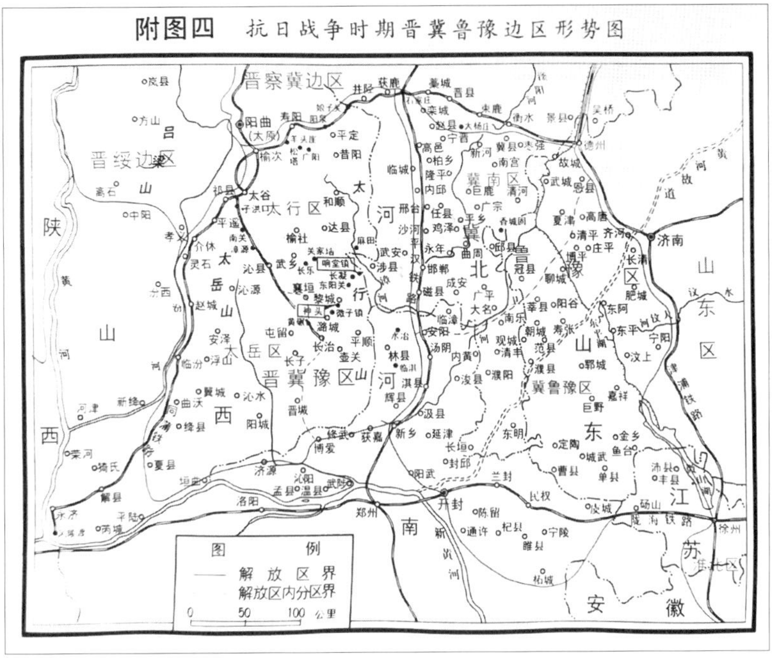

附图四 抗日战争时期晋冀鲁豫边区形势图

(출처: 중국항일전쟁사학회·중국인민항일전쟁기념관 편, 『중국항일근거지발전사』, 1995)

2) 조선의용대의 팔로군지구 진입과 그 파장

1941년 7월 초순의 어느 날, 의용대원 80여 명은 국민당군 구역을 벗어나 일본군·왕정위군(汪精衛軍)의 봉쇄선을 밀행 통과하고 태항산으로 들어간다. 처음 당도한 곳은 하북성 서남단의 팔로군 129사 385여(旅) 주둔지인 섭현 서달진(西達鎭)이었다. 거기서 베풀어주는 환영식을 거친 후 의용대는 서북방 50km쯤 지점의 산서성 요현 동욕진의 상무촌(上武村)으로 행군해가 안착한다. 그 후 가을에는 1전구에 남아있던 왕지연·문정원(文正元) 부부 등의 '부분적 노약자'들을 문정일이 이끌고 황하를 건너 초작·진성(晉城)·호관(壺關)·평순(平順) 등지를 거쳐 요현으로 들어

갔는데,[51] 이것이 마지막 제4진의 탈출 이동이었다.

낙양으로 가 있던 의용대원이라고 해서 빠짐없이 모두 태항산으로 들어간 것은 아니었다. 1지대 대원인 황민(黃民, 김승곤[金勝坤])은 동행을 완강히 거부하고 군영을 이탈해 광복군 총사령부가 있는 서안을 거쳐 중경으로 돌아갔다.[52] 그 밖에도 산서성의 '염석산 부대'에서 대적 선전공작을 벌이다 출산이 가까워지자 낙양에 와 있던 신정완(申貞婉)과 남편 호건(胡建: 김재호[金在浩]),[53] 그리고 김인철(金仁哲), 진경성(陳敬誠) 등이 포함된 '9명'이 서안으로 탈출해 갔다고 여겨진다.

이들의 얘기로 사태를 파악한 광복군 쪽에서 1941년 7월경에 국민당 조직부장 겸 중앙조사통계국('중통') 책임자인 주가화(朱家驊)에게 문서로 고발했다. 그리고 3지대는 도하증을 받았다지만 1·2지대는 명령도 없이 몰래 황하를 넘어갔다고 군사위 정치부에 진정하였다.[54] 이에 주가화가 장제스에게 즉각 보고하였고, 장은 크게 화를 내며 진상조사를 명하였다. 그래서 군사위 조사통계국('군통')이 진상 파악에 나섰고, 김원봉이 중공당과 내통하고 있었는지를 신문하고 조사했다. 이에 대해 김원봉은 "내가 제1차 확대간부회의에서 분명히 밝혀 말했듯이, 화북의 적후로 가는 것은 병력을 늘려 항일을 도모하기 위함이지

---

[51] 문정일, 「적구공작의 나날에」, 『중국의 광활한 대지 우에서』, 94-102쪽 참조.
[52] 「김승곤 편」, 국가보훈처 편, 『독립유공자 증언자료집』 제1권, 2002, 69-70쪽 참조.
[53] 이 부부의 경우에 대해서는 신정완, 『海公 그리고 아버지』(성진사, 1981), 69-78쪽을 볼 것.
[54] 「金學奎·王俊誠이 朱家驊에게」, 국사편찬위원회, 『한국독립운동사 자료』 26, 1994, 202쪽. 왕준성의 본명은 조시원(趙時元)이다. 한국광복군 총사령부 명의의 보고문인 「조선의용대가 황하를 건너 중공 측에 가담하게 된 경과(「朝鮮義勇隊渡河投入中共的經過)」(국사편찬위원회, 『대한민국임시정부자료집』 9, 2006, 293-294쪽)도 제목만 다를 뿐 문장과 내용은 위의 문서와 동일하다. 이에 의용대 총대부에서는 모든 도하가 "위립황 장군의 명령에 따라서"였다고(馬義, 『朝鮮義勇隊勝利的四年』, 18쪽) 둘러대는 것으로 방어했다.

부대의 성질을 바꾸려는 게 아니었다. 그들이 무정(武亭)과 연합하는 것은 나로서는 어쩔 수 없으며 내 뜻도 아니다."라고 답변한 것으로 전해진다. "부대의 성질을 바꾸려는 게 아니었다"는 것은 휘하 병력을 화북으로 보냈을 때 자기는 팔로군 근거지로 들어가라고 명하거나 당부한 바 없다는 말과 같다. 그러리라고 예상하질 못했으며 '원하는 바도 아니었다'는 뜻까지 담겼다고 볼 수 있다. 결국은 강택과 등걸이 북상 의용대의 행동은 김원봉과 무관하게 독단적인 것임이 판명되었다고 장제스에게 보고했고, 그제야 그는 오해를 풀고 재발 방지만을 명했다고 한다.[55]

조선의용대의 북상 병력이 화북조선청년연합회의 '영도'(즉 정치적 지도)를 받는 '화북지대'로 개편되었음을 1941년 7월의 『신화일보』 보도를 보고 알게 된 김원봉은 "조선의용대가 자기를 배반하고 탈리한 것에 동의하지 않았고, 3지대가 무정의 화북청년연합회의 영도를 받아들인 것을 알고는 크게 낙심했다"고 한다. 그리고 그해 9월 어느 날, 김두봉이 김원봉을 찾아와 화북으로 떠난다고 알렸을 때 김원봉은 "이번에 하(賀)비서장이 선생께 통행증을 발급해줄 수 있었던 것은 선생이 수원성의 광복군 활동구로 가겠다고 해서인 거죠? 그리로 가려면 태항산을 거쳐갈 테고 박효삼 등 의용대 사람들을 볼 수 있을 테니까, 그들에게 보내는 제 안부편지를 갖고 가서 전해주세요."라고 쓸쓸한 어조로 말했다 한다.[56]

---

[55] 이상의 조사 경위와 결과에 대해서는 金雲龍, 『金九評傳』, 321쪽; 傅德岷, 『砥柱中流』(重慶出版社, 2009)의 국역본인 이익희 역, 『백절불굴의 김구』(백범김구선생기념사업협회, 2010), 215·224쪽이 참고된다.
[56] 이 문단의 인용문 2개는 김원봉의 부인 박차정(朴次貞)이 1941년 중경에서 쓴 산문 「유성산기(渝城散記)」의 것이라는데, 그 원문이 金雲龍, 『金九評傳』, 320-321쪽에 실려 있다.

4. 북상 의용대의 진로에 관한 회고들: 비판적 검토

1) 스마루의 회고

화북으로 건너간 조선의용대의 지대들은 어찌하여 약정된 종착지와 아주 어긋나게, 지리적으로 그렇고 정치적으로는 상반되는 곳인 태항산 북쪽의 팔로군 구역으로 들어간 것일까? 이 점에 대해 우리가 새로 알아내 더 말할 수가 있다면 그것은 무엇인가?

먼저 짚어두고 가야 할 점이 있다. 종래의 학계 통설과 그 근거로 쓰인 회고성 자료들에서는 흔히들 의용대의 '화북 진출'과 '팔로군지구 진입'을 동일시해왔다는 것이다. 그로 인해 고정관념이 점점 더 굳어지듯이 양자는 곧잘 등치시켜지곤 했다. 하지만 이는 잘못된 등식이다. 두 사안 각각의 범위와 내포가 엄연히 다르니, 결코 같은 것으로 볼 수가 없기 때문이다. 그러므로 양자를 확실하게 구별해서 말해야 옳다.

이 점을 전제하고 보면, '화북진출'이 김원봉에 대한 중공당 쪽의 이면공작이나 그 행동책이었다는 스마루의 설득이 주효해서 이루어진 것처럼 말하는 것은 어불성설이다. 스마루는 회고하기를,[57] 1940년 9월부터 김원봉에 대한 중공 측의 유인·설득 공작을 자신이 대행하여 성공시켰다고 했다. 1919년생인 스마루는 연안의 공산당학교를 졸업한 평당원으로 1940년 중경에서 중공당 기관지 『군중』, 『신화일보』, 『국제신문』 등에 조선문제에 관한 7~8편의 칼럼을 써내 '전문가'로 통했으며, 이윽고 『국제신문』 사장 범장강(范長江)의 소개로[58] 김

---

[57] 司馬璐, 『鬪爭十八年』(再版本), 香港: 亞洲出版社, 1953, 173-174쪽.
[58] 司馬璐, 『中共歷史的見證: 司馬璐 回顧錄』, 香港: 明鏡出版社, 2004, 제10장.

원봉의 개인비서가 되고 조선의용대 중문편집위원회의 주임위원 직
도 겸했다고[59] 자술한다. 그런 연유로 중경의 중공당 관계자들의 주목
을 받게 된 그는 저우언라이를 정치고문 서영(徐泳)의 소개로 만나 중한
관계의 중요성에 관한 얘기를 청취했다. 이어서 저우언라이의 개인비
서('재중경 중공대표단 기요비서') 진가강(陳家康)으로부터 조선의용대가 '화북으로
이동토록' 김원봉을 설복시켜 회유할 것을 종용받고, 임무를 수행하
여 어렵지 않게 성공시켰다고 술회했다. 그렇게 이용하고 나서 중공
은 김원봉이 화북으로 가겠다는 요청을 거부하며 매정하게 버리고 말
았다고 그는 덧붙여 적었다.[60]

자못 흥미로울 이 회고담은 일찍이 1962년에 재미 정치학자 이정
식(李庭植)에 의해 처음 소개된 후 수차 반복되면서[61] 널리 유포된 만큼,
국내 학계에서도 세간에서도 다 받아들여져 정설처럼 되어왔다. 기실
스마루의 회고록은 중공당을 위해서가 아니라 반(反)중공적 입장에 서
게 된 후 쓰인 것이며, 사후적 자기변명 삼아 나온 것이었다. 당시의
중공당의 처사가 이기적이고 기만적이었음을 뒤늦게 깨달았다는 식
으로 비난하는 취지이고, 자기는 좀 우쭐대는 마음으로 그 공작에 협
조했음을 털어놓으며 후회·자책하는 기미가 짙었다.[62] 그래도 어쨌든

---

[59] 편집위의 중문간 주편위원이던 한지성이 1941년 봄에 외교주임 겸 편신조장(編訊組長)으로 전임되어 분망했기에, 그 후의 일이라면 스마루가 말하는 '주임위원 겸직'이 사실이었을 수 있다. 반면에, 그가 직책과 무관하게 1940년 이후의 2~3년 사이에 '마의(馬義)'라는 제2의 필명으로 몇 권의 조선의용대 관련 서적을 편·저술했음을 이렇게 표현했을 수도 있다.

[60] 司馬璐, 『鬪爭十八年』, 176-180쪽.

[61] Chong-sik Lee, "Korean Communists and Yenan,"*The China Quarterly* No.9, 1962, pp.182-192; 이정식(박계은 역), 「한인 공산주의자와 연안」, 『사총』 8, 1963, 130-141쪽; 이정식, 『한국민족주의의 정치학』, 한밭, 1982, 276-279쪽; R.스칼라피노·이정식(한홍구 역), 『한국공산주의운동사』 1, 돌베개, 1986, 243쪽.

[62] 이정식은 스마루가 "의심의 여지 없는 권위로서 언급"했다면서 그의 회고를 전적으로 믿는 입장임을 내보였다. 하지만 우리가 보기에는 미심쩍은 점이 있다. '조선의용대

그의 말대로라면, 자기의 설득·회유를 김원봉이 받아들여 마음을 굳혔고 그래서 확대간부회의도 소집했다는 것이 된다.

하지만 일이 되어간 경과와 맥락을 조금만 들여다봐도 이는 말이 되기 어려움을 알 수 있다. 앞에서 1차 자료들을 통해서도 수차 보이고 설명한 것처럼, 조선의용대의 화북진출은 '화북행 → 동북행 → 국내 진공'이라는 숙원을 이루어내려는 의용대 간부진의 일치된 구상과 단계화 전략에 따라[63] 1940년 9월 훨씬 전부터 추동되었음이 확실하다. 만약 그의 회고가 적용될 범위와 대상에 확대간부회의 개최와 거기서의 '화북진출' 결의는 포함되지 않는 것이었다면, 스마루 역시도 '화북'과 '팔로군지구'를 동일시하는 우를 회고의 여러 곳에서 범했다고 하지 않을 수 없다. 당시의 중공당 내에서는 그런 동일시의 어법이 관행적으로 쓰이고 있어서였는지도 모른다.

그렇게 보면 그가 '설득'코자 애쓴 내용은 '화북으로의 이동'이었기보다 '팔로군지구로의 이동'이었어야 말의 아귀가 맞는다. 또한 그렇더라도 그의 설득과는 무관하게 다른 변수들에 의해 결과적으로 그리된 것을 마치 자신의 설득 작업이 '어렵지 않게' 바로 효험을 본 것처럼 아전인수로 해석하여 회고록에 적은 것일 공산이 크다. 하지만 진실은 김원봉에 대한 그의 설득이 잘 먹히지 않았다는 것이어 보인다.

중문간 편집위원회'의 주임위원이었다는 것도 그렇고, 아무리 유능한 개인비서였다고 해도 22세 홍안의 일개 중국인 청년의 설득만으로 김원봉의 입장이나 지론이 쉽게 바뀌었다고 볼 수 있는가 하는 것이다.

[63] 광복군 제2지대장 이범석(李範奭)이 1941년 9월 25일의 기자 인터뷰에서 "광복군이 대부분 화북에서 동북으로 진격하면서 조선의 국내 혁명운동과 연계하기 시작했다"고 호언했다고 한다(傅德岷, 『백절불굴의 김구』, 237쪽). 아직 시작도 되지 않은 일을 과거형으로 얘기한 것은 과장 이상으로 허위사실 공표라고 봐야 하겠지만, 조선의용대의 독립운동 전략이 광복군 수뇌부에도 그대로 차용되고 있었음을 방증해주는 셈이기도 했다.

김원봉이 군사위 당국의 신문에 대해 내놓은 답변 요지를 갖고 볼 때도 그렇다. 그래도 성공했다고 강변하려면, 1941년 여름에 북상 조선의용대가 팔로군지구로 들어가버린 것을 김원봉이 그냥 받아들이고 추인토록 유도해냈다는 정도로 한정시켜야 옳으리라고 생각된다. 이는 그의 설득이 시작된 것이 의용대의 북상 병력이 낙양에 도착해 머물러 있을 때쯤부터였으리라는 말과 같다. 물론 그 설득 작업은 스마루가 저우언라이나 진가강의 지시를 받아서 했을 것이고, 아니면 아예 저우언라이 자신이 직접 나섰을 수도 있다.

2) 최채의 회고

한편, 1914년생으로 1940년 3월 중경에서 조선의용대에 가입해 총대부의 선전조(조장 윤세주) 간사로 일했다는[64] 최채(崔采)의 회고담도 2차 자료성의 문헌에 실려 나왔는데, 스마루의 그것과 맥을 같이하는 것이면서도 훨씬 더 나아간다. 그의 술회를 그대로 인용해보면 다음과 같다. "우리가 태항산 근거지로 찾아가게 된 것은 우리 조선의용대 총대부의 김대장이 극히 비밀리에 팔로군 중경판사처에서 사업하시는 주은래 동지에게 청시하고 결정지은 일이여서 우리 대원들 외에는 누구도 모르고 있었다."[65] 게다가 그는 중경에서 윤세주와 박효삼도 김원봉에게 의용대가 '중국공산당 영도 하의 팔로군 태항산 근거지'로 이동해 가기를 강력히 주장했으며, 그래서 의용대의 화북행은 처음부터 태항산으로 들어감을 목표로 한 것이었다고 부기하였다.[66]

---

[64] 류연산, 『불멸의 영혼 최채』, 재외동포재단, 2008, 101·102·318쪽 참조.
[65] 최채, 「해빛 찬란한 태항산 근거지로」, 『중국의 광활한 대지 우에서』, 112쪽.
[66] 같은 글, 114-115쪽. 류연산, 『불멸의 영혼 최채』, 109-111쪽에 드문드문 서술된 바

이번에는 스마루가 아니라 윤세주와 박효삼이 등장한다. 스마루의 회고가 외부로부터의 유인 공작에 중점을 둔 것이었다면, 최채의 회고는 의용대 일반대원들의 요구와 윤·박 양인의 주장과 건의가 있었음을 강조하고 그것을 수용한 김원봉의 자진 청원까지 있었음을 말한다.

그러면 윤세주와 박효삼은 왜 그렇게 주장하고 건의했다는 것일까? 이에 대한 설명은 따로 없다. 당연한 일이었던 것처럼만 기술되어 있다. 그리고 보면 그것은 의용대 지도부가 팔로군과 중공당 쪽으로 진작부터 경도되어 있었고 그런 만큼이나 저우언라이의 영향력과 권능에 많은 부분 매이고 있었다는 얘기와도 같이 들린다. 그리하여 최채의 회고도 김원봉과 그 측근들에 대한 저우언라이의 영향력을 절대시하는 쪽으로 기운 것이다. 엄밀히 말해 최채의 세계관과 정치적 입장은 스마루가 전향 후 회고록을 썼을 때의 그것과 거의 정반대로 달랐을 것임이 틀림없다. 그럼에도 그의 회고가 스마루의 것보다 35년, 50년 뒤인 1987년과 2002년에 나온 것임을 고려해보면, 스마루의 저작을 그가 직·간접으로 접하거나 들어봤을 여지는 충분히 있어 보이고, 따라서 알게 모르게 영향받았거나 어떤 부분은 적극 받아들여 재활용했을 가능성도 배제하지는 못한다.

최채는 의용대의 북상이 준비되고 있었을 때부터 지도부가 국민당 쪽과 군사위 당국을 극히 의도적으로 완전히 기망했다는 식의 말도 남겼다.[67] 이를 포함하여 전체적으로 최채의 회고 내용은 그 자신

도 이와 거의 같은데, 저자는 2002년 1월에 최채와 인터뷰했다고 한다.
[67] 이화림의 술회도 이와 비슷하다. "우리 조선의용대는…. 국민당을 속이고 태항산 항일근거지로 이동해야 했다. 그리하여 조선의용대는 조선인이 많은 화북지구나 동북지구로 진출하여 항일하겠다는 구실을 대고 낙양에 집결하였다가 3개 패로 나뉘어 태항산 항일근거지로 이동하기로 결정했다."(리화림, 「진리의 향도 따라」, 233-234쪽)는 것이다. 심지어 그녀는 황하 도하 얼마 전에 서안으로 출장 갔을 때도 광복군 대원들

의 청·장년기 이후의 정체성을 수십 년간 규정지었던 중공당의[68] 완전한 승리의 서사로 귀결된다. 그러면서도 거기에는 역설적으로 어떤 우회적 항변의 기미도 어른거려 보인다. 조선의용군의 수많은 대원들이 먼 과거에도 일관되게 장제스와 국민당에 반대하는 입장을 확고히 가졌으며, 일치하여 그렇게만 움직이면서 '당'에 충성했고 신중국 건설에도 일정 부분 기여했음을 알아주고 인정해달라고, 이제는 절대적 권력이 된 당에 대해 거듭거듭 호소하고픈 것이었다는 의미에서다. 또한 조금 달리 보면 그것은 태항산 항일근거지에 대한 추억이 지극히 소중할 수밖에 없는 조선의용군 경력의 옛 혁명가가 체험적 증언의 권위를 누리면서 자기들 동지집단의 대변인인 셈으로도 내놓는 자기해명의 변설이면서 일종의 공리주의적 과거사 해석일 수도 있는 것이었다. 그런 점에서 그의 회고는 다소간 조심스럽게 읽고 분석적인 검토를 요하기도 한다고 생각되는 것이다.

그렇더라도 여기서 한 가지 환기해 두고픈 것은 있다. 의용대 지도부와 저우언라이의 인연에 대해서이다. 돌이켜보면 1938년 10월 조선의용대가 한구에서 창설될 때 저우는 국공합작 체제의 군사위 정치부의 부부장으로서, 의용대 창설을 응원하고 직접 돕기도 한 산파역의 일원이었다. 창립식에서는 정치부 제3청 청장 곽말약(郭沫若)의 축시 낭

에게 "우리는 동북으로 싸움하러 간다."고(같은 글, 237쪽) 거짓말했다 한다. 태항산행의 비밀을 끝까지 지키려 했다는 뜻의 술회일 것이다. 그러나 필자가 보기에 '거짓말'이었다는 것은 30여 년 후의 회고적 표현이었을 뿐이고, 서안에 갔을 때만 해도 그녀는 대오가 동북으로 갈 것이라는 지휘부의 공언을 실제로 그럴 것이라 믿고 있어서 자랑삼아 그렇게 말했을 수 있다.

[68] 최채는 1945년 8월 중공당에 가입했고, 연변일보 사장(1947), 연변사범학교 교장(1948), 연변조선족자치구 인민정부 부주석(1952), 중국인민정부 정치협상회의 길림성위 부주석(1959) 등을 지내다 문화대혁명 때 박해받아 수년간 투옥된 적이 있다(류연산, 「최채 연보」, 『불멸의 영혼 최채』, 318-319쪽).

독에 앞서 팔로군 무한판사처의 주임직을 겸하고 있던 저우가 진정성 어린 격려의 축사를 해주었다. 뒤이어 그는 중경에서도 팔로군 판사처의 주임으로 있으면서 공적 직무만 아니라 사적 교분 관계로도 김원봉과 친근한 사이였을 것으로 믿어진다. 이 점이 1940년 가을~겨울 무렵의 중경에서 김원봉·윤세주가 의용대의 향후 진로에 대해 어떤 생각을 했고 어떤 입장을 취하고 있었을지에 관한 최채·이화림 등의 회고를 터무니없는 얘기로만 치부할 수 없게 만드는 것이기도 하다.

3) 『김구 평전』에 삽입된 일화

그런 견지에서라도 유심히 들여다볼 만한 자료가 하나 더 있다. 최채의 회고를 받쳐줌과도 같은 얘기가 담긴 2차적 가공물인데, 1999년 중국에서 나온 한 평전이 그것이다.[69] 거기에 의용대의 확대간부회의 종료 후에 윤세주가 임시정부 주석이면서 한국독립당 위원장인 김구를 화평로 오사야항(嗚師爺巷)의 집무실로 기요조(機要組) 조사주임 이정호를 대동하고 예방한 장면이 그려져 있다. 그 자리에서 김구가 입을 열어, "그대들이 화북 적후로 가서 대일투쟁을 벌이기로 결정했다고 들었소이다. 정말 환영하오. 거기에 우리 동포 수십만이 있고, 만주와 국내로 용이하게 진입할 수 있는 곳이기도 하니 말이오. 앞으로 나도 광복군을 그리로 보내서 유격전을 벌이도록 할 거요."라고 했다. 이에 윤세주가 답해 말하기를, "이번에 소집된 확대간부회의는 매우 중요했습니다. 조선의용대 건립 후 2년간의 실천에 비추어 저희는 적후로 들어가 거기서 혈전 중인 팔로군과 더불어 항일전투를 벌이는 것이

---

[69] 金雲龍의 『金九 評傳』을 말한다. 아래의 서술은 310-311쪽에 의한 것이다(인용은 전부 중국어 원문을 번역한 것임).

마땅하다 함을 깊이 깨달았습니다."고 토로했다. 그러자 김구는 "조선의용대의 전략방침이 그렇게 바뀌었음을 알겠소이다. 화북의 우리 동포가 갈수록 많아지고 있으니 그리로 가서 활동하면 많은 한국인을 끌어당길 수 있겠지요."라고 좋은 말로 대답했다고 한다.

'팔로군과 더불어'라고 윤세주가 말했을 개연성은 상당 정도 있다고 본다. 민족혁명운동에 몸담아 온 그간의 행로와 그 속에서 벌어졌던 수많은 정치적 풍파의 경험을 통해 그의 성향과 선택은 점점 더 진보적인 방향으로 굳혀져 왔고, 1940년 당시는 비밀 공산당원이거나 교조적 '주의자'는 아닐지라도 확연히 좌파적 위치에 서 있었음에서다. 이미 1930년대 중반에 급진노선으로 기울고 있던 이육사(李陸史)가 멀리 있는 윤세주를 가장 경모하는 동지로 여기면서 글에서도 특기했음도 윤세주의 그런 점을 잘 알고 있으면서 지극히 신뢰했기 때문일 것으로 생각된다.

그런 윤세주였기에, 머지않아 나아가려는 동북으로의 행정(行程)에 발판이 되어줄 화북에서는 팔로군과 손잡고 항일활동을 벌이는 것이 불가피하고도 필요하며 어느 모로는 바람직하다고 여겼을 가능성이 충분히 있다. 굳이 저우언라이의 모계(謀計)를 개입시키지 않더라도, 1940년 8월의 백단대전(百團大戰)에서 펑덕회(彭德懷) 총지휘 하의 팔로군이 일본군에 대승을 거두었음이[70] 화북행을 앞둔 의용대의 최종 진로를 놓고 볼 때 매우 고무적인 사실로 여겨졌을 것이기도 하기 때문이다. 따라서 김구를 향해 그가 한 말은 진심의 토로였을 수 있는 것이다. 그러나 다른 한편으로는, 김구의 반응이 어떨지를 떠보려고 일부러 그 말을 대화에 슬쩍 끼워놓았을 가능성도 없지는 않다. 그런데 이

---

[70] 백단대전에 대한 설명은 권성욱, 『중일전쟁: 용, 사무라이를 꺾다(1928~1945)』(미지북스, 2015), 480-483쪽을 볼 것.

대목의 원천자료가 무엇인지 밝혀져 있지 않고, 팔로군과 합작할 것이라는 얘기를 듣고도 김구가 놀라거나 거부반응 같은 것을 전혀 보이지 않은 것처럼 서술되었음은 의외이고 어색하기도 하다. 따라서 이 평전의 이 대목 서술에 대해 얼마만큼의 신빙성을 둘지는 저마다의 판단의 몫으로 남겨져야 할 것 같다.

그러면 이제 다시금 물어보지 않을 수 없게 된다. 김원봉을 비롯한 의용대 지도부와 간부진이 북상 대오의 종착점을 중경 발진 때부터, 혹은 그 전의 확대간부회의에서, 팔로군의 태항산 근거지로 결정해놓았음이 사실인가? 정말 그들은 중국 군사위 당국을 의도적으로 기만하고 일반 대원들에게도 북상 후의 예정 귀착지를 철저히 숨겼다가 낙양 체류 후의 어느 시점에야 비밀을 해제하고 밝힌 것인가? 과연 그것이 숨겨진 진실인가?

엄정한 사료비판이라는 견지에서는 '회고'와 '증언'이란 그 자체로 신뢰도의 한계가 크든 작든 있는 것이려니와, 특수한 입지에서의 회고담/록이라면 더욱 그러하다. 다른 객관적 자료가 상응하여 받쳐주지 않는 한에서는 우리가 얼마만큼 그대로 받아들여야 할지, 정말 어렵고도 미묘한 문제이다. 그럴 때 기댈 바는 역시 다종다양의 자료들 속에 숨어있는 '팩트'이고, 그것들을 전체적으로 연결 짓고 조망해 낼 폭넓은 시야의 확보이다. 조선의용대의 북상 진로와 그 결정 과정이 실제로 어떠했을까에 대해서도 마찬가지이다. 가능한 한에서의 모든 자료를 동원하여 하나하나 들여다보고 치밀하게 복기해봐야만 하는 것이다. 김원봉·윤세주·박효삼·김구 등의 당사자가 이미 오래전에 '이제는 말할 수 없는 이'가 되어버린 터에 살아서 '이제라도 말할 수 있는 이'가 발한 회고담의 진위와 신빙성도 그런 작업 속에서만 어느 정도 가늠이 될 것이다. 그런 의미에서 '팩트' 발굴 및 확인과 맥락적 사고의 필요성은 언제까지나 계속되는 것이다.

이러한 견지에서 종합해보면, 조선의용대의 화북행 때 종착지에 대해 다음과 같이 결론내릴 수 있을 같다. 즉, 군사위 정치부와 의용대 간부진 사이에는 하남성 임현의 국민당군 근거지로 정식 건의·승인·약정되었고, 김원봉과 윤세주 등 최측근 사이에는 현지 정세판단과 상황변화에 따라서는 국민당군 지역으로만 좁혀 고수하는 것이 아니라 팔로군 지역으로 들어가서 그들과 합작할 수도 있다는 정도로 내밀한 합의가 이루어졌을 수 있다는 것이다. 하지만 이동 중의 병력 안전을 도모하는 차원에서 일반 대원들에 대해서와 대외적으로는 수원성 오원으로 향발한다고 공표되었을 것이다.

5. 북상 의용대의 종착지가 낙양에서 조정되었을 것임과 그 이유

1) 환남사변의 영향 문제

조금 전 다시금 던져본 물음들과 관련하여, 환남사변(皖南事變) 발발이 [71] '화북진출' 결정의 주된 요인이었다는 주장이 나온 바 있는데, 문자 그대로 읽는 한에서는 어폐가 있는 주장이다. 이 사건이 의용대 확

---

[71] 환남사변이란 1940년 들어 국민당의 반공 공세가 거세지고 있던 차에 근거지 안휘성에서 화북 쪽으로 이동 중이던 신사군(新四軍) 7천여 명이 1941년 1월 6일 안휘성 남부의 무림구(茂林區)에서 국민당군 8개 사단의 포위공격을 받고 전사·실종·피포(被捕)로 거의 전멸당한 사건을 말한다. 이 사건의 내용과 경위에 대한 자세한 설명은 龔古今·唐培吉 主編, 『中國抗日戰爭史稿』(下冊), 湖北人民出版社, 1984, 11-21쪽에서 볼 수 있다.

대간부회의가 있고 나서 거의 두 달 후에 벌어진 것이었음에서, 우선은 시간적 선후가 뒤바뀌는 얘기가 되어버리기 때문이다. 역시나 '화북진출'을 '팔로군 지구 진입'과 동일한 의미로 이해하는 위에서 그리 쓴 것이라면 그나마 말이 된다. 곧 후술해가겠지만, 북상 의용대의 진로를 일부 변경 즉 조정키로 하는 결정이 낙양에서 이루어지는 데에 환남사변이 영향을 미쳤다는 의미라면 그렇다는 것이다. 다시 말해, 환남사변이 영향을 미친 것은 중경에서 나왔던 화북진출 결정에 대해서가 아니고, 황하 도하 이후의 최종 행로가 낙양에서 조정됨에 대해서만이었다고 보아야 한다는 것이다.

뒤에 가서 1942년 5월에 진동남(晉東南: 산서성 동남부)의 모처에서 작성된 「조선의용대 화북지대 공작 총결보고」(작성자 미상)에는 의용대의 '화북진출 문제가 제기된 원인'과 '[화북진출의] 촉성조건'을 나누어 설명했다. 그러면서 "무림사변(=환남사변의 이칭) 후 중국 국내형세의 변화"가 촉성조건이 되었다고 언명한다.[72] 이 말이 사실에 부합하는 것이면서 논리적 허점을 면하는 것이 되려면, 「총결보고」 작성자도 '화북'을 '팔로군지구'와 동일시했거나 관성적인 환유법적 의미로 그렇게 썼을 것임이 전제되어야 한다. 그러면 그는 환남사변이야말로 의용대로 하여금 팔로군지구로 들어가게끔 하는 직접적인 요인이었다고 말하는 것이 된다. 필자도 이 관점에 전적으로 동의한다. 제2지대 중심의 전위동맹원이면서 그의 일부는 중공계이기도[73] 하던 청년좌파 대원들의 역할

---

[72] 「朝鮮義勇隊 華北支隊 工作總結報告」, 『朝鮮義勇軍 華北支隊 總結』, 1942, 1-2쪽.
[73] 조선의용대 대원 중에 중공당 가입자는 소수였다고 하나, 전체 대원 속의 비중이 작았다 뿐이지 그리 적은 수는 아니었다. 23명 정도의 그 명단이 장세윤, 「조선의용대의 조직편성과 구성원」(『한국근현대사연구』 11, 1999), 63쪽에 정리되어 있다. 의용대 내의 중공당 비밀지부 설립은 제2구대원 호철명(胡哲明; 한진[韓震])의 주도로 이루어졌다. 그가 1939년 신사군 대홍산 정진종대 사령부의 대적공작과에 배속되어 있

과 주장이 빛을 보게 된 것도 바로 이 지점에서였다고 판단된다. 팔로군 지구로 가야만 한다는 주장과 유도는 바로 그들로부터 발해졌을 것이기 때문이다. 그 주장의 동인과 속내를 파악하고 이해도 하려면, 그 청년좌파 대원들의 저간의 동향과 그 배경을 먼저 알아봐야 한다.

2) 급진좌파 대원들의 입장과 요구

시간을 거슬러 1938년 초겨울에 최창익과 허정숙이 서안에서 연안으로 넘어갈 때 제2구대의 호일화(胡一華; 이상조[李相朝])·노민(魯民; 이명 장해운[張海雲])·이극·신한청(愼韓靑) 등 여러 명 대원이 동행했었고,[74] 연안 도착 후 1939년 5월에 중국인민항일군정대학(교장 임표[林彪])에 제5기생으로 입학했다.[75] 그러나 노민·이극·이상조 3인은 조선의용대원이 연안에 와 있는 것은 통일전선 정책에 위배된다는 이유로 입교 후 수개월 만에 국

을 때 입당했고, 노하구로 돌아와 중공지부를 비밀리에 조직하고 서기를 맡았다. 그 후 김학무·이익성·왕자인·김창만·유봉옥 등이 1939년에, 문정일이 1940년 1월에 가입했다(김학철, 「나의 전우들」, 186·195쪽; 김형직 외, 『격정세월—문정일 일대기』, 68쪽). "1940년 중국공산당은 조선의용대 제2지대에 정식으로 당 지부를 건립하고 신사군 당위원회의 영도에 직속시켰다."는 서술(石源華 저, 최복실 역, 『중국공산당과 한국독립운동 관계 기사 연구』, 고구려, 1997, 185쪽)도 거의 같은 얘기이다.

[74] 최창익이 연안에서 계속해서 써 보낸 편지가 효험을 본 것인지, 1939년 3월에 제2구대의 전위동맹원 대원 대부분이 서북(즉 연안)으로 이동하였고 5·1전구의 대원 30명이 의용대 공작을 방기하였다는 한탄조의 보고가 있었다(「前盟 內部의 意見 분기」, 1939, 『한국독립운동사자료집—조소앙편 (4)—』, 한국정신문화연구원, 1997, 215쪽). 이 글의 필자는 김학무였을 것으로 추측된다.

[75] 로민, 「청춘시절의 추억」, 142쪽. 그때 조선인 학생이 30여 명이었다고 하며(같은 글, 143쪽), '당의 부름을 받고' 입학한 것이었다고 하다시피 그는 중산대학 문학원 사회학부 재학 중에 김창화(金昌華; 진광화[陳光華])의 영향으로 중국공산당에 입당했었던 것 같다(같은 글, 139-141쪽 참조).
1938년 하반기부터 1939년 상반기까지 사이에 항일군정대학에 등교한 조선학생이 30여 명에 달하였고, 1936년 6월 현재의 군정대학 재학 조선학생의 소속별 분포는 전위동맹 35명, 민혁당 3명, 해방동맹 3명, 한국국민당 1명이라는 보고도 있었다(「화북 조선독립동맹에 대한 일반적 정형」, 『朝盟報告 草案』, 1943, 5쪽).

민당 지구로 방출되었다고 한다. 이에 노민과 이극은 낙양으로 갔다가 황하 건너 태항산 아래 임현 일대의 국민당계 신5군으로 파견, 배속되어 5~6명의 무장선전조를 거느리고 1940년 말까지 활동하였다.[76] 이상조는 낙양에서 중조산으로 파견되어 39군에서 박무·김철원·이화림 등과 같이 활동하고,[77] 1940년 가을에 낙양으로 돌아와 신편 제1지대의 정치지도원이 되었다. 신5군에 있을 때 군장 손전영(孫殿英)이 중조산의 39군 군장처럼[78] 중공당과의 관계가 좋고 부군장은 중공당원인 것이[79] 그들 세 명의 의용대원으로서는 퍽 다행스런 바였다.

노민과 이극은 1941년 1월 초에 신5군을 빠져나와, 중경 등지로부터 낙양으로 집결해 오는 의용대 병력의 팔로군 지구로의 진입을 유도하기 위해 태항산의 팔로군 정치부 소재지에서 20명의 참여로 화급히 결성되는 화북조선청년연합회 조직에 무정의 부름으로 처음부터 참여했다. 이어서 그는 연합회의 하남분회 회장으로 임명되고 낙양으로 파견되어, '의용대의 북상을 조직 지도'하는 임무를 수행하기 시작했다.[80] 이극은 중경을 오가는 밀사 역할을 맡아 하고, 왕극강은 낙양통신처 주임이 되어 두 사람의 활동을 지원하였다.

---

[76] 로민, 「청춘시절의 추억」, 143쪽 및 노민 증언(염인호, 「조선의용군 연구」, 50쪽) 참조. 항일군정대학에 다니던 이유민(李維民)·장진광(張振光)·한득지(韓得志) 등의 조선인 학생 수십 명이 1939년 7월 군정대학의 전방 이전 때 따라가 1940년 1월 진찰기군구(晉察冀軍區)에서 졸업하고 진동남에서 팔로군의 항일활동에 참가했음에(「화북조선독립동맹에 대한 일반적 정형」, 6쪽) 비추어보면, 노민 등 3인만을 납득하기 힘든 이유로 '방출'했다는 것이 석연치 않은 바 있다. 조선의용대에서 온 '비당원'이었기에 그랬던 것은 아닌가 하며, 그래서 3인에게는 모종의 공작 임무를 주어서 시험해보는 겸으로 특파한 것이 아니었을까도 생각된다.

[77] 리화림, 「진리의 향도 따라」, 236쪽; 김학철, 「나의 전우들」, 『중국의 광활한 대지 우에서』, 173쪽 참조.

[78] 리화림, 「진리의 향도 따라」, 234-235쪽 참조.

[79] 노민 증언(염인호, 「조선의용군 연구」, 73쪽) 참조.

[80] 로민, 「청춘시절의 추억」, 144쪽 참조.

그러던 중에 제1지대의 북진분대원으로 낙양에 와 있던 장중광이 지대장 임평(林平)을 제치고, 몇 명 안 되는 2지대원도 휘하에 넣으면서 새 지대장으로 취임하였다. 그러자 민혁당과 전위동맹계 간의 알력이 불거지고 헤게모니 쟁탈전이 벌어졌는데, 결국은 후자 쪽에서 총대부의 권위에 도전하여 장중광을 부지대장으로 격하시키고 지대장 왕자인, 정치지도원 호일화, 정치조리원 호철명으로의[81] 지도부 교체를 일거에 해내면서 제1지대를 장악하였다.[82]

그런 와중에 제3지대가 낙양에 도착하여 제1지대와 합쳐서 혼성지대가 된 것인데, 그 후의 집단토론 등의 자리에서 전위동맹계 대원 중심으로 팔로군 지구로의 이동을 강력히 발론했을 것임이 분명해 보인다. 그 주장의 논리는 다음과 같이 상황론과 명분론을 적절히 교직시켜 제시되었을 것이다. 환남사변으로 일대 살육극을 벌인 국민당군의 무도함을 규탄하면서 그런 군대와는 더 이상 같이할 수 없다는 것; 의용대도 국민당의 우파에 의해 전부터 '좌파 대오'로 낙인찍혀 은연중 감시도 받아온 터이니, 언제 어디서건 국민당군이 가하는 위해의 대상이 될 수가 있고 그만큼 앞으로의 모든 행동이 저절로 위축되리라는 것;[83] 화북에서라고 한들 그런 긴장과 불안감을 안고서 아무런 보

---

[81] 「조선의용대 편성표」, 김정명 편, 『조선독립운동』 II, 717-720쪽 및 楊昭全 等 編, 『關內地區朝鮮人反日獨立運動資料彙編』(下), 866-869쪽 참조.

[82] 張禮新 증언; 염인호, 「조선의용군 연구」, 87-88쪽 참조.

[83] 중국국민당은 1939년 1월의 제5기 제5차 중앙집행위원회 전체회의에서 결정한 '용공(溶共)·방공(防共)·한공(限共)·반공' 방침에 따라 방공위원회를 설치했고, 동년 12월부터 반공 태세를 강화시켰다(石島紀之, 『中國抗日戰爭史』, 東京: 靑木書店, 1984, 100-103쪽). 국공합작 체제를 대표하는 기관이던 군사위원회 정치부도 1940년 3월에 용공파인 진성 부장과 합작파인 곽말약 제3청장이 퇴임 당하고 부원들 중의 공산당원이 연이어 축출되면서 하충한(賀衷寒), 강택(康澤) 등 우파 장군들의 수중에 놓이게 된다(鐸木昌之, 「잊혀진 공산주의자들」, 77쪽). 이것이 '제1차 반공고조'였고, 그 연장선에서 1940년 10월부터 반공 공세가 격화되더니 1941년 1월 환남사변이 발발

호막도 없이 고립된 채로 활동하거나 새 근거지를 만들어냄은 절대로 불가능하리라는 것; 그러므로 태항산으로 들어가 전체 대원의 신변안전을 도모하고, 중국인 중에서는 항일 투지가 가장 강한 팔로군과의 유대를 다지면서 그와 제휴하여 우리의 본래 계획을 실행에 옮겨가자는 것— 대략 이런 논리로였을 것이다.

  이 주장이 점점 더 대원 다수의, 특히 1·3 혼성지대의 대원들에게서도 동의와 호응을 얻어 대세가 되기에 이르니, 지도부도 결국은 수락하여 최종결정이 나왔을 것이다. 그중에서 가장 먼저 흔연히 동조하고 집단적 최종결정도 어렵지 않게 나오도록 조력한 이는 평소 대원들의 신망이 아주 높던 윤세주와 한빈, 두 사람이지 않았을까 짐작된다. 민족주의자 성향이 강한 박효삼·이춘암 등의 다른 성원들도 불의의 위난을 예방하고 대원 전체를 지켜내려면 그 선택이 불가피하다고 보아, 그 제안에 반대하지 않고 결국은 수용했을 것이다.

  이런 정황이 이극에 의해 중경의 총대부로 신속히 보고되어 전해졌을 것이고, 그러자 김원봉도 수긍하고 승인을 했을 것이다. 안 그래도 4월 13일 일·소 중립조약 체결이라는 흉보를 접하니 소일전쟁 개전을 고대해오던 김원봉은 몹시 실망했을 것이고, 당장은 동북으로 가더라도 얻을 것이 거의 없겠다고 전망되었을 것이다. 이렇게 된 마당에는 소련의 정책 방향도 기왕의 친국민당 노선을 접고 친공으로 기울어질 것임이 예상되니, 그렇다면 차라리 화북에다 진 치고 중공과 손잡는 것이 득책이라는 결론을 얻었을지도 모른다. 본래는 화북진출이 동북노선 실행을 위한 중간고리요 불가결의 경로로 상정되었던 것이지만,

---

했으며, 3월에는 국민당 중앙조직부 직할의 특무조직들에 중공당 각급 위원회 등의 조직 파괴와 요원 체포가 밀명(密命)되고 마침내 실행되기에 이르니, '제2차 반공고조'의 시기로 들어선 것이었다.

상황이 반전되기까지는 목표를 유보해둘 수밖에 없는 일이었다.

화북에서 인적·물적 전력을 확충하고서 동북으로 가는 줄로만 알고 있던 대원들조차도 그때부터는 대부분 이의 없이 태항산행을 받아들였을 것이다. 다만 김재호·황민 등의 일부 대원만이 평소 반공의식이 강했거나 팔로군과의 제휴에 거부감이 컸는지 동행을 완강히 거부하고 빠져나가 중경으로 되돌아간 것이다.[84] 요컨대, 중국국민당의 과격한 반공 공세가 북상 의용대의 대원 거의 모두로 하여금, 그리고 환남사변이 조기에 신속하게, 팔로군 지구를 행로 종착지로 삼는 결정을 낙양에서 낳게끔 한 것이라고 보아야 할 것이다.

6. 요약과 결론

창설 1년 만에 대원이 50%가량 더 늘어난 조선의용대는 1939년 11월에 조직을 확장 재편하였다. 동시에 의용대 본부는 적후공작에 의한 자체무장의 전투부대화를 새 활동목표로 설정하고, 사전탐사·정

---

[84] 1941년 10월(일자 미기재)에 간행된 『조선의용대』 제40기에 왕통(王通)의 논설 「朝鮮義勇隊的政治路線」이 실렸다. 거기서 그는 오늘의 조선민족의 가장 중요하고도 유일한 목표는 철저한 자기해방이므로 '민족제일'·'독립제일'의 기치를 높이 들고 가야 하며 조선의용대는 계급적 부대가 아니라 민족적 부대임을 환기시키고, 따라서 중국의 어느 당파에도 종속되지 않아야 함을 주장하였다. 그런 정치노선으로 의용대는 중국의 내정문제에 일절 관여하지 말고 자주성과 독립성을 견지해야 함을 그는 주장하고, 또한 화북공작은 국내해방을 최종목표로 하는 전체공작의 일부로서 지역적 공작일 뿐이고 화북도 국내정진의 한 경로에 불과함을 역설하였다(김영범, 「조선의용대 연구」, 『한국독립운동사연구』 2, 1988, 506-507쪽; 장세윤, 「조선의용대의 조직편성과 구성원」, 66-67쪽의 상설을 같이 볼 것). 김원봉이 전에 했던 말이나 쓴 글의 여러 대목을 인용하고 있었다시피, 이 글은 김원봉의 당시 심정과 하고픈 말을 대변해주는 것이었다고 볼 만하다. 김원봉이 처음부터 북상대오를 팔로군 근거지로 보내려 한 것이었다면 이제 와 이런 내용의 글이 『조선의용대』 지면에 실렸을 리가 만무하다.

찰 역할을 할 제1지대를 1940년 3월 하남성 낙양으로 파견한다. 황하를 건너가 하북성·산서성에서의 중국군 적후공작에 동참하며 경험을 쌓고 요령도 익히게끔 한다는 직접적 목적의 이면에는 장대한 구상이 깔려있었다. 화북 여러 곳의 급증하는 이민동포를 쟁취하여 의용대의 인적 기반과 근거지를 구축·확보해내고 그것을 교두보 삼아 동북으로 진출해서 국내 항일세력과의 연계를 도모하며 '최후의 결전'으로 나아가겠다는 것이었다.

화남전선에서 축적된 전투경험으로 실력이 부쩍 증강된 제3지대를 중경으로 불러들여 대기시켜놓고 의용대 지도부는 1940년 11월의 확대간부회의에서 '북상항일'을 공식 결의했다. '조선민족혁명군' 건립을 위한 적후공작 및 의용대의 무장화와 유격전 발동의 포부를 실현키 위해서였다. 그에 따라 3지대가 낙양까지 북상 이동하여 1지대와 합치고, 호북성의 2지대도 곧 그리로 옮겨가 합류한다.

의용대의 북상 대오는 1941년 봄부터 초여름에 걸쳐 네 차례의 도하로 황하를 건너가 예북지구로 더 올라갔고, 거기서 국민당군 권역을 밀행으로 벗어나 태항산 북쪽의 팔로군 근거지로 들어가 안착했다. 이는 의용대 총대부의 건의와 중국 군사위의 승인으로 정해졌던 바의 북상행로 종착지와는 크게 달라진 결과였다.

어찌하여 이리된 것일까? 이유나 내막이 있었다면 무엇인가? 이것이 이 장에서 초점을 둔 사안이고 제대로 풀어보려 한 수수께끼이다. 하지만 간단히 석명될 수 있는 문제는 아니었다. 관련 1차 자료가 빈약하니 새로 얻어질 것이 별로 없었고, 회고록 또는 '증언' 자료들은 그럴듯한 얘기를 하기는 하지만 선후로 복제된 것이면서 상당한 편향성도 보이는 것이었다. 그래도 일단은 그 모두를 꼼꼼히 견주어 살피면서 정합성을 따져보아 비토(批討)하고 걸러낸 다음에 남겨진 것들을 문제가 놓인 맥락과 전후 정황에 비추어 검토하고 숙고해봐야 했다. 그런 작업으로 얻어진 결론은 다음과 같은데, 가설적 추론도 일부 들어있어서 아직은 약간 한정적이기도 함을 부인하지 않겠다.

1939년 가을께 의용대 내부에서 기관지 지면 등을 통해 표출되기 시작한 주장과 입론이었고 1940년 초부터 지도부의 전략방침으로 굳혀지는 '화북진출' 문제에 대해 크게 두 가지 입장의 흐름이 병존했다. 하나는 김원봉·윤세주를 비롯한 지도부 대다수의 것으로, 국내정진에 의한 대일결전의 날을 그려보면서 그 발진기지가 되어줄 만주로 갈 것을 필연적 행로로 예정해둠이었다. 다만 그 사전준비로 필요한 것이, 적후공작에 의한 다수의 동포 흡수로 의용대의 군사적 역량을 비축하고 증강시켜 '조선민족혁명군'으로 만들어놓는 것이었다. 적후공작의 최적지로는 남북교통의 요지이고 정보와 물산의 집적지인 산동성 방면이 상정되기도 했지만, 결국은 이민동포 급증지대인 하북성·산서성 방면이 취해졌다. 요컨대, '동북노선'의 실천 국면이 곧 도래하리라고 예기하면서[85] 그 토대 닦기를 화북에서 해내고자 하는 것이었다. 하지만 그들의 구상은 일단 거기까지였다. 장차의 근거지 문제에 대해 확정적으로 그려놓은 그림이 미리부터 있었다고 보기 어렵고, 하물며 팔로군과의 제휴 또는 결합을 상정하여 태항산의 어느 지점으로 특정해놓거나 했을 가능성은 거의 없어 보인다.

다른 하나의 입장은 조선청년전위동맹 중심의 급진좌파 대원들의

---

[85] 휘하 병력의 화북진출이 성공적으로 종료되어 태항산으로 들어가 있은 후인 1941년 9월에도 김원봉은 의용대가 "동북의 조선무장대오와 밀절한 연계를 이뤄내 머지않은 장래에 견강(堅强)한 통일적 조선민족 무장대오를 건립"할 것을 목전의 중요 공작방침의 하나로 들었다(金若山, 「三年來朝鮮義勇隊與今後工作方針」, 『조선의용대』 40, 1941.10, 6쪽). 하지만 정작 태항산에서는 1942년 겨울 화북조선혁명군정학교에서 무정의 주도로 진행된 정풍학습 때 동북노선이 '그릇된 사상'으로 폄하되어 사실상 폐기되어버렸다(류등, 「관건 동지를 추모하며」, 308쪽).

것이었다. 그들은 애초부터 '화북'을 팔로군 활동 및 태항산 근거지와 직결시켜 생각했고, 거기에는 연안의 무정·최창익의 은연중 입김과 호북성의 신사군 당조직과 연결되는 의용대 내 중공당 비밀지부의 포석이 깔려있었다. 화북진출을 거론할 때 그들은 적후공작의 실행장으로 몇몇 도시를 특정해 거명하고 쐐기를 박듯이 공언하곤 했는데, 그 위치는 대개가 팔로군의 확장적 세력범위가 되어가는 중이던 태항산 동쪽과 남단 지역이었다. 그래도 두 입장이 표면적으로 부딪쳐 쟁점이 되거나 하는 일은 없이, 기관지의 논설 또는 의견기사 등에서만 강조점을 달리해 표출되었다.

상황이 그러했는지라 1940년 11월의 확대간부회의에서도 화북진출 문제가 가장 중요한 의제로 올려졌다. 총대장의 지명으로 회의에 참석한 '간부'진의 면면으로 볼 때는, 두 입장 중에 전자가 당연히 우세했고 후자 쪽의 목소리와 주장은 직접 표출도 대변도 될 여지가 거의 없었다고 판단된다. 그럴진대 회의 종료 직후에 중국 군사위로 의용대의 화북이동이 건의될 때 종착지는 국민당군 관할구역의 어느 한 지점으로 제시되었을 것임이 당연하다. 구체적으로는 선견 1지대의 당시 공작지역을 우선적으로 감안하여 하남성 북단의 제24집단군 총사령부가 있는 임현으로 제시되었을 공산이 매우 크다. 그것이 속임수일 리는 만무했고, 군사위 관계자들에게도 가장 좋은 선택지로 받아들여졌을 것이다.

그러므로 종래 통설처럼 되어온 주장이나 인식, 즉 북상 대오가 화북에 당도하면 곧장 태항산의 팔로군 근거지로 들어가기로 하는 내밀한 합의랄까 고위급의 약정이 제3지대의 중경 출발 전부터 있었다고 함은 전후 맥락과 맞지 않고, 다시금 확인되는 여러 사실들과의 괴리도 크다. 만일 그랬다면 의용대 지도부가 처음부터 국민당 쪽을 기만

했다는 얘기가 되는데, 그럴 의도는 김원봉에게도 다른 간부진에게도 없었다고 보아도 될 것 같다.

그랬는데 몇 달 후의 결과는 아주 다르게 나타났다. 그렇게 된 가장 큰 이유는 북상 의용대가 낙양에서 도하 대기 중일 때 있게 된 것으로 추론되는바 진로 변경이라는 조정적 합의와 결정에서 찾아진다. 결정적인 계기 혹은 촉진변수는 3지대가 낙양행의 도정을 시작한 직후인 1941년 1월 초순에 발생한 환남사변이었다. 안 그래도 전년도의 10월경부터 거세진 중국국민당의 반공 공세로 마음이 몹시 편치 않던 차에 국민당군이 중공당 군대를 기습공격해 수천 명의 희생자가 나게끔 했다는 소식을 접한 좌파 성향의 대원들은 예외 없이 분노와 심중한 위협감을 같이 느꼈을 것이다. 이에 대원 보호의 대책 마련이 시급하며 그러기 위해서라도 팔로군 근거지로 들어가야 하지 않느냐는 절박한 호소와 요청이 빗발치듯 쏟아졌을 것임이 명약관화하다. 결국은 북상대오의 최고지도자 윤세주·박효삼과 측근 참모들이 그 주장의 타당성을 인정하고 받아들이기로 했으리라는 것이다. 윤세주의 과거 운동 이력 및 담론의 특징점들에서 충분히 짚어질 수 있던 바의 친좌파적 성향, 그리고 동지와 부하를 지극히 아끼던 성품에 비추어볼 때도 그 결정은 그리 어렵지 않게 내려졌을 것으로 짐작된다.

스마루가 중경의 김원봉에게 벌였다는 설득-회유 공작도 그의 말대로 1940년이었던 것이 아니라 이 무렵의 일이었을 것으로 본다. 1940년이라면 그의 목표가 의용대의 화북행을 김원봉이 결단토록 하는 것 말고는 다른 것이 있을 수 없었는데, 그것은 전후의 사실연관에 비추어볼 때 이치에 닿지 않는 얘기이다. 그보다는 1941년에 북상 후 낙양에서 대기 중인 의용대의 추후 행로와 종착지가 중도에 조정됨을 김원봉이 부디 수용-승인해주기를, 아니면 팔로군지구 정착이라는 기정사실의 추인을 그해 9월경에 요청하는 것이었다고 보아야 앞뒤 맥락에 부합한다.

　이러한 경과 속에서 의용대 내의 급진좌경 분파가 예전의 자기들의 것과 상반되는 입장을 취해 갔음도 간파된다. 이제는 동북노선을 방기하고 태항산으로, 연안으로 가기만을 주장하는 셈이 되었기 때문이다. 물론, 이 시점에는 일제의 집중타격으로 동북항일연군이 거의 궤멸되어버렸고 잔존병력은 소련령 연해주로 퇴각해갔다는 당 중앙의 정보가 그렇게 만들었을 수 있고,[86] 낙양에서의 토론 때도 그 정보가 진지하게 언급되었을 수 있다. 어쨌든 몇 년 사이에, 특히 의용대 내에 중공당 비밀지부가 조직되었음에 연동되면서, 그들의 생각과 지향이 바뀌어온 것도 북상 의용대의 태항산 진입·정착의 주장으로 이어졌다고 보아 무리가 없을 것이고, 방증도 여럿 나오고 있다. 크게 보면, 1940년을 전후하여 벌어진 군사와 정치 두 부면의 정세 급변이 그런 결과를 낳았다고 할 수 있다.

---

[86] 1940년경의 조선의용대가 꿈꾸던 만주로의 진출은 조선의용군 시절에 계속 유예된다. 대신에 동포 쟁취와 적정 파악의 적후공작에서는 성과를 내면서 화북과 만주의 여러 적구에 조선독립동맹 분맹(分盟) 형태의 지하조직이 구축되어갔다(염인호,『조선의용대·조선의용군』, 독립기념관 한국독립운동사연구소, 2009, 제5장).

화북의 조선의용대와 호가장 전투

1. 머리말

조선의용대에게 있어서 '화북진출' 기획은 중공계의 이면공작의 산물이 아니라, 의용대 본래의 숙원을 풀기 위한 '화북행 → 동북행 → 국내진공'의 3단계 전략구상에 따라 추동된 것이었다. 제3지대가 1941년 벽두에 북행하며 중경을 떠날 적에 정치위원 윤세주가 총대부 간부진 앞에서 "금년에 화북 근거지를 건설하고, 명년에는 동북 근거지를 건립할 것이며, 내명년에는 조국으로 진입하겠노라."고 한 공언이 그 전략과 결의의 압축된 표현이었다. 북상 의용대의 행로가 태항산의 팔로군 근거지로 최종 귀착되었음은 그와 별개의 문제였으며, 처음부터 그렇게 예정되어 있던 것도 아니다. 그러기로 결정된 것은 의용대가 낙양에서 황하 도하를 기다리며 대기하고 있던 중의 집단

토론 중에 환남사변 돌발과 그것으로 예측되는 바 국민당의 반공 공세의 격화, 그리고 동북항일연군의 현 상황 등이 논제가 되고 숙의해서 이른 합의에 따라서였다고 보아야 온당함을 다시금 강조해두고 싶다.[1]

북상 의용대가 중공당 군대의 관할지로 들어가 정착했음은 국민당으로서는 묵과할 일이 아니었다. 그 일의 여파로 총대장 김원봉이 장제스의 명에 의해 군사위원회의 사문(査問)을 받고, 급기야 군사위 결정으로 1942년 들어 조선의용대가 한국광복군으로 합편되고 만다. 창설 이후 4년 가까이 중국전선에서 항일투쟁의 빛나는 공적을 세워온 조선의용대의 깃발이 내려지고 공식 역사가 끝나게 된 것이다. 앞서 태항산으로 들어가 있던 조선의용대 3개 지대 병력은 한데 묶여 '화북지대'로 개편되었고, 무장 선전공작에 중점을 두고 활동하다 1941년 12월에 적군과의 첫 접전이고 격전도 된 '호가장 전투'를 치른다. 이 소식이 중경으로 전해진 것이 중국 군사위의 양군 합편 방침 결정에 영향을 미쳤을 것으로 보이는 측면도 있다.

이런 점들을 고려할 때, 조선의용대의 성립에서 해소까지의 전 역사를 정확히 인식하고 잘 이해하기 위해서는 화북지대의 활동과 그 정형, 거기서 내보여진 특성, 아울러 호가장 전투에 대해서도 면밀하게 살펴보고 그 숨은 의미를 파악해내는 것이 필요하다고 본다. 그런 취지로 이 장에서는 새로운 사실을 찾아내 제시하려 하기보다, 화북지대와 호가장 전투에 관해 기왕 알려진 사실까지 종합하면서 조선의용'대'의 화북 시절을 전체적으로 정리해냄에 목표를 둔다. 아울러, 화북지대와 중경 총대부와의 관계에도 주목하고, 조선의용대의 최종

---

[1] 이 점은 앞장에서 충분히 설명했다.

적 운명과 관련하여 그것이 낳았을 후과도 같이 고구해보려 한다.

2. 화북지대의 성립과 활동

태항산으로 들어가 산서성 요현에 둔영(屯營)을 차린 조선의용대 3개 지대 병력은 입산 직후인 1941년 7월 7일에 '조선의용대 화북지대'로 개편된다. 대장 박효삼, 부대장 이익성, 정치지도원 김학무로 지휘부를 재구성하고, 예하에 3개의 '대(隊)'와 그 아래 2개 분대씩, 6개 분대를 두는 것으로 재편하였다. 이어서 8월 중순까지 약 40일간의 대토론을 통하여 무장선전, 간부양성, 적구(敵區) 조직(의 구축)을 3대 활동방침으로 확정짓는다. "과격과 급진을 반대하고 온화와 점진을 취하는 방식으로" 진행되었다는 그 토론회에서는 '유(唯: 오로지)투쟁주의'에 비판과 공격이 가해졌다. '투쟁주의'란 전투를 대적공작의 전부인 양 보면서 그것만을 높이 사는 사고방식을 말함일 것이었다.

그 비판은 대적공작이 선전의 범위를 벗어나지 못한다고 조급해하거나 소극적이 되지 말자면서 무장선전의 필요성과 의의를 강조하는 것으로 이어졌다.[2] "적구 내로의 우리 조직·선전 공작의 심입(深入)과 적의 전면적 실패 개시 전에 명실상부한 전투부대의 건립은 불가능함을 확인"했기 때문이라고 했다.[3] 그리하여 태항산에서도 의용대의 대적활동은 선전공작으로 집중되는데, 선전에 전투가 배합되는 무장 선

---

[2] 「朝鮮義勇隊 華北支隊 工作總結報告」, 『朝鮮義勇軍 華北支隊 總結』, 1942, 4·7쪽.
[3] 같은 글, 22쪽.

전공작을 일반 선전공작과[4] 병행시키기로 했음이 예전과 달라지는 점이고 눈에 띄는 변화였다.

1941년 9월부터 개시되는 무장 선전공작을 위하여 화북지대는 중국어에 능통한 대원 30명으로 무선대(武宣隊)를 조직하면서 3개 대로 나누어 편성했다.[5] 그리고는 팔로군에 배속시켜, 북으로 평한선의 석가장에서 남으로 안양현까지 1,400화리 사이에 길게 늘여진 적후지구를 중심으로 활동해간다. 제1대(대장 이익성)는 하북성 남단의 자현(磁縣)과 하남성 북단의 안양·무남(武南) 등지를, 제2대(대장 김세광)는 하북성 북부 석가장 남쪽의 원씨현(元氏縣)·찬황(贊皇)·임성(臨城) 등지를, 제3대(대장 왕자인)는 하북성 남부의 사하(沙河)·형대(邢台)·무안(武安) 등지를 담당구역으로 삼고서였다. 그 구역 분획(分劃)은 팔로군 태항군구(太行軍區)의 각 분구(分區)와 대응되게끔 이루어진 것이었고, 전체적으로는 석가장에서 안양현까지 남북 약 1,000km의 적후지구가 의용대의 새 활동장이 된 것이다.[6]

---

[4] 일반 선전공작은 군중대회, 연환회(演歡會), 좌담회 등의 집회를 통한 구두선전과, 전단·표어 등을 채용하는 문자선전으로 대별된다(같은 글, 18-19쪽).

[5] 무선대의 간부진과 활동구역은 다음과 같았다(「조선의용대 화북지대 공작총결보고」, 17·25쪽).
대장: 왕자인, 지도원: 김창만, 화북조선청년연합회('조청') 간사: 양민산·陳漢中.
제1대: 대장 이익성, 지도원 진한중, 조청 지회장 호철명, 분대장 李志剛·何振東. 팔로군 태항군구 제5분구에 배치.
제2대: 대장 김세광, 지도원 李東林(이명 馮仲天), 조청 지회장 柳新, 분대장 조열광·마일신. 제1분구에 배치.
제3대: 대장 왕자인, 지도원 박무, 조청 지회장 申憶(본명 韓靑), 분대장 韓璟·마덕산. 제6분구에 배치.

[6] 중일전쟁 발발 후 항일근거지의 형성이 화북지역에서는 중국공산당 북방국과 예하 지하조직들의 주도로 진기예(산서성 동남부, 하북성 서남부, 하남성 황하 이북의 서부지구), 기남(하북성 남부), 기로예(하북성 동남부, 산동성 서부, 하남성 동북부)의 3개 전략구를 단계적으로 건립하는 방식과 순차로 진행되어 갔다. 그 후 1940년에 진기예 전략구가 태항·태악의 2개 전략구로 나뉘고, 양자는 진동남에서 교차하여 산서성 남부의 중조산 지구로 뻗어갔다. 이렇게 형성된 항일전선은 동으로 평한선 일대의 일본

무선대원들은 적구 거주 중국인들 대상의 선전공작을 끈질기게 진행하였다. 일본군 주둔지로 침투해 전단을 뿌리고, 적군을 향해 구호를 외치며, 투항 권유 편지를 보내기도 하였다. 그럴 때는 "위험하고도 격렬한 선전공작"이[7] 여러 번 수행되기도 했다. 일본군 부대 상대의 복격전(伏擊戰)이나 일선 봉쇄구의 파격전(破擊戰)에 참여하는 것이 그런 경우였다. 선전공작의 효과는 의용대의 선전물을 보게 되었거나 구두선전을 접한 이주민 또는 조선인 병사가 기회를 보아 찾아오는 것으로 나타나기도 했다.

그러던 중 1941년 12월에 무선대가 일본군의 기습 또는 매복공격을 받아 치르게 된 단독전투가 두 차례 있었다. 첫 번째는 호가장(胡家莊) 전투로, 1941년 12월 12일 김세광 휘하의 무선대 제2대 대원 19명이[8] 숙영지인 호가장 마을을 포위 기습해온 일본군 및 괴뢰 왕정위군—일본군은 이를 '황협군(皇協軍)'으로 칭했음—에 맞서 일대 격전을 벌인 것이었다. 이 전투에서 의용대는 손일봉 분대장 등 4명 전사, 김세광 대장 등 4명 부상, 김학철 대원의 중상 피포(被捕)라는 '큰 손실'을

군 108사단과 14사단, 북으로 정태철로 일대의 일본군 20사단, 서로는 동포철로의 일본군 109사단과 대치하며 남으로 황하까지 이어졌다. 그리고 1941년 9월에 진기로예변구 정부가 정식 성립하면서 통일적인 진기로예 항일근거지의 형성이 마무리된다(중국항일전쟁사학회·중국인민항일전쟁기념관 편, 田酉如 저, 『中國抗日根據地發展史』, 北京出版社, 1995, 117-118쪽). 그리고 보면 이 마무리 작업 직후부터 화북지대 무선대의 활동이 시작된 것이다.

[7] 「조선의용대 화북지대 공작총결보고」, 31쪽.

[8] 20여 명, 23명, 29명, 30명이었다는 기록들도 있다. 제2대 대원으로 호가장 전투에 직접 참가했던 장예신이 회고하기로는, 제2대 총원은 23명이었고 근거지를 떠날 때는 2명을 남겨두고 가므로 무장선전 활동에는 21명이 참가했다고 하고는 전투현장 묘사 대목에서 "우리의 대오는 모두 합쳐 19명 밖에 안 되었다."고 적었다. 그가 제시한 명단은 김세일, 조열광, 손일봉, 조소경, 김학철, 유신, 최계원, 박철동, 한청도, 김흠, 조관, 최봉록, 최동광, 김평, 고상철, 장예신, 왕현무(=왕현순), 최동무, 마부, 본인으로 19명이다(장례신, 「피어린 그날의 싸움」, 『중국의 광활한 대지 우에서』, 284·286쪽).

입었다. 전과는 "적 20여 명 소멸"이라는 기록이 있다.

두 번째 전투는 일본군 110사단의 아라키(荒木) 여단 본부 및 예하 72대대의 주둔지 형대(邢臺)에 대한 팔로군의 파격전과 나란히 의용대 무선대가 수행한 선전공작 중에 벌어졌다. 1941년 12월 25일부터 14명이 3개 조로 나뉘어 개시한 제3대의 무선공작 제2일째에 1개 조가 읍성(邑城)으로[9] 들어갔다. 그리고는 동편의 바위언덕에 팔로군 경계병을 배치해놓고 읍내 교회로 가서 군중대회를 소집하여 4~5백 명의 군중에게 선전문을 배부하고 연설하기 시작했다. 그러자 읍성의 서문 밖에 매복 중이던 적군 약 50명이 아군 감시병을 저격해 무력화시킨 후 편의대를 앞세우고 사격해왔다. 군중대회장은 혼란에 휩싸였고, 빠져나갈 틈도 없었다. 이에 왕자인 대장 등이 지붕으로 올라가 수류탄을 던지고 장내의 대원들은 일제 사격을 가하여 적군 편의대가 도주토록 만들었다. 그 틈에 대원들이 3패로 나뉘어 서문 밖으로 뛰쳐나가 탈험(脫險)하였고, 아군 피해는 경상 1명뿐이었다.[10] 이것 말고도 팔로군의 대적전투에 10여 차 참가한 바 있다는데,[11] 구체적 내용은 전해져 알려지는 것이 없다.

화북지대가 치른 전투 중에 규모가 가장 컸고 그만큼 또 치열했던 것은 1942년 5월 하순의 태항산지구 반(反)소탕전이다. 이때 지대장

---

[9] 중국의 현 행정구역상 현급시에 속하는 하북성 무안시 안에 향급(鄕級) 행정구가 여럿 있는데, 그중 '읍성진(邑城鎭)'이 들어있다(李顯國, 『중국문화행정지리(하북성)』, 황매희, 2019, 93쪽). 제3대의 작전구역 범위에 무안이 포함되고 있었음에서 '읍성'이란 바로 여기였을 것임이 확실시된다. 그런데 읍성은 현급시보다 한 급 위인 지급시(地級市) 기준으로는 '형대'시가 아니라 그 서쪽의 태항산 방향으로 연접한 '한단'시에 속한다. 그런데도 그때 중경에서는 저 북쪽의 호가장도 여기도 다 뭉뚱그려 '형대'(전투)로 일컬어졌다. 그래야만 했던 이유는 뒤의 5절 2항에서 설명할 것이다.

[10] 「조선의용대 화북지대 공작총결보고」, 40-41쪽.

[11] 같은 글, 43쪽.

박효삼이 팔로군 전선총지휘부 참모장 나서경(羅瑞卿)에게 일본군 저격 임무를 맡겠다고 자청했다. 승인이 떨어지자 50여 명의 의용대 무장병력이 편성진(偏城鎭)의 요문구(窯門口) 동쪽 산등성이로 올라가 기관총을 걸어놓고 일본군을 저격하며 팔로군 총부와 비무장 인원들의 후퇴를 엄호하였다. 이때의 의용대원 희생자는 적에 포위되어 항복을 권유받자 권총 자결한 호유백(胡維伯)과,[12] 적군 수색대에 발각될 위험에 처한 비무장 요원들을 살리려고 뛰쳐나가 적의 시선을 돌려놓는 대신에 희생된 윤세주·진광화였다.

5월 반소탕전 때 팔로군 부총사령 겸 전선총지휘부 사령이던 팽덕회(彭德懷)는 의용대 무장대의 철퇴를 명하면서 "여기에 우리 중국사람은 많아도 조선동지들은 얼마 안 되니 한 사람이라도 희생되면 그 손실이 더 큽니다. 조선동지들은 앞으로 다 간부나 지휘원이 될 사람들입니다. 조선동지들은 철퇴하시오."라고 채근했다.[13] 앞서 1939년에 제9전구의 의용대원들에게 국민당군 장령들이 하던 말과 다른 바 거의 없었다. 이 반소탕전 이후로는 팔로군 총부에서 당 중앙의 지시에 따라 조선의용군을 전투에 참가시키지 않았고, 후자의 주요 임무는 군사훈련과 정치문화학습을 잘하는 것이라고 명확히 지적했다는 술회도[14] 있다.

---

[12] 『解放日報』(1942.7.31), 「中共北方局等籌備追悼殉難朝鮮戰友」(楊昭全 外 編, 『해외의 한국독립운동사료』(Ⅵ), 국가보훈처, 1993, 437쪽)과 후속 기사들; 김학철, 「나의 전우들」, 『중국의 광활한 대지 우에서』, 193쪽).

[13] 김형직 외, 『격정세월―문정일 일대기』(북경: 민족출판사, 2004), 102쪽의 문정일 회고.

[14] 리화림, 「진리의 향도 따라」, 『중국의 광활한 대지 우에서』, 241쪽.

3. 호가장 전투, 그 전모와 의의

호가장 전투는 반소탕전 못지않게, 아니 그 이상으로, 오랫동안 사람들이 입에 올렸다. 그렇게 조선의용대 항일투쟁사의 전설이 되어갔고, 문학작품으로도 수차 형상화되었다. 비상한 시·공간에서 비상한 방법으로 혈로(穴路)를 뚫고 나간 영웅적 격전이요 혈투였는 데다 전사자들의 최후 모습도 지극히 감동적인 것으로 나타나 크나큰 심리적·정치적 효과를 낳으므로 그랬던 것 같다. 그러다 보니 이 전투의 실화에 대한 '이본(異本)'이 여럿인 것처럼 되고, 서로 경합하듯이 서술이 증폭되기도 했다. 그런 가운데 상황묘사에서의 지나친 과장이나 세부사실들의 상위점이 적잖이 나타나 정확한 전달과 이해가 방해받는 결과까지 빚어졌다. 그렇기 때문에도 호가장 전투에 대한 종합적 정리가 한 번은 있어야 하리라 생각되어, 여기서 그 작업을 감당해보려 한다. 관련 문헌자료를 두루 참고하여[15] 추출된 내용을 정합성이 갖춰지도록 차근차근 상술해감에 의해 그래볼 것이다.

1) 호가장 전투의 발단

무선대 제2대의 김세광 대장과 휘하 대원들은 1941년 11월 중순

---

[15] 주로 참고하면서 대조해본 자료는 다음의 것들이다(발행 순으로 기재). 「조선의용대 화북지대 공작총결보고」, 34-35쪽; 張雲, 「犧牲在中國—哀悼孫一峯·朴喆東兩位同志」, 『解放日報』, 1942.9.20(楊昭全 外 編, 『해외의 한국독립운동사료』(Ⅵ), 444-445쪽); 『우리通訊』 제15호, 1942.11(국사편찬위원회, 『대한민국임시정부 자료집』 3, 2005, 원문부 285-295쪽); 장례신, 「피어린 그날의 싸움」, 『중국의 광활한 대지 우에서』, 284-297쪽; 「호가장 전투」, 『신천지』 1946년 3월호; 김학철, 「아아, 호가장」, 『신천지』 1946년 5월호; 박태일, 「평양 시기 김학철의 전투실기 「호가장 전투」」, 『국제한인문학』 19, 2017.

에 근거지 상무촌의 흥복사(興福寺)를 떠나 200km 밖 평원 유격구의 원씨현(元氏縣)으로 출동했다.[16] 거기서 하순까지 공작준비를 하고 12월 들어 현내 곳곳에서 선전활동을 벌였다. 낮에는 준비작업을 하고, 밤이 되면 마을로 들어가 군중집회를 열어 연설하고 노래를 가르쳐주며 바람벽에 구호 쓰기를 했다. 그러는 사이 다른 한 패가 일본군의 참호 50m쯤 앞까지 접근해 가서 양철통 나발을 입에 대고 반전 구호를 일본어로 외치거나 일제의 죄행 폭로 연설을 하고 참호 안으로 선전삐라를 던져넣고 오는 식이었다. 이동 중에 간혹 적군과 마주치는 일이 있으므로 전원 무장해 있었고, 300명가량의 팔로군이 호위 임무를 띠고 멀찍이서 따라다녔다.

그러던 차 11일 정오에 현 내의 선옹채(仙翁寨)에서 200여 명('100명' 설도 있음)의 적과 조우하여 접전 끝에 물리쳤다. 12일에는 호가장 마을에서 민중대회를 연 다음에 서남방의 찬황현으로 이동할 예정이었다. 호가장은 석가장 남서쪽 32Km 지점의, 태항산맥과 기중평원(冀中平原)이 맞닿는 곳에 위치하며 40~50호의 주민이 사는 마을이었다. 남쪽 2.3km 지점에 일본군이 진치고 있어서, 피아 접경지대의 최전선 지점이 되는 곳이기도 했다.

19명의 제2대 대원들은 3일간 눈을 붙여보지 못한 데다 그날 낮의 전투로 더 피곤해진 몸을 누이기 위해 호가장에서 하룻밤 숙영키로 하였다. 약 4리 떨어진 곳에서 팔로군 호위대가 야숙하며 경계를 맡아주기로 했음에 안심하고 대원들은 한 농가에 들어가 마룻바닥에서 잠을 청했다. 마을 밖 초소나 동초(動哨)를 두지 않고, 숙소 농가의 평면

---

[16] '유격구'는 일본군 점령지와 팔로군 해방구와의 중간지대를 팔로군 쪽에서 일컫는 말이었다.

지붕에 입초 1명을 세워두고서였다.

호가장에는 황협군의 가족 되는 5세대가 살고 있었는데, 그들 주민 중의 한 명이 마을 구장이면서 '한간'(漢奸)이었다. 그가 4km 밖의 황협군영으로 몰래 달려가 의용대의 동정을 밀고하고, 팔로군의 야숙지를 피해서 오게끔 안내했다. 그 결과, 일본군과 황협군 각 1개 중대 병력이[17] 밤사이 호가장 외곽으로 침투하여 의용대원 숙영지를 300~400m 밖에서 3면으로 둘러싸고 포위망을 압축하였다.

2) 전투 실황과 인명피해

동틀 무렵의 새벽 4시쯤, 일본군이 지붕 위의 의용대원 보초를 향해 사격했다. 다행히 피격되지 않고 황급히 뛰어내린 보초 고상철이 적의 습격을 외쳐 알렸다. 그 순간, 박격포탄이 날아와 터지며 기와와 벽돌을 부수어 날려 보냈다. 이어서 적의 기관총이 불을 뿜었다.

그 소리에 깨어 놀라 일어난 대원들은 급히 군장을 갖추고 전투태세를 취하였다. 김세광이 1분여의 숙고로 상황판단을 한 끝에 즉시 응전 명령을 내리니, 아군의 소총과 경기관총도 불을 뿜었다. 사투 일곱 시간의 처절한 격전의 막이 그렇게 올랐다.

날이 밝은 후에는 안개가 짙었다. 적군은 안개를 뚫고 돌진할 엄두는 내지 못하고 포위 대치 상태를 유지하였다, 아군보다 최소 10배 이상의 병력에 박격포 2문과 30정 이상의 경기관총도 갖고 온 적군과 맞서게 된 '중과부적'의 형세에서 의용대원들은 탄환도 아끼면서 싸워야 했다.

---

[17] 그 인원은 200명, 300(여) 명, 500명, 800명의 여러 설이 있는데, 장예신은 300명이라 하였다.

고정지점에서의 방어가 매우 불리하다고 여긴 대원들은 농가를 빠져나가 북쪽 고지로의 혈로를 뚫기로 하였다. 우선은 김세광이 세 명 대원의 어깨를 딛고 지붕 위로 올라가, 대문 밖의 적병들에게 수류탄을 연속 투척하여 물러서게 만들었다. 그 틈을 타 경기관총을 앞세우고 돌격하여 대문으로 나가려 하니, 적의 기관총탄이 십자포화를 그리며 그리로 집중되었다.

그러다 포화가 갑자기 멈추어진 가운데 일본군 지휘관이 고함치기를 "저항하지 말고 항복하라. 그러면 목숨은 살려준다."고 했다. "조선인은 다 같은 황국신민이니 귀순하면 우대한다."고 구슬리는 말도 덧붙였다. 이에 의용대원들은 "정 하고 싶거든 네가 항복해라." "우리는 일본군의 포로를 우대한다. 어떠냐? 의향이. 너희를 위해 충심으로 권유한다."고 응수했다. 그랬더니 "바가야로!"라는 외마디소리와 함께 다시 일제사격이 가해졌다.

마침내 적의 선두가 총검을 번득이며 지붕으로 기어오르니, 얼굴을 알아볼 수 있을 정도였다. 이에 무선대원들은 허리춤의 수류탄을 풀어 10여 개를 일제히 던졌다. 기어오르던 일본군 수십 명이 수류탄을 맞고 폭사하여 시신이 사방으로 날아가고 굴러떨어지고 했다.

그러기를 몇 차례, 마지막 투탄이 끝나고 백병전이 시작되었다. "돌격!" 명령과 함께 일대일로 총검을 겨누며 맞붙어 싸웠다. 그러다 총검이 부러지면 총대를 거꾸로 들고 적병의 머리통을 후려갈겼다. 초인적인 용맹이 대원들을 사자처럼 만들었다. 견디다 못한 적이 양쪽으로 갈라져 길이 열리자 대원들은 돌파구로 삼고 혈로를 열었다.

대원들은 농가 대문으로 빠져나가, 골짜기 건너편의 산줄기 세 개 중에서 가운데의 서쪽 산등성이로 올라가 포진하려 했다. 그러나 적의 포화가 재차 불을 뿜고 적병들이 추격해오니, 누군가가 후위를 엄호해주어야 했다. 김세광 대장이 2분대원 중 다섯 명이 후위를 맡아 주도록 명했다. 그러자 손일봉 분대장이 제일 먼저 나섰고, 이어서 최철호, 왕현순, 박철동, 김학철 대원이 뒤따랐다. 다른 대원들이 포위망과 추격에서 완전히 벗어날 수 있을 때까지 죽음을 각오하고 탄약이 다 떨어지도록 싸워야 함이 그들의 임무였다. 시선을 나누며 작별을 고한 다섯 명은 살기를 단념하니 오히려 맑고 가벼운 마음이 되어 임무를 시작했다. 각자 엄폐와 사격이 잘될 위치를 찾아 엎드린 상태에서 탄약을 재우고 대기하였다. 그리고는 올라오는 적병을 한 명 한 명 겨누어 사격했다. 그러자 적은 추격을 중지했다. 대신에 다섯 명의 후위대에 포화를 집중시켰다.

이 다섯 명의 대원이 끝까지 분전하다 스러져간 모습은 자료에 따라 조금씩 상이하게 그려져 있다. 어떤 자료는 사실 위주로 건조하게 요점만 적고, 어떤 자료는 긴박했던 상황과 처절한 최후를 실감시켜주려는 듯이 정황까지 자세히 묘사하며 얼마간의 윤색이나 과장도 곁들인 듯했다. 그 중의 어느 것만을 취사선택하여 사실로 확정하기는 어렵고, 임의로 그러함은 불가하기도 하다. 그러므로 자료를 그대로 옮겨보는 것이 가장 좋겠다.

이 전투 1년 후에 의용대 총대부에서 작성한 기록에는 다음과 같이 적혔다.

"손일봉 동지는 처음 적과 보총으로 싸우다 다시 접근된 적에게 수류탄을 던져 많은 적을 죽였다. 수류탄을 다 쓰고 탄환도 다 되어 버렸음에 손동지를 사로잡으려는 적과의 육박전이 시작되었다. 이 육박격투를 목도하는 우리 대의 동지는 하는 수 없이 그를 향해 기총 소사하였다. 도저히 사로잡아갈 수 없겠다고 본 적은 마침내 각도(刻刀)로 손동지의 왼편 가슴을 찔러 죽였다. 왕현순 동지는 대문을 나와 뒷담에 몸을 숨기고 사격을 계속하다 가진 탄환을 다 쓰고, 불행히도 적의 탄환이 대뇌에 명중하여 소뇌를 뚫고 나가면서 즉사하였다. 최철호 동지는 지붕에서 격전하다 뒷담을 뛰어넘어 가던 중에 국부를 명중당해 신음하다 죽었다. 박철동 동지는 탄환을 다 쓰고, 사로잡으려는 2적과 육박 격투하여 언덕에서 골창으로 굴러가며 악전고투했는데, 적이 자도(刺刀)로 왼편 가슴을 찔러 죽였다. 사체를 발견했을 때 동지는 두 눈을 뜨고 이를 악물고 두 손으로 자기 옷가슴을 헤치고 꿇어앉은 채로 죽어있었다."

훗날 소설 형식으로 나온 김학철(金學鐵)의 현장증언은 이렇게 되어 있다.

"먼저 왕현순이 이마를 뚫리어 폭 앞으로 엎더졌다. 그다음에 엄폐용 지물을 바꾸려던 최철호가 아랫배를 맞고 쓰러졌다. 흉부 관통을 당한 박철동은 끓어오르는 목구멍의 피를 내뿜으며 '조선독립…'을 소리높이 외쳤다. 손일봉 동지는 적의 선두를 맞아 단신 분전하며 총검으로 두 적병을 넘어뜨리고 세 명에게 포위되어 가슴에 날창을 받고 쓰러졌다."

김학철 자신은 어느 순간 왼쪽 다리에 적탄을 맞고 나가떨어진 채로 사격을 계속하다 실신해 포로가 되었다.
특별히 손일봉과 박철동의 최후에 대해 동료 대원 장운(張雲)은 이렇게 상세히 그려놓았다.[18]

"'손동지! 총알이 남았는가?'고 박동지가 묻자 손동지는 고개를 가로젓더니 마지막 남은 수류탄 하나를 손에 들어 박동지에게 보여주었다. 이때 일본 파시스트 강도의 소대장 하나와 사병 일곱이 손

---

[18] 이하, 인용문들은 읽기 쉽게 현대어로 약간 윤문한 것이다.

동지를 포위하였다. 손동지는 적 소대장을 향해 몸을 날리더니 그의 멱살을 쥐고 '야! 이 왜적놈아!'라고 큰소리로 외치면서 손에 있던 수류탄을 돌멩이에 세게 부딪혔다. 순간 수류탄이 굉음을 내며 폭발하였고, 적 소대장과 사병 몇 명[7명: 장예신]이 손동지와 함께 현장에서 사망하였다. 손동지가 장렬하게 최후를 맞이할 당시 박동지는 적군 두 명과 육박전을 벌이고 있었다. 박동지는 나무 손잡이가 달린 수류탄으로 머리를 내려쳐 일본군 한 명을 제압했다. 그러나 이미 십 여 차례나 적의 칼에 찔린 탓에 박동지는 더 이상 힘을 쓸 수 없었다. 어쩔 수 없이 도망을 치기 시작한 박동지는 많은 출혈로 인해 정신이 혼미하여 방향을 제대로 잡지 못하였다. 결국 막다른 계곡에 이르게 된 박동지는 더 이상 앞으로 나가지 못하고 그야말로 진퇴유곡의 위기에 처하고 말았다. 발걸음을 멈추고 묵묵히 뒤돌아 선 박 동지는 '내 목숨을 원하거든, 아낌없이 주마!' 하며 자신의 가슴을 풀어 헤치고 적에게 대들었다. 야만스러운 적이 휘두르는 칼에 맞은 박 동지는 어느 산골짜기에서 용감하게 최후를 맞이하였다."

부상자도 4명 나왔다. 김세광 대장 외로 기관총수인 조열광 제1분대장, 대원 장예신과 김흠(金鑫)이었다. 잡혀간 김학철을 포함하면 5명이고, 대부분 중상이었다.

김세광은 지휘 중에 오른쪽 다리를 총탄이 뚫고 갔다. 이어서 복부를 또 맞았다. 고장 난 기관총을 그 몸으로 고쳐내 메고 몇 발자국 옮겨놓았을 때, 날아온 탄환이 이번에는 왼쪽 팔복을 날렸다. 남은 왼쪽 다리와 오른팔로 그는 풀뿌리를 움켜잡고 무릎으로 기어서 오후 2시에 산정에 이르렀다. 그런 상태에서도 그는 "조선사람은 조선민족의 절개를 지켜라!"고 외쳤다. 전투 후 후송된 그는 복부절개 수술을 받았고 내내 외팔이로 지내야 했다.

조열광은 김대장이 적탄을 맞아 놓쳐버린 기관총을 대신 잡고 사격하려 하던 중에 2발의 적탄을 무릎에 맞았다. 걸을 수 없게 된 그가 최후의 결심을 하고 적이 나타나기를 기다리는데, 김흠이 지나가다 그 광경을 목도해 조열광을 등에 업고 안전지대로 빠져나가려 했다. 그러자 조열광이 "기관총은 전대(全隊)의 생명이다, 나를 관심 말고 속히 기관총을 가지고 가라"고 소리쳤다. 김흠은 그래도 동지를 구하려 했는데, 조열광이 한사코 거절하므로 하는 수 없이 총을 메고 가려 했다. 그때 조관(趙寬) 대원이 지나가기에 기관총을 조관에게 맡기고, 김흠 자신은 조열광을 등에 업고 꼬박 하루 동안 20여 리의 산길을 달려 안전지대로 들어섰다. 숨을 돌리려고 잠시 멈추었을 때야 김흠은 자신의 두 다리도 부상을 당해 피와 살을 구분할 수 없을 정도임을 알았다. 신도 버선도 없이 산길을 달린 까닭에 발바닥 거죽이 다 벗겨져 나갔고 살도 찢어져 하얀 뼈가 드러나 있었다. 그 후 3개월간 치료하고 처음 걷게 되었다.

후위대의 이러한 용맹분투와 자기희생 덕분에 본대는 건너편 산등성이로 다 올라갈 수 있었다. 그때 11시쯤에 팔로군 지원대가 도착하여 적을 격퇴하였다. 일본군 중대장 이하 100여 명을 사살하고 무수한 전리품을 노획했다고도 한다.

4인 전사자의 시신은 호가장 주민들이 우선 수습해 가매장하고, 3일 후 12월 15일에 화북지대 대원들이 와서 찬황현의 황북평촌(黃北坪村)으로 운구해가 장례를 치르고 합동묘역을 조성하였다. 황북평촌은 팔로군 태항군구 제1분구 사령부의 소재지여서 일본군의 접근과 파묘를 막을 수 있는 안전지대였다.

4. 호가장 전투의 4열사

호가장 전투에서 온몸을 던져 적군의 추격을 막아내고 산화하여 화북지대 제2대의 다른 동지들을 구해낸 의용대원 네 명의 이름과 그 삶의 자취는 제대로 알려지고 오래 기억되어 마땅하다. 그런 뜻으로 여기서는 '4열사'의 약전을 당시 나온 원자료에 주로 의지하면서 한 명씩 따로 소개하고자 한다.[19] 여기서 간추려 전하는 네 명의 생애에서도 1920~30년대의 평범한 조선인 청년이 어떻게 비범한 용기와 불굴의 투지를 갖는 유능한 항일투사이며 민족혁명가로 성장해가는지를 한 편의 기록영화나 파노라마처럼 여실 생생히 그려볼 수가 있다.

1) 분대장 손일봉(孫一峰)

손일봉은 1912년 평안북도 의주군 위화면에서 태어났다. 농민이던 부친은 1919년 3.1운동에 참가했다가 일제 경찰의 발포로 중상을 입고 다리 불구가 되었다. 그러고도 불편한 몸을 일으켜 계속 농사에 종사하며 가족의 생계를 책임졌다. 겨울이 되어 압록강이 얼면 독립군이 강을 건너와 순사주재소를 습격하곤 했고, 그 소식은 금세 사방으로 퍼져나갔다. 아버지와 독립군의 영향으로 손일봉은 독립운동에 뛰어들 생각을 10대 초부터 품었다.

주경야독으로 의주공립보통학교를 졸업한 손일봉은 목재공장에서 2년간 노동자로 일하였다. 그러다 1931년 초봄에 웅지를 품고 고향

---

[19] 기본자료는 다음의 것들이다. 張雲, 「犧牲在中國―哀悼孫一峯·朴喆東兩位同志」, 『解放日報』, 1942.9.20; 韓志成, 「四同志의 壯烈한 殉國 經過」, 『우리통신』 제15호, 1942.11; 미주판 『독립』(1943.10.27), 「네 순국동지들의 약력」. 보조자료들까지 일일이 주기함은 지나치게 번잡해질 일이기에 약하기로 한다.

을 떠나 중국 청도(靑島)로 갔다. 거기서 2년 동안 자나 깨나 반일운동의 방법을 연구하던 중 일본영사관 경찰의 주목을 받자 상해로 넘어갔다. 1933년에 그는 상해 홍구(虹口)의 삼림기차양행에 서무원으로 취직해 있으면서 가명을 쓰고 독립운동에 투신하였다. 총을 들고 일경의 앞잡이와 친일 밀정을 처단하는 '제간공작'에 참여한 것이다.

그러던 중 1934년 3월 3일, 주중 일본대사와 상해 주둔 일본해군 육전대 사령관이 홍구신사에서 전몰장병 초혼제를 거행할 때 폭살하려는 현장투탄 거사에 한국독립당원 강병학(康秉鶴)과 함께 참여하였다. 아쉽게도 폭탄 불발로 의거는 성공하지 못하였다.

일경의 수사망과 추적을 피해 4월에 상해를 떠난 손일봉은 낙양으로 가서 육군군관학교 분교에 입학해 다녔고, 1935년 졸업 후 광주(廣州)로 가서 육군군관학교 제4분교에 다시 입학하였다. 1938년에 우수한 성적으로 졸업한 그는 국민혁명군 포병 제53·56단에서 탄약대장, 간부훈련반 교관 등의 직을 수임하였다. 그 후 포병 제54단의 전차방어포대 연장(連長)으로 발탁되어, 1939년 9월의 장사 대회전(長沙大會戰)과 이듬해 6월의 신양(信陽) 회전 등 호남·호북성 일대의 대일전투에 10여 회 종군하였다.

신양 부근의 고량점(高粱店)에 주둔하고 있을 적에 손일봉은 낙양의 조선의용대원 장중광(張重光: 강병학의 가명)에게 편지를 보냈다. 거기에 "전장은 혁명청년에게는 구락부와 같은 곳이다. 혁명을 위해 싸우다 죽는 것이야말로 가장 큰 즐거움이다!"라는 문구가 적혀있었다. 이에 조선의용대가 손일봉에게 "친애하는 혁명동지여! 우리는 동지가 우리의 공작에 동참하기를 바라오. 우리는 조만간 화북으로 이동하여 적 후방에 거주하고 있는 조선동포들을 구하기 위해 노력할 것이오!"라는 서신을 보냈다.

이 답장을 받은 손일봉은 의연히 그 부름에 응하기로 결심하여, 1940년 8월 초에 낙양으로 가서 조선의용대 제1지대에 가담하였다. 그리고는 1941년 황하를 건너 태항산으로 들어가서 화북지대 무선대 제2대의 제2분대장이 되어 무장선전공작을 전개했다. 그러던 중 호가장 전투에서 용감하게 싸우고 장렬히 전사한 것이다.

2) 대원 박철동(朴喆東)

박철동의 출신지는 현재로는 미상이다. 그러나 1915년 충청북도 충주 태생이지 않았을까 추측되는 바도 있다. 중국망명 전에 '충주학생운동'에 참가한 적이 있었다고 하므로 그렇다. 집안 형편이 몹시 어려웠기에 간신히 공립보통학교만 마칠 수 있었다는 그가 재학 중일 무렵에 충주에서 있었던 학생운동이라면, 1930년 2월 7일 충주군 이류면(현 충주시 대소원면)의 대소원공립보통학교 5·6학년생 30여 명이 벌인 만세시위가 짚어진다. 그때 현장에서 붙잡혀간 10명 중에 박씨 성은 5학년생 박운양(朴雲陽)과 박기현(朴基鉉)이 있었으니, 그중의 하나가 박철동의 본명이었을지 모른다. 그 얼마 후 2월 하순에 박운양이 서울 모처의 격문사건으로 동대문경찰서에 검거되었는데, 박철동은 "일본 파시스트 경찰의 끄나풀에게 그간의 행적이 탄로 나자 하는 수 없이 1931년 12월 중국 심양(瀋陽)으로 도망하였다."고 한다. 그렇다면 박운양과 박철동이 동일인이었을 가능성이 조금 더 커진다.

박철동은 작은 키에 감정이 풍부하면서도 백절불굴의 강직한 성품을 타고나, 어떤 어려움도 위험도 아랑곳하지 않는 대담한 성격이었다고 한다. 심양으로 간 그는 조그만 가게의 점원으로 취직하여, 중국어와 중국문화를 익히고 야간학교에도 들어갔다. 1932년 그는 야간학교에서 남경(南京)의 조선혁명당 동북특파원과 접촉하게 되어, 그의 소개로 10월에 남경으로 떠난다. 그러나 도중에 상해 부두에서 일본영사관 경찰에 붙들려간 그는 채찍질과 고문이며 온갖 감언이설에도 불구하고 바보 행세에다 단식투쟁도 벌여 굴하지 않았다. 결국은 풀려났으나 홍구의 일본인 여관에 강제 유치된 그는 일경 끄나풀의 감시와 제지를 뚫고 마침내 탈출에 성공하였다.

그 후로도 한동안 상해에 머물러 있으면서 아나키스트 항일조직인 남화한인청년연맹에 가담했던 박철동은 1934년 1월 중국육군군관학교 낙양분교의 한인특별반에 2기생으로 들어가 '장걸(張傑)'이라는 가명으로 수학, 졸업하였다. 재학 중에 신한독립당에 가입한 그는 1935년 7월에 통일대당으로 성립한 민족혁명당에 자동 가입되었다. 그 해 당의 지령을 받고 공작차 화남으로 가던 그는 복건성 천주(泉州)의 나루터에서 일본경찰 형사에게 붙잡히고 말았다. 이때도 그는 불굴의 정신으로 채찍과 고문에 맞섰지만, 일본 큐슈(九州)로 압송되어 재판에서 3년형을 선고받고 감옥에 갇혔다.

1938년 가을에 출옥한 박철동은 고향에 들렀다가 그새 중일전쟁이 발발했고 중국항전이 진행 중임을 비로소 알았다. 그때 그는 중국항전이 모든 동방 피압박민족의 해방을 위한 성전(聖戰)이라는 생각이 들었다. 이에 왜경의 감시를 벗어나 은밀히 고향을 떠났고, 그해 겨울 중국 산서성 남쪽의 운성(運城)으로 들어갔다.

운성에서 박철동은 현지의 조선청년들을 불러모아 민족의식을 고취시킴과 아울러, 매일 저녁에 전단을 몰래 살포하고 표어를 붙이는 등으로 반일활동을 벌여갔다. 그러던 어느 날, 벽보를 붙이다 한간에게 발각되니 그는 운성을 떠나 낙양으로 피신하였고, 거기서 1939년에 조선의용대 제1지대로 들어갔다.

싸움 잘하고 일 잘하고 순박하기 그지없다고 하여 동지들은 그에게 '꼬리 없는 송아지'라는 별명을 붙였다. 중조산 등지의 대적공작에 참여하던 그는 1941년 5월, 황하를 건너 태항산으로 들어갔다. 그리하여 조선의용대 화북지대의 일원이 되고 대적 선전공작에 참여하다 호가장 전투를 맞게 된 것이다. 앞에서 본 바와 같이 그의 최후는 참으로 장렬하였다.

3) 대원 최철호(崔鐵鎬) / 한청도(韓淸道)

최철호는 1915년 6월 19일, 충청남도 대전에서 '백정'의 아들로 태어났다. 1929년 대전 제2공립보통학교(현 대전신흥초등학교)를 졸업하고 형평운동에 참가하여 열심히 활동했다. 1935년 중국으로 건너가 남경에서 민족혁명당에 가입하고 '한청도(韓淸道)' 또는 '최명근(崔明根)'이라는 가명으로 활동했다. 1937년 12월 당의 부름에 응하여 중앙육군군관학교 성자분교 한인특훈반에 들어가 6개월간의 교육훈련을 받았다.

1938년 5월에 군관학교를 졸업하고 다들 함께 한구(漢口)로 이동해 갔고, 거기서 최철호는 최창익·김학무(金學武)가 이끄는 조선청년전시복무단에 참가하였다. 늘 웃음 띤 얼굴에 연극과 노래에 능하여 언제나 선전공작의 맨 앞에 섰으며, 농부 역할과 비장한 노랫소리는 특히 관중의 인기를 끌었다. 그러다 조선의용대 창설에 참가하여 제2구대 소속으로 호북성 노하구 일대에서 활동하였고, 서안통신처의 주임으로도 일하였다. 1940년 10월에 성립한 조선민족해방투쟁동맹에도 가입해 활동하다 1941년 초에 낙양으로 간 그는 화북진출 대오에 합류하였다. 그리고 화북지대원이 되어 부지런히 활동하다 호가장에서 전사한 것이다.

4) 대원 이정순(李正淳) / 왕현순(王賢淳)

이정순은 1918년 평안북도 벽동군 송서면에서 태어났다. 1932년 향리의 공립보통학교를 졸업하고, 의열단 간부인 맏형 이영준(李英駿, 왕현지[王現之])을 찾아 중국 남경으로 갔다. 거기서 의열단이 설립하여 운영 중인 조선혁명군사정치간부학교에 제2기로 들어가, 1933년 9월부터 6개월간 정치·군사 교육을 받고 1934년 4월 졸업하였다. 지독한 책벌레인데다 생활태도가 반듯하며 책임감이 투철한 인재였다고 한다.

졸업 후 남경에서 '왕현순(王賢淳)' 또는 '한대성(韓大成)'이라는 가명으로 의열단의 비밀공작을 수행하였다. 그러나 능력이 부족하다는 자각으로 1935년 4월 조선혁명간부학교에 제3기로 다시 들어가 동년 9월 졸업하였다. 이어서 신생 민족혁명당의 당원이 되어 검사국 요원으로 남경에서 공작하다 1936년 8월 광동으로 가서 국립중산대학 부속중학교를 다녔다. 1937년 중일전쟁 발발 후 조선민족혁명당의 소집에 응하여 남경으로 귀환하고, 그해 12월 중앙육군군관학교 성자분교의 한인특훈반에 들어갔다.

1938년 5월 군관학교를 졸업하여 한구로 이동하고 그해 10월의 조선의용대 창설에 참가했다. 제1구대원이 되어 호남성과 강서성 방면에서 선전공작에 종사하던 그는 1939년 남악(南岳) 유격간부훈련반에서 3개월간 훈련받고 낙양으로 옮겨가 조선의용대 제1지대에 합류하였다. 거기서 계속 활동하다 1941년 조선의용대가 화북으로 나아갈 때 같이하였다. 북상 길에 동행했던 최채가 기억하는 왕현순의 모습은 이러했다.[20]

---

[20] 최채, 「해빛 찬란한 태항산으로」, 『중국의 광활한 대지 우에서』, 117쪽.

우리 대오에서 나이 제일 어린 왕현순 동지는 말없이 기선 창가에 기대어 골똘히 책을 보고 있었다. 그는 우리들 가운데 이름난 '철학자'였다. 그는 전쟁의 어려운 나날에도 맑스, 엥겔스, 레닌의 철학 노작이 눈에 뜨이기만 하면 어느 책이든 빼놓지 않고 죄다 읽었다. 작달막한 키와 애티나는 얼굴에 샛별처럼 유난히 반짝이는 눈은 언제나 사람들의 시선을 끌었다. 왕현순 동지는 진종일 하루해가 다 가도록 말 한 마디 하지 않고 노래 한 곡조 부르지 않고 깊은 사색에 잠겨 책만 보고 있었다. 참으로 사랑스러운 대원이었다.... 우리 동지들은 그가 희생되자 뜨거운 눈물을 흘리며 대성통곡하였다.

이처럼 독특한 풍모의 의용대원이던 그가 화북의 전지로 나아가 활약하다 호가장에서 전사한 것이다. 1920년대부터 한결같이 독립운동의 길을 걸어간 형 이영준도 1940년대 초에 중경에서 병사한 것으로 알려진다.

5. 화북전투 및 전사자에 대한 중경 총대부의 인지와 추도

1) 지체된 인지와 신속한 추도

1941년 12월에 조선의용대 화북지대가 치른 두 전투를[21] 이듬해 2월에 중경의 양대 신문이 뒤섞고 묶어 하나의 전투인 것처럼 보도했다. 『신화일보』가 화북통신원의 보고에 의한 것이라면서 "조선의용대

---

[21] 두 전투를 겪은 후 화북지대 본부는 안전 강화를 위해 상무촌 북쪽의 여성현(黎城縣) 황해동진(黃崖洞鎭) 간후촌(看後村)으로 옮겨졌고, 얼마 후 1942년 2월에 요현 마전진(麻田鎭) 서남단의 바위산 옆 협곡 지점인 운두저촌(雲頭底村)으로 재이전한다.

제3지대가 (…) 작년 12월 26일 화북 형대 부근에서 한 차례의 격렬하고 잔혹한 혈전을 치름으로써 적군에게 커다란 손실을 입히고 무수한 전리품을 획득했다"고 쓰고, 그 희생자로 손일봉, 최철호, 왕현순, 주동욱(朱東旭) 4인을 들었다.[22] 같은 날짜의 『대공보』 기사도 거의 같은 내용에 전투 일자와 지명, 희생자 인명이 앞과 동일했다.[23] 이로써 호가장 전투의 전과와 희생자가 '형대 전투'의 것인 양 치환되고, 박철동이 평북 철산 출신의 다른 대원 이름인 '주동욱'으로 오인/오기도 된 것이다.[24]

북상 의용대가 화북에서 전투를 치르고 4명의 전사자도 냈음을 중경의 총대부가 이제야 뒤늦게 인지했음이 맞는 것 같다. 알게 된 내용도 『신화일보』의 보도 그대로였던 것 같다. 그랬기에 '형대 전투[邢台之役] 희생열사 추도식'으로 이름 지은 행사를 2월 27일 오후에 부자못[夫子池]의 신생활운동클럽에서 거행하였다. 한국·중국·일본·대만인으로 구성된 반일조직들과 국제문화협회 등 16개 단체의 연합주최로 열린 추도식에는 200여 명이 참석했다. 김구는 임시정부 명의로 화환과 만장(輓章)을 보내왔다. 각국 대표들은 이구동성으로 4열사가 인류의 자유와 문명을 위한 반침략전쟁에서 장렬히 희생되었다고 높이 평가하였다.[25] 이정호가 작성한 추도문이 3월 1일자 『조선의용대』 제41기의

---

[22] 『新華日報』(1942.2.19),「朝鮮義勇隊英勇戰績」(楊昭全 等 編, 『關內地區朝鮮人反日獨立運動資料彙編』(下), 962쪽).
[23] 『大公報』(1942.2.19),「朝鮮義勇隊 隊員四人殉職」(국사편찬위원회, 『대한민국임시정부 자료집』40, 2011, 원문부 97쪽). 『대공보』 2월 27일자도 「조선문제」라는 제명의 긴 '사평(社評)'에서 이 사건을 다시 논급했는데, 일자와 고유명사들이 19일자 기사와 동일하게 기재되었다(『대한민국임시정부 자료집』40, 158-160쪽 참조).
[24] 주동욱은 1944년 연안에서 조선혁명군정학교의 공급관리원이 되고 있었다(류등,「관건 동지를 추모하며」, 『중국의 광활한 대지 우에서』, 310쪽).
[25] 『신화일보』, 2월 27일자와 『대공보』 2월 28일자에 보도된 추도식의 내용과 정황 참조.

표지 뒷면에 실린 데[26] 이어, 4월 1일자의 제42기가 '조선의용대 전방 진망동지(前方陣亡同志) 추도 전간호(專刊號)'로 꾸며지고, 전사동지 4인의 사진과 약력소개문, 김약산 외 총대부 여러 역원의 추도문이 같이 실렸다. 추도되는 4인이 치른 전투 명칭과 일자, 그리고 그중 1명의 이름은 이때도 여전히 오인·오기되고 있었다.[27] 어이없는 착오였음이 분명하지만, 잘못된 줄 전혀 모르고 범해진 것이기도 했다.

2) 계속되는 추도와 기림

1942년 9월 20일 연안의 청년구락부에서 화북 조선독립동맹 섬감녕구 분회 주최의 조선열사 추도회가 거행되었다. 호가장 전투의 4열사를 비롯하여 그해 5월의 반소탕전에서 희생된 윤세주·진광화 등 11명의 조선열사를 기리기 위해서였다. 팔로군 총사령 주덕(朱德)은 추도사에서 조선의용대 대원들의 희생을 '영광과 불멸의 죽음'으로 칭송하였다. 중국공산당 기관지 『해방일보』의 9월 20일자도 '중국혁명을 위해 희생된 조선의용군 동지 추도 특간호'로 제작되어, 열사들을 일일이 소개하고 애청(艾靑)의 긴 추도시, 주덕과 팔로군 전방총사령부 참모장 엽검영(葉劍英), 화북지대원 동지 장중광과 장운, 그리고 중국인 항전작가 소삼(蕭三)의 긴 추도사를 차례로 실어 내보냈다. 특히 장운의 추도사는 손일봉과 박철동의 생애를 절절한 어조로 상세히 밝혀 회고

---

[26] 貞浩, 「光榮的勝利和壯烈的犧牲」, 『朝鮮義勇隊』 제41기(1942.3.1), 1쪽. 여전히 박철동 아닌 주동욱이 희생자로 나온다.
[27] 『解放日報』(1942.7.31), 「中共北方局等籌備追悼殉難朝鮮戰友」(楊昭全 外 編, 『해외의 한국독립운동사료』 (VI), 국가보훈처, 1992, 437쪽)에서는 주동욱 아닌 '주철동(朱喆東)'을 열사의 한 명으로 들었다.

한 것이었다.[28] 아울러 하북·하남·산서·산동성의 중공당 조직에서 이들의 사적을 각급학교 교과서에 실어 널리 알리게끔 하였다.

4열사의 1주기를 눈앞에 둔 1942년 11월 말에 조선민족혁명당은 당원용 소식지 『우리 통신』의 제15호를 '추도호'로 발간하고, 제문(祭文)과 김원봉의 추념사, 한지성이 작성한 「4동지의 장렬한 순국경과」 및 각인 약력을 실었다.[29] 제문에서는 "이 세상에 무엇보다도 원통스러운 것은 자기의 이상과 포부를 실현하기 전에 청춘의 생명을 빼앗기게 되는 것이며, 또 이 세상에 무엇보다도 광영한 것은 국가·민족의 자유·독립과 인류사회의 진리와 행복을 위하여 용감히 싸우다가 장렬히 희생하는 것이다. 그러나 원통한 것은 상대적이요, 광영한 것은 절대적이다."라는 문장으로 그들의 희생을 높이 기렸다. 하지만 여전히 '형대전역'으로 일컬어졌다.

한국광복군의 제1지대로 조선의용대가 합편되는 작업이 종결된 직후인 1942년 12월 12일, 중경 남안 소재의 지대 본부에서 '형대전역 손일봉 등 순난(殉難) 4열사 1주년 기념대회'가 성대히 거행되었다.[30] 임시정부의 김구 주석, 내무부장 조완구, 광복군 총사령 이청천, 부사령 김약산 등 100여 명이 참석하여, 김구가 치사를, 김약산이 순국경과 보고를 했고, 조완구·윤기섭·이두산·류자명 등이 추모연설을 해주었다.

기념식이 26일 아닌 12일에 개최되었으니 날짜 인식이 이제야 바

---

[28] 이때 와서야 장운의 추도사(「犧牲在中國—哀悼孫一峯·朴喆東兩位同志」, 『해방일보』 1942.9.20)에서 '박철동'이 비로소 제 이름을 되찾는다.

[29] 『대한민국임시정부 자료집』 3(임시의정원 II), 2005, 110-116쪽의 전재본 참조.

[30] 『新華日報』(1942.12.12),「韓光復軍第一支隊今日追悼殉國烈士」(潘石英 主編, 『深厚的友誼』, 北京: 世界知識出版社, 1993, 311-312쪽 수록); 『新華日報』(1942.12.13),「旅渝韓人紀念光復軍烈士」(馮開文·楊昭全 主編, 『大韓民國臨時政府在重慶』, 重慶出版社, 1999, 881쪽 수록) 참조.

로잡힌 것이다. 하지만 전투지는 여전히 '형대'로 표기되었다. 거기가 아니고 실은 '호가장'이었음을 1년 후인 이때까지도 조선의용대 총대부가 전혀 모르고 있었을까? 총대부 사람들이 화북의 지리에 어두워서 호가장과 형대가 같은 지점의 곳이거나 통용되는 이칭이라고 여겼을 가능성도 없지는 않겠으나, 그렇게만 편하게 보아버리기는 어렵다. 그보다는 북상 의용대 병력이 지정 위치인 국민당 방병훈 부대의 근거지인 '임현'이나 그 인접 작전지역이 될 '형대'도 아닌, 그보다 훨씬 북쪽의 석가장 가까이 가 있고 그 일대에서 활동한다는 사실, 바로 이것을 국민당 군사위와 임시정부의 우파 인사들에게는 계속해서 숨겨야만 하는 때문에 그랬을 것으로 보아 맞을 것이다. 그런 사정으로 지명을 그렇게 위칭(僞稱)했으리라는 것이다. 1942년에 와서 중경의 조선의용대 총대부(이때는 '한국광복군 제1지대')는 그렇게 구차한 지경으로까지 몰리고 있었던 것이다.

　그래도 1945년 8.15 광복을 맞아 9월에 태항산에서 출발해 심양(瀋陽)으로 행군해가던 조선의용군 대오는 황북평촌의 4열사 묘역에 일부러 들러 참배하고 작별인사를 하였다. 4열사가 그들에게 불어넣어 주는 자부심과 역으로 이들이 호가장 전투와 4열사에 대해 품는 경모심이 전혀 사그라짐 없이 얼마나 크고 오래 갔는지를 미루어 알 수 있게끔 해주는 일화였다.

6. 호가장 전투의 의의와 음영

1) 호가장 전투의 의의와 교훈

호가장 전투는 화북으로 건너간 조선의용대가 처음으로 치른 대적 전투였다. 그리고 가장 치열하게 싸운 혈전이었다. 적군과의 병력 대비에서 엄청난 열세에 처한 중에도 대원들은 장시간 고군분투하였고, 기습당한 것인데도 지혜롭게 대응하여 희생을 최소화하였다. 그것은 후일의 항일전선에서도 귀감이 되기에 족할 수범적 선례였다.

전투현장에서 일찍 빠져나가 도망친 일본군 첩자 유빈(柳斌, 본명 신용순[申容純])만[31]만 제외하고 무선대 제2대의 대원 전원이 최대의 감투정신을 발휘해 포위망을 돌파해갔고, 후위대의 다섯 용사는 자기희생을 각오하고 두려움 없이, 죽음을 무릅쓰며 마지막까지 응전하였다. 부상자들을 포함하여 그들의 영웅적 행동 하나하나와 희생정신은 누가 들어도 가슴이 뛰고 감동받을 만했다. 그렇게 울림이 큰 만큼이나 두고두고 잊히지 않으면서 추념될 싸움이었다.

그리하여 호가장 전투는 팔로군과 중국민도 더 없이 감격시키고 그 항일 의기를 더욱 고양시켰으며, 조선의용대를 다른 누구보다도 가장 믿을 수 있는 우군으로 여기게끔 했다. 그래서 화북지역의 각급학교 교과서에 실어, 그 기백과 무용을 절찬하고 본받게끔 한 것이다.

게다가 그 전투는 정규군의 전투부대 요원이 아닌 유격대식 선전공

---

[31] 포로로 잡혀간 김학철에 의해 일본군 헌병대에서 그의 정체가 드러났는데, 1947년 한국민족대표 외교후원회 임원, 1950년 제2대 국회의원 선거 입후보자, 1956년과 1957년의 혁신계 야당 관계자로 '申容純'이 있었다. 동일인이었을지 여부는 확인되지 않는다.

작대의 활동 중에 벌어진 일이었다. 그런데도 의용대와 팔로군이 일본군을 보기 좋게 격퇴하여 적의 사기를 크게 저하시켰다. 반면에 조선의용대로서는 자기도 모르게 그동안 키워졌음이 확인되는 역량의 재인식으로 더 큰 자신감을 갖게 되었다. 그런 만큼이나 호가장 전투는 조선의용대가(조금 뒤부터는 조선의용군이) 항일독립전선에서 종국에 거두게 될 최종적 승리를 예고해줌과도 같은 것이었다. 그러고 보면 호가장 전투는 태평양전쟁 발발 나흘 뒤에, 임시정부가 대일선전포고를 한 지는 이틀 만에, 연합국의 일원이 된 한국 민족이 일본군과 맨 처음 벌인 격전이었다. 그것을 조선의용대 화북지대가 감당해낸 것이다.

그 전투에서 불행히도 포로가 되어 일본 나가사키로 끌려간 김학철은 총상 입은 한쪽 다리를 잘라낸 채 10년형의 옥고를 겪던 중에 해방을 맞아 개선 귀국하였다. 그리고 1946년에 신문연재로 발표한 실록「호가장 전투」를 그는 이렇게 마무리 지었다. "호가장 전투의 생존자의 이름으로 묻고저 한다. 이래도 일본제국주의의 묘혈을 판 것은 우리가 아니라고 머리를 내저으려느냐고?... 이래도 조선민족의 해방은 남의 손으로만 되어진 것이냐고?".

2) 호가장 전투와 조선의용대의 해소

그와 반면에 호가장 전투 소식을 중경의 조선의용대 총대부가 두어 달 지나서야 『신화일보』 보도를 통해 인지하고 부랴부랴 추도식을 열게 되었음은 무엇을 말해주는가? 그것은 화북지대의 보고로건 다른 경로로건 총대부가 접한 정보가 전혀 없었다는 것이다. '화북지대'라는 새 조직단위가 만들어지더니 총대부와의 통신·연락은 두절이다시피 되고 상호관계도 점점 벌어졌음을 은연중 드러내 실증해주는 셈이기도 했다. 그만큼 의용대의 전체 지휘체계가 망가지고 머리와 몸통이 떨어져 따로 움직이는 격이 되어버렸다. 화북지대가 "형식상 중경 대본부와 조직체계를 유지하였으나 실제상으로는 중공·팔로군의 지도와 원조 밑에 공작 진행하며 조청의 영도를 받는 행동대로 되어갔다."고[32] 자체 평가한 1942년 5월의 기술은 그 뒷북치기려니와, 과장되거나 틀린 말도 결코 아니었다.

전술한 바 1942년 12월의 '4열사 1주기 기념대회'에서도 호가장 전투가 여전히 '형대 전투'로 호칭되었고, 그리하여 형대 전투는 실체 없이 이름만 남는, 이상한 형국이 되어버렸다. 바로 그때 12월에 '의용대 총서' 중의 한 권으로 나온 책에서도 "조선의용대는 형대·한단·무안에서 누차 전투를 치렀고, 41년 12월 12일에는 화북 형대에서 적인과 격렬한 전투를 벌였다."[33]고 서술되었으니, 호가장 전투와 형대 전투를 같은 것으로 여기는 잘못이 그대로 되풀이되는 격이었다. 머리는 중경에 몸통은 화북에 두는 모습이 되어버린 조직이 피할 수 없이 마주치는 일그러진 자화상이요 씁쓸한 장면이었다.

그리된 이유는 지리적 원격성 만큼 못지않게, 아니 더, 정치적 환경에서 찾아야 했다. 1941년 1월의 환남사변을 중대 계기로 하여 국·공 관계가 중경과 태항산 사이의 거리만큼이나 크게 벌어져 온 데서 의용대 총대부와 화북지대가 받는 후견과 지원의 기반도 상반되는 쪽에 두어지게 된 것이다. 그 연장선에서 "조선의용대 실병력의 80% 정도가 기만적인 방법으로 공산당 구역으로 도주하듯 들어가 종적을 감춰버렸다"고 인지-판단한 중국 군사위의 엄중한 감시-단속 조치도[34] 나

---

[32] 「조선의용대 화북지대 공작총결보고」, 2쪽.
[33] 馬義 編, 『朝鮮義勇隊勝利的四年』, 重慶: 國際出版社, 1942, 19쪽.
[34] 조선의용대 북상병력의 팔로군과의 합류가 낳은 여러 파문과 중국 측의 대응조치에

온 것이었다.

7. 맺음말

　1941년 여름에 태항산의 팔로군지구로 들어가 정착하게 된 북상의용대 대오는 통틀어 '화북지대'로 개편되고, 그의 대적활동은 전년도 가을 중경에서의 확대간부회의 결의가 무색하게 전투 아닌 선전공작으로 집중되어갔다. 그래도 그것이 3개 대로 분할 편성된 무장선전대 조직에 의해, 팔로군 태항군구의 분구에 상응하는 분담 방식으로 되 자율성에 기반해 계획적이고 체계적으로 수행되어감이 2년여 전의 화중전선에서와는 다른 모습이었다. 무장선전대는 석가장에서 안양현까지의 '유격구'를 누비며, 필요시는 매복전과 격파전도 벌이면서 활동하였다.
　그러던 중 무선대 제2대와 제3대가 1941년 12월에 각각 호가장 전투와 형대 전투를 치렀다. 특히 전자는 숙영지가 새벽에 기습받아 벌어진 격전 중에 대원 전사자를 4명이나 내면서도 용맹무쌍의 반격으로 탈출에 성공하여, 조선의용대/군 항일전사의 한 전설이 되어갔다. 이듬해 5월에는 태항산 근거지를 전면 공격해오는 일본군에 대항하여 용감하게 싸웠다. 그럼에도 화북지대의 대적전투(참가) 횟수와 빈

대해서는 졸고, 「중경 임시정부 하 1942년의 군사통일」, 『혁명과 의열』, 299-300쪽에서 상설한 바 있다. 그 조치의 하나로 중국 측의 '9개 준승'이 강제되었고, 이에 대한 광복군 쪽의 입장과 대응책으로 일종의 고발 및 항변문이 나오기도 했다. 그 내용은 김학규·왕준성, 「광복군 문제와 관련한 비망록」(국사편찬위원회, 『대한민국임시정부자료집』 11, 2006)을 참조.

도는 확인되는 한에서 화중·화남 시절의 의용대가 치렀던 것보다 많이 줄었다. 대신에 화북에서는 선전공작 중의 피습·조우로 인한 방어전이나 엄호성 전투가 주종을 이루면서 치열성은 더해졌다. 그렇지만 의용대가 대일전투의 전면에 나서는 것은 국민당처럼 공산당도 극력 만류했으니, 고급인재들이므로 값싼 희생은 피해야 한다는 이유로였다. 일견 고마운 보호책이었다고 할지 모르지만, 그 이면에는 훗날을 대비하는 정치적 포석이 작용했음이 어렵지 않게 간파된다.

화북지대와 중경 총대부 사이의 지휘명령 계선에 따르는 통솔-복종 관계는 형식적으로만 유지되고, 전자는 무정을 통한 중공당의 영향력 아래 놓인 화북 조선청년연합회의 정치적 지도를 받는 행동대로 되어갔다. 공작 수행도 팔로군의 지도와 원조로 이루어졌다. '화북지대'로 명칭이 바뀜과 더불어 실질적인 지휘계통과 정치적 성격이 크게 변한 것이다. 그렇게 화북지대는 지리적 요인보다도 정치적 환경에 의해 총대부와의 관계가 점점 멀어지더니 이윽고 따로 움직이는 것처럼 되어 갔다. 그 기미를 뒤늦게 감지하고 다급해진 김원봉이 화북으로 가서 통솔하려 했지만 저우언라이의 만류로 실행되지 못하였다. 중경에서 호가장전투를 형대전투로 일괄 호칭한 것이 초기에는 의용대 총대부조차도 현지 지리에 어두운 때문이었다고 할 수 있지만, 1년 뒤에 가서도 고쳐짐 없이 그렇게 고집되고 있던 데는 다른 사정이 있었다고 봐야 한다. 1940년 말에 국민당 군사위원회로부터 화북행 의용대 병력의 주둔지 및 공작지로 승인된 곳은 형대 근처였다는 것, 그런데 실제로는 훨씬 그 북쪽의 팔로군 구역으로 가서 그들과 연합작전을 펴고 있다는 것을 계속해서 감춰야 했기 때문이라는 것이다. 그 점에서 화북지대가 치른 전투를 맨 처음 보도한 『신화일보』 기사는 의도적으로 제목과 내용이 작성된 것이었다고 볼 만하다.

1942년 7월 10일, 화북 조선청년연합회가 제2차 대표대회를 열고 '화북 조선독립동맹'으로 개칭·개편키로 결의한다. 동시에 조선의용대 화북지대는 '조선의용군'으로의 개칭을 결의하고 자기의 위상을 '조선독립동맹의 행동부대'로 규정지었다. 같은 시점에 중경의 총대부는 '조선의용대' 명칭을 내놓고 조직의 깃발은 화북지대로 넘겨야 하는 상황에 직면했다. 의용대 창설과 지도·운용의 주역이던 이들이 전혀 예상 못하고 봉착한 사태였다. 좌로든 우로든 강대자의 위치에 서는 축의 정치적 이해관계와 이념 논리가 빚어내는 역사의 아이러니를 김원봉과 그의 동지들은 그렇게 또 실감하게 된 것이었다.

4부

새 자료로 보는 조선의용대와 조선민족혁명당

새로 찾아낸 『조선의용대(통신)』의 호·기와 지면들
- 조선의용대의 숨결과 자취가 온전히 전해지다

조선의용대는 1938년 10월 중국의 호북성 한구(漢口)에서 100명가량의 인원으로 창설되면서 중국관내 최초로 성립한 한인군사조직이었다. 중일전쟁 도발 후 일제의 침략 마수가 내륙으로 급속으로 뻗쳐가 중국군이 수세에 놓이게 된 국면에서 선전공작 위주로 후자를 도와 항전역량 증강에 기여하게끔 설계된 '국제지원군'이면서 한중연합전선의 한 구현체이기도 했다.

그런 한편으로 조선의용대 사람들의 내심에는 다른 포부와 구상도 있었다. 목전의 행동과업이야 중국항전을 돕는 것이지만, 또한 그 명분과 의의에 전적으로 찬동도 하지만, 궁극의 목표는 역시 조국광복과 민족독립 쟁취였다. 때문에 사상과 정치노선의 차이를 떠나서 우선은 한데 뭉쳐 참전 경험을 쌓고 본격적인 무장화를 꾀하면서 동아시아 반제·반일 세력과의 교의(交誼)도 넓히며 다져가다가 때가 와서 독립전쟁이 발동되면 그 최전선에 서고 마침내 국내정진으로 민족혁명을 완수하겠다는 것이었다. '동북노선'이란 것도 그 포부의 표현으로 다소 성급하게 돌출했던 것인데, 화중·화남의 "6개 전구 13개 성(省)을 누비며" 활약하던 조선의용대 주력이 1941년 상반기에 화북으로 건너간 것도 실은 그런 연관에서였다.

그런데 그 화북행의 종착지가 당초 약정과 달리 중공당 팔로군 구역이게 된 것의 부작용이 커져서, 중국국민당 군사위원회의 명령과 임시정부 국무회의의 결의라는 이중의 압박에 의해 조선의용대는 한국광복군으로 편입되고 그 제1지대로 쪼그라지고 말았다. 1926년 이후로 김원봉과 그의 동지들이 세워서 내실이 다져졌고 호소력도 발해 오던 '군사와 정치' 양 날개 전략의 한 축이 그만 허물어져버린 것이다. 이에 화북지대는 '조선의용군' 깃발을 내걸고 중경의 예전 총대부와 다른 행보를 취하기 시작했다.

시계바늘을 잠시 되돌려보면, 창설되자마자 조선의용대는 무한보위전에 투입되었다가 중국 군사위의 일제 철수와 동행으로 한구를 떠났다. 2개 구대는 전선으로 향했고, 본부는 군사위 정치부를 뒤따라 광서성 계림으로 가서 12월 3일 동령가(東靈街) 1호의 한 누옥에 자리 잡았다.

거기서 조선의용대 본부는 대외(對外) 선전 겸 대내(隊內) 소통의 통로가 되어줄 간행물 출판의 필요성을 절감하고 기관지 발간을 서둘렀다. 그 계획이 한 달 만에 빛을 보아 백화문(白話文)으로 간행된 것이 『조선의용대통신(朝鮮義勇隊通訊)』(이하, 『통신』으로 약기)인 것으로, 1939년 1월 15일자로 첫 호가 나왔다.

편집·간행 실무는 한동안 본부 정치조(조장 김규광[金奎光])가 맡아 하다

1939년 11월에 편집위원회가 특설되고 정치조원이던 한지성(韓志成)이 선전주임 겸 중문간(中文刊) 주편위원(主編委員)이 되어 주관하였다. 중국인 번역원 왕계현(王繼賢)의 관찰에 따르면, "조선의용대 동지들은 『조선의용대통신』의 편집과 간행에 집체적 역량을 총동원하였다." 기관지 간행에 두는 의미가 전대적(全隊的)으로 컸고 애착도 특별했다는 얘기인 셈이다. 그와 같은 당대적 용도와 의미 못지않게, 『통신』이 후대로 전해주는 사실정보가 많고도 중요하며, 다수 논설이 주는 울림과 시사점도 아주 크다. 이 지면을 빌려 이전의 결락과 그 공백을 늦게나마 메우고 채워보려는 것은 그런 까닭에서이다.

기초적 서지정보를 먼저 추려보면 이렇다. 『통신』 제1호와 제2호는 타블로이드판 2면의 순간지(旬刊紙)로 나왔고, 제3호부터 8면 이상으로 증면되면서 4·6배판의 간이잡지 형태로 바뀌었다. 제5호부터 발행일이 매순(每旬) 5일에서 1일로 변경되고 '제6기'부터 호차 표기어가 바뀌었다. 그때부터 지면도 두 자릿수가 되더니 그 후 12면, 16면, 20면, 30면으로 점점 늘어났다.

간행일의 정기 간격(10일)을 지키지 못할 때는 넘겨버린 일자만큼의 기수(期數)까지 더하여 합간호로 내기도 했는데, 총대부가 계림에서 중경으로 옮겨가고부터 월간을 공식화했다. 그때부터 제호도 '통신'을 빼고 『조선의용대』로 축약했다. 내부 대오가 상당 정도 정렬되어 조직 안정이 기해진 반면에 정치적 환경이 달라졌으니 이제는 기관지의 용도 비중을 대내 소통보다 대외 선전에 더 두려 한 때문이었을 것이다.

의용대 전체 병력의 80% 이상이 화북으로 건너가던 중인 1941년에는 39·40 두 기만 나왔다. 그리고 1942년 들어 '조선의용대' 명칭이 사라진 후에는 더 이상 발간되지 못하여, 4월 1일자의 제42기로 종간호가 되버렸다. 합간호도 단권으로 치면, 이때까지 총 39권이 간행된 셈이고, 총 면수는 550면에 이르렀다.

『통신』의 보급대상은 넓게 잡혀있었다. 사실상 분대(현재의 한국군 편제에서는 '소대'에 해당) 단위로 각처에 파견된 예하조직들에는 물론이고, 각 전구와 도시의 중국군·정 기관들에도 발송 배포되었다고 한다. 저렴하게 정가를 매겨 일반판매도 했는데, 계약서점과 정기구독자 확보를 통해서였다.

『통신』 실물이 국내에 처음 선보여진 것은 1988년, 독립기념관 한국독립운동사연구소의 자료집 간행을 통해서였다. 독립기념관 건립 추진위원회 때부터 수집되어 있던 한국독립당 기관지 『진광(震光)』, 조선민족전선연맹 기관지 『조선민족전선(朝鮮民族戰線)』, 그리고 『통신』의 몇몇 호를 한데 묶어 영인하고 《한국독립운동사 자료총서》 제2집으로 펴낸 것이다. 그렇지만 거기 실린 『통신』은 제3호와 제34기, 37기, 40기, 41기의 5개 호·기로 국한되어 있었다.

그로부터 5년 뒤 1993년에 국가보훈처가 중국인 학자 양소전(楊昭全)·이철환(李鐵環) 두 교수에게 의뢰하여 『통신』의 실물을 다량 수집 확보했고, 그것을 영인하여 《해외의 한국독립운동사료》 총서 제8권으로 펴냈다. 거기에 총 39개 호·기가 인행되었으니, 거의 망라된 것이라고 할 수 있었다.

그럼에도 완전치는 못했으니, 제1호, 제2호, 제4호가 빠졌기 때문이다. 영인된 호·기에서도 일부 면은 결락되었고, 그런 면은 백지에 "○○면 낙장(落張)·탈루(脫漏): 편자)"라는 활자가 찍혀 허전함과 궁금증을 같이 유발했다. 제5기(나중에 확인되는 바에 따르면 '제5호'의 착오 기재였음), 제7기, 제15기, 제30기, 제38기의 몇몇 면이 그런 경우였다. 1940년 10월(10일)에 간행되었을 제37기('양주년기념특간(兩週年紀念特刊)') 표지면의 판화에 적힌 작화일(作畵日) '1940.9.13'을 발행일로 오인하여 자료집 총목차 면에 잘못 기재했음도 이 기회에 지적해둔다. 그래도 이 판본은 독립기념관본보다 영인 품질이 좋아서 독해의 어려움이 상대적으로 덜했다.

국가보훈처본 영인 자료들의 출처는 불명이다. 한 군데서 일괄 수집된 것이었음 직은 한데, 수집자만 책날개에 기명되었을 뿐 출처에 대한 언급은 자료집 해제에도 없다. 아마도 남경 제2역사당안관이 아니었을까라는 추리를 조심스럽게 해보는데, 약한 단서가 하나 있기는 하다. 제1호와 제2호가 없음으로 해서 자료뭉치의 맨 앞에 자연스럽게 노출된 제3호의 1면 상단에 '中央××部 圖書'로 희미하게 읽히는 장방형의 작은 인장이 찍혀있는 것이다. '××'의 원자(原字)는 마멸로 인해 판독되지 않지만 '조직'이었을 것으로 짐작된다. 그렇다면 진과부(陳果夫)가 오랫동안 부장 직을 지냈던 중국국민당 중앙조직부가 제3호 이후 『통신』 자료의 원 소장처였을 것이라는 얘기가 된다.

소개하려는 『통신』 자료는 요컨대 국가보훈처 영인본에서도 빠져 있던 제1호, 제2호, 제4호 전체와 다른 5개 호·기의 결락 면들이다. 면 수만 헤아리면 총 24면에 이른다. 그것에 더해, 1940년 7월 7일에 '증간'된 4쪽짜리 〈'7.7'3주년기념전호('七七'三週年紀念轉號)〉도 같이 입수되었기에 이번에 처음 소개한다. 그 1면에 '국립북평도서관장(國立北平圖書館藏)'이라는 날인이 선명하니, 앞서의 보훈처 영인본 자료들과는 출처가 확실히 다르다고 봐야겠다.

필자가 이들 자료를 다발로 혹은 낱개로 입수하는 데는 소설가 겸 평전작가 이원규(李元揆)님, 중경의 대한민국임시정부 구지(舊址) 진열관 부관장을 지낸 이선자(李鮮子)님, 조선의용대 지도위원이었던 자오한즈(矯漢治)의 차남인 재미 자오구이진(矯桂瑾)님, 그리고 성균관대 임경석(林京錫) 교수 및 박동환(朴棟煥) 석사의 도움이 있었다. 귀한 자료의 학계 공유와 선용(善用)의 길을 터주신 그분들께 재삼 사의를 표하는 바이다.

그렇게 입수된 새 자료들을 집성하여 『통신』이 완질(完帙)로 복원되게끔 하고, 관심 있는 연구자들의 참고와 활용에 도움 되도록 하려는 것이 이들 자료 집성과 소개의 가장 큰 목적이다. 그러므로 여기서는 결락 호·기·면을 채워놓는 데서 멈추지, 그 이상의 상세 '해제' 작업까지 하지는 않는다. 대신에 결호의 목차들과 결면의 기사 제목들을 그대로 옮겨 아래에 모두 적는다. 덧붙여 기명필자의 신원 관련 방주(傍註)도 [ ] 안에 간단히 달아놓는다.

『朝鮮義勇隊通訊』 제1호 (1939.1.15)

發刊詞 / 奎光 [金星淑]

朝鮮義勇隊産生的意義 / 陳國斌 [김원봉]

朝鮮革命與臺灣革命 / 李友邦 [1939년 4월 이래 대만의용대장]

抗日戰線上的朝鮮義勇隊 / 周咸堂 [지도위원회 중국인 부(副)주임위원] (이상 1면)

通訊: 第一區隊的信

我們是朝鮮義勇隊

內外要聞: 汪兆銘叛變, 敵相近衛辭職, 英相張伯倫飛羅馬, 義大利的希望, 法國的態度

本隊消息 (이상 2면)

『朝鮮義勇隊通訊』 제2호 (1939.1.25)

'一二八'紀念的意義 / 奎光

'一二八'抗戰與朝鮮革命運動 / 震 [추정컨대 박진(朴震)]

歡迎李蒙夫婦及寶頓記者 (이상 1면)

通訊: 第二區隊的信

親熱的響應和同情

內外要聞: 蔣委員長任參政會議長, 張伯倫訪義結果, 英法向日提出照會, 國聯決議分別援華

本隊消息 (이상 2면)

『朝鮮義勇隊通訊』 제4호 (1939.2.15.) [판권지의 '3.15'는 오식(誤植)임]

對敵宣傳在二期抗戰中的重要性 / 奎光 (1면)

十日時事: 首先從西戰說起 / 丁東 (2면)

賀祕書長衷寒對朝鮮義勇隊各區隊長及分隊長訓話 / 潘文治 [중국인 지도위원] (3면)

新階段抗戰與宣傳 / 矯漢治 [중국인 지도위원 겸 총무조 지도원] (4~5면)

敵人內部的反戰運動及其發展傾向 / 怡君 [5~6면]

給朝鮮的女兒 / 力揚 (6면)

答覆一位小朋友的公開信 / 達 [추정컨대 이달(李達)] (6면)

通信: 活躍在戰壕裏的朝鮮義勇隊 / 志成 [한지성] (7면)

義勇隊在長沙 / 鐵 [김학철(金學鐵)인 듯] (7~8면)

北美韓人援華會至朝鮮義勇隊的信

朝鮮少年團致朝鮮義勇隊的信 (이상 8면)

『朝鮮義勇隊通訊』 제5호 (1939.3.1)

'三一'運動第二十週年紀念日敬告中國同胞書 (1면)

朝鮮獨立宣言書 (2면)

『朝鮮義勇隊通訊』 제7기 (1939.3.21)

民族革命與朝鮮各黨派的團結問題 / 周咸堂 (2면)

中韓兩民族聯合起來 / 繼賢 [중국인 번역원 왕계현] (2면)

『朝鮮義勇隊通訊』 제15기 (1939.6.11)

爲"保衛祖國,解放臺灣"而鬪爭―臺灣義勇隊略記― / 張一之 [대만의용대 계림주재원] (4면)

活躍在火線上的朝鮮義勇隊 / 李斗山 (5~6면)

國際義賣隊―爲救濟重慶被炸難民― / 鏞 [중국인 편집원 유금용(劉金鏞)] (6~7면)

一臂同情―我們已參加爲救濟重慶被炸難民的各種工作 / 達 (7면)

十日時事: 首從英蘇法軍事協定卽將成立說起 / 喬矢 [矯漢治의 필명] (12면)

『朝鮮義勇隊通訊』 제30기 (1939.12.15)

解放印度是英國致勝之途 / 丁一 譯 (11~12면)

『朝鮮義勇隊通訊』 '七七'三週年紀念轉號(增刊) (1940.7.7)

寫在前面 (1면)

紀念'七七'與朝鮮革命 / 樸孝三 (1면)

'七七'抗戰中産生的朝鮮義勇隊 / 韓志成 (1~2면)

紀念'七七'應更加强中韓團結 / 李達 (2면)

『朝鮮義勇隊通訊』 제38기 (1940.11.15)

朝鮮人在中國 / 馬義 [司馬璐] (12면)

鬪爭了兩年的朝鮮義勇隊 / 陳郞 (13면)

수록 자료의 간기(刊記)와 목차, 기사제목 및 필자를 다 옮겨적고 보니, 몇 가지 사항은 짚어 간단히 언급해둘 필요성을 느낀다.

첫째, 『통신』 제1호와 제2호에 호남성의 제1구대와 호북성의 제2구대에서 본대로 보내는 서신이 긴 분량으로 번갈아 실렸다. 본대와 구대 사이, 그리고 구대 상호간, 그러니까 의용대 전체로 내부 소통과 조직단위들 간의 정보교류 및 유대가 얼마나 중시되었는지를 이것으로 미루어 알 수 있다. 이 점은 제1호부터 종종 실렸던 「본대소식(本隊消息)」난에 대장 외 간부진의 동정과 행사개요 등을 일일이 특기한 데서도 확인된다.

둘째, 초기의 매호 「발간사」를 '규광' 즉 김성숙(金星淑)이 고정필자처럼 연달아 써냈다. 당시 『통신』 발간을 주관하고 편집도 책임지게끔 되어 있던 정치조장이어서 그랬을 것이다.

셋째, 재중국 대만독립운동 지도자인 이우방(李友邦)의 글을 받아 『통신』 제1호의 대장(隊長)의 글 바로 뒤에 실었다. 그 위치는 지도위원회 부주임위원으로서(주임위원은 군사위 정치부 제1청장 하충한[賀衷寒]) 그때 조선의용대 운영의 사실상 책임자이고 감독자이던 주함당(周咸堂)의 글보다 먼저였다. 시사해주는 바 있다고 하겠다.

넷째, 『통신』 제5호 1면에 「조선독립선언서」 전문을 중국어로 번역해 싣고 '민족대표' 33인의 이름을 전원 명기해놓았다. 좀 의외다 싶은 일이면서 주목되는 사실이기도 하다. 조선의용대도 김원봉도 민족대표의 지도력 부족과 비무장을 3.1운동의 '한계'로 꼽는 좌파적 인식을 공유하고 고수했던 것으로 알려져 있기 때문이다. 그러므로 더욱더 이 장면이 갖는 의미와 그 맥락을 상고해볼 만하다.

마지막으로, 대만독립운동에 관한 상세 기사(제1호·제15기)와 영국의 인도지배에 관한 평설(제30기) 면이 기왕 영인본들에서는 결락되어 있었는데, 이번에 발굴해 새로 볼 수 있게 된다. 이를 통해 우리는 조선의용대 사람들의 내면에 흐르고 있던 반제국주의 만국평등과 평화의 열망을 읽어낼 수 있음 직하다.

참고문헌

『震光·朝鮮民族戰線·朝鮮義勇隊(通訊)』, 독립기념관 한국독립운동사연구소, 1988.
『海外의 韓國獨立運動史料 (Ⅷ)』(中國篇 ④), 국가보훈처, 1993.
京畿道警察部長, 「警高特 第1710號, 朝鮮義勇隊ノ內容ニ關スル件」(1939.6.29), 京城地方法院 檢事局, 『思想ニ關スル情報綴』4, 국사편찬위 한국사 DB.
김희곤, 「조선의용대의 기관지 발간과 그를 통해 본 대적공작」, 『사학지』 31집, 1998.
자오구이진(矯桂瑾), 「조선의용대 지도위원회의 중국인 요원들」, 『한국독립운동사연구』 56집, 2016.
김영범, 「조선의용대의 항일전투(참가) 실적과 화북진출 문제 재론」, 『한국독립운동사연구』 67집, 2019.
박동환, 「『조선의용대통신』 연구」, 성균관대 사학과 석사학위논문, 2020.

새로 찾아낸 『조선의용대(통신)』의 지면들

〈그림 1〉 『朝鮮義勇隊通訊』 제1호, 1면

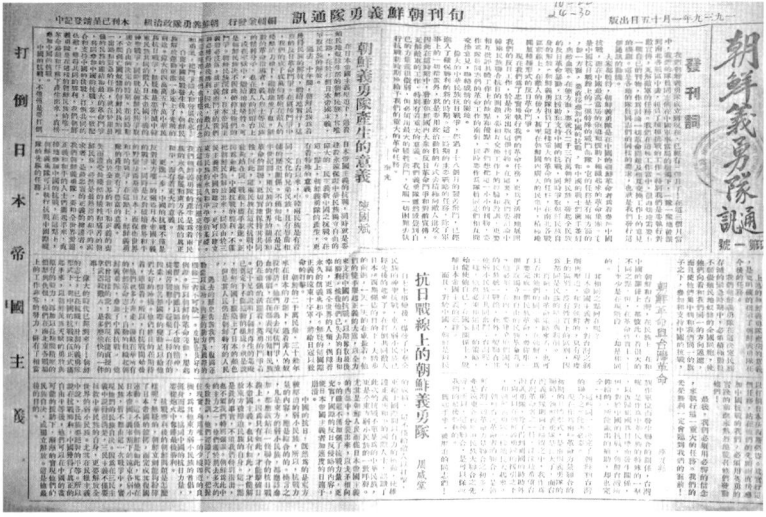

〈그림 2〉 『朝鮮義勇隊通訊』 제1호, 2면

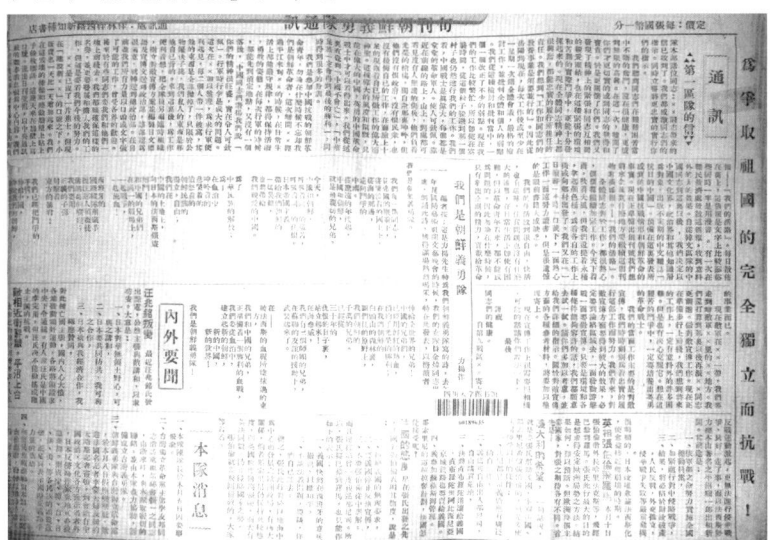

〈그림 3〉『朝鮮義勇隊通訊』 제2호, 1면

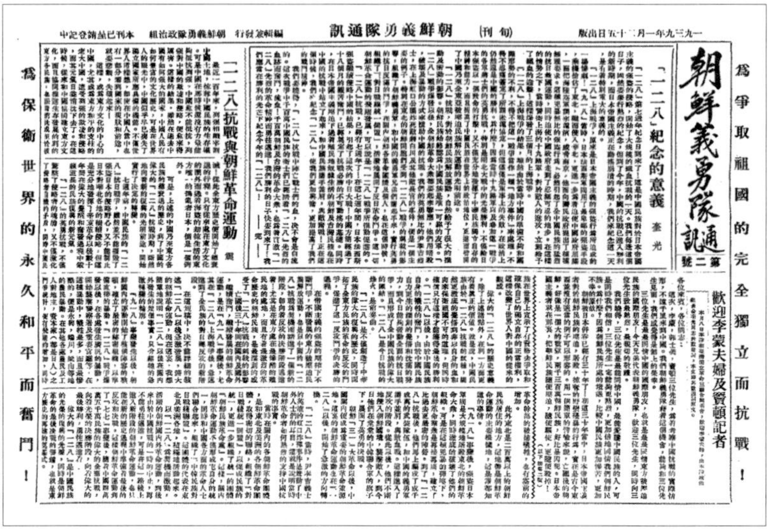
朝鮮義勇隊通訊 (旬刊)

一九三九年一月二十五日出版

朝鮮義勇隊通訊 第二號

爲爭取祖國的完全獨立而抗戰！

「一二八」紀念的意義

「一二八」抗戰與朝鮮革命運動

歡迎李蒙夫婦及竇頓記者

爲保衛世界的永久和平而奮鬥！

〈그림 4〉『朝鮮義勇隊通訊』 제2호, 2면

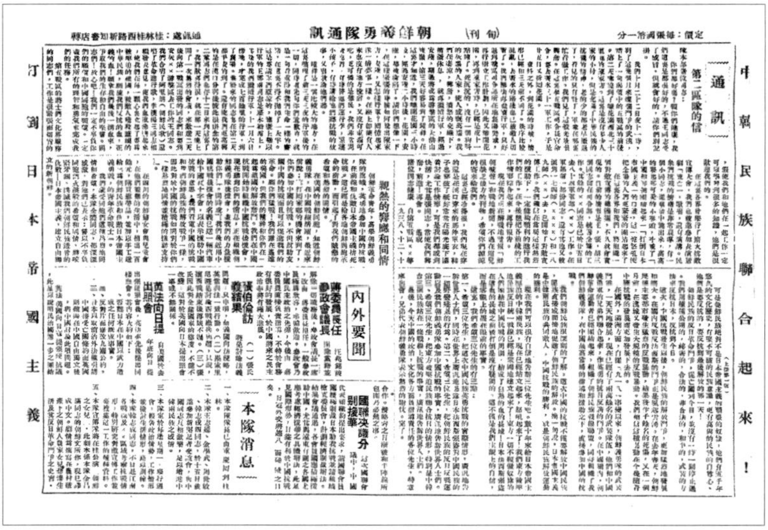
朝鮮義勇隊通訊 (旬刊)

中韓民族聯合起來！

通訊

第二區隊的信

親熱的歡聽和同情

內外要聞

本隊消息

打倒日本帝國主義

〈그림 5〉『朝鮮義勇隊通訊』제4호, 1면

〈그림 6-1〉『朝鮮義勇隊通訊』제4호, 2면

〈그림 6-2〉『朝鮮義勇隊通訊』 제4호, 3면

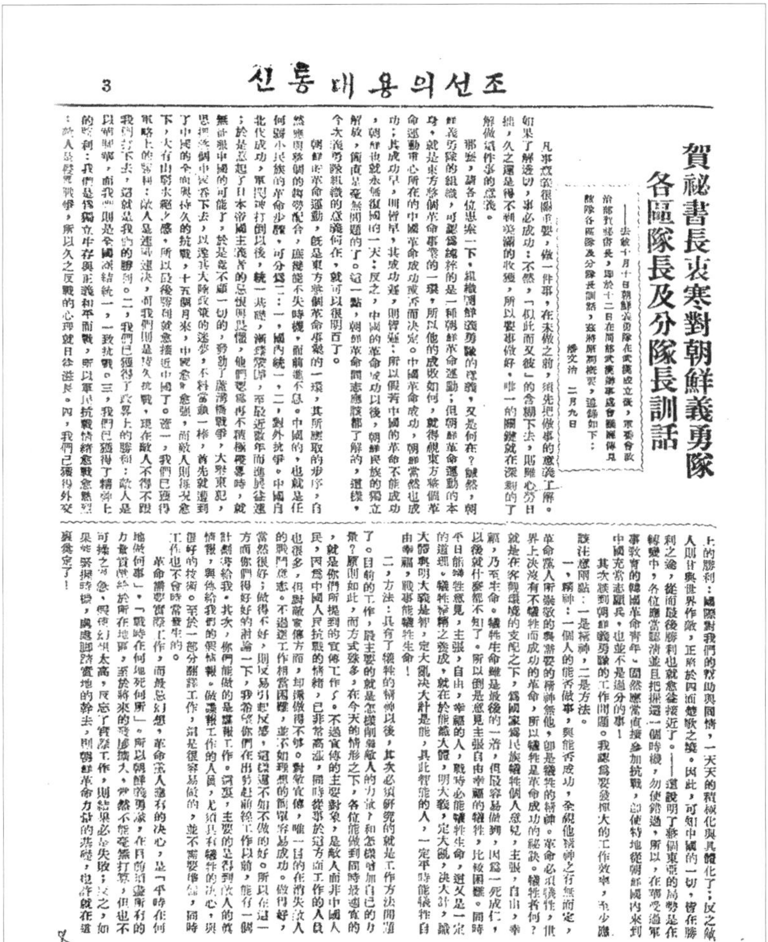
3 조선의용대통신

賀秘書長衷寒對朝鮮義勇隊各區隊長及分隊長訓話

——去歲十月十日朝鮮義勇隊在武漢成立後，軍委會政治部賀秘書長，即於十二日在同部武漢辦事處會議廳，傳見該隊各區隊及分隊長訓話，玆將原詞概要，追錄如下：

潘文治 二月九日

〈그림 7-1〉『朝鮮義勇隊通訊』제4호, 4면

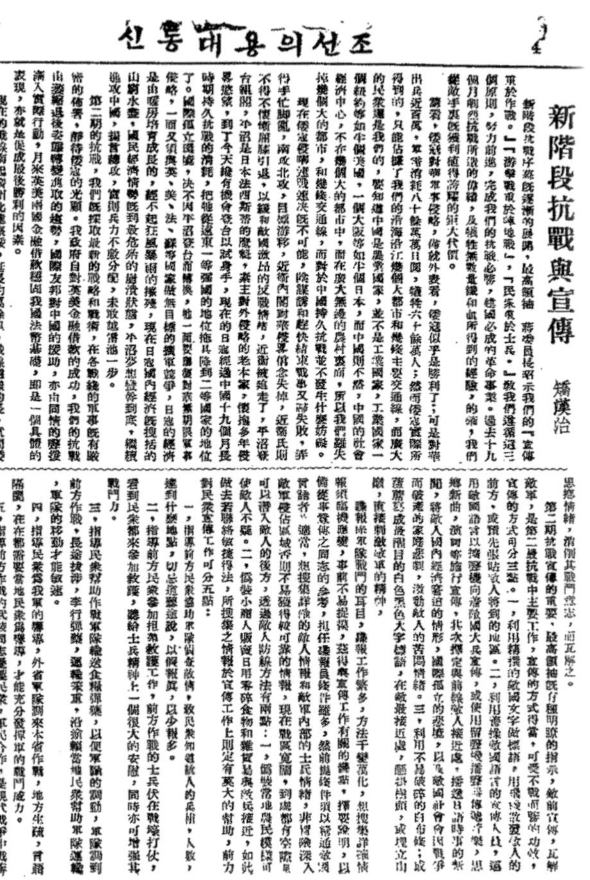

조선의용대통신 4

新階段抗戰與宣傳

矯漢治

新階段抗戰序幕既逐漸的展開，最高領袖 蔣委員長昭示我們的「宣傳重於作戰。」「游擊戰重於陣地戰」，「民衆重於士兵。」教我們遵循這三個原則，努力前進，完成我們的抗戰必勝，建國必成的革命事業。過去十九個月剛烈抗戰所設的偉績，及犧牲無數鐵和血所得到的經驗，的確，我們從敵手裏既獲到值得誇耀的重大代價。

誠然，倭寇對華軍事侵略，傳統外表看，倭寇似乎是勝利了；可是對華出兵近百萬，軍需消耗八十餘萬萬日圓，犧牲六十餘萬人；然而倭寇實際所得到的，只能佔據了我們的沿海沿江幾個大都市和幾條主要交通線，而廣大的民衆還是我們的，要知道中國是農業國家，並不是工業國家，工業國家一個紐約等如半個美國，一個大阪等如半個日本，而中國則不然，中國的社會經濟中心，不在幾個大的都市中，而在廣大無邊的農村裏面，所以我們雖失掉幾個大的都市，和幾條交通線，而對於中國持久抗戰並不發生什麼妨礙。

現在倭寇侵華速戰速決既不可能，陰謀誘和趕快結束戰爭又歸失敗，弄得手忙腳亂，南攻北攻，目標游移，近衛內閣對華侵略信念失掉，近衛氏則不得不倉惶屈膝引退，以緩和敵國激烈的反戰情緒，近衛被迫走了，平沼發台組閣，平沼是日本法西斯蒂的魔魁，素主對外侵略的老本家，懷抱多年侵略慾望，到了今天纔有機會登台以試身手，現在的日寇經過中國十九個月長時期持久抗戰的消耗，把牠從遠東一等强國的地位拖其降到二等國家的地位了。國際孤立困境，決不因平沼登台而轉換，牠一面要應付對蘇蒙期限軍事侵略，一面又須與英、美、法、蘇等國家做無目標的擴軍競爭，日寇的經濟是由暖房培育成長的，經不起狂風暴雨的摧殘，現在日寇國內經濟既搜括的山窮水盡，國民經濟情勢既到最危殆的崩潰狀態，平沼步想挽救到底，繼續進攻中國，揚言總攻，實則兵力不敷分配，未敢越雷池一步。

第二期的抗戰，我們既採取最新的戰略和戰術，在各戰線的軍事既有嚴密的佈署，靜待倭寇的光顧。我政府自對英美金融借款的成功，我們的抗戰由收縮退後姿態轉變進取的趨勢，國際友邦對中國的援助，亦由同情的聲援漸入實際行動，月來英美兩國金融借款鞏固我國法幣基礎，即是一個具體的表現，亦就是促成最後勝利的因素。

現在的戰線南起廣州北達察綏，延長約萬餘里，戰線這樣的長，試問倭寇在華兵力能夠分配嗎，倭兵在華轉戰一年有半，銳氣盡挫，萎靡疲勞，既不堪繼續再戰，寇兵久居中國思鄉之心必切，痛恨軍閥欺騙抱怨之心亦必深，我們可利用敵兵此種心理，對症下藥，施以微妙的煽動宣傳。啓誘敵兵的思想情緒，消滅其戰鬥意志，而瓦解之。

第二期抗戰宣傳的重要，最高領袖既有極明瞭的指示，敵前宣傳，瓦解敵軍，是第二期抗戰中主要工作，宣傳的方式得當，可受不戰而勝的功效，宣傳的方式可分三點。一，利用精撰的敵國文字做標語，用飛機散發敵人的前方，或預先張貼敵人將到的地區。二，利用善操敵國語言的宣傳人員，逼用敵國語言以擴聲機向敵國大兵宣傳，或使用留聲機播送悽慘音樂，思鄉新曲，演唱戲劇施行宣傳，北次擇定與前線敵人接近處，播送日語時事的新聞，將敵人國內經濟窘迫的情形，國際孤立的窘境，以及敵國社會因戰爭而破產的家庭悲劇，激動敵人的苦悶情緒。三，利用不易破碎的白布條；或蓬蓆寫成幾個醒目的白色黑色大字標語，在敵最接近處，懸掛樹顛，或埋立山巔，直接刺激敵軍的精神。

諜報是軍隊戰鬥的耳目，諜報工作繁多，方法千變萬化，想搜集詳確情報須臨機應變，事前不易捉摸，茲得與宣傳工作有關的幾點，擇要說明，以備從事發傳之同志的參考，擔任諜報員條件雖多，然前提條件須以精通敵國實語者，適當，想搜集詳確的敵人情報和敵軍內部的士兵情緒，非冒險深入敵軍侵佔區域否則不易獲得較可靠的情報，現在戰區寬闊，到處都有空隙，最可以潛入敵人的後方，透過敵人防線方法有兩點：一，偽裝當地農民模樣可使敵人不疑。二，偽裝小商人販賣日用零碎食物和雜貨易與敵兵接近，如此做去若聯絡敏捷得法，所搜集之情報於宣傳工作上則定有莫大的幫助，前力對民衆宣傳工作可分五點：

一，指導前方民衆協助軍隊偵查敵情，教民衆知道敵人的兵備，人數，達到什麼地點，切忌道聽途說，以假報真，以少報多。

二，指導前方民衆參加担架救護工作，前方作戰的士兵伏在戰壕打仗，看到民衆都來參加救護，誠給士兵精神上一個很大的安慰，同時亦可增强其戰鬥力。

三，指導民衆努助作戰軍隊輸送食糧彈藥，以便軍隊的調動，軍隊調到前方作戰，長途拔涉，李行彈藥，運輸笨重，沿途賴當地民衆幫助軍隊運輸，軍隊的移動才能敏速。

四，指導民衆爲我軍的嚮導，外省軍隊調來本省作戰，地方生疏，言語隔閡，在在都需要當地民衆爲嚮導，才能充分發揮軍的戰鬥威力。

五，指導前方作戰的武裝同志要護民衆，軍民合作，是現代戰爭中戰勝强敵的重要因素，惟有軍隊愛護民衆，才能得到民衆的幫助，民衆才敢前來和軍隊接近，才能來幫助軍隊運輸協助軍隊作戰，前方負有政治指導和宣傳工作的同志，爲了達到前列五項指導的任務，下列三種工具可供運用。

〈그림 7-2〉 『朝鮮義勇隊通訊』 제4호, 5면

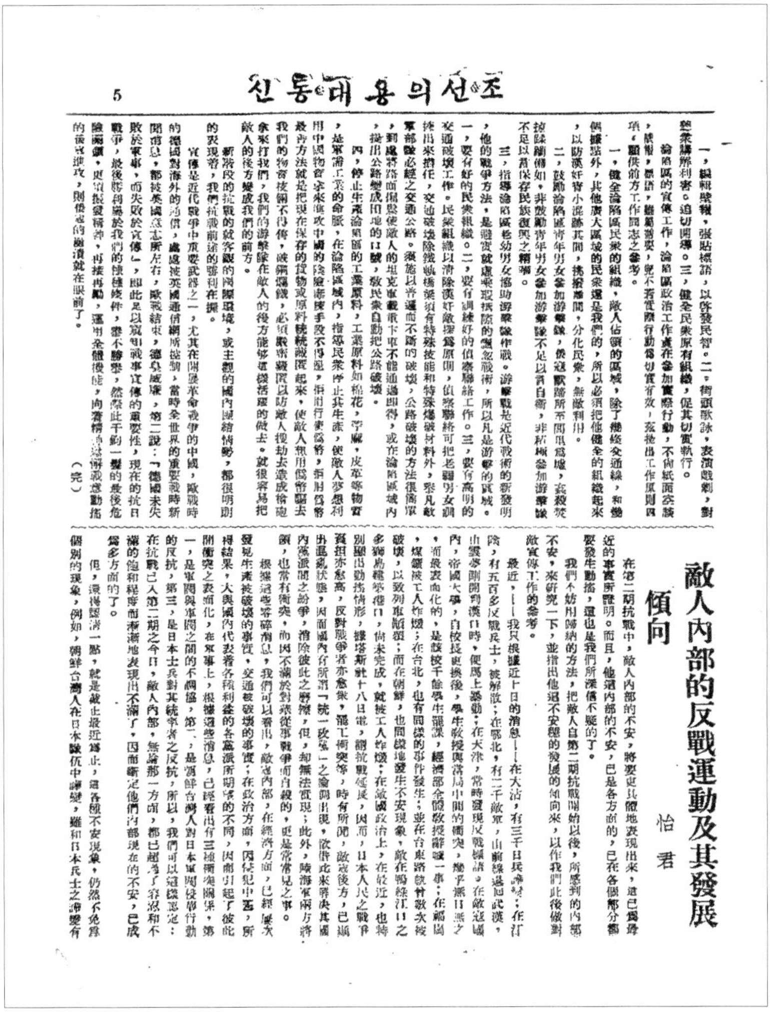

5 조선의용대통신

一，編輯壁報，張貼標語，以啓發民智。二，街頭歌詠，表演戲劇，對群衆講解利害。追切開導。三，健全民衆原有組織，促其切實執行。

淪陷區的宣傳工作，淪陷區政治工作貴在參加實際行動，不尚紙面空談，壁報，標語，雖屬需要，究不若實際行動爲切實有效，茲擬出工作原則四項，藉供前方工作同志之參考。

一，健全淪陷區民衆的組織，敵人佔領的區域，除了幾條交通線，和幾個據點外，其他廣大區域的民衆還是我們的，所以必須把他健全的組織起來，以防漢奸背小混跡其間，挑撥離間，分化民衆，爲敵利用。

二，鼓勵淪陷區青年男女參加游擊隊，倭寇獸蹄所至閭里爲墟，姦殺焚掠殘酷備如，非鼓勵青年男女參加游擊隊不足以言自衛，非積極參加游擊隊不足以言保存民族復興之精神。

三，指導淪陷區老幼男女協助游擊隊作戰。游擊戰是近代戰術的新發明，他的戰爭方法，是避實就虛乘瑕抵隙的飄忽戰術，所以凡是游擊的區城。一，要有好的民衆組織。二，要有訓練好的偵察聯絡工作。三，要有高明的交通破壞工作。民衆組織以清除漢奸敵探爲原則，偵察聯絡可把老弱男女訓練出來擔任，交通破壞除鐵軌橋梁須有特殊技能和特殊爆破材料外，舉凡敵軍部隊必經之交通公路。須施以普遍而不斷的破壞，公路破壞的方法很簡單，到處將路面掘毀使敵人的坦克車載重卡車不能通過即得，或在淪陷區域內，提出公路變成田地的口號，教民衆自動把公路破壞。

四，停止生產淪陷區的工業原料，工業原料如棉花，苧麻，皮革等物資，是軍需工業的命脈，在淪陷區域內，指導民衆停止其生產，使敵人夢想利用中國物資來進攻中國的陰險毒辣手段不得逞，倭用行使僞幣，利用僞幣最普方法就是把現在保存的貨物或原料統統藏匿起來，使敵人無用僞幣騙去我們的物資技倆不得倖，減彌爆餓，必須嚴密藏匿以防敵人搜劫去造成槍砲拿來打我們，我們的游擊隊在敵人的後方能夠這樣活躍的做去。就很容易把敵人的後方變成我們的前方。

新階段的抗戰的就客觀的國際環境，或主觀的國內團結情勢，都很明朗的表現着，我們抗戰前途的勝利在握。

宣傳是近代戰爭中重要武器之一，尤其在開展革命戰爭的中國，歐戰時的德國對海外的消息，處處被英國通信網所控制，當時全世界的重要戰時新聞消息，都被英國意志所左右，歐戰結束，德皇威廉，第二說：「德國未失敗於軍事，而失敗於宣傳」，即此足以窺出戰事宣傳的重要性，現在的抗日戰爭，最後勝利繫於我們的條件，毫不躊躇，然際此千鈞一髮的最後危險關頭，更須振發精神，再接再勵，運用全體機能，向着精神總動員戰意動搖的倭寇進攻，則倭寇的崩潰就在眼前了。

（完）

敵人內部的反戰運動及其發展傾向

怡 君

在第二期抗戰中，敵人內部的不安，將要更具體地表現出來，這已爲最近的事實所證明。而且，他還內部的不安，已是各方面的，已在各個部分都要發生動搖，這也是我們所深信不疑的了。

我們不妨用歸納的方法，把敵人自第二期抗戰開始以後，所感到的內部不安，來研究一下，並指出他這不安穩的發展的傾向來，以作我們此後做對敵宣傳工作的參考。

最近，——我只根據近十日的消息——在大沽，有三千日兵嘩變；在江陰，有五百多反戰兵士，被解散；在鄂北，有二千敵軍，由前線退回武漢，由雲夢開到漢口時，便馬上暴動；在天津，常時發現反戰標語；在敵寇國內，帝國大學，自校長更換後，學生教授與當局中間的衝突，幾乎無日無之，而最表面化的，是該校千餘學生罷課，經濟部全體教授辭職一事；在福岡，煤礦被工人炸燬；在台北，也有同樣的事件發生；並在台東路軌曾數次被破壞，以致列車顚覆；而在朝鮮，也間斷地發生不安現象，敵在鴨綠江口之多獅島維築港口，尚未完成，就被工人炸燬；在敵國政治上，在最近，也特別顯出動搖情形，據塔斯社十八日電，關抗戰延長，因而，日本人民之戰爭負担亦愈高，反對戰爭者亦愈衆，罷工暴動等，時有所聞，敵寇後方，已漸出混亂狀態，因而國內有所謂「統一政黨」之論調出現，欲借此來解決其國內黨派間之紛爭，消除彼此之摩擦，但，却無法實現；此外，陸海軍兩方將領，也常有衝突，而因不滿於對華從事戰爭而自殺的，更是常常見之事。

根據這些零碎消息，我們可以看出，敵寇內部，在經濟方面，已經屢次發見生產被破壞的事實，交通被破壞的事實；在政治方面，因侵犯中國，所得結果，大與國內代表着各種利益的各黨派所期望的不同，因而引起了彼此間衝突之表面化，在軍事上，根據這些消息，已經看出有三種衝突關係，第一，是軍閥與軍閥之間的不調協，第二，是朝鮮台灣人對日本軍閥侵華行動的反抗，第三，是日本士兵對其統率者之反抗，所以，我們可以這樣認定：在抗戰已入第二期之今日，敵人內部，無論那一方面，都已超過了容忍和不滿的飽和程度而漸漸地表現出不滿了，因而斷定他們內部現在的不安，已成爲多方面的了。

但，還得聲清一點，就是截止最近爲止，這各種不安現象，仍然不免爲個別的現象，例如，朝鮮台灣人在日本隊伍中譁變，雖和日本兵士之譁變有

〈그림 8-1〉『朝鮮義勇隊通訊』제4호, 6면

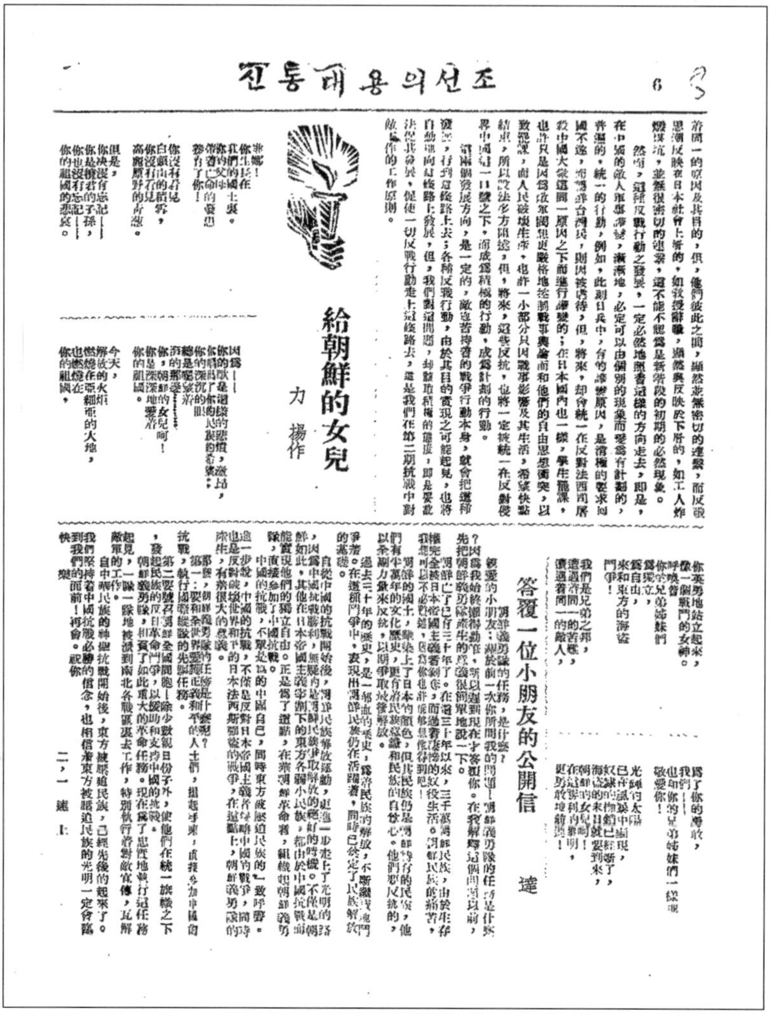

〈그림 8-2〉『朝鮮義勇隊通訊』 제4호, 7면

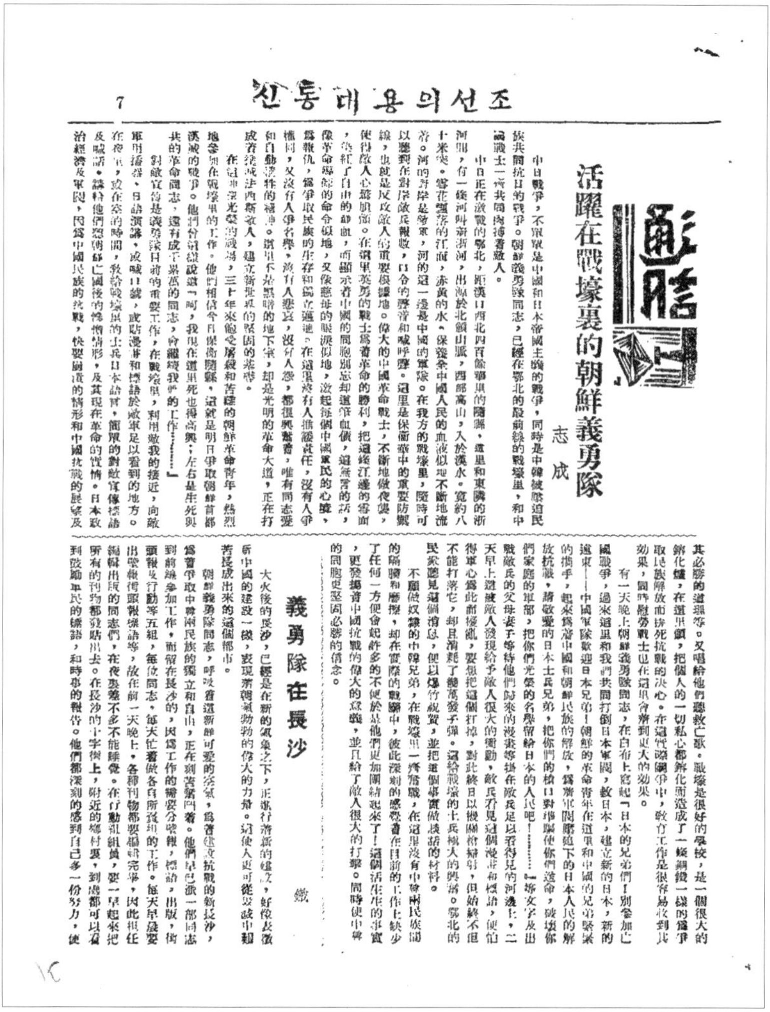

7 조선의용대통신

通訊

活躍在戰壕裏的朝鮮義勇隊

志成

中日戰爭，不單單是中國和日本帝國主義的戰爭，同時是中韓被壓迫民族共同抗日的戰爭。朝鮮義勇隊同志，已經在鄂北的最前線的戰壕里，和中國戰士一齊共同肉搏着敵人。

中日正在激戰的鄂北，距漢口西北四百餘華里的隨縣，這里和東隣的浙河間，有一條河叫浙河，出源於北嶺山脈，西部高山，入於漢水。寬約八十米突。雪花飄落的江面，赤黃的水，保發着中國人民的血液似地不斷地流着。河的對岸是敵軍，河的這一邊是中國的軍隊。在我方的戰壕里，隨時可以聽到在對岸敵兵報數，口令的聲音和喊呼聲。這里是保衛華中的重要防線，也就是反攻敵人的重要根據地。偉大的中國革命戰士，不斷地做夜襲，使得敵人心驚膽顫。在這里英勇的戰士爲着革命的勝利，把這條江邊的每面，染紅了自由的鮮血，而顯示着中國的同胞別忘却這筆血債，這無言的話，像革命爆發的命令似地，又像慈母的眼淚似地，激起每個中國軍民的心臟，爲報仇，爲爭取民族的生存和獨立邁進。在這里沒有人推諉責任，沒有人爭權利，又沒有人爭名譽，沒有人悲哀，沒有人怨，都很興奮着，唯有同志愛和自動積極的精神。這里不是黑暗的地下室，却是光明的革命大道，正在打成着徹底消滅法西斯敵人，建立新世界的堅固的基礎。

在這非常光榮的戰場，三十年來飽受屠殺和苦難的朝鮮革命青年，熱烈地參加在戰壕里的工作。他們相信今日保衛隨縣，這就是明日爭取朝鮮首都漢城的戰爭。他們曾經說過「呵，我現在這里死也得高興；左右是生死與共的革命同志，還有成千累萬的同志，會繼續我們的工作……」

對敵宣傳是義勇隊目前的重要工作，在戰壕里，利用敵我的接近，向敵軍用播音、日語演講，或喊口號，或貼漫畫和標語於敵軍足以看到的地方。在夜里，或在空的時間，教給戰壕里的士兵日本話習，簡單的對敵宣傳標語及喊話。講給他們聽朝鮮亡國後的慘情情形，及其現在革命的實情。日本政治經濟及軍閥，因爲中國民族的抗戰，快要崩潰的情形和中國抗戰的展望及其必勝的道理等。又唱給他們聽救亡歌。戰壕是很好的學校，是一個很大的鎔化爐，在這里頭，把個人的一切私心都鎔化而造成了一條鋼鐵一樣的爲爭取民族解放而拚死抗戰的決心。在這實際鬥爭中，教育工作是很容易收到其效果，同時慰勞戰士也在這里會辦到更大的效果。

有一天晚上朝鮮義勇隊同志，在白布上寫起「日本的兄弟們！別參加亡國戰爭，過來這里和我們共同打倒日本軍閥，救日本，建立新的日本，新的遠東——中國軍隊歡迎日本兄弟！朝鮮的革命青年在這里和中國的兄弟緊緊的携手，起來爲着中國和朝鮮民族的解放，爲着軍閥壓迫下的日本人民的解放抗戰，請敬愛的日本士兵兄弟，把你們的槍口對準驅使你們送命，破壞你們家庭的軍部，把你們光榮的名譽留給日本的人民吧！……」等文字及出戰敵兵的父母妻子等待他們歸來的漫畫等掛在敵兵足以看得見的河邊上，二天早上這被敵人發現給予敵人很大的衝動，敵兵看見這個漫畫和標語，便怕得軍心爲此而擾亂，要想把這個打掉，對此終日以機關槍掃射，但始終不但不能打落它，却且消耗了幾萬發子彈。這給戰壕的士兵極大的興奮。鄂北的民衆聽見這個消息，便以爆竹祝賀，並把這個事實做鼓舞的材料。

不願做奴隸的中韓兄弟，在戰壕里一齊奮戰，在這里沒有中韓兩民族間的隔膜和磨擦，却在實際的戰鬥中，彼此深刻的感覺着在目前的工作上缺少了任何一方便會起許多的不便於是他們更加團結起來了！這個活生生的事實，更發揚着中國抗戰的偉大的意義，並且給了敵人很大的打擊。同時使中韓的同胞更堅固必勝的信念。

義勇隊在長沙

鐵

大火後的長沙，已經是在新的氣象之下，正進行着新的建設，好像表徵新中國的建設一樣，表現着朝氣勃勃的偉大的力量。這使人更可從毀滅中鍛苦長成出來的這個都市。

朝鮮義勇隊同志，呼吸着這新鮮可愛的空氣，爲着建設抗戰的新長沙，爲着爭取中韓兩民族的獨立和自由，正在刻苦奮鬥着。他們早已派一部同志到前線參加工作，而留在長沙的，因爲工作的需要分宣傳，標語，出版，街頭報及行動等五組，每位同志，每天忙着做各自所負担的工作。每天早晨要出墻報得頭報標語等，故在前一天晚上，各種刊物都要編輯完畢，因此担任編輯出版的同志們，在夜裏幾乎不多不能睡覺。在行動組組員，要一早起來把所有的刊物都發貼出去。在長沙的十字街上，附近的鄉村裏，到處都可以看到鼓勵軍民的標語，和時事的報告。他們都深刻的感到自己多一份努力，使

〈그림 9〉『朝鮮義勇隊通訊』 제4호, 8면

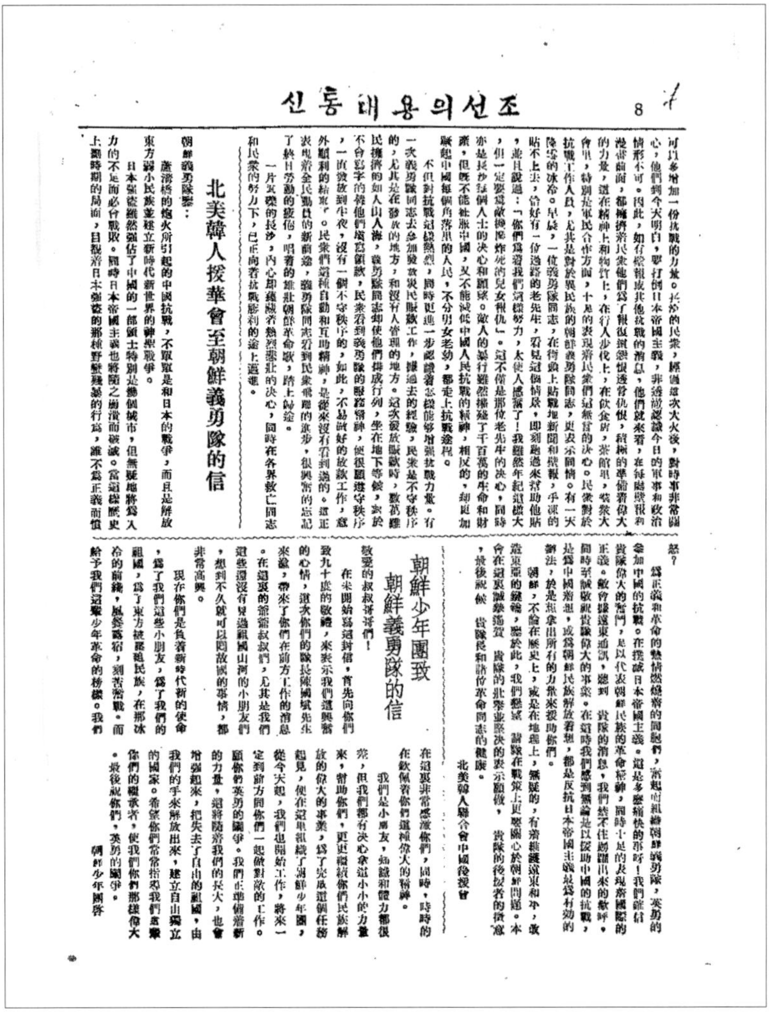

조선의용대통신　8

可以多增加一份抗戰的力量。長沙的民衆，經過這次大火後，對時事非常關心，他們到今天明白，要打倒日本帝國主義，非透澈認識今日的軍事和政治情形不可。因此，如有從報載其他抗戰的消息，他們就來看，在每個壁報和漫畫前面，都擁擠着民衆他們爲了報復與積恨透骨仇恨，積極的準備着偉大的力量，還在精神上和物質上，在行人步伐上，在飲食店，茶館裏，裝聚大會里，特別是軍民合作方面，十足的表現着民衆們這無比的決心。民衆對於抗戰工作人員，尤其是對於異民族的朝鮮義勇隊同志，更表示同情。有一天隆冬的冰冷。早晨，一位義勇隊同志，在街頭上貼標語新聞和壁報，手凍的貼不上去，恰好有一位過路的老先生，看見這個情景，即刻跑過來幫助他貼，並且說道：「你們爲着我們這樣努力，太使人感激了！我雖然年紀這樣大，但一定要爲敵機轟炸死的兒女報仇」。這不僅是那位老先生的決心，同時亦是長沙每個人士的決心和願望。敵人的暴行雖然摧殘了千百萬的生命和財產，但既不能征服中國，又不能減低中國人民抗戰的精神，相反的，卻更加緊起中國每個角落里的人民，不分男女老幼，都走上抗戰途程。

不但對抗戰這樣熱烈，同時更進一步認識着怎樣能够增强抗戰力量。有一次義勇隊同志去參加發放災民賑款工作，據過去的經驗，民衆是不守秩序的，尤其是在發放的地方，和沒有人管理的地方。這次發放賑款時，數萬難民擁擠的如人山人海，義勇隊同志卻使他們排成行列，坐在地下等候，對於不會寫字的替他們塡寫領款，民衆看到義勇隊的服務精神，便很願遵守秩序，一直發放到半夜，沒有一個不守秩序的，如此，不易做好的放款工作，竟外順利的結束了。民衆們這種自動和互助精神，是從來沒有看到過的。這正表現着全民動員的新前途，義勇隊同志看到民衆飛躍的進步，很興奮的忘記了終日勞動的疲倦，唱着的雄壯朝鮮革命歌，踏上歸途。

一片瓦礫的長沙，內心卻蘊藏着熱烈悲壯的決心，同時在各界救亡同志和民衆的努力下，已正向着抗戰勝利的途上邁進。

北美韓人援華會至朝鮮義勇隊的信

朝鮮義勇隊鑒：

蘆溝橋的炮火所引起的中國抗戰，不單單是和日本的戰爭，而且是解放東方弱小民族並建立新時代新世界的神聖戰爭。

日本強盜雖然強佔了中國的一部領土特別是幾個城市，但無疑地將爲入力的不足而必會戰敗。同時日本帝國主義也將隨之崩潰而破滅。當這樣歷史上劃時期的局面，目覩着日本強盜的那種野蠻殘暴的行爲，誰不爲正義而憤怒？

爲正義和革命的熱情燃燒着的同胞們，奮起而組織朝鮮義勇隊，英勇的參加中國的抗戰。在撲滅日本帝國主義。這是多麼痛快的事呀！我們確信貴隊偉大的奮鬥，是以代表朝鮮民族的革命精神，同時十足的表現着國際的正義。敝會據遠東通訊，聽到　貴隊的消息，我們禁不住勝讚出來的歡呼。同時至誠敬祝貴隊偉大的事業。在這時我們感到無論是以援助中國的抗戰，是爲中國着想，或爲朝鮮民族解放着想，都是反抗日本帝國主義最爲有効的辦法，於是想拿出所有的力量來援助你們。

朝鮮，不論在歷史上，或是在地理上，無疑的，有着維護遠東和平，敢造東亞的鍵鑰，鑒於此，我們懇望　諸隊在戰策上更要關心於朝鮮問題。本會在這裏誠懇祝賀　貴隊的壯擧並堅決的表示願做，　貴隊的後援者的資源，最後祝候　貴隊長和諸位革命同志的健康。

北美韓人聯合會中國後援會

朝鮮少年團致朝鮮義勇隊的信

敬愛的叔叔哥哥們！

在未開始寫這封信，首先向你們致九十度的敬禮，來表示我們這興奮的心情，這次你們的隊長陳國斌先生來渝，帶來了你們在前方工作的消息。在這裏的爺爺叔叔們，尤其是我們這些還沒有見過祖國山河的小朋友們，想到不久就可以回故國的事情，都非常高興。

現在你們是負着新時代新的使命，爲了我們這些小朋友，爲了我們的祖國，爲了東方被壓迫民族，在那冰冷的前綫，風餐露宿，刻苦淄戰。而給予我們這羣少年革命的榜樣。我們在這裏非常感激你們，同時，時時的在欽佩着你們這種偉大的精神。

我們是小朋友，知識和體力都很弱，但我們都有決心拿這小小的力量來，幫助你們，更更繼續你們民族解放的偉大的事業，爲了完成這個任務起見，便在這裏組織了朝鮮少年團，從今天起，我們也開始工作，將來一定到前方同你們一起做對敵的工作。願你們英勇的鬪爭。我們正準備着嶄新的力量，還將隨着我們的長大，也會增强起來，把失去了自由的祖國，由我們的手來解放出來，建立自由獨立的國家。希望你們常常指導我們這羣你們的繼承者，使我們你們那樣偉大。最後祝你們，英勇的鬪爭。

朝鮮少年團啓

<그림 10> 『朝鮮義勇隊通訊』 제5호, 1면

〈그림 11〉『朝鮮義勇隊通訊』 제5호, 2면

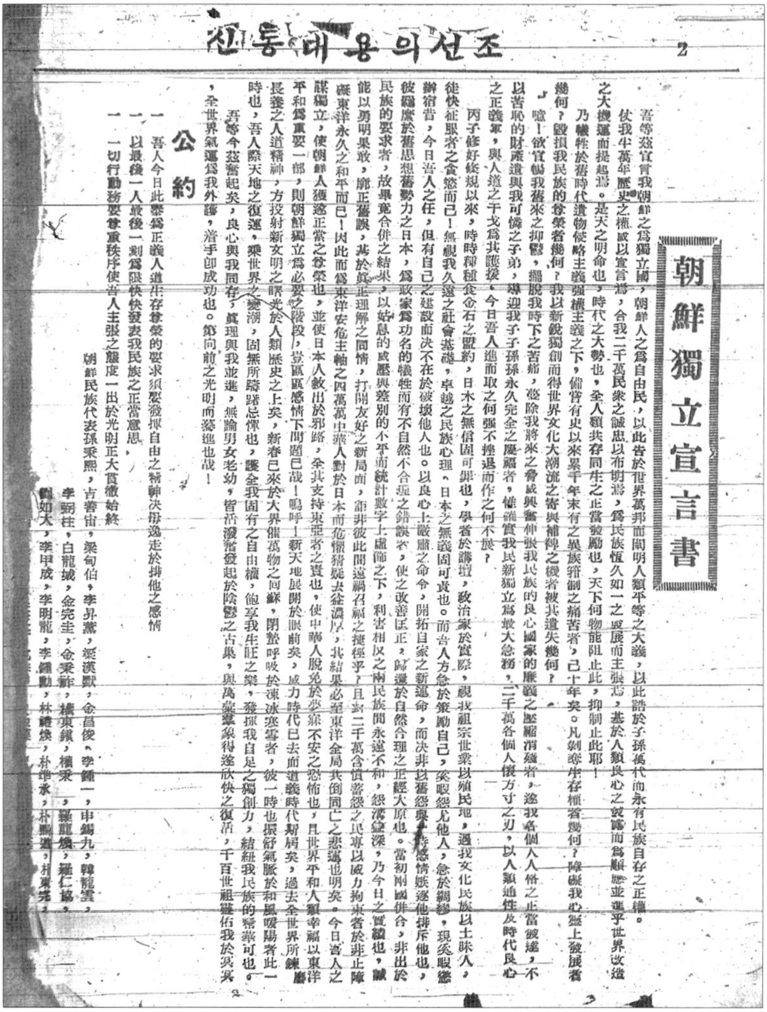

2

조선의용대통신

朝鮮獨立宣言書

吾等玆宣言我朝鮮之爲獨立國，朝鮮人之爲自由民，以此告於世界萬邦而闡明人類平等之大義，以此誥於子孫萬代而永有民族自存之正權。

仗我半萬年歷史之權威以宣言焉，合我二千萬民衆之誠忠以布明焉，爲民族恆久如一之發展而主張焉，基於人類良心之發露而爲順應並進乎世界改造之大機運而提起焉。是天之明命也，時代之大勢也，全人類共存同生之正當發動也，天下何物能阻止此，抑制止此耶！

乃犧牲於舊時代遺物侵略主義强權主義之下，備嘗有史以來累千年未有之異族箝制之痛苦者，已十年矣。凡剝奪生存權者幾何？障礙我心靈上發展者幾何？毀損我民族的尊榮者幾何？我以新銳獨創而得世界文化大潮流之寄與補裨之機者被其遺失幾何？

噫！欲宣暢我舊來之抑鬱，擺脫我時下之苦痛，芟除我將來之脅威與奮伸張我民族的良心國家的廉義之壓縮消殘者，遂我各個人人格之正當發達，不以苦恥的財產遺與我可憐之子弟，導迎我子子孫孫永久完全之慶福者，惟確實我民新獨立爲最大急務，二千萬各個人懷方寸之刃，以人類通性及時代良心之正義軍，與人道之干戈爲其護援，今日吾人進而取之何强不挫退而作之何不展？

丙子修好條規以來，時時種種食金石之盟約，日本之無信固可罪也，學者於講壇，政治家於實際，視我祖宗世業以殖民地，遇我文化民族以土昧人，徒快征服者之貪慾而已！無視我久遠之社會基礎，卓越之民族心理，日本之無義固可責也。而吾人方急於策勵自己，奚暇怨尤他人，急於綢繆，現奚暇懲辯宿昔，今日吾人之任，但有自己之建設而決不在於破壞他人也。以良心上嚴肅之命令，開拓自家之新運命，而決非以舊怨與一時感情嫉逐他排斥他也，彼羈縻於舊思想舊勢力之日本，爲政家爲功名的犧牲而有不自然不合理之錯誤者，使之改善匡正，歸還於自然合理之正經大原也。當初兩國併合，非出於民族的要求者，故畢竟合併之結果，以姑息的威壓與差別的不平而統計數字上虛飾之下，利害相反之兩民族間永遠不和，怨溝益深，乃今日之實績也，誠能以勇明果敢，廓正舊誤，其於眞正理解之同情，打開友好之新局面，詎非彼此間遠禍召福之捷徑乎？且對二千萬含憤蓄怨之民專以威力拘束者於非止障礙東洋永久之和平而已！因此而爲東洋安危主軸之四萬萬中華人對於日本而危懼猜疑去益濃厚，其結果必至東洋全局共倒同亡之悲運也明矣。今日吾人之謀獨立，使朝鮮人獲遂正當之尊榮也，並使日本人救出於邪路，全其支持東亞者之責也，使中華人脫免於夢寐不安之恐怖也，且世界平和人類幸福以東洋平和爲重要一部，則朝鮮獨立爲必要之階段，豈區區感情下問題已哉！嗚呼！新天地展開於眼前矣，威力時代已去而道義時代期屆矣，過去全世界所鍊磨長養之人道精神，方投射新文明之曙光於人類歷史之上矣，新春已來於大界催萬物之回蘇，閉蟄呼吸於凍冰寒雪者，彼一時也振舒氣脈於和風暖陽者此一時也，吾人際天地之復運，乘世界之變潮，固無所躊躇忌憚也，護全我固有之自由權，飽享我生旺之樂，發揮我自足之獨創力，結紐我民族的精華可也。

吾等今玆奮起矣，良心與我同存，眞理與我並進，無論男女老幼，皆活潑猶發起於陰鬱之古巢，與萬彙羣衆得遂欣快之復活，千百世祖靈佑我於冥冥，全世界氣運爲我外護，着手卽成功也。第向前之光明而邁進也哉！

公約

一 吾人今日此舉爲正義人道生存尊榮的要求須要發揮自由之精神決毋逸走於排他之感情

一 以最後一人最後一刻爲限快快發表我民族之正當意思，

一 一切行動務要尊重秩序使吾人主張之態度一出於光明正大貫徹始終

朝鮮民族代表孫秉熙，吉善宙，梁甸伯，李昇薰，梁漢默，金昌俊、李鍾一，申錫九，韓龍雲，

李弼柱，白龍城，金完圭，金秉祚，權東鎭，權秉悳，羅龍煥，羅仁協，

劉如大，李甲成，李明龍，李鍾勳，林禮煥，朴準承，朴熙道，朴東完，

[illegible]

〈그림 12〉『朝鮮義勇隊通訊』제7기, 2면

〈그림 13〉『朝鮮義勇隊通訊』제15기, 4면

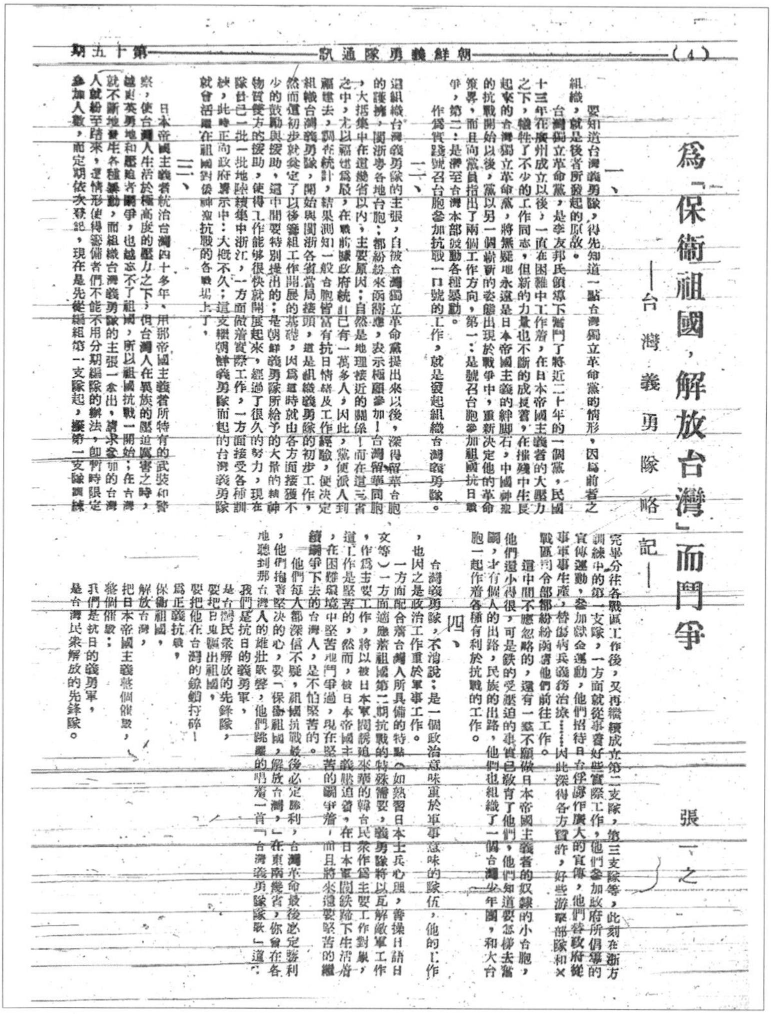

〈그림 14〉『朝鮮義勇隊通訊』 제15기, 5면

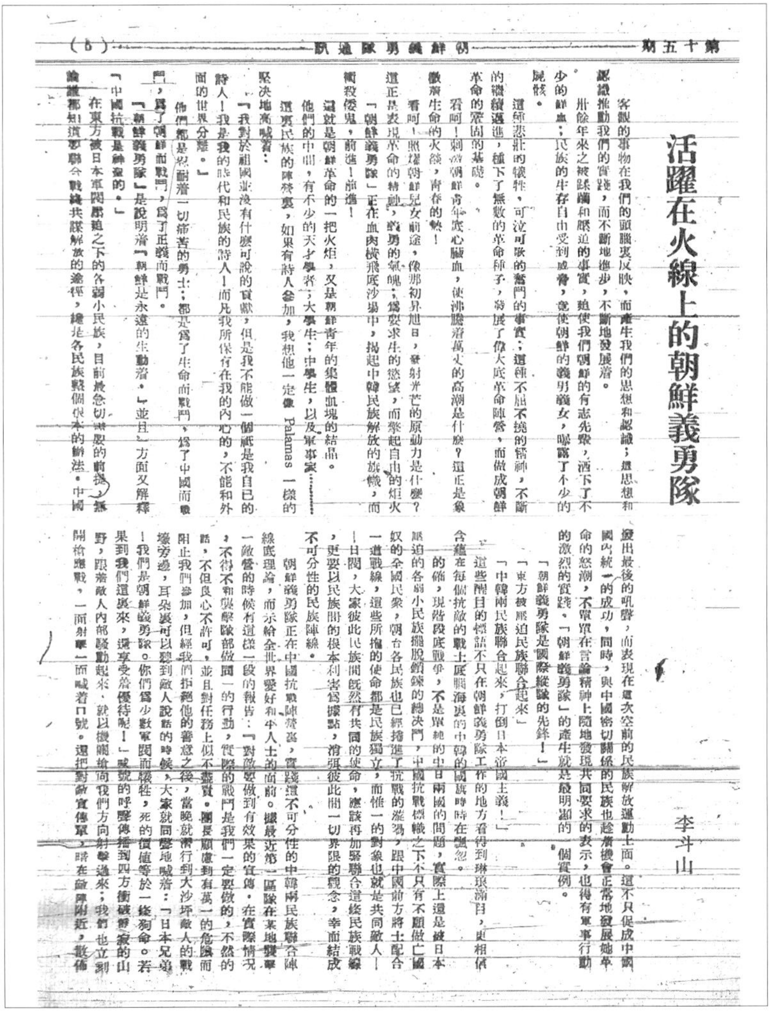

第十五期 —— 朝鮮義勇隊通訊 —— (5)

活躍在火線上的朝鮮義勇隊

李斗山

客觀的事物在我們的頭腦裏反映，而產生我們的思想和認識；這思想和認識推動我們的實踐，而不斷地進步，不斷地發展着。

卅餘年來之被蹂躪和壓迫的事實，廹使我們朝鮮的有志先輩，洒下了不少的鮮血；民族的生存自由受到威脅，竟使朝鮮的義男義女，曝露了不少的屍骸。

這種悲壯的犧牲，可泣可歌的奮鬥的事實；這種不屈不撓的精神，不斷的繼續邁進，播下了無數的革命種子，發展了偉大底革命陣營，而做成朝鮮革命的鞏固的基礎。

看呵！刺激朝鮮青年底心臟血，使沸騰着萬丈的高潮是什麼？這正是象徵着生命的火燄，青春的熱！

看呵！照燿朝鮮兒女前途，像那初昇旭日，發射光芒的原動力是什麼？這正是表現革命的精神，義勇的氣魄；爲要求生的慾望，而擎起自由的炬火

「朝鮮義勇隊」正在血肉橫飛底沙場中，揭起中韓民族解放的旗幟，而衝殺倭鬼，前進！前進！

這就是朝鮮革命的一把火炬，又是朝鮮青年的集體凱現的結晶。

他們的中間，有不少的天才學者；大學生；中學生，以及軍事家……

這裏民族的陣營裏，如果有詩人參加，我想他一定像 Palamas 一樣的堅決地高喊着：

「我對於祖國並沒有什麼可說的貢獻，但是我不能做一個祇是我自已的詩人！我是我的時代和民族的詩人！而凡我所保有在我的內心的，不能和外面的世界分離。」

他們都是忍耐着一切痛苦的勇士；都是爲了生命而戰鬥，爲了中國而戰鬥，爲了朝鮮而戰鬥，爲了正義而戰鬥。

「朝鮮義勇隊」是說明着『朝鮮是永遠的生動着。』並且」方面又解釋「中國抗戰是神聖的。」

在東方被日本軍閥壓廹之下的各弱小民族，目前最急切需要的前提，無論誰都知道要聯合戰線共謀解放的途徑，纔是各民族整個根本的辦法。中國發出最後的吼聲，而表現在這次空前的民族解放運動上面。這不只促成中國國內統一的成功，同時，與中國密切關係的民族也趁着機會正常地發展她革命的怒潮，不單單在言論精神上隨地發現共同要求的表示，也得有軍事行動的激烈的實踐。「朝鮮義勇隊」的產生就是最明顯的一個實例。

「朝鮮義勇隊是國際縱隊的先鋒！」

「東方被壓廹民族聯合起來」

「中韓兩民族聯合起來，打倒日本帝國主義！」

這些醒目的標語不只在朝鮮義勇隊工作的地方看得到琳琅滿目，更相信含蘊在每個抗敵的戰士底腦海裏的中韓的國族時時在憶念。

的確，現階段底戰爭，不是單純的中日兩國的問題，實際上還是被日本壓廹的各弱小民族擺脫鎖鍊的總決鬥，中國抗戰標幟之下不只有不願做亡國奴的全國民衆，朝台各民族也已經捲進了抗戰的漩渦，跟中國前方將士配合一道戰線，還些所擔的使命都是民族獨立，而惟一的對象也就是共同敵人——日閥，大家彼此民族間既然有共同的使命，應該再加緊聯合這條民族戰線，更要以民族間的根本利害爲據點，消弭彼此間一切界限的觀念，幸而結成不可分性的民族陣線。

朝鮮義勇隊正在中國抗戰陣營裏，實踐這不可分性的中韓兩民族聯合陣線底理論，而示給全世界愛好和平人士的面前。據最近第一區隊在某地襲擊一敵營的時候有這樣一段的報告：『對敵要做到有效果的宣傳。在實際情況，不得不和襲擊隊部做同一的行動，實際的戰鬥是我們一定要做的，不然的話，不但良心不許可，並且對任務上似不盡責。區長顧慮到有萬一的危險而阻止我們參加，但經我們拒絕他的善意之後，當晚就潛行到大沙坪敵人的戰壕旁邊，耳朵裏可以聽到敵人說話的時候，大家就同聲地喊着：「日本兄弟！我們是朝鮮義勇隊。你們爲少數軍閥而犧牲，死的價值等於一條狗命。若果到我們這裏來，還享受着優待呢！」喊號的呼聲傳播到四方衝破靜寂的山野，跟着敵人內部騷動起來，就以機關槍向我們方向射擊過來；我們也立刻開槍應戰，一面射擊一面喊着口號。還把對敵宣傳單，貼在敵陣附近，散佈

〈그림 15〉『朝鮮義勇隊通訊』 제15기, 6면

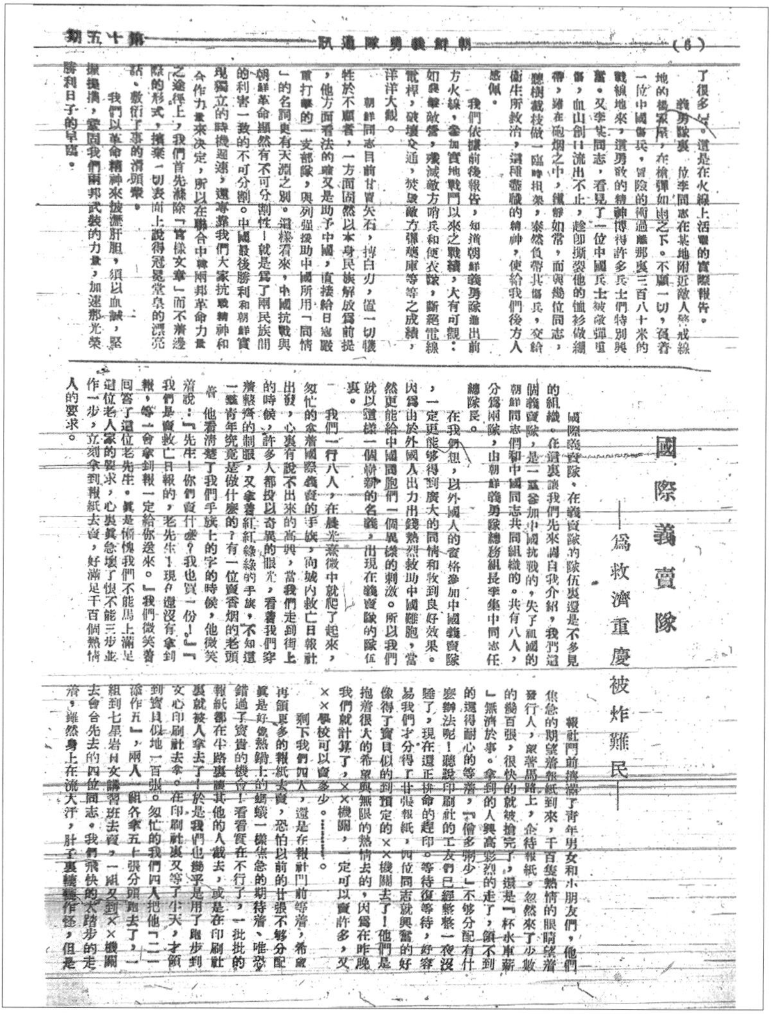

第十五期 朝鮮義勇隊通訊 (6)

了很多。這是在火線上活躍的實際報告。

義勇隊裏位李同志在某地附近敵人警戒線地的樹叢裏，在槍彈如雨之下。不顧一切，負着一位中國傷兵，冒險的衝過離那裏三百八十米的戰線地來，這勇敢的精神博得許多兵士們特別興奮。又李某同志，看見了一位中國兵士被敵彈重傷，血由創口流出不止，趁即撕裂他的襯衫做繃帶，繃在砲烟之中，鎮靜如常，而與幾位同志，聽樹截枝做一臨時担架，泰然負帶其傷兵，交給衛生所救治，這種犧牲的精神，使給我們後方人感佩。

我們依據前後報告，知道朝鮮義勇隊進出前方火線，參加實地戰鬥以來之戰績，大有可觀：如襲擊敵營，殲滅敵方哨兵和便衣隊，斷絕電線電桿，破壞交通，焚毀敵方彈藥庫等等之成績，洋洋大觀。

朝鮮同志目前甘冒矢石，持白刃，置一切犧牲於不顧者，一方面固然以本身民族解放爲前提，他方面看法的確又是助予中國，直接給日寇嚴重打擊的一支部隊，與列强援助中國所用「同情」的名詞更有天淵之別。這樣看來，中國抗戰與朝鮮革命顯然有不可分割性！就是爲了兩民族間的利害一致的不可分割。中國最後勝利和朝鮮實現獨立的時機迅速，還要靠我們大家抗戰精神和合作力量來決定，所以在聯合中韓兩邦革命力量之途徑上，我們首先滌除「官樣文章」而不着邊際的形式，摒棄一切表面上說得冠冕堂皇的漂亮話，敷衍了事的滑頭態度。

我們以革命精神來披瀝肝胆，須以血誠，堅握攜携，鞏固我們兩邦武裝的力量，加速那光榮勝利日子的早臨。

國際義賣隊

—爲救濟重慶被炸難民—

國際義賣隊，在義賣隊的隊伍裏還是不多見的組織。在這裏讓我們先來爲自我介紹，我們這個義賣隊，是一羣參加中國抗戰的，失了祖國的朝鮮同志們和中國同志共同組織的。共有八人，分爲兩隊，由朝鮮義勇隊總務組長李集中同志任總隊長。

在我們想，以外國人的資格參加中國義賣隊，一定更能夠得到廣大的同情和收到良好效果。因爲由於外國人出力出錢熱烈救助中國難胞，當然更能給中國同胞們一個異樣的刺激。所以我們就以這樣一個嶄新的名義，出現在義賣隊的隊伍裏。

我們一行八人，在晨光熹微中就爬了起來，匆忙的拿着國際義賣的手旗，向城內救亡日報社出發，心裏有說不出來的高興，當我們走到街上的時候，許多人都投以奇異的眼光，看看我們穿着整齊的制服，又拿着紅紅綠綠的手旗，不知道一羣青年究竟是做什麼的？有一位賣香烟的老頭着 他看清楚了我們手旗上的字的時候，他微笑着說：「先生！你們賣什麼？我也買一份！」「我們是賣救亡日報的，老先生！現在還沒有拿到報，等一會拿到報一定給你送來。」我們微笑着回答了這位老先生。眞是慚愧我們不能馬上滿足這位老人家的要求，心裏眞急壞了恨不能三步並作一步，立刻拿到報紙去賣，好滿足千百個熱情人的要求。

報社門前擠滿了青年男女和小朋友們，他們焦急的期望着報紙到來，千百隻熱情的眼睛望着發行人，緊緊着馬路上，企待報紙。忽然來了少數的幾百張，很快的就被搶完了，還是『杯水車薪』無濟於事。拿到的人興高彩烈的走了，領不到的還得耐心的等着，『僧多粥少』不夠分配有什麼辦法呢！聽說印刷社的工友們已經緊趕一夜沒睡了，現在還正拼命的趕印。等待復等待，好容易我們才分得了廿張報紙，四位同志就興奮的好像得了寶貝似的到預定的××機關去了！他們是抱着很大的希望與無限的熱情去的，因爲在昨晚我們就計算了，××機關，一定可以賣許多，又××學校可以賣多少。……。

剩下我們四人，還是在報社門前等着，希望再領更多的報紙去賣，恐怕以前的廿張不夠分配。眞是好像熱鍋上的螞蟻一樣焦急的期待着、唯恐錯過了寶貴的機會！看看實在不行了，一批批的報紙都在半路裏讓其他的人截去，或是在印刷社裏就被人拿去了！於是我們也幾乎是用了跑步到文心印刷社去拿。在印刷社裏又等了半天，才領到寶貝似地一百張。匆忙的我們四人把他「二一添作五」，兩人一組各拿五十張分頭跑去了，一組到七星岩日文講習班去賣，一組又到××機關去會合先去的四位同志。我們飛快的大踏步的走着，雖然身上在流大汗，肚子裏饑餓作怪，但是

〈그림 16〉『朝鮮義勇隊通訊』 제15기, 7면

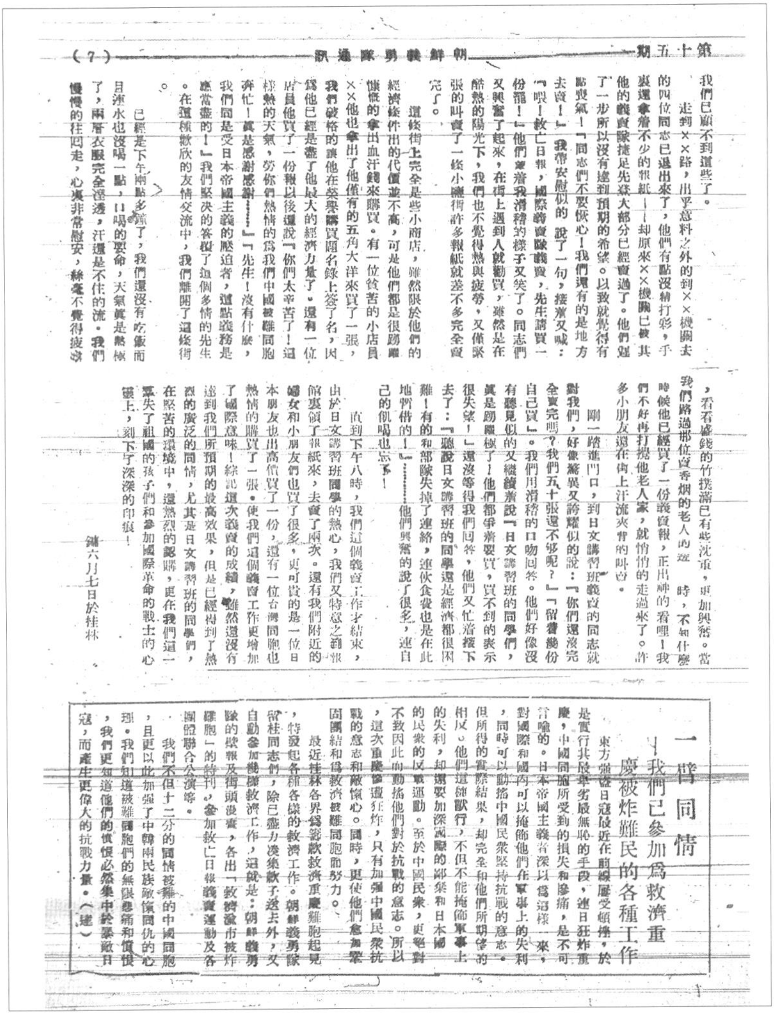

第十五期 朝鮮義勇隊通訊 （7）

我們已顧不到這些了。

走到××路，出乎意料之外的到××機關去的四位同志已退出來了，他們有點沒精打彩，手裏還拿着不少的報紙——卻原來××機關已被其他的義賣隊捷足先登大部分已經賣過了。他們遲了一步所以沒有達到預期的希望。以致就覺得有點喪氣！「同志們不要灰心！我們還有的是地方去賣！」我帶安慰似的說了一句，接着又喊：『喂！救亡日報，國際義賣隊義賣，先生請買一份罷！』他們拿着我滑稽的樣子又笑了。同志們又興奮了起來，在街上遇到人就勸買，雖然是在酷熱的陽光下，我們也不覺得熱與疲勞，又像緊張的叫賣了一條小巷街許多報紙就差不多完全賣完了。

這條街上完全是些小商店，雖然限於他們的經濟條件出的代價並不高，可是他們都是很踴躍慷慨的拿出血汗錢來購買。有一位貧苦的小店員××他也拿出了他僅有的五角大洋來買了一張，我們破格的讓他在榮譽購買題名錄上簽了名，因爲他已經是盡了他最大的經濟力量了。還有一位店員他買了一份報以後還說『你們太辛苦了！這樣熱的天氣，勞你們熱情的爲我們中國被難同胞奔忙！眞是感謝感謝……』『先生！沒有什麼，我們同是受日本帝國主義的壓迫者，這點義務是應當盡的！』我們堅決的答覆了這個多情的先生。在這種歡欣的友情交流中，我們離開了這條街。

已經是下午兩點多鐘了，我們還沒有吃飯而且連水也沒喝一點，口喝的要命，天氣眞是熱極了，兩層衣服完全濕透，汗還是不住的流。我們慢慢的往回走，心裏非常慰安，絲毫不覺得疲勞，看看盛錢的竹拨滿已有些沉重，更加興奮。當我們路過那位賣香烟的老人的攤時，不知什麼時候他已經買了一份義賣報，正出神的看哩！我們不好再打攪他老人家，就悄悄的走過來了。許多小朋友還在街上汗流夾背的叫賣。

剛一踏進門口，到日文講習班義賣的同志就對我們，好像驚異又誇耀似的說：『你們還沒賣完嗎？我們五十張還不够呢？』『留着幾份自己買』。我們用滑稽的口吻回答。他們好像沒有聽見似的又繼續着說『日文講習班的同學們，眞是踴躍極了！他們都爭着要買，買不到的表示很失望！』還沒等得我們回答，他們又忙着接下去了：『聽說日文講習班的同學還是經濟都很困難！有的和部隊失掉了連絡，連伙食費也是在此地暫借的！』……他們興奮的說了很多，連自己的饑喝也忘了！

直到下午八時，我們這個義賣工作才結束，由於日文講習班同學的熱心，我們又特意之到報館裏領了報紙來，去賣了兩次。還有我們附近的婦女和小朋友們也買了很多，更可貴的是一位日本朋友也出高價買了一份，還有一位台灣同胞也熱情的購買了一張。使我們這個義賣工作更增加了國際意味！綜說這次義賣的成績，雖然還沒有達到我們所預期的最高效果，但是已經得到了熱烈的廣泛的同情，尤其是日文講習班的同學們，在艱苦的環境中，還熱烈的認購，更在我們這一羣失了祖國的孩子們和參加國際革命的戰士的心版上，刻下了深深的印痕！

鏞六月七日於桂林

一臂同情

——我們已參加爲救濟重慶被炸難民的各種工作

東方強盜日寇最近在前線屢受頓挫，於是實行其最卑劣最無恥的手段，連日狂炸重慶，中國同胞所受到的損失和慘痛，是不可言喻的。日本帝國主義者深以爲這樣一來，對國際和國內可以掩飾他們在軍事上的失利，同時可以動搖中國民衆堅持抗戰的意志。但所得的實際結果，卻完全和他們所期望的相反。他們這種獸行，不但不能掩飾軍事上的失利，卻還要加深國際的鄙棄和日本國的民衆的反戰運動。至於中國民衆，更絕對不致因此而動搖他們對於抗戰的意志。所以，這次重慶慘遭狂炸，只有加強中國民衆抗戰的意志和敵愾心。同時，更使他們愈加緊固團結和爲救濟被難同胞而努力。

最近桂林各界爲籌款救濟重慶難胞起見，特發起各種各樣的救濟工作。朝鮮義勇隊留桂同志們，除已盡力湊集款子送去外，又自動參加種種救濟工作，這就是：朝鮮義勇隊的壁報及街頭漫畫，各出「救濟渝市被炸難胞」的特刊，參加救亡日報義賣運動及各團體聯合公演等。

我們不但十二分的同情被難的中國同胞，且更以此加強了中韓兩民族敵愾同仇的心理。我們知道被難同胞們的無限悲痛和憤恨，我們更知道他們的憤恨必然集中於暴敵日寇，而產生更偉大的抗戰力量。（建）

<그림 17> 『朝鮮義勇隊通訊』 제15기, 12면

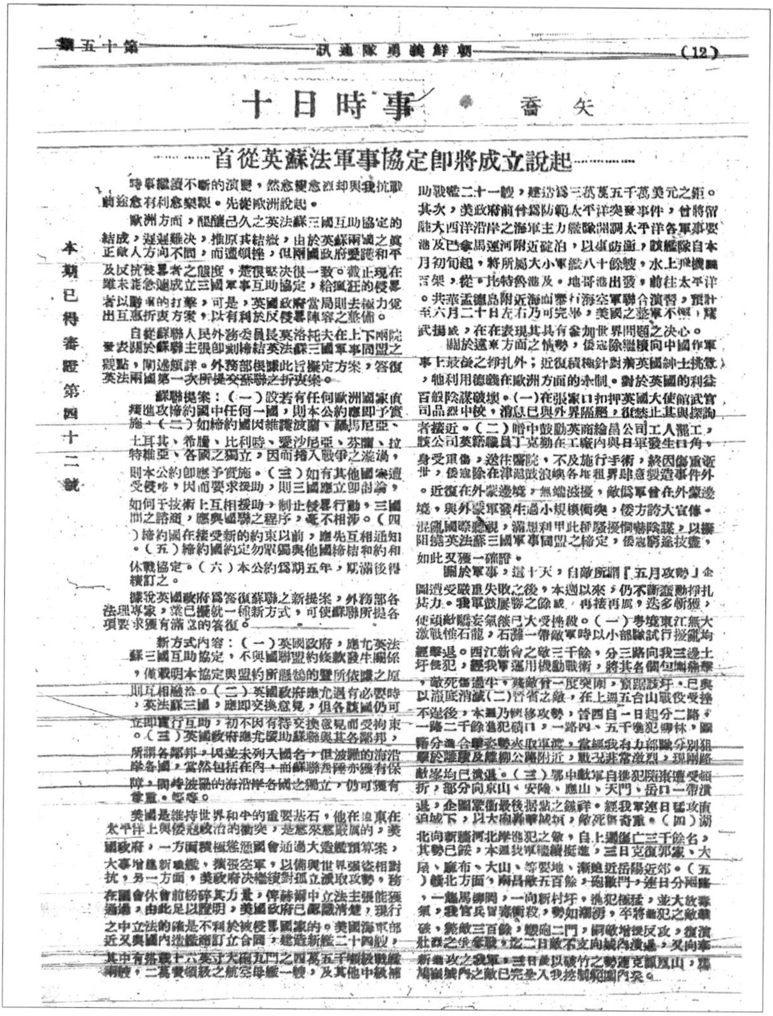

〈그림 18〉『朝鮮義勇隊通訊』 제30기, 11면

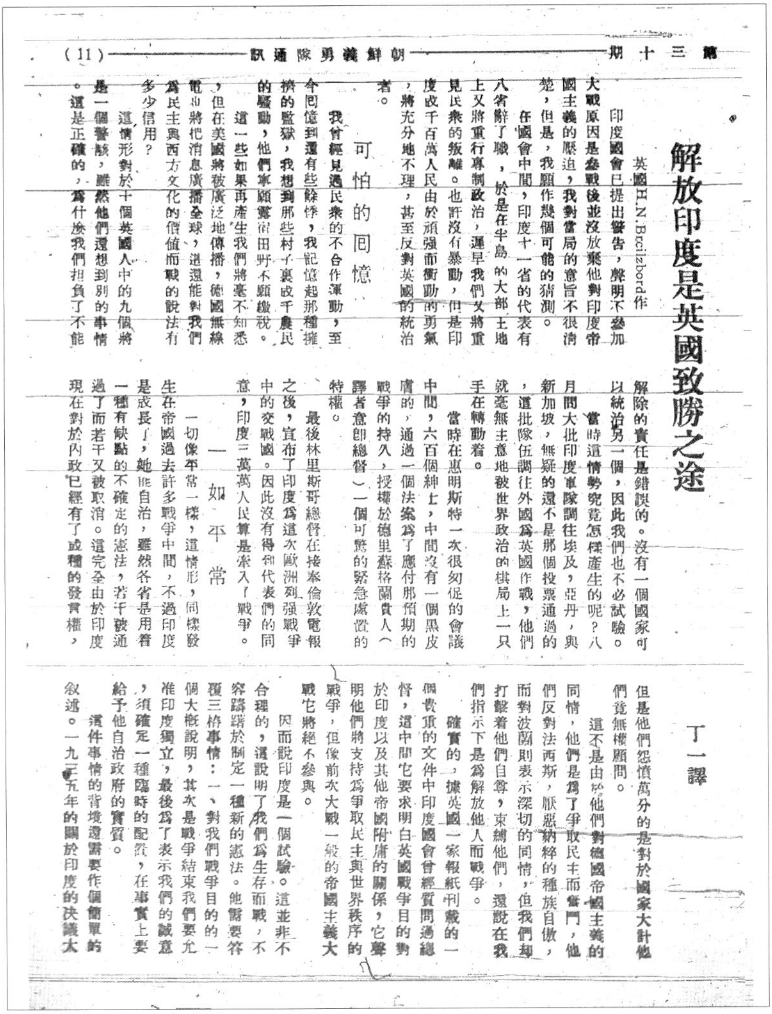

第三十期——朝鮮義勇隊通訊——(11)

解放印度是英國致勝之途

英國H.N.Brcilzbord作

丁一譯

印度國會已提出警告，聲明不參加大戰原因是參戰後並沒放棄他對印度帝國主義的壓迫，我對當局的意旨不很清楚，但是，我願作幾個可能的猜測。

在國會中間，印度十一省的代表有八省辭了職，於是在半島的大部土地上又將重行專制政治，遲早我們又將重見民衆的叛離。也許沒有暴動，但是印度或千百萬人民由於頑强而衝動的勇氣，將充分地不理，甚至反對英國的統治者。

可怕的回憶

我曾經見過民衆的不合作運動，至今回憶到還有些餘悸，我記憶起那種擁擠的監獄，我想到那些村子裏成千農民的騷動，他們寧願讓田野不願繳稅。

這一些如果再產生我們將毫不知悉，但在美國將被廣泛地傳播，德國無線電也將把消息廣播全球，這還能對我們爲民主與西方文化的價值而戰的說法有多少信用？

這情形對於十個英國人中的九個將是一個警駭，雖然他們還想到別的事情。這是正確的，爲什麽我們担負了不能解除的責任是錯誤的。沒有一個國家可以統治另一個，因此我們也不必試驗。

當時這情勢究竟怎樣產生的呢？八月間大批印度軍隊調往埃及，亞丹，與新加坡，無疑的還不是那個投票通過的，這批隊伍調往外國爲英國作戰，他們就毫無主意地被世界政治的棋局上一只手在轉動着。

當時在惠明斯特一次很匆促的會議中間，六百個紳士，中間沒有一個黑皮膚的，通過一個法案爲了應付那預期的戰爭的持久，授權於德里蘇格蘭貴人（譯者意即總督）一個可驚的緊急處置的特權。

最後林里斯哥總督在接奉倫敦電報之後，宣布了印度爲這次歐洲列强戰爭中的交戰國。因此沒有得到代表們的同意，印度三萬萬人民算是牽入了戰爭。

一如平常

一切像平常一樣，這情形，同樣發生在帝國過去許多戰爭中間，不過印度是成長了，她能自治，雖然各省是用着一種有缺點的不確定的憲法，若干被通過了而若干又被取消。這完全由於印度現在對於內政已經有了或種的發言權，但是他們怨憤萬分的是對於國家大計他們竟無權顧問。

這不是由於他們對德國帝國主義的同情，他們是爲了爭取民主而奮鬥，他們反對法西斯，厭惡納粹的種族自傲，而對波蘭則表示深切的同情，但我們却打擊着他們自尊，束縛他們，還說在我們指示下是爲解放他人而戰爭。

確實的，據英國一家報紙刊載的一個貴重的文件中印度國會曾經質問過總督，這中間它要求明白英國戰爭目的對於印度以及其他帝國附庸的關係，它聲明他們將支持爲爭取民主與世界秩序的戰爭，但像前次大戰一般的帝國主義大戰它將絕不參與。

因而說印度是一個試驗。這並非不合理的，這說明了我們爲生存而戰，不容躊躇於制定一種新的憲法。他需要答覆三樁事情：一、對我們戰爭目的的一個大概說明，其次是戰爭結束我們要允准印度獨立，最後爲了表示我們的誠意，須確定一種臨時的配置，在事實上要給予他自治政府的實質。

這件事情的背境還需要作個簡單的敘述。一九三九年的關於印度的決議大

〈그림 19〉『朝鮮義勇隊通訊』 제30기, 12면

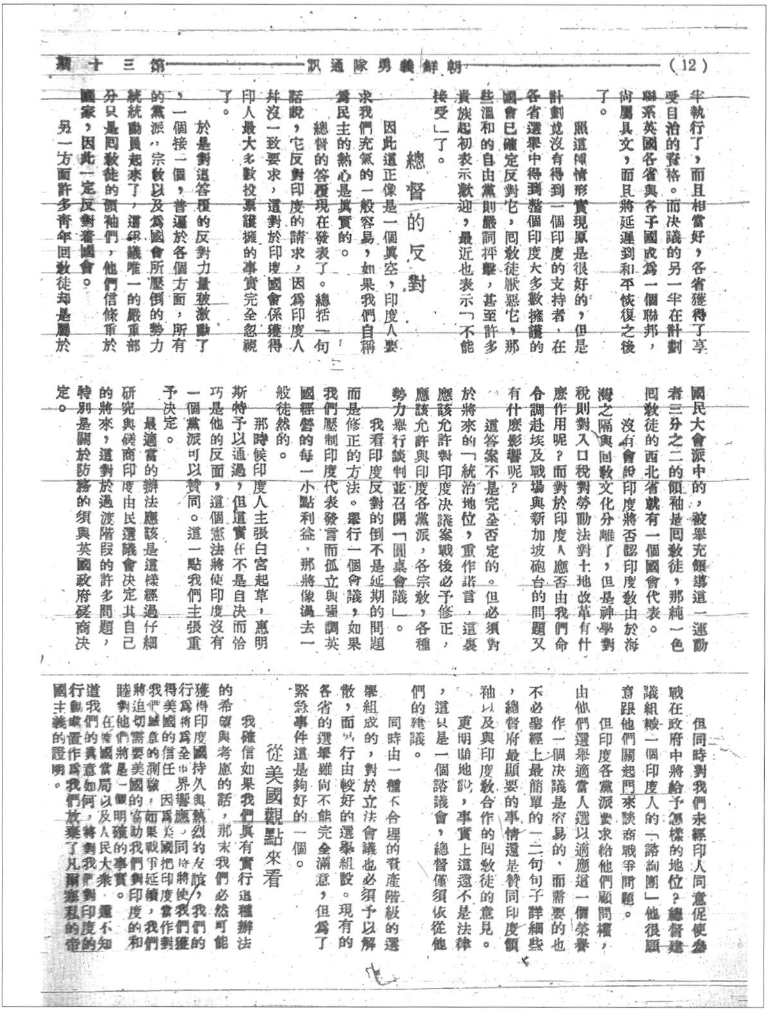

朝鮮義勇隊通訊 —— 第三十期 (12)

半執行了，而且相當好，各省獲得了享受自治的資格。而決議的另一半在計劃聯系英國各省與各子國成爲一個聯邦，尙屬具文，而且將延遲到和平恢復之後了。

照這種情形實現原是很好的，但是計劃竟沒有得到一個印度的支持者，在各省選擧中得到整個印度大多數擁護的國會已確定反對它，回敎徒厭惡它，那些溫和的自由黨則嚴詞抨擊，甚至許多貴族起初表示歡迎，最近也表示「不能接受」了。

總督的反對

因此這正像是一個眞空，印度人要求我們充氣的一般容易，如果我們自稱爲民主的熱心是眞實的。

總督的答覆現在發表了。總括一句話說，它反對印度的請求，因爲印度人幷沒一致要求，這對於印度國會係獲得印人最大多數投票擁護的事實完全忽視了。

於是對這答覆的反對力量被激動了，一個接一個，普遍於各個方面，所有的黨派，宗敎以及爲國會所壓倒的勢力統統動員起來了，這保議唯一的嚴重部分只是回敎徒的領袖們，他們信條重於國家，因此一定反對着國會。

另一方面許多青年回敎徒却是屬於國民大會派中的，被擧充領導這一運動者三分之二的領袖是回敎徒，那純一色回敎徒的西北省就有一個國會代表。

沒有會將印度將否認印度敎由於海灣之隔與回敎文化分離了，但是神學對稅則對入口稅對勞動法對土地改革有什麽作用呢？而對於印度人應否由我們命令調赴埃及戰場與新加坡砲台的問題又有什麽影響呢？

這答案不是完全否定的。但必須對於將來的「統治地位」，重作諾言，這裏應該允許對印度決議案戰後必予修正，應該允許與印度各黨派，各宗敎，各種勢力擧行談判並召開「圓桌會議」。

我看印度反對的倒不是延期的問題而是修正的方法。擧行一個會議，如果我們壓制印度代表發言而孤立與強調英國總督的每一小點利益，那將像過去一般徒然的。

那時候印度人主張白宮起草，惠明斯特予以通過，但這實在不是自決而恰巧是他的反面，這個憲法將使印度沒有一個黨派可以贊同。這一點我們主張重予決定。

最適當的辦法應該是這樣經過仔細研究與磋商印度由民選議會決定其自己的將來，這對於過渡階段的許多問題，特別是關於防務的須與英國政府磋商決定。

但同時對我們未經印人同意促使參戰在政府中將給予怎樣的地位？總督建議組織一個印度人的「諮詢團」他很願意跟他們關起門來談商戰爭問題。

但印度各黨派要求給他們顧問權，由他們選擧適當人選以適應這一個榮譽。

作一個決議是容易的，而需要的也不必聖經上最簡單的一二句句子詳細些，總督府最顯要的事情還是贊同印度領袖以及與印度敎合作的回敎徒的意見。

更明顯地說，事實上這還不是法律，這只是一個諮議會，總督僅須依從他們的建議。

同時由一種不合理的資産階級的選擧組成的，對於立法會議也必須予以解散，而另行由較好的選擧組設。現有的各省的選擧雖尙不能完全滿意，但爲了緊急事件這是夠好的一個。

從美國觀點來看

我確信如果我們眞有實行這種辦法的希望與考慮的話，那末我們必然可能獲得印度國持久與熱烈的友誼，我們的行爲將爲全世界響應，同時將使我們獲得美國的信任，因爲美國把印度當作對我們誠意的測驗，如果戰爭延續，我們將迫切需要美國的協助，我們對印度的和睦對他們將是一個明確的事實。在美國當局以及人民大衆，還不知道我們的眞意如何，將對我們對印度的行動當作爲我們放棄了凡爾賽私的帝國主義的證明。

〈그림 20〉『朝鮮義勇隊通訊』, '七七' 三週年紀念轉號, 1면 (부분)

〈그림 21〉『朝鮮義勇隊通訊』'七七'三週年紀念轉號, 1면 (부분)

〈그림 22〉『朝鮮義勇隊通訊』'七七'三週年紀念轉號, 2면 (부분)

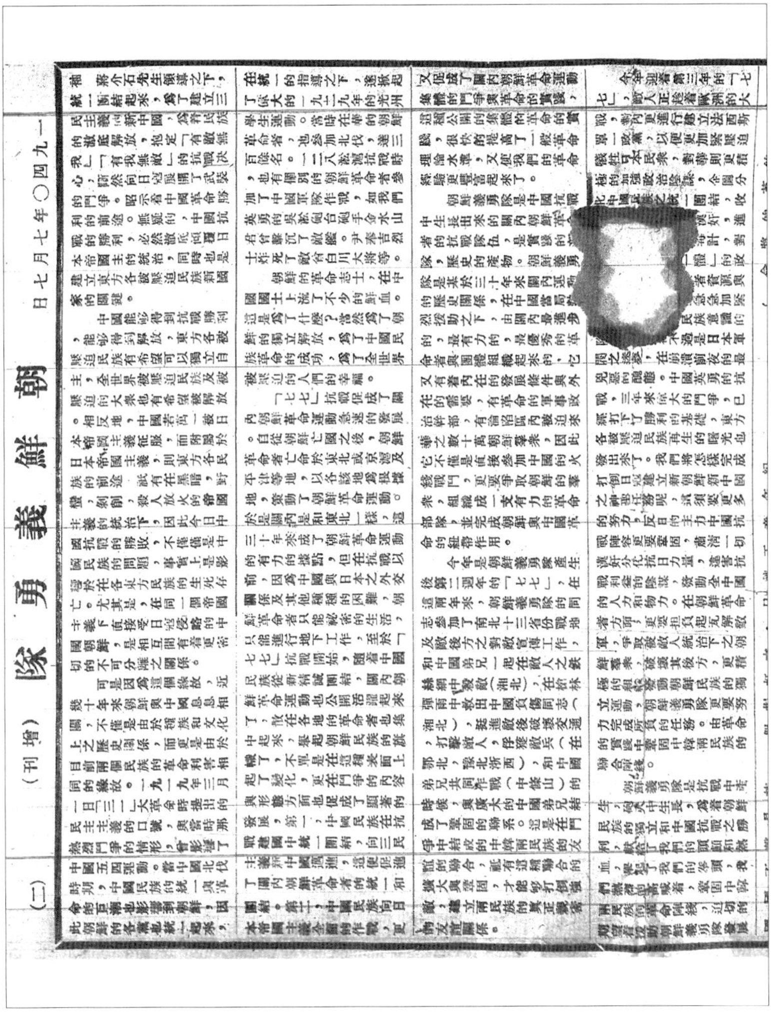

〈그림 23〉『朝鮮義勇隊通訊』 '七七' 三週年紀念轉號, 2면 (부분)

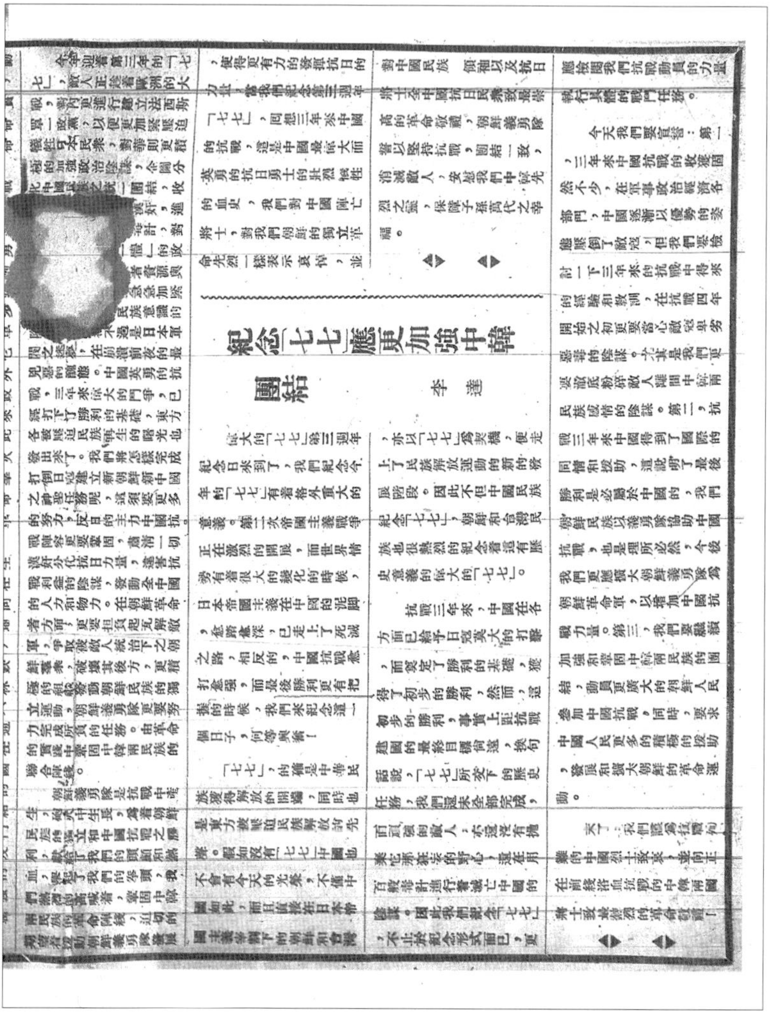

〈그림 24〉『朝鮮義勇隊』제38기, 12면

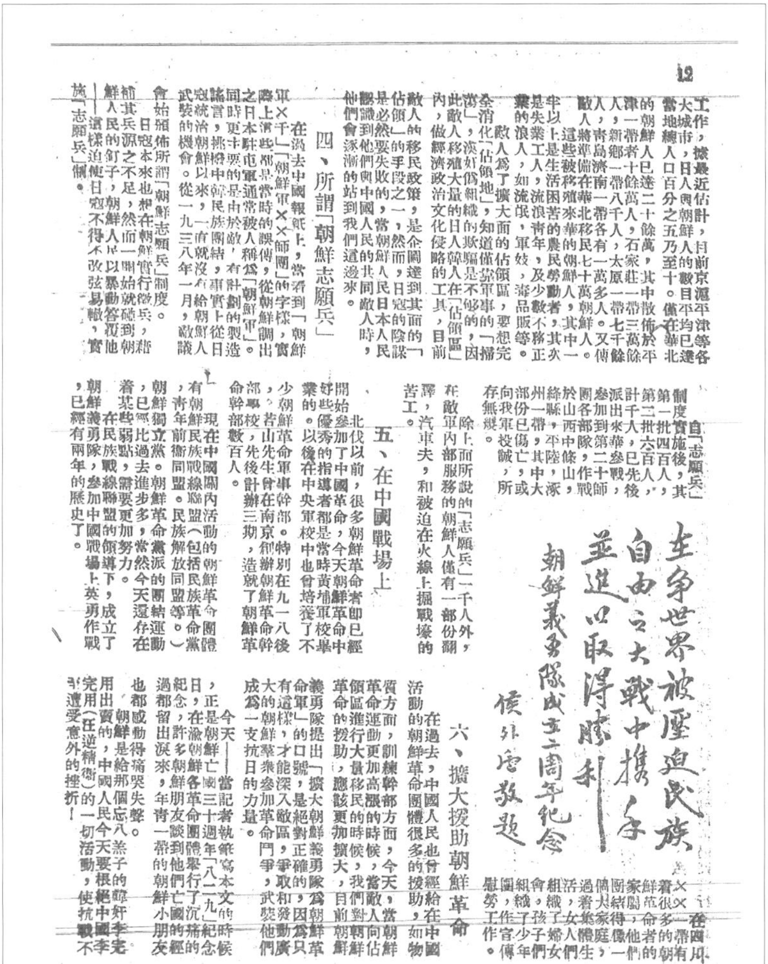

〈그림 25〉『朝鮮義勇隊』제38기, 13면

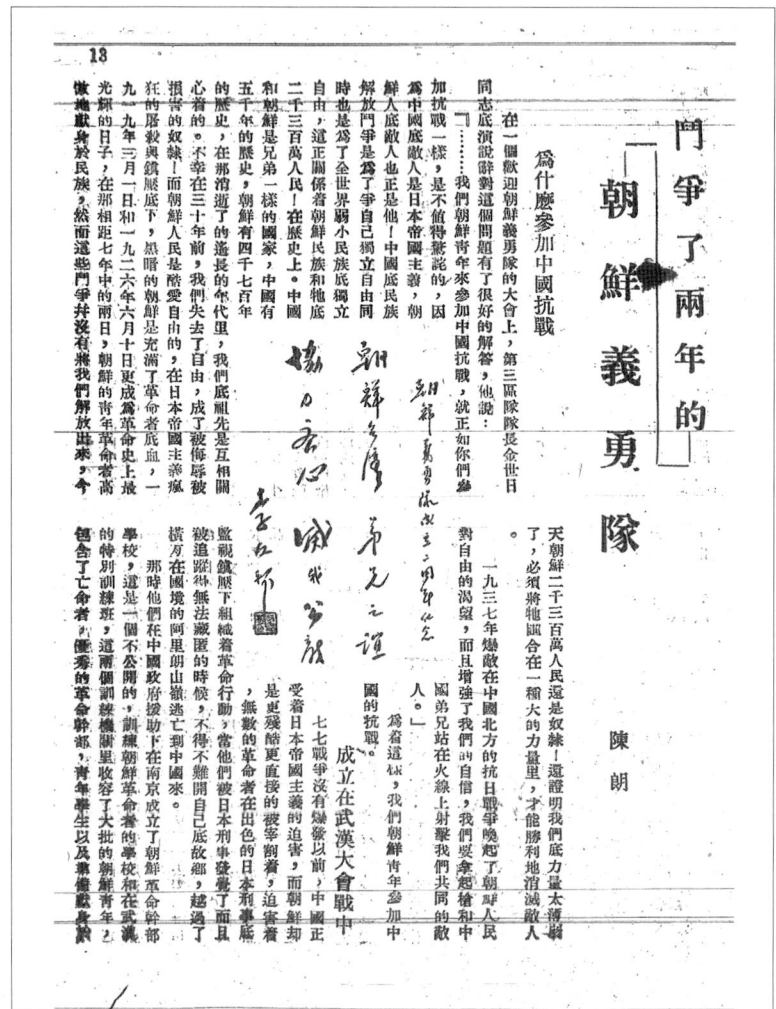

1940년대 조선의용대와 조선민족혁명당 간부진의 초상

1. 혼벡의 손을 거쳐 문서고에 잠들어 있던 사진과 편지

여기, 근간에 발굴된 귀중한 사진 2점과 편지 1건이 있다. 사진 1점은 1940년 11월의 조선의용대 간부진을, 다른 1점은 1943년 2월의 조선민족혁명당 신임 간부진을 단체촬영한 것이고, 편지는 1944년에 재미 독립운동가 한길수(韓吉洙)가 국무부 고위관리인 스탠리 혼벡(Stanley Kuhl Hornbeck) 박사에게 보낸 것이다. 근 80년간을 고요히 잠들어만 있듯이 묻혀온 자료들이고, 그래서 있는 줄조차도 알려지지 않았던 원자료이다. 그런데 이제 처음으로 슬며시 존재를 드러낸 것이다.

이 2건 3점 자료의 원 출처는 미국 캘리포니아주 스탠포드대학교의 〈(평화·혁명·전쟁에 관한) 후버연구원〉(Hoover Institution on Peace, Revolution and War) 문서관으로, 거기 소장되어 있는 다수의 개인문서군(群) 중의 하나인 혼벡문서군에서 나온 것이다. 이 문서군은 원고 상자만 564개에 달하고 대량의 카드, 공문서, 사진필름, 녹음기록, 기사스크랩 등의 상자 또는 뭉치들도 같이 포함되어 있어서[1] 규모가 꽤 방대하다. 국가보훈부에서 매년 수행하는 '해외 독립운동사료 수집사업'의 일환으로 근년에 진행된 미주지역 자료조사 때 후버연구원을 방문한 담당 연구원이 위 문서군의 117번 상자를 체크하다가 다량의 한국관계 문서가 들어 있으므로 확보했다. 그렇게 건져낸 자료들 중에 지금 말하는 사진과 편지도 들어있던 것이다.

117번 상자의 식별용 표기는 'Kilsoo Haan'로 되어 있었다. 이 알파벳 표기는 상자 속의 문서들을 작성했거나 보낸 이의 이름이었을 것임이 확실하고, 그렇다면 저 이름은 더욱 눈에 익다. 1930·40년대의 미주 독립운동계에서 풍운아와도 같은 행보로 논란도 많이 불러일으킨 한길수, 바로 그인 것이다.

미 국무부가 생산했거나 접수·수집했던 일제 강점기의 한국관계 문서들은 〈한국내정 관련 미 국무부 문서군, 1910~1945〉으로 집성되어 있고, 그중 태평양전쟁기의 문서들은 〈한국내정 문서철, 1940~1944〉로 묶여있다. 그 하위편목의 하나인 십진문서철(Decimal File) 895에는 태평양전쟁 발발 후 1년 동안, 그러니까 1941년 12월부터 이듬해 12월까지 한길수가 루즈벨트 대통령을 위시하여 국무부와 법무부의 요로에 보낸 편지가 25통 들어있다.[2] 그중 혼벡에게 보낸 것이 3통이다. 이는 한길수가 혼벡에게 편지를 써 보내기를 1940

---

[1] 이 문서군의 상세한 내역은 Charles G. Palm, "Register of the Stanley Kuhl Hornbeck papers"(On-line Document, Hoover Institution Archives, 1998)을 보시오.
[2] 그 목록이 高珽烋, 「하와이 中韓民衆同盟團(1938~1945) 연구」(『한국근현대사연구』 34, 2005), 186쪽에 제시된 바 있다.

년대 초부터 계속했음을 시사해준다. 그렇다면 소개하려는 사진 2점이 1944년의 편지에 동봉된 것이었다고만 보기는 어렵다. 그 전에 우편 또는 다른 경로로 전달된 것일 수도 있는 것이다.

학자이면서 외무관료이던 혼벡은 1928년부터 1937년까지 국무부 극동과장, 그 후 1944년까지 코델 헐(Cordell Hull) 국무장관의 정치고문을 지냈다. 1944년 과(division)에서 처(office)로 승격된 극동처의 책임자로 발령받고 장관 특별보좌관도 겸임했다. 1883년 매사추세츠주 태생인 그는 덴버대학과 영국 옥스퍼드대학을 졸업한 후 위스컨신대학의 정치학과 강사로 일하다 중국으로 가서 1909년부터 4년간 항저우(杭州)대학을 비롯한 관립대학들의 강사가 되어 지냈다. 그 사이 1911년에 위스컨신대학에서 '최혜국 약관' 주제의 논문으로 박사학위를 취득했고, 1914년부터 3년간 동 대학 정치학과의 조교수·부교수를 지냈다. 재직 중이던 1916년 『현대 극동정치론』(Contemporary Politics in the Far East)을 첫 저서로 출간하여 많은 독자를 얻기도 했다. 1917년 미국이 세계대전에 참전하자 그도 군문으로 나아가 군수·정보장교로 종군하였고, 대령으로 예편 후 1921년 국무부 경제고문실에 통상전문가로 들어갔다.

입직 후 그는 미국정부가 일본에 대해서도 '문호개방' 원칙하의 무역정책을 취해야 한다고 일관되게 주장했다.

스탠리 K. 혼벡 (출처: WIKIPEDIA)

1941년 11월, 일본이 미국을 먼저 공격해올지 모른다는 휘하 무관의 우려를 기각하고 일본이 곧 뒤로 물러설 것임을 장담했다. 그러나 한 달 후의 진주만 기습으로 뼈아픈 오판이 되고 말았다. 1942년 2월말 워싱턴에서 열린 자유한인대회를 극동과의 '한국통' 참모이던 윌리엄 랭던(William R. Langdon)과 함께 참관하고 부정적인 인상을 냉담한 기록으로 남겼음도 알려진 사실이다. 1944년 12월 주네덜란드 대사로 나가서 1947년 3월까지 재임하고는 공직에서 은퇴했고, 저술활동 등을 펴다 1966년 작고했다.[3]

2. 한길수의 조선의용대와의 인연

알려져 있는 바와 같이 1930~40년대의 한길수는 미주 한인사회의 주류적 시각에서 보면 문제 있고 위험시되는 인물이었다. 하지만 그 자신은 일제 타도와 한국의 절대독립을 절절히 염원했고, 그것이 실현될 최적·최선의 방책은 중일전쟁과 미일전쟁 발발을 호기로 삼는 독립전쟁 결행이라고 확신했다. 그래서 몇몇 동지들과 굳게 뭉쳐 극동지역에서의 무장독립운동을 적극 지원하려 했다. 그 자연스런 귀결이 중일전쟁 국면 속의 중국 응원과 조선의용대에 대한 실질적 후원이었다.

또한 그는 미국정부와 미국인들이 일제의 대미전쟁 도발 흉계와 그

---

[3] 이상의 이력은 WIKIPEDIA의 "Stanley Hornbeck" 항목(https://en.wikipedia.org/wiki/Stanley_Hornbeck)과 앞의 Charles G. Palm, "Register of the Stanley Kuhl Hornbeck papers," p.2의 약력 기재 내용을 참고하여 필자가 재구성해본 것이다.

에 대한 재미(특히 하와이) 일본인들의 동조 조짐을 제대로 인식하고 대비도 해야 한다고 주장하면서 미국인들을 설득하려고 무진 애를 썼다. 그 방법의 하나가 일본의 동향 정보를 가급적 많이 얻어내 미국 쪽에 제공하는 것이라고 본 그는 정보획득을 위해 하와이 일본총영사관과 접촉하고 그 유급정보원으로 일하는 모험까지 한동안 불사했다. 그 때문에 그는 한인사회 내에서 적잖이 의심받고 반대파의 트집과 음해의 표적이 되곤 했다. 지나쳐 보일 정도의 정열과 의욕으로 충만했던 그의 언행과 퍼스낼리티는 그가 극력 지지하던 약산 김원봉을 방불케 하기도 했다.

1941년까지 그가 살아온 이력은 대략 다음과 같았다.

1900년 경기도 장단 출생. 1905년, 가족과 함께 하와이로 이민. 초등학교 졸업 후 사탕수수농장 경영. 주 방위군 복무. 구세군훈련대학 수학 후 장교로 복무. 보험외판업과 부동산업 등에 종사. 1932년, 김규식의 미국 방문 때 접견하고 '중한민중대동맹'에 가입. 동년, 하와이 해군정보국의 정보원으로 활동. 1933~37년, 미 육군 정보참모부 및 해군정보국에 협력. 1935~37년, '요시다'(吉田)라는 이름으로 호놀룰루 일본영사관에 취업하여 국무장관에게 보고 후 '케네스'(Kenneth)'라는 가명의 '역첩자'(counter-spy)로 암행. 1937년, 하와이의 주 승격 문제를 다루는 상하양원합동조사위원회에 출석하여 일본의 미국침공 음모를 폭로 증언. 그것이 계기가 되어 아이오와주 상원의원 질레트(Guy M. Gillette)의 후원을 받음. 1941년 12월, 일본의 진주만 공격을 그 직전에 예언한 것이 맞아떨어지면서 유명세를 얻음.[4]

---

[4] 이상의 이력 사항들은 방선주, 「한길수와 이승만」, 유영익 편, 『이승만연구』(연세대학교 출판부, 2000), 325-327쪽과 정병준, 「1940년대 재미한인 독립운동의 노선과 성격」, 『한국민족운동사연구』 38(2004), 128-130쪽의 한길수 연보를 참고하여 정리해

그러니까 한길수가 미주 한인사회에 '혜성처럼 등장'하여 두각을 나타낸 것은 1937년부터였다. 이어서 그는 1938년 12월 하와이에서 중한민중대동맹의 미주지부 격으로 '중한민중동맹단'을 창립하고 1939년 워싱턴으로 진출하여 그 조직의 대표를 자임하며 활동하기 시작했다.

1939년 4월 뉴욕 한인들의 '중국후원회'가 '조선의용대 미주후원회'로 재편되고, 그 해 가을에는 로스앤젤레스와 시카고에서도 후원회가 조직되었다. 이어서 1940년 5월에 3개 지역후원회의 결속으로 '조선의용대후원회 연합회'가 발족했다. 한길수도 연합회에 동참하여 선전부 위원이 되었다. 그 즈음 1940년에 한길수는 중경(重慶)의 조선의용대 본부로 자신의 활동기사가 실린 신문과 사진, 의용대후원회원 명부, 후원금 등을 보냈다. 이에 김원봉이 화답하여 선전주임 한지성으로 하여금 의용대의 공작 사진들을 보내주도록 했다. 1941년 1월에 김원봉이 보낸 서신에 "한길수 동지의 위대한 노력에 대하여 충심으로 경의를 표하오며…"라는 구절이 들어갈[5] 정도로 신임이 두터워졌다. 그래서 한길수는 '조선의용대 주미대표'라고 자기를 내세울 수 있었다.

1941년 4월에 재미한족연합위원회에서는 이승만을 '대미외교위원'으로, 한길수를 '(미국)국방봉사원'으로 선임하였다. 이승만은 '주미외교위원부' 설치를 중경 임시정부로부터 승인받고 워싱턴의 '한미협회'를 임시정부 승인을 위한 대(對)미국정부 로비 및 각계 선전의 대행체로 삼았다. 반면에 한길수는 중경의 '좌파세력'인 조선민족혁명당

본 것이다.
[5] 김약산, 「의용대 본부 소식」(1941.1.10), 『의용보』 1941년 2·3월 합병호, 3쪽.

및 조선민족전선연맹과 연계하여 그들의 노선과 활동을 선전하는 데 집중했다. 그것이 임시정부·한국독립당을 지지하는 미주 한인단체들의 반감을 샀고, 이승만과 한길수의 대립·알력의 시발점도 되고 말았다. 그 여파로 한길수는 1942년 2월 재미한족연합회 선전위원 및 국방봉사원 직에서 해임되었다. 하지만 적어도 1942년 상반기까지는 워싱턴 정계의 한길수에 대한 시선이 이승만에 대해서보다 더 호의적이었다고[6] 한다.

조선의용대를 한국광복군으로 합편시킨다는 결정이 중경에서 있은 지 한 달 후인 1942년 6월에 조선의용대후원회 연합회는 '의용대 본부의 지시에 따라' 로스앤젤레스에서 '조선민족혁명당 미주지부'로 자체 개편하였다. 뒤이어 7월 10일에 한길수는 조선민족전선연맹 및 중한민중동맹단 대표 명의로 「동포·동지에게 고함」이라는 제목의 긴 성명서를 냈다. 거기서 그는 "친일파니, 공산당이니, 임시정부 승인 반대니, 합동 반대니, 역적이니, 블랙 메일 질이니" 식으로 자기에게 가해지는 비난과 매도가 "하나도 근거 없는 풍설"이라고 받아쳤다.[7]

1942년 10월, 조선민족혁명당 등 중국관내의 '좌파세력'이 임시의정원에 진출하고 임시정부에 참여하게 되었을 때 한국독립당은 그 부대조건으로 조선민족전선연맹의 해체를 요구하고 그 공표도 압박하였다. 그에 응해 민혁당과 조선민족해방동맹은 조선민족전선연맹이 더 이상 존재하지 않으며 연맹의 이름으로 취해지는 한길수의 언행은 무효라는 내용의 성명서를 10월 25일자로 발표하였다.[8] 그러나

---

[6] 방선주, 「한길수와 이승만」, 347쪽.
[7] 한길수, 「동포동지에게 고함」, 우남이승만문서편찬위원회, 『우남 이승만문서: 동문편』 제12권, 중앙일보사, 1998, 737쪽 참조.
[8] 국사편찬위원회, 『대한민국임시정부자료집』 37(조선민족혁명당 및 기타 정당),

1943년의 민혁당 조직개편 때 김규식과 김원봉은 한길수를 '미주지부 책임자'로 임명함으로써[9] 신임을 재확인하였다. 그런데 1943년 7월 하와이의 민찬호(閔燦鎬) 등, 민혁당 미주지부 내의 다수파(성격상 '보수파'이기도 했음)가 중한민중동맹단을 이탈하고 '조선민족혁명당 하와이지부'를 출범시켰다. 당연히 그것은 한길수와 그를 지지하던 소수파의 영향력이 급격히 감퇴하는 결과를 낳았다.

1944년 1월에 한길수가 혼벡에게 보낸 편지의 배경과 맥락이 대체로 이러했다. 조선의용대와 민혁당의 사진을 보낸 것도 그 자신이 김원봉의 재미 대리인처럼 움직여온 행보와 동궤의 것이었다. 그것은 미주 한인사회의 비주류세력, 그러니까 무장독립운동을 중시하고 '민족혁명군 편성'을 주창해간 이들을 대변하는 것이면서 그쪽의 목소리도 좀 들어봐 달라는 호소의 의미도 컸다.

한길수라는 인물과 그 독특한 행보가 국내에서도 알려지고 관심받은 것은 1990년대부터였다.[10] 그에 대한 평가는 엇갈려 나왔다. 초기에는 호의적이고 변호도 해주는 편이었는데, 뒤에 가서는 박해지고 부정적인 편으로 기울었다. '희희낙락의 대 허풍가(jolly charlatan)'였다는 방선주교수의 규정이 대표적이다. 그런 한편으로는 한길수가 "사회주의적이거나 진보적인 성향은 아니었으나 시대적 흐름을 파악하는 데 탁월한 능력을 지닌 인물"이었다는 견해도[11] 제출되었다.

그는 아직 독립유공자로 서훈되지 못하였다. '일본영사관에 취업한

2009, 56-57쪽 참조.
[9] 같은 자료집, 83쪽 참조.
[10] 2005년에는 〈한길수〉라는 제목의 극영화(감독 이인수, 주연 안재모)도 제작, 상영되었다. 그러나 흥행에는 실패하였다.
[11] 정병준, 『현앨리스와 그의 시대: 역사에 휩쓸려간 비극의 경계인』, 돌베개, 2015, 196쪽.

이중첩자'였다는 혐의 때문인 것 같다. 하지만 그것은 정치적 반대파 인사의 비방에 연유한 것이고, 그것이 중경 임시정부에도 전해져 그대로 믿어졌을 따름이다.[12] 방선주교수조차도 그가 일제의 스파이였다는 규정은 '당치 않는 소리'라고 단언한다. 다각적인 자료검토를 통해 내려진 결론일 것이다.

3. 사진자료의 구성과 내용

이제 자료 자체를 들여다보기로 한다. 배경 설명 삼아 한길수의 편지를 먼저 보는 것이 좋겠고, 이어서 2점의 사진자료와 그 배경에 대해 설명해보도록 하겠다.

1) 한길수의 편지

이 서한문은 상단 중앙에 "SINO-KOREAN PEOPLES' LEAGUE"라고 굵은 고딕체로 인쇄된 중한민중동맹단 전용지에 작성되었다. 단체명 아래 중앙에 워싱턴의 사무실 주소가 두 줄로 박혔고, 그 왼편에 "Trinidad 8500", 오른편에는 "Lincoln 5187"이라고 인쇄되어 있다. 전자는 우체국 사서함 번호, 후자는 건물명과 호실 번호였을 것으로 보인다.

편지지 상단의 왼쪽 끄트머리에 백악관 돔을 배경으로 넣은 작

---

[12] 1942년 11월에 임시정부 외무부장 조소앙은 한길수가 하와이에서 일본첩보원으로 7년을 보내다 1940년경에 그만두었다고 주중 미국대사관 관계자에게 말했다. 국사편찬위원회, 『대한민국임시정부자료집』 26(미국의 인식), 2008, 97쪽 참조.

은 사진이 박혔고, 그 아래에 "K. HAAN", 다시 한 줄 아래에 "REPRESETATIVE"(대표)라고 인쇄되어 있다. 'K.'는 전에 썼던 가명인 Kenneth의 약자였을 것이고, 그 왼쪽의 잘려나간 부분에는 분명 "KILSOO"가 박혀있었을 것이다. "REPRESETATIVE"의 앞은 무엇이었는지 알 수 없지만 "OFFICIAL"(공식)이 아니었을까 추측된다.

편지의 글씨체는 선 굵은 속필이면서 달필임을 한눈에 알아볼 수 있다. 우측 상방에 작성일을 '1944.1.20.'으로 적고, 그 아래 왼쪽에 수신인의 풀 네임과 직명을 적고나서 본문을 시작했다.

수신자는 "국무부 극동처장 스탠리 K. 혼벡"으로 적혔다. 그 오른편으로 스탬프가 두 개 찍혔는데, 납작한 팔각형의 위쪽 것에는 '극동과'로 부서명이 박혔고, 날짜 표기는 판독이 안 된다. 그 아래 타원형의 스탬프에는 "정치관계 고문"이라는 직명과 함께 접수인이 1944.1.21자로 박혀 있다. 이로부터 편지가 극동과에서 정치고문실로, 아니면 그 반대의 순으로 이첩되었음이 읽힌다. 그리고 혼벡의 서명이어 보이는 필기체의 "HB"와 "file"로 읽히는 작은 부기도 보인다. 본인이 읽었다는 표시이고, 파일에 넣어두라는 지시였을 것이다.

편지 본문을 탈초해 적어보면 다음과 같다.

My dear Sir,
We are very glad to learn that you have been chosen as Director - Office of Far Eastern Affairs. Congratulation. We sincerely wish you much success. We are looking forward for constructive help-advise and understanding from you of Korea and the Korean problems in America - China and Korea.
For your information [I: 인용자 첨가] am enclosing a photostat copy of recent news items of interests and which may evaluate our difficulties.
In view of your long acquaintance with Dr. Syngman Rhee, we do

hope you may be able to enlighten Dr. Rhee and his American friends that he can get the Korean group working together if he and they try to understand the desire of the majority of the Koreans factually and not with wishful thinking.

Dr. Rhee and a handful of American Experts surrounding Rhee have and are creating a distinct barrier between Rhee and other Korean political groups.

Rhee has officially withdrew from the United Korean Committee and obviously he would receive less and less financial support from the Koreans. His constant propaganda of getting "Lease-Lend" fund from U.S.A. is largely due to belief that his American friends can get the money for him and his group.

I do hope and trust you can help him see that need of Korean support - both moral and political if he desire to be the President of Korea.

Sincerely

Kilsoo K. Haan

이것을 우리말로 옮겨보면 다음과 같다.

친애하는 선생께,

귀하가 극동처장으로 선임되셨다는 소식을 듣고 무척 기쁩니다. 축하하오며, 큰 공적 내시길 충심으로 기원하는 바입니다. 미국과 중·한이라는 3자 관계 속의 한국과 한인문제에 관해 귀하의 건설적인 조언과 이해 있기를 간구하면서입니다.

정보 제공의 의미로 근래의 뉴스기사 복사사진 한 뭉치를 동봉합니다. 그것들은 우리가 겪고 있는 난관을 헤아려보게도 해줄 것입니다.

이승만 박사와 오랜 지기임에 비추어 귀하께서 이박사와 그의 미국인 친우들을 깨우쳐주실 수 있기를 우리는 바라고 또 바랍니다. 그와 그 친우들이 대다수 (재미)한인들의 열망을 자기들의 소원대로

만이 아니라 사실 그대로 이해하려고 노력할 때 비로소 그가 한인 집단과 함께 일해 나갈 수 있다는 걸 말입니다.

　이박사와 그를 둘러싼 한줌의 미국인 '전문가'들은 이박사 자신과 다른 한인 정치집단들과의 사이에 엄연한 차단벽을 쌓아왔고 현재도 그러고 있지요.

　이박사는 재미한족연합회를 정식으로 탈퇴했으니, 그에 대한 한인들의 재정적 지원은 확실히 점점 줄어들 겁니다. 미합중국으로부터의 '차관-대여'식 자금에 관해 그가 끊임없이 해대는 선전은 대개는 그의 미국인 친구들이 그와 그 추종자들을 위해 돈을 얻어다줄 수 있다고 믿기 때문에 행해지는 것입니다.

　그가 정말 한국의 대통령이 되고 싶다면 도덕과 정치의 양면에서 한인들의 지지가 있어야 함을 그가 알 수 있게끔 귀하께서 도와주시길 앙망합니다. 또한 그래주시리라 믿습니다.

　　　　　　　　　　　　　　　　　경의를 표하며
　　　　　　　　　　　　　　　　　　한길수

　편지에서 한길수는 혼벡이 한국과 한국독립 문제에 더욱더 관심을 가지면서 가능한 한 사실대로 인식해줄 것, 또한 그런 맥락에서 이승만이 어떤 우를 범해왔고 현재도 범하고 있는지를 그 자신과 미국인 친우들이 자각할 수 있게끔 분명히 충고해줄 것을 호소했다. 상당히 절제된 표현과 간곡한 어조로였다.

2) 조선의용대와 조선민족혁명당의 간부진 단체사진

위 편지에 동봉되었던 것인지는 불명이나 흑백의 단체사진 2점이 한 장의 대지(臺紙)에 상하로 놓여있다. [그림 1]이 그것인데, 원 규격은 미상이다.

위쪽 사진(그림 1-1)에는 건물과 정원수를 배경으로 24명의 중·노년층 남성이 석 줄로 늘어서서, 맨 앞줄은 앉고 뒤의 두 줄은 선 자세로 포즈를 취하였다. 복장은 넥타이까지 맨 정장 양복이거나 목 바로 밑까지 단추를 잠근 국민복이고, 중국 복식의 인사도 한 명 보인다. 상단에 가로로 장방형의 사진설명 난을 흑색으로 넣고, "조선민족혁명당(朝鮮民族革命黨) 제7차(第七次) 전당대표대회(全黨代表大會)―개조대표대회(改組代表大會)"를 백색 글자로 새겼다.

사진 아래의 백지 여백에는 각인의 위치에 맞추어 정자체의 한자로 이름을 적어놓았다. 전열은 좌로부터 윤규운(尹虯雲), 신영삼(申榮三), 김붕준(金朋濬), 김규식(金奎植), 김약산(金若山), 성현원(成玄園), 강창제(姜昌濟), 김인철(金仁哲)이고, 중간열은 좌로부터 한금원(韓錦源), 최석순(崔錫淳), 송욱동(宋旭東), 김철남(金鐵男), 신기언(申基彦), 이해명(李海鳴), 이집중(李集中), 김상덕(金尙德), 김문(金文)이다. 그리고 후열은 좌로부터 조중철(趙重哲), 왕통(王通), 문일민(文逸民), 한지성, 윤징우(尹澄宇), 조빈(曹斌)이다. 대체로 진중한 표정인데 김약산을 비롯한 몇몇은 미소를 띠고 있다.

사진 아래의 여백 오른쪽에는 "Feb. 24, 1943 재중경(在重慶)"이라고 만년필 글씨로 적혔다. 일자가 영어식으로 적힌 것은 미국으로 보내면서 그랬을 것이다. 전열 중앙의 김규식을 가리켜 화살표를 그려놓고 "Dr. Kuisic Kimm"이라고 적었으며, 바로 옆의 김약산도 같은 식으로 "Commander Yak San Kim"이라고 적어놓았다. 이 필체는 앞서의 편지와 같으니, 한길수가 적어놓은 것임이 분명해 보인다.

아래쪽 사진(그림 2-2)은 양복 정장 등을 잘 갖추어 입은 13인이 어느 건물을 배경으로 하여 같이 찍은 것이다. 전열에 앉은 자세로 7인, 후열에 선 자세로 6인이다. 사진 상단의 검정색 가로 패널 안에 "조선의용대(朝鮮義勇隊) 제1차(第一次) 확대간부대회(擴大幹部會) 기념촬영(紀念撮影) 1940년(一九四〇年)"이라고 흰색으로 박혔다. 그 오른쪽은 희미하여 판독이 어려우나 '重慶' 같아 보인다.

이 사진 또한 아래쪽의 여백에다 인물 위치에 정확히 맞추어 인명을 한사람씩 정자체의 한자로 적어놓았다. 전열은 좌로부터 마일신(馬一新), 이익성(李益成), 박효삼(朴孝三), 김약산(金若山), 한일래(韓一來), 신악(申岳), 김세광(金世光), 후열은 좌로부터 윤세주(尹世冑), 김준(金俊), 이달(李達), 진원중(陳元仲), 한지성, 이춘암(李春岩)이다.

명단 아래쪽에 '사진설명'이 세로로 타이핑되었는데, "사진은 중경에 잇는 조션민족혁명당 본부의 간부 一동의 사진으로써 이 사진들은 최근 나성[로스앤젤레스]에 잇는 조션민족혁명당 미주총지부에 도착한 것이다."라고 하였다. 그리고 그 위에다 굵은 필기체의 영문으로 "The above photographs-delegates attend the Annual Korean National Revolutionary Party in Chungking, China"(위 사진 속 대표들은 중국 중경에서 열린 조선민족혁명당 연차[대회] 참석자임)라고 겹쳐 적어놓았다. 타이핑은 민혁당 미주총지부에서 했음이 맞을 것이고, 영문 부기의 필체는 역시 한길수의 것임을 알 수 있다. 마지막의 이 설명문은 이 사진이 아니라 위쪽 사진에 해당하는 것인데, 실수로 위치가 잘못 잡힌 것 같다.

촬영 시점으로는 아래 사진이 먼저이고 위의 사진이 나중 것이다. 그래서 해제는 시점 순대로 아래 사진(그림 2-2)부터 해보겠다.

1938년 10월 10일 한구(漢口)에서 창설된 조선의용대는 예하 단위

부대별로 호남·호북·광서·강서성 일대의 9·5·4·3전구에 분산 배치된 후 중국군과의 협동작전으로 대적선전 위주의 다양한 공작을 수행했다. 1940년 3월에 본부 격인 '총대부'가 계림(桂林)에서 중경으로 옮겨지고, 그해 10월에 창립 2주년 기념식을 거행한 다음 11월 4일부터 총대부 사무소의 대례당에서 제1차 확대간부회의를 개최하였다. 회의는 무려 15일간이나 계속되었다. 의용대 창설 이래 처음 열린 이 확대간부회의에는 총대부 간부진과 3명의 지대장 및 독립분대장을 포함하여 '전체 중요공작간부 13인'이 참석했다고 한다.[13] 그렇다면 이 사진은 '참석자 전원'이 한 자리에 모여 찍었음이 분명하다. 조선의용대가 1941년 중경에서 제작, 간행한 선전책자(『국제대오(國際隊伍)』)에도 같은 사진이 실렸지만, 해상도가 낮고 보안상 이유로인지 성명 적기(摘記)가 없었다.

사진의 등장인물 명단에 1940년 2월 당시의 〈조선의용대 편제편성표〉를 참고하여 직위를 붙여보면 다음과 같다: 총대장 김원봉, 총대부 기요조장(機要組長) 한일래, 기요조 인사주임 이춘암, 기요조 설계주임 김준, 정치조 외교주임 박효삼, 정치조 훈련주임 윤세주, 정치조 선전주임 한지성, 정치조 자료실 주임 이달, 제1지대장 신악, 제2지대장 이익성, 제3지대장 김세광이다.

그 다음으로, 마일신은 1939년 12월 초에 호남성 형양(衡陽)에서 산동성 방면으로 특파되었던 북진분대(대원 6인)의 분대장 마덕산이 중경으로 미처 귀환하지 못하였음에 그 대신으로 참석한 것 같다. 진원중은 같은 시점에 광서성 남녕(南甯) 방면으로 특파되었던 계남분대(桂南分隊)가 작전임무 수행 후 1940년 1월에 3전구의 강남전선으로 다시 특파될

---

[13] 劉金鋪 編, 『國際隊伍』, 重慶: 朝鮮義勇隊, 1941, 153쪽.

때 엽홍덕(葉鴻德)의 후임 분대장으로 임명된 것 같다. '중요간부'인데도 이 사진에 나오지 않은 이는 정치조장 김학무(金學武)와 총무조장 이집중이다. 피치 못할 사정으로 확대간부회의에 참석할 수 없었던 것 같기도 하다.

간부회의 참석자 13인의 소속정파는 한지성과 이익성이 조선청년전위동맹, 이달이 조선혁명자연맹이고, 나머지 10인은 전원 조선민족혁명당 소속이었다. 참석자 대부분이 김원봉과 오랫동안 고락을 같이해 온 최측근이거나, 그의 평소 의중과 전략구상을 잘 알고 이해하는 직계 요원, 아니면 의용대 간부진의 일원으로서 충실하게 소임과 직무를 수행해온 이들이었다.

간부회의에서는 의용대 3개 지대의 화북진출을 결의해냈고 간부진 개편안도 내놓아 확정지은 것이 가장 중요한 소득이었다. 그런 후 이제 곧 중경과 멀리 화북으로 갈리게 되는 간부진 서로간에 석별의 아쉬움과 변치 않을 동지애를 마음에 간직해두자는 의미로 단체사진을 찍어놓은 것 같다. 사진 속 인물들의 결연하면서도 흐뭇해 보이는 표정은 대사가 소망대로 잘 치러진 후의 충족감과 안도감의 표현이기도 했을 것이다.

다음으로 [그림 2-2]의 사진은 상단의 표지 문구대로 조선민족혁명당 제7차 전당대표대회에서 개선(改選)된 중앙집행위원회 위원진과 집행부 임원들을 같이 찍은 것이다. 그 대회는 1943년 2월 15일부터 20일까지 엿새 동안 민혁당 본부가 있는 중경 남안 대불단에서 열렸다. 앞서 1월에 조선민족혁명당(대표는 김약산과 왕통), 조선민족해방투쟁동맹(김인철[金仁哲]과 한지성),[14] 한국독립당 혁신동지회(손두환[孫斗煥]과 김붕준), 조선민족당

---

[14] 1940년 10월 중경에서 열린 조선민족혁명당 제5차 전당대회에 '조선민족전선연맹

해외전권위원회(이광제[李光濟]) 4당의 통일회의가 일곱 차례나 열려 합당이 결의되었고, 그에 따른 '개조대회'를 겸하여 전당대회가 열린 것이다. 대회 폐회 직후인 2월 24일에 조직 재편과 간부진 개선이 이루어지는데, 조선민족혁명당 소속이 아닌 다른 조직에서 이때 옮겨와 '합당 통일'에 참여하고 새로 당원이 된 인사들 중에서 여러 명이 선임되고 비중 있는 직책도 맡게 된다. 내역은 다음과 같이 정리된다.[15]

주석 <u>김규식</u>. 총서기 <u>김약산</u>.
중앙상무위원: <u>김약산</u>, <u>성현원</u>(=성주식), 손두환, <u>신영삼</u>, <u>김인철</u>.
비서처 주임 신기언.
조직부장 <u>김인철</u>. 선전부장 손두환. 재무부장 <u>성현원</u>. 통계부장 <u>신영삼</u>.
미주총지부 책임자 한길수, 워싱턴지역 책임자 김강(金剛), 로스앤젤레스지역 책임자 이경선(李慶善).
중앙집행위원: <u>김규식</u>, 장건상(張建相), <u>윤기섭</u>(尹琦燮=윤규운), <u>김붕준</u>, 김상덕, <u>이집중</u>, 김철남, 강창제, <u>조빈</u>, 신기언, 윤징우, 한지성.
후보 중앙집행위원: 김건후(金鍵厚), <u>이해명</u>, 주세민(周世敏), 최성오(崔省吾), 송욱동.
중앙감찰위원: <u>최우강</u>(崔友江=최석순), 문일민, 왕일서(王逸曙=김홍일), <u>김문</u>, 김윤서(金允叙).
후보 감찰위원: 이영무(李英茂), 한금원.

소속 3단체의 통일' 의안이 상정되었다. '3단체'란 연맹 소속 4단체 중 조선청년전위동맹을 뺀 것이었다. 이에 반발한 전위동맹이 반(反)민혁의 연합체로 조선민족해방동맹 조직 전체와 조선의용대 제1지대 소속의 민혁당원 유력자 몇몇을 끌어들여 낙양에서 성립시킨 것이 이 조직이다. 투쟁동맹의 그 후 행보와 결말에 관해서는 졸고, 「재중국 민족좌파의 임시정부 참여와 정치통일」, 『혁명과 의열』(경인문화사, 2010), 328-330쪽에 설명되어 있다.

[15] 이것은 秋憲樹 編, 『資料 韓國獨立運動』 I, 연세대학교 출판부, 1972, 322-324쪽; 같은 책 II, 246-248쪽; 국사편찬위원회, 『대한민국임시정부자료집』 37, 2009, 65쪽의 것을 같이 참고하여 종합적으로 비정(批正)해본 결과이다.

이 명단에 열거된 이들의 거의 대부분이 [그림 2-2]의 사진에 등장했고 한 명씩 기명도 되었다. 위의 명단에서 밑줄 그은 이름들이 그것이다. 다만 사진 속의 조중철과 왕통은 간부진 명단에 없다. 조중철은 한국독립당의 김구(金九) 노선에 반대하는 일부 청년당원들이 탈당하여 운남성 곤명(昆明)에서 조직해낸 '한국혁명통일촉진회'의 핵심인물이었다. 민혁당에 가입하여 곤명지부를 설립할 의도로 이 대회에 와서 참관한 것이었다고 보이고, 간부로 선임된 것은 아니었다. 왕통은 1월의 합당회의에 민혁당 대표로 참석했었기에 성사를 자축하는 의미로 사진촬영에 동석한 것 같다.

반면에 신임 간부진 중의 손두환, 장건상, 김건후, 주세민, 최성오, 왕일서, 김윤서 등 7인의 이름은 사진의 명단에 기재되어 있지 않다. 자세히 보면 사진 전열의 맨 왼쪽 인물은, 실수로 지워진 것인지 처음부터 기명이 누락된 것인지, 성명 표기가 없다. 전열의 다른 인물들 면면에 비추어볼 때, 그는 연륜과 경력 면에서 그들만큼 중량감 있는 손두환이었을 것으로 추측된다(장건상과 왕일서의 얼굴은 분명 아니다).

김건후는 김홍서(金弘敍)의 아들로, 미국으로 유학 가 콜로라도대학과 컬럼비아대 대학원에서 학업을 마친 후 취업차 소련에 가 있다가 중국으로 돌아와 감숙성(甘肅省) 정부의 광산기술자로 일하고 있었다. 김홍서의 동생인 김윤서도 미국으로 가서 캔자스대학에서 공부하고 1934년 중국으로 돌아와 남경 중앙대학의 농학원 교수로 재직하다 중일전쟁 발발 후 중경에 가 있었다. 주세민과 최성오는 2월 초순에 인도 델리의 영국군 사령부로 파견되어갔기 때문에 대회에 참석 못했을 것이다.

4. 자료의 현재적 가치와 시사점

　이상 살펴본 편지와 사진은 국내에서 한 번도 접해보지 못했던 새 자료이다. 특히 사진자료는 언제부터인가 임시정부와 그 여당 위주로 독립운동사가 편술되어 오던 이면에서 '좌파'로 홀시되거나 관심권 밖으로 밀려나버린 민혁당과 그 방계조직 요인들의 면모를 새롭고도 생생하게 보여주는 희귀자료가 된다. 그만큼 가치가 큰 것이다.
　좀 더 구체적으로 말해보면, [그림 2-1]은 1940년의 조선의용대 간부진의 면면과 개인별 풍모를 실감나게 보여주는 것임과 아울러, 촬영된 인원의 절반가량의 얼굴모습은 처음 대하는 것이 되고 있다. [그림 2-2]도 1943년 2월 현재의 민혁당 신임 간부진 거의 전원의 면면을 실제대로 정확히 보여주는 것임과 아울러, 적지 않은 수의 개인별 인영(人影)과 그 특유의 포즈 등을 처음 대해보게끔 해주고 있다. 다른 자료에서 사진을 접해볼 수 있던 인물인 경우에도 그와 꼭같지는 않은 모습과 인상을 이들 사진이 보여주니, 시간적 비교도 흥미롭겠거니와 전기물, 행사 디자인, 조형물 제작 등에서의 다양한 인물 재현의 확실한 근거도 되어줄 것이다.
　덧붙여 말할 것은 두 사진에 등장하는 인물들이 거의 겹치지 않는다는 점이다. 1940년의 사진에 나오면서 1943년의 사진에도 나오는 인물은 김약산과 한지성 2명뿐이다. 게다가 한지성은 민혁당이 아니라 조선청년전위동맹에 이어 조선민족해방투쟁동맹 소속원이었다가 1943년 4당 합당 때 비로소 민혁당원이 되었다. 그러니까 그 2년여 사이에 민혁당 본부의 지도적 인물들이 큰 폭으로 교체되었음이 함의되는 것이다. 물론 그것은 조선의용대 3개 지대의 화북행이 빚어낸바 의도치 않은 결과였다. 그 점에서도 휘하 의용대의 화북진출이 민혁당 역사에서 얼마만큼 큰 분기점이 된 것인지를 다시금 실감케 된다.
 김약산도, 조선의용대도, 민혁당도, 한길수는 더더욱, 우리의 기억에서 점점 멀어지고 있다. 이제 그들은 독립운동사에서도 외곽으로 밀려나 소외되고, 심지어 이질적인 존재처럼도 치부되는 형국이다. 그럴수록 더욱더 이들 사진자료는 '희미한 옛사랑의 그림자'가 될 만도 하니, 학술연구만 아니라 대중적 기억의 면에서도 아주 유용한 재료가 될 것으로 믿어진다.

<그림 1-1> 한길수가 혼벡에게 보낸 편지 (제1면)

SINO-KOREAN PEOPLES' LEAGUE

Trinidad 8500　　101 D Street, N. E.　　Lincoln 3187
　　　　　　　WASHINGTON 2, D. C.

K. HAAN
Representative

January 20, 1944

Hon. Stanley K. Hornbeck
Director, Office Of Far Eastern Affairs
Department Of State
Washington D.C.

My dear Sir:-

　　We are very glad to learn that you have been chosen as Director - Office Of Far Eastern Affairs. Congratulation. We sincerely wish you much success. We are looking forward for constructive help - advice and understanding from you of Korea and the Korean problems in America - China and Korea.

　　For your information am enclosing a photostat copy of recent news items of interests and which may evaluate our difficulties.

　　In view of your long acquaintance with Dr. Syngman Rhee, we do hope you

〈그림 1-2〉 한길수가 혼벡에게 보낸 편지 (제2면)

SINO-KOREAN PEOPLES' LEAGUE

TRinidad 8500　　101 D Street, N.E.　　Lincoln 5187
　　　　　　　　WASHINGTON 2, D. C.

J. K. HAAN
Representative

may be able to enlighten Dr. Rhee and his American friends that he can get the Korean groups working together if he and they try to understand the desires of the majority of the Koreans factually and not with wishful thinking.

Dr. Rhee and a handful of American (surrounding Rhee) Experts, have and are creating a distinct barrier between Rhee and other Korean political groups.

Rhee has officially withdrew from the United Korean Committee and obviously he would receive less and less financial support from the Koreans. His constant propaganda of getting "Lease–Lend" fund from U.S.A. is largely due the belief that his American friends can get the money for him and his group.

I do hope and trust you can help him see the need of Korean support – both moral and political if he desire to be the President of Korea.

Sincerely,
Kilsoo K. Haan

DENY OTHERS LIBERTY, DESERVE IT NOT THEMSELVES, UNDER THE RULE OF A JUST GOD　　　　Abraham Lincoln

〈그림 2〉 한길수가 혼벡에게 보낸 사진

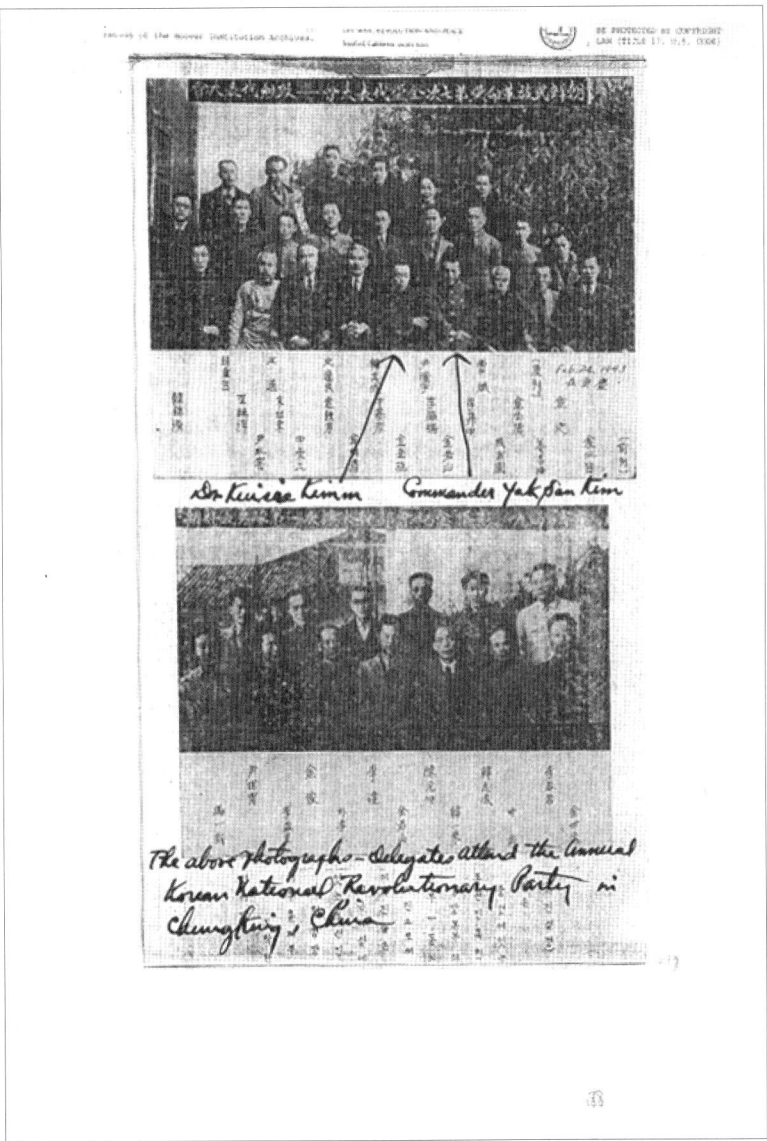

〈그림 2-1〉 1940년 11월의 조선의용대 간부진 사진

〈그림 2-2〉 1943년 2월의 조선민족혁명당 간부진 사진

11장 1940년대 조선의용대와 조선민족혁명당 간부진의 초상

조선의용대를 지켜내려 한 조선민족혁명당의 노력과 좌절
― 1942년의 「민혁·한독 통일회의 경과 개황」 검토

미국 하와이대학교(University Of Hawaii At Mānoa) 한국학연구소(Center For Korean Studies)의 소장자료 중에는 수집 이전 원주인의 이름을 따서 하나의 군(群)으로 집성, 분류된 것들도 있다. 그중 하나가 맥큔-벡커 컬렉션(McCune-Becker Collection)이고, 그 안의 문서류만을 추려내 재편성한 것이 조지 맥아피 맥큔 문서철(George MaAfee McCune Papers)이다.

맥큔(한국명 윤안국[尹安國])은 1940년대의 미국에서 한국 근현대사 연구가 태동함에 큰 공로자였다. 1905년부터 30여 년간 평북 선천과 평양에서 선교하며 숭실전문학교 교장을 지낸 조지 섀넌 맥큔(윤산온[尹山溫], 1872~1941) 목사와 그 부인 헬렌 베일리 맥아피(1873~1952) 선교사의 장남으로 1908년에 태어난 그는 1920년 본국으로 유학해 동양학을 공부하기 시작했다. 만주문제 논문으로 석사학위 취득 후 옥시덴탈 대학에서 한국어와 한국사를 강의하고 있을 적에 한글 철자의 로마자 표기법을 개발하여 1939년 발표했고, 에드윈 라이샤워(Edwin O. Reischauer)가 맡아 해낸 홍보 덕에 공인받아 널리 쓰이니 '맥큔-라이샤워 표기법'이 그것이다.

1941년 캘리포니아대학에서 "1800~1864년 한국의 대청·대일 외교관계" 제목의 논문으로 박사학위를 받은 맥아피 맥큔은 태평양전쟁이 발발하자 종군하여, 전략정보처(OSS)의 사회과학 분석가와 국무부의 무관으로 3년 정도 일하면서 한국문제의 일급 전문가로 인정받았다. 종전 후 모교의 버클리분교에 초빙되어 한국사 강좌를 개설해 강의했고, 동아시아도서관이 설립될 즈음에 수백 권의 한국어 서책을 구해다 주어 한국학 자료 컬렉션의 첫발을 떼게끔 했다. 그러다 부교수로 승진한 1948년에 숙환인 심장병으로 이른 나이에 별세했다.[1]

맥큔은 하와이 출신으로 평양 주재 선교사의 딸인 이블린 매거릿 벡커(Evelyn Margaret Becker, 1907~2012)와 1933년 결혼했는데, 그녀가 캘리포니아대를 나온 후 모교인 경성외국인학교 교사로 재직 중일 때였다. 글머리에서 언급한 컬렉션 명칭 속의 '벡커'는 이 부인의 본성(本姓)이고, 맥큔의 자료 일체가 하와이대학에 기증된 연유이기도 하다.

맥큔 문서철은 총 44개의 상자로 되어있다. 그중 20번 상자 속의 8번 폴더에 이제 소개하려는 문서「민혁·힌독 통일회의 경과 개황(民革 韓獨 統一會議 經過 槪況)」(이하 「개황」으로 표기)이 들어있다. 이것은 국가보훈처의 '해외 한국독립운동 자료 수집사업'의 일환으로 2021년에 수행된 미주

---

[1] 안종철,「미국 제도권 한국학의 탄생과 미국의 대한인식—조지 M. 맥큔을 중심으로」, 이태진교수 정년기념논총 간행위원회,『시대와 인물, 그리고 사회의식』, 태학사, 2009; 김서연,「조지 맥아피 맥큔(George McAfee McCune)의 생애와 한국 연구」,『한국사연구』181, 2018 참조.

지역 자료조사 때 발굴되어 사본으로 들여온 것이다. 생산된 후 처음으로 개인 소장처와 문서고 밖으로 나와 존재를 알리는 것이며, 처음 소개도 되는 귀중자료이다.

무엇보다도 이 자료는 1942년에 조선민족혁명당과 한국독립당의 양당 통일회의가 있었음을 이제 비로소 처음으로 알게끔 해줌에 큰 의의가 있다. 기왕 수집·공개되어 온 바의 허다한 임시정부 관련 자료나 한독당 관계 문서들에서는 언급도 기록도 전혀 찾아볼 수 없는 새로운 사실이다. 그 점에서도 이 자료의 내용을 분석해 살펴보고 공개도 할 필요가 있는 것이다.

「개황」의 원문을 전부 탈초해, 이 글의 끝에 이어 부록으로 옮겨 싣는다. 거기서 보면, 「개황」은 1942년 5월 13일 중국 중경에서 '조선민족혁명당 중앙집행위원회' 명의로 작성된 것이다. 직접 쓴 이는 누구였는지를 알 수 있는 단서가 문서 자체에는 없는데, 당시의 제6기 민혁당 조직에서도 문서 제작이며 수발이나 관리는 당연히 중앙서기부에서 담당했을 것이다. 그렇다면 서기부장이 직접, 아니면 문서담당 부원을 시켜 초를 잡고 작성해갔을 것인데, 어느 누구였는지를 확인해낼 수 있는 방도가 현재로는 없다.

특이한 점은 이 문서가 당의 문서실에 보관만 되었던 것이 아니고 미국으로 우송되었다는 사실이다. 문서와 함께 수집된 편지 겉봉에 일일이 기재된 우편물의 배달 경로로 보면, 수신자는 하와이 호놀룰루에서 미국 본토의 워싱턴 D.C. 북동지구로 이제 막 거주지를 옮겨 간 K. S. Lee였다. 이 'K. S. Lee'란 감리교 목사 이경선(李慶善, 1899년생)이 아니었을까 한다. 그는 1937년 평양에서 도미하여 1940년부터

로스앤젤레스에서 조선의용대 미주후원회의 중심인물이 되고 『의용보』의 편집자로 일하였다. 그런데 이경선이 적어내던 영자 성명 표기가 'Kyung Sun Lee'였다. 그러므로 'K. S. Lee'는 그것의 약기였을 것으로 추정되는 것이다. 그렇다면 이경선이 태평양전쟁기 미 국무성의 한국관계 책임부서에 근무 중이던 맥큔에게 아버지 맥큔 목사와의 인연에도 기대면서 무언가의 메시지를 전하거나 호소하려는 의도로 이 문서를 건네준 것이 아닌가 추측도 된다.

그러면 왜 민혁당에서는 이 문서를 미국으로 보낸 것일까? 이제부터 「개황」의 내용을 보면 짐작되듯이, 그것은 일종의 폭로와 자기변론과 대외선전 목적이 복합된 행위였다고 볼 만하다.

이 문건은 '대한민국 24년'(1942년)에 중경 임시정부의 운영을 전관 중이던 한국독립당과 전년도부터 '임시정부 참여'를 천명하고 의정원 진출을 시도했으나 한독당 측의 강력한 제지로 좌절된 바 있던 조선민족혁명당이 당·정·군의 세 부문에서의 합체와 통일을 기해보려고 다시 시도했음을 보여준다. 그 문제를 놓고 다섯 차례(4.14~16, 4.25, 4.28, 4.29, 5.4)의 대표회의를 가졌는데, 마지막에 결렬되어 최종 결실을 냄에 실패하고 만 경과와 이유를 상세히 기록해놓은 것이 3쪽짜리의 이 수기문서이다. 그 내용을 요지 중심으로 정리해 적어보면 아래와 같은 것이었다.

회의 참석 대표는 양당 각 3인으로, 한독당의 홍진(洪震)·조소앙(趙素昻)·차리석(車利錫)과 민혁당의 김원봉·성주식(成周寔)·최석순(崔錫淳)이었다. 6인 모두 양당의 고위급 중진이면서 중앙집행위원이었는데, 홍진과 차리석은 흥사단계의 유력자로 정치적 입장에서 온건파였고, 조소앙은 임시정부 외무부장으로서 4월 9일 주미 외교위원부에 보낸 전보에서 "한국 의용군(중국 각지에 있는 모든 의용군)은 장차 한국 국군 기치 하에 고쳐 편성할 터"임을 알려준 당사자였다. 그러도록 중국국민당 쪽의 사전 내락이 있은 바였고, '의용군'이란 조선의용대, '국군'은 한국광복군을 뜻하는 다른 용어였다. 그러니 조선의용대 운용의 주축조직인 민혁당으로서는 매우 당혹스럽고 다급해진 사정에 처한 터였다.

4월 14일부터 3일간 진행된 제1차 회의에서는 합당 문제, 정부 및 의정원 문제, 군대통합 문제 순으로 토의하여 다음과 같이 결의해냈다. 먼저, 합당 문제에서 당명은 '한국독립당'으로 하고, 당의(黨義)·당장(黨章)·당헌·당규도 기존 한독당의 것을 그대로 가져다 쓴다. 당강도 한독당의 것을 가져다 쓰되, 제3항과 제5항에 민혁당이 제시하는 약간의 문구와 조항을 첨가하기로 한다. 합당선언을 공동으로 발표함과 동시에 양당이 따로 선출해 보내는 중앙집행위원 15인(한독 8, 민혁 7)과 중앙검사위원 5인(한독 3, 민혁 2)으로 신당 간부진을 구성키로 한다. 다음으로, 정부 국무위원과 의정원 의원을 현 정원에 미달하는 인원만큼 충원 또는 보선키로 하며, 군사통일을 위해 조선의용대를 한국광복군으로 합편키로 한다. 통일 작업은 합당과 보선을 통해 정치통일을 먼저 기한 다음에 군사통일을 단행하는 순서로 진행한다고 했다.

원래는 그 회의에서 민혁당 대표가 신당의 당명을 '조선민족독립당'으로, 당강의 '토지 국유' 조항을 '대토지(만의) 국유'로, 통합군의 명칭은 '조선민족혁명군'으로 하자는 안을 나름의 이유를 들면서 제의하고 설득했다. 그러나 한독당 대표들이 하나도 받아들이지 않으므로, 민혁당이 전적으로 양보하고 철회했음에서 위와 같은 결의에 이를 수 있었다고 기술되어 있다.

제1차 대표회의의 결의안을 양측이 각각 자기 당으로 갖고 가 승인

받고 와서 확정하려던 4월 25일의 제2차 대표회의에서 한독당 대표들이 전차 회의 때의 당강 수정안 일부를 접수할 수 없다고 나왔다. 이에 민혁당은 4월 28일의 제3차 회의에서 다시 양보해 그 거부를 수용했는데, 한독당 대표가 "군대 합편을 먼저 기하여 성사되면 그때 합당선언을 발표하자"는 것을 새 조건으로 내걸었다. 이에 그 문제를 다시 토론키로 하고 산회하였다. 참고로 말하면, 4월 20일의 임시정부 제28차 국무회의에서 "조선의용대를 한국광복군으로 합편하여 군을 통일케 하기로" 결의가 나와 있었음에서도 사세는 이미 돌이킬 수 없이 기울어 있었다.

4월 29일의 제4차 대표회의에서 한독당 대표가 화북에 가 있는 조선의용대 대원들 중의 일부가 되어있는 민혁당원들의 신당 가입은 보류할 것을 요구했다. 그러자 민혁당 대표가 그 부당성을 지적하여 반박하니, 한독당이 약간 물러서서 "신당 결성 후 심사하여 등기"하는 것으로 수정안을 냈고 이를 민혁당이 받아들였다.

5월 4일의 제5차 대표회의 때, 한독당 대표가 화북에 가있는 민혁당원들에 대한 당적 부여 보류가 합당의 절대조건이라면서 그 문제를 다시 제기했다. 신당 간부진 인원 및 구성비에 대해서도 수정안(중앙위원은 한독 15, 민혁 9; 감찰위원은 한독 5, 민혁 3)을 제출했다. 이에 민혁당은 인내와 양보의 한계에 이르렀고 특히 '당적 보류'는 절대 불가함을 이유로 들어 한독당의 수정제의 접수를 거부했다. 그리하여 통일회의는 최종 결렬되었으며, 제1차 회의 때의 결의안은 전부 백지화한 것이다.

이 문서를 통하여 우리는 1942년 4~5월에 중국관내 한국독립운동 진영의 양대 정당이던 한국독립당과 조선민족혁명당 사이에 당·정·

군 세 부문에 걸치는 전면적 통일—당적 통일이 기해지면 정부 내의 통일도 자연스럽게 따라올 결과일 것임에서— 문제에 관하여 정식 대좌를 통한 협상이 수차의 대표회의 형식을 통해 진행된 바 있었음을 처음으로 알게 된다. 중국 군사위원회에서 조선의용대를 한국광복군으로 합편시킴의 결정을 '군사통일 먼저 강행' 식으로 5월 중순에 정식으로 내릴 수 있었음은 그 회의가 아무 성과 없음으로 막을 내렸음의 자연스런 귀결일 것이었음도 이제 알게 된다. 민혁당이 내미는 '선 정치통일, 후 군사통일'의 요구를 완강히 거부해 물리쳐내던 한독당의 본래 의도와 기획대로 되어간 것이다. 그러면서도 한독당은 정치통일의 핵심 사안이던 합당은 고압적인 태도로 여러 조건을 계속해서 내걸어 무산시킨 것으로 나타난다. 그해 가을에 가서야 한독당이 민혁당의 임시의정원 참여의 길만을 겨우 열어주지 '통일'은 계속 유예시키는 입장을 확실하게 태도로 드러낸 것이 언제부터였는지도 여기서 확실히 드러난다.

전체적으로 통일회의의 경과와 결과가 보여주는 것은 1941년 조선의용대 주력의 화북행 이후로는 양당 간 세력관계의 축을 한독당 쪽이 확실하게 잡아끌어 자기 쪽으로 이동시켜놓고 있었다고 함이다. 그런 정황의 정치적 각축장에서 열린 '통일회의'란 이유가 무엇이었든 간에 결과적으로 한독당이 완승하게 됨의 결정적 열쇠로 작용했음도 알려준다.

민혁당 본부에서 이 문서를 미주의 조선의용대후원회로 굳이 보낸 이유도 그로부터 찾을 수 있을 것이다. 통일회의가 좋은 취지로 열렸음에도 불구하고 조선의용대의 광복군으로의 '합편'이 민혁당의 본의와 전혀 다르게 일방적이고도 불가항력으로 진행될 것임을 경종을 울리듯이 알려주려 함이었다는 것이다. 아울러, 좋은 의미와 최고의 모양새로 통일을 기하려는 민혁당의 뜻과 노력이 한독당의 연이은 독단과 전횡으로 말미암아 이렇게 물거품이 되고 있다고 미주의 우호·지원세력에게 고발하듯 폭로하면서 더 강력한 응원이 있기를 호소하려는 의도도 담겼을 것이다.

이 자료의 발굴과 검토에서 느껴지는 것은 중국지역 한국독립운동 진영 내의 (군사·정치)통일 문제와 그 진행의 추이를 보다 더 거시적인 시각과 입체적인 조명으로 재검토하면서 논의도 심화·보완시켜갈 필요가 있다는 것이다. 그러기 위해 관련 자료를 더욱 폭넓게 탐색하여 발굴해내기도 해야 한다.

[부록] 「민혁 한독 통일회의 경과 개황」[2]

이번에 조선민족혁명당과 한국독립당 양당이 당·정·군 통일문제를 위하여 중경(重慶)에서 4월 14일부터 5월 4일까지 20일 동안 양당대표회의가 열렸다. 목전(目前) 조선민족의 최고 진리가 전민족적 통일인 것이므로 민혁당 대표는 통일의 실현을 위하여 절대적 양보를 하여서라도 금차(今次) 회의를 성공시키려는 진심의 성의와 강한 자신(自信)을 갖고 이번 회의에 참가하였다. 그 절대적·성의적 양보의 구체적 실천의 표현은 양당대표회의록에 충일(充溢)하고 있다.

회의록 원문은 아래와 같다.

당 통일문제와 및 이에 관련되는 정치문제 및 군사문제를 토의하기 위하여 한국독립당(간칭 한독)과 조선민족혁명당(간칭 민혁)이 각각 3인씩 송파(送派)한 대표가 회합하여 회의를 진행하였는데 경과가 아래와 같다.

---

[2] 탈초시 원문을 최대한 그대로 살리되, 가독성 제고를 위해 한자를 노출시키지 않고 전부 한글로 표기하며 일부만 괄호 속에 한자를 넣어줌. 문장 흐름을 저해하는 일부 한자어는 원뜻과 같은 현대어로 바꾸어 적음. 구두점과 따옴표를 적절히 붙이며, 현대어법과 관례에 맞게 띄어쓰기와 줄 바꿈을 함.

회의 제1일―

일시: 대한민국 24년 4월 14일.

지점: 중경.

출석: 한독 대표 홍진, 조소앙, 차리석. 민혁대표 성주식, 김약산, 최석순.

토의할 정서(程序)는 당 문제를 위시하여 정과 군에 대한 문제를 차례로 토의하기로 의결하다.

진행사항 ―

1. 당 문제에 관한 결의: ① 당명은 한국독립당이라 할 것. ② 당의는 원안대로 할 것(원안이라 함은 현재 한독에서 사용하는 것을 말함) ③ 당강은 원안대로 하되 제3항 "차별이 없이"의 아래에 "언론·출판·집회·결사·신앙의 자유" 등 14자를 가입(加入: 추가기입)하고 제5항의 다음 조(條)에 아래와 같이 2항을 가입할 것. 즉, "① 봉건세력을 숙청하고 적 일인 및 매국적과 부적(附敵) 주구배의 일체 재산과 이권 및 특권을 몰수할 것." "② 경지는 농민에게 분급하고 노동자의 이익을 보장하며 반침략 기업의 경영을 보호할 것." ③ 당장(黨章)은 원안대로 잉용(仍用)하되 제7항 중 '중국'을 '각국과'로 고칠 것. ④ 당헌과 당규는 원안대로 잉용하고 수개(修改) 여부는 신당 간부에 일임할 것. ⑤ 합당 절차는 양당의 원조직을 해소하고 신조직을 성립하는 공동선언을 발표하는 동시에, 양당 중앙집검(執檢)위원회에서 선출한 중앙집검위원으로 신당 중앙집검위원회를 조직하되, 집행위원은 한독에서 8인, 민혁에서 7인을 조출(造出)하고, 검사위원은 한독에서 3인, 민혁에서 2인을 조출할 것.

2. 정(政) 문제에 대한 결의: ① 정부에서는 각방 인재를 획차(畵次) 등용케 하되 국무위원을 법정수 이내에서 보충케 할 것. ② 의정원에는 유결(遺缺)된 인원을 정부로써 신속히 보선하여 필요로 인(認)할 시는 하시(何時)든지 임시회라도 개(開)하도록 할 것. 출초

3. 군 문제에 대한 결의: 군의 통일을 위하여 조선의용대를 한국광복군으로

합편할 것.

4. 진행에 관한 결의: 당정군에 관한 각항 문제를 연차적(連次的)으로 진행하기로 결의하다.

첨명자(簽名者): 홍진, 성주식, 차리석, 김약산, 최석순, 조소앙.

금차 양당대표회의 시에 당명, 당의, 당강 및 군명(軍名) 문제에 있어서 민혁당 대표로부터 이론상·실제상으로 정당한 구체적 의견을 제출하고 한독 대표로 하여금 동의를 징구(徵求)하였다. 모종 문제에 있어서는 한독 대표도 민혁대표 의견의 정당성을 승인은 하나, 한독 중앙이 아래의 몇 개 문제를 절대조건(통일은 못할지언정)으로 하므로 접수할 수 없다 한다. 민혁 대표의 정확한 의견 입장 중 몇 개 문제만의 절대조건을 약술하면 아래와 같다.

(1) 당명 문제: 민혁으로부터 신당의 명칭을 '조선민족독립당'이라 하기로 제의하였다. 이유는 '한국' 2자는 일본제국주의 검제(檢制) 하에 건립한 괴뢰정권 즉 '대한제국'의 국호이며, 구적(仇敵) 이등박문(伊藤博文) 통감 하에 이완용배(李完用輩)로 조각(組閣)하고 국가 민족을 출매(出賣: 팔아먹음)할 시의 가치(可恥: 부끄러울 수 있음)할 망국 국호인 것이다. 그러나 '조선' 2자는 5천년래 전민족을 대표하는 고유명사이므로 국호는 응당 '조선'이라 하는 것이 정확한 것이며 '한국'이라 함은 치욕인 것이다. 그리고 또 양당이 평등의 자원적(自願的) 정신에서 1당으로 통일하는 것이므로 신당은 신명(新名)으로 하는 것이 적합한 것이므로 여상(如上)의 이유를 제출하였다. 한독 대표는 이 문제에 대하여 민혁 대표 의견 여부를 불론(不論)하고 '한국독립당' 당명은 절대조건이니 만일 민혁이 '한독' 원명(原名)을 접수치 않으면 통일이 불능하다 하므로 민혁은 통일을 위하여 부득이 양보 접수하였다.

(2) 당의(黨義) 문제: 한독 대표로부터 "한독 원 당의는 절대로 수개(修改)할 수 없다"고 성명하므로 민혁은 또 양보 접수하였다.

(3) 당강 문제: 민혁은 당강 제1조에 응당히 "이족 일본제국주의를 전복(顚覆)하자"는 1구를 가입하자고 제출하였다. 이유는 일본제국주의를 타도하자는 것

은 조선민족의 공동한 요구이다, 만일 일본제국주의를 타도치 않고는 국토와 주권의 광복은 공리(空理)인 까닭이다. 또 민혁은 한독 당강 제4조 '토지 국유'를 '대토지 국유'로 수정하는 것이 이론으로나 실제 정형으로나 정확하다는 것을 주장하였다. 이유는 조선 전체 인구 중에 농민이 10분의 8,9를 점하고 있는데 만일 '토지 국유'의 구호를 제출하면 중농과 부농이 비단(非但) 혁명에 참가치 않을 뿐만 아니라 도리어 적 일본에게 이용되어 혁명을 반대할 위험이 많은 것이다, 그러므로 다수 농민을 동원시키기 위해서는 결코 '토지 국유'의 토지강령을 제출못한다. 더욱이 목전 조선 대토지는 태반(殆半)이 이미 일본제국주의의 소유가 되었으므로 '대토지 국유' 강령은 조선인민 요구에 적합한 것이다. 그러나 한독 대표는 민혁 대표의 의견을 절대로 접수할 수 없다 하므로 또 민혁은 양보하였다.

(4) 군명 문제: 민혁 대표로부터 광복군을 응당히 '민족혁명군'으로 개칭하자고 의견을 제출하였다. 이유는 "혁명시기에 있어서 군명의 명칭은 혁명성질 여하로써 규정된다. 예를 들면 마치 중국 국민혁명 시 군명을 '국민혁명군'이라 하듯이 조선 목전 혁명 성질이 민족혁명이므로 '민족혁명군'이라 함이 가장 혁명적이고 타당한 명칭이다." 그러나 한독 대표는 또 절대로 접수할 수 없다 하므로 민혁은 통일의 실현을 위하여 극대한 양보로써, 시간으로 보아 광복군 이전에 창립되었고 공작에 있어서 광복군보다 몇 배의 휘황한 전적을 갖고 있고 이론으로나 기능(技能)으로나 더욱 우수하고 대량의 간부를 갖고 있는 조선의용대의 무상광영(無上光榮)한 명의를 버리고 광복군의 명의를 사용하도록 결정하고 말았다.

4월 16일 양당대표회의는 우선 이상과 같이 일단락을 고하고 4월 25일 다시 최후로 상토(商討)할 때 한독 대표로부터 전차 회의 때 결정된 당강 결의안을 수정하자는 의견을 제출하였다. 제1— 당강 제6장 '봉건세력을 숙청'하자는 원구(原句)를 '반(反)혁명 세력을 숙청'으로 수개할 것. 제2— 당강 제7조 "경지는 농민에게 분급하고 노동자의 이익을 보장하며 반침략 기업의 경영을 보호함"을 전부 삭제할 것 등등.

이 문제로 제출된 당강 제6조, 제7조는 전차 회의 시 민혁당 대표가 제출하여 한독 원 당강 등에 가입하기로 결정한 것이다. 한독 대표의 당강 제6조, 제7조 수개 삭제안을 민혁 대표는 반대하였다. 이유는 "일본제국주의는 봉건 잔여세력을 이용하여 조선민족 통치의 공구로 삼는다. 그러므로 봉건세력을 숙청하자는 것은 전 조선민족 공동 요구이다. 경지를 농민에게 분급하고 노동자 이익 및 반침략 기업 경영을 보호한다는 것은 마치 중산(中山)선생의 '경자유기전(耕者有其田)' "절제(節制) 자본'의 주장과 그 뜻이 상동한 것이다. 한독 원 당강 제4조에 이미 규정하기를, "토지와 대생산기관은 국유로 한다" 하였으니, 만일 제6·7조 이 항목을 가(加)치 않으면 비단 공농군중을 동원 못시킬 뿐만 아니라 또 상층 부유계급도 재산의 위험을 받을 위험으로 인하여 혁명을 반대할 위험이 있는 것이다.

정확한 민혁당의 주장이지만 당일 해결치 못하고 28일 다시 개회시 통일을 파열 아니 시키려는 성의에서 민혁 대표는 또 양보하고 한독 의견을 하는 수 없이 접수하였다. 그런데 뜻밖에 한독 대표는 "합당선언 발표 문제는 반드시 의용대와 광복군의 합편이 실체되는 날 동시에 발표하자"는 신조건을 제출하였다. 그 용의가 불순한 줄은 알면서도 역시 통일을 위해 일후 다시 토론하자 하고 산회하였다.

통일회의의 파열 경과― 4월 29일 양당대표회의 시 당강과 합당선언 문제에 관하여 민혁은 또 한독의 의견을 접수하였다. 이날 한독 대표는 득촌진척(得寸進尺: 한 치를 얻고는 한 자나 나아감 - 인용자) 격으로 또 신문제를 제출하였다. 제1― "화북 있는 민혁 동지의 당적을 보류하자"는 무리한 요구이다. 화북 있는 민혁 동지는 민혁 중앙의 결정 하에 적후에 심입(深入)하여 공작을 전개하고 있다. 목전 비록 교통의 불편으로 인하여 자주 경상적으로 상세한 보고를 듣지 못한다 하지만 이 이유로 당적 보류는 절대 못한다. 또 당원의 자격심사 문제는 신당 결성 후의 문제이지 대표회의 상에서 토론될 것이 아니다. 한독 대표도 이(理)가 굴(屈)하므로 반박치 못하고 수정안을 제출하였다. "한독과 민혁 당원을 물론하고 특수구

역 내에 있는 자는 신당이 결성된 후 조직부에서 파인(派人)하여 심사 후 등기하기로 함" 민혁 대표는 전대국(全大局)의 입장에서 이 수정안을 또 접수하였다.

5월 4일 양당대표가 최후로 토의하는 날, 한독 대표는 또 원안을 추번(推翻)하여, "화북 있는 민혁 동지의 당적을 보류함"은 불가 변동의 절대조건이라 고집한다. 제2— 신당 간부선거의 원안을 또 추번하여, "한독 선출 중앙위원 15인, 감찰위원 5인, 민혁 선출 중앙위원 9인, 감찰위원 3인"의 수정안을 제출하였다. 민혁은 일퇴양양(一退兩讓: 한 번 물러서고 두 번 양보함 - 인용자)으로 통일의 실현을 위하여 전부의 성의를 다하였었다. 그러나 한도가 있는 것이다. 화북에서 공작하고 있는 민혁당원은 장구한 세월을 통하여 실제투쟁의 용작(熔炸) 속에서 단련된 우수한 애국청년들이다. 현재 그들은 극단히 간고한 환경 속에서 희생을 두려워하지 않고(형대전역[邢台戰役]에 희생한 동지) 적후 조선동지 쟁취를 위해 용전분투하고 있는 것이다. 금후 신당조직의 발전도 그들의 영용한 실제투쟁의 노력에 의뢰되는 바가 많지 않은가! 우수하고 애국사상의 풍부한 대원을 여하한 이유로 유기하고 희생시키고 어떻게 신당 건립을 토론한다는 말이냐! 또 한독의 재삼 추번 등은 확실히 통일 성의가 호무(毫無)한 것을 증명하는 것이다. 민혁으로서의 인내와 양보의 정도와 한계는 최후에 도달하였다. 그러므로 민혁 대표는 침통한 생각으로 부득불 그 무리한 요구를 거절한 것이다.

금차 통일회의는 이렇게 파열되었다. 통일 파열의 엄중한 책임이 어느 편에 있는가는 더 설명할 필요도 없거니와, 더욱 통심(痛心)되는 바는 우리 혁명역량의 분산으로 인하여 전체 운동의 진전이 지체되는 일이다.

부기— (상기 각종 중요한 결의안은 이에 일률 무효임을 민혁 대표로부터 성명하니 한독 대표도 동의를 표하였다.)

조선민족혁명당 중앙집행위원회
5월 13일

〈그림 1〉「민혁 한독 통일회의 경과 개황」의 원본 전체

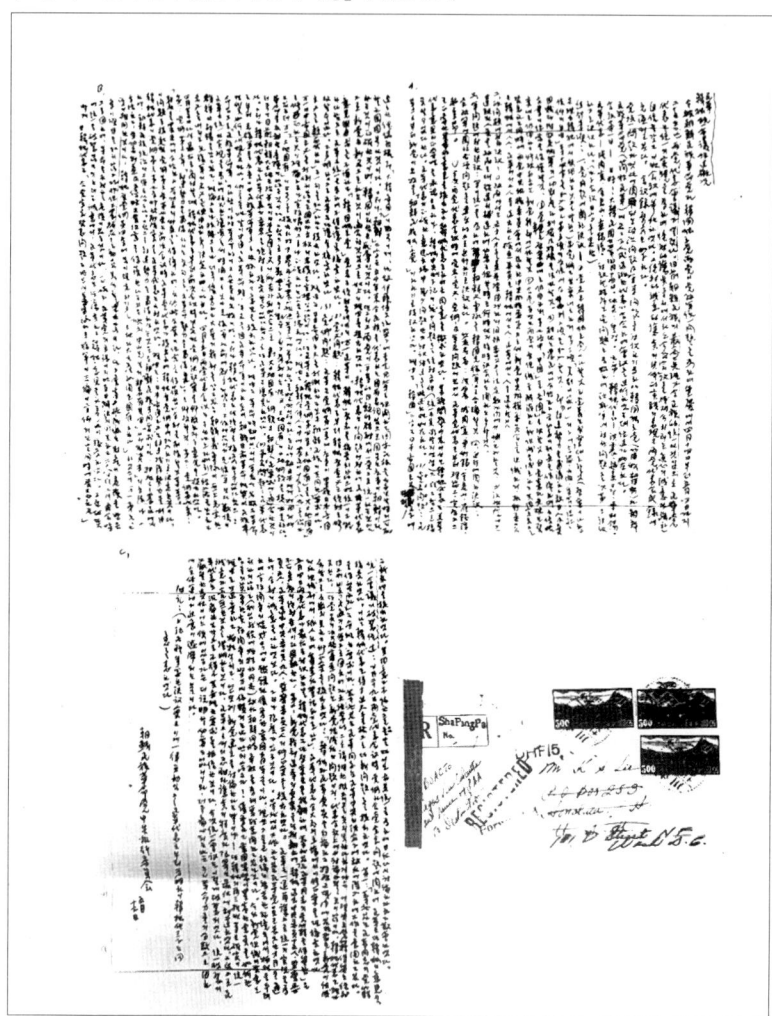

〈그림 2〉「경과 개황」 서한의 봉투(수신처와 우편 경로)

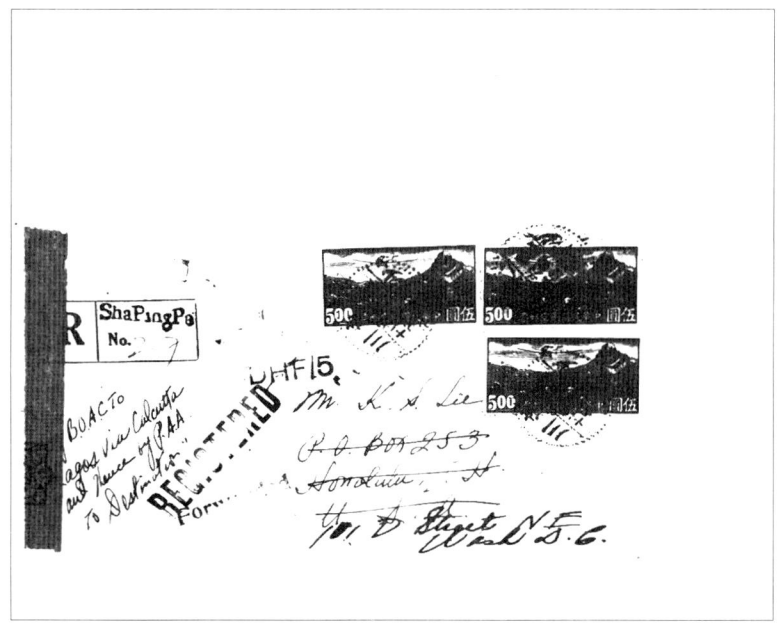

각 장의 원출처

1장: 「의열단 창립단원 문제와 제1차 국내거사기획의 실패 전말—13인설 재검토와 '구영필 문제'의 숙고를 중심으로」, 『한국독립운동사연구』 제58집, 독립기념관 한국독립운동사연구소, 2017의 제1~2장

2장: 「의열단 창립단원 문제와 제1차 국내거사기획의 실패 전말—13인설 재검토와 '구영필 문제'의 숙고를 중심으로」, 제3~5장

3장: 「1920년 서울, '암살단'의 결성과 의열투쟁 기획—미국 의원단 내한 계기 항일의거의 신고찰」, 『한국민족운동사연구』 제79호, 한국민족운동사학회, 2014

보론: 「대구사람들의 무장독립운동」, 권대웅 외, 『알기 쉬운 대구독립운동』, 광복회 대구광역시지부, 2020의 138-143쪽 부분

4장: 「의열투쟁과 테러 및 테러리즘의 의미연관 문제—역사사회학적 일고찰」, 『사회와 역사』 제100집, 한국사회사학회, 2013

5장: 「3·1 운동에서의 폭력과 그 함의—반(反)폭력이 될 '혁명적 폭력'의 상상과 관련하여」, 『정신문화연구』 제41권 제4호(통권 153호), 한국학중앙연구원, 2018

6장: 「조선혁명선언의 혁명사상과 의열단(계)의 실천 경로―선언 100주년의 재조명과 성찰」, 『조선혁명선언 100주년 기념 학술회의(자료집)』, 신흥무관학교기념사업회, 2023

7장: 「조선의용대의 항일전투(참가) 실적과 화북진출 문제 재론」, 『한국독립운동사연구』 제67집, 독립기념관 한국독립운동사연구소, 2019의 제1~2장

8장: 「조선의용대의 항일전투(참가) 실적과 화북진출 문제 재론」, 제3장과 제4장의 일부 (전면 개고)

9장: 「조선의용대의 항일전투(참가) 실적과 화북진출 문제 재론」, 제4장의 일부와 추보

10장: 「『조선의용대통신』의 旣影印刊物에 누락되었던 號·期·面들」, 『한국독립운동사연구』 제76집, 2021

11장: 「혼벡(Hornbeck)문서군 속의 한길수 서한과 조선의용대·조선민족혁명당 사진」, 『한국근현대사연구』 제96집, 한국근현대사학회, 2021

12장: 새 글

인명 색인

* 동일인의 본명과 이명 중에 잘 알려지고 널리 쓰인 이름을 표제어로 삼았으며, 한국식 이름에 한자가 병기된 것은 중국인임

ㄱ

강달영 133
강세우(강비호돌) 21, 24, 26~28, 36
강상진 45, 56~58
강우규(강찬구) 51, 124~126, 182
강원석 45, 53, 56~58
강창제 391, 395
강택(康澤) 282, 287, 301
경매구(景梅九) 125
고봉기 253
고상철 313, 318
공명우 253
곽말약(郭沫若) 293, 301
곽영조 57, 58
곽재기(곽경) 21, 24, 26, 34~36, 39, 43~50, 52, 58, 183
관건 247
구성백 68

구영필(최계화) 21, 22, 31, 33, 34, 52~54, 57, 59, 60, 62, 64~69
권준 19, 24, 25, 36, 39
김강 395
김건후 395, 396
김관제 57
김교상 95
김구 120, 135, 136, 294, 331, 333
김규식 386, 391, 395
김기득(김태희) 18, 24, 30, 32, 45~48, 58
김낙계 48
김대지 43, 54, 67
김동순 77~83, 88, 95, 96, 99, 103, 107
김두봉 227, 282, 287
김문 391, 395
김병순 84, 96

김병환 44, 47, 49, 50, 58, 62
김붕준 391, 394, 395
김상덕 391, 395
김상옥 77, 79~83, 87, 88, 94~97,
    99, 100~103, 107, 125
김성숙(김규광) 158, 189, 220,
    228, 268, 344, 351
김세광(김세일) 256, 257, 273,
    276, 282, 283, 312, 313,
    318, 320, 322, 392, 393
김수영 200, 232
김알렉산드라 37
김약수 23
김영철 124
김상윤(김옥) 18, 21, 26, 30,
    36, 46, 47, 53, 57
김용술 68, 69
김원봉(김약산) 17, 20~24, 31,
    33, 35, 36, 38, 39, 45, 48,
    63, 150, 202, 221, 227, 238,
    269, 274, 275, 283~288,
    302, 305, 333, 339, 384,
    386, 391~393, 395, 397, 408
김윤서 395, 396
김익상 125
김인철 286, 391, 394, 395

김재수 53~55, 57~59, 65,
김재현 68, 69
김재호(호건) 286
김정익 124, 125
김준(김종) 276, 392, 393
김진규 49, 51
김창만(한득지) 299, 300, 312
김창숙 63
김철 84
김철남 391, 395
김철원 253, 255, 269, 300
김춘원 83
김태석 49, 52, 54, 56, 59, 62,
    64, 82, 111
김태원 108
김평 313
김학규 25
김학무 269, 274, 299, 311,
    328, 394
김학철 313, 320, 321, 335, 336
김한 133
김형규 97, 102
김홍일(왕일서) 257, 395
김화룡 77, 81, 95, 108
김흠 313, 322, 323

ㄴ

나석주 63
남자현 125
남정섭 68
노민(장해운) 253, 299, 300

ㄷ

등걸(滕傑) 282, 287

ㄹ

레닌(V. Lenin) 133
류자명 62, 63, 134, 221, 228, 333

ㅁ

마덕산(이원대) 260, 312, 393
마일신 245, 260, 276, 312, 392, 393
맥큔(G. McCune) 405, 406
명도석 67
명제세 108
무정(김무정) 287, 300
문명철(김일곤) 245
문일민 391, 395
문정일 253, 262, 299
민영환 125
민원식 82

ㅂ

박무 253, 269, 300, 312
박문용(박환) 84~86, 108
박상진 125
박승목 78
박승빈 95
박승직 97
박영효 95
박용만 68
박은식 123, 127, 156, 187, 208
박재혁 124, 125
박중화 31
박차정 287
박찬익 31
박철동(장걸) 313, 320, 326, 327
박태원 17, 38, 39
박효삼 242, 256, 269, 271~273, 276, 280, 282, 283, 291, 302, 311, 315, 392, 393
배동선 18, 22~25, 30, 36, 39
배중세 18, 24, 30~34, 44, 45, 47, 53~58, 64, 65
배형식 22

백낙열 176
백정 253
백정기 125
백초월 77
발터 벤야민(W. Benjamin) 188, 192
변상태 59

ㅅ

서대순 77, 81, 95, 97, 99, 100, 103, 107, 108
서병철 108
서상락 21, 26, 28, 36, 46, 47, 57
서상한 124
성시백 253
성주식(성현원) 391, 395, 408
소렐(G. Sorel) 179, 193
소삼(蕭三) 332
손두환 394, 395, 396
손일봉 313, 320, 324
송욱동 391, 395
스마루(司馬潞) 266, 288~290
신기언 391, 395
신상태 54
신악 269, 275, 392, 393

신영삼 391, 395
신정완 286
신채호 134, 149, 184~190, 193, 194, 199~234
신철휴 21, 22, 26, 27, 34, 36, 44, 46, 47, 49, 58
신화수 77, 81, 83, 107, 108

ㅇ

아오야마 가즈오(青山和夫) 238
안명근 124, 125
안중근 120, 124, 125, 135
안창호 76, 214
안태익 49, 51
안확 31, 67
이종암(양건호) 21, 26
양민산 256, 273, 312
엽검영(葉劍英) 332
엽홍덕 259, 394
오문성 256
오민성 253
왕계현(王繼賢) 345
왕극강(김창규) 253, 254, 284, 300
왕자인 253, 299, 301, 312, 314
왕통 256, 303, 391, 394, 396
우재룡(김재수) 85

위립황(衛立煌) 253, 283
유봉옥 299
유빈(신용순) 335
유상근 125
유세관 88
유신 312, 313
유연원 108
윤기섭(윤규운) 333, 391, 395
윤기중 97, 102
윤봉길 125, 134
윤상보 97, 102
윤세주(윤소룡) 18, 21. 26, 28,
　32, 36, 44~47, 50, 58, 59,
　61, 63, 275, 283, 291, 294,
　295, 302, 315, 392, 393
윤익중 77, 78, 80, 81, 83,
　107, 108
윤자영 30, 151, 152
윤징우 391, 395
윤치형 18, 29~34, 47, 53, 54,
　57~62, 64~66
윤희병 96
이강훈 125
이경산 259
이경선 395, 407, 408
이극(주운룡) 253, 284, 299,
　300, 302
이근영 97, 102
이낙준(안종묵) 18, 26, 28, 30,
　44, 47, 48, 58
이달 158, 276, 392~394
이대성 269
이돈구 81, 107
이동림 312
이동호 247, 269
이동휘 28, 214
이두산 125, 250, 333
이만영 247
이명선 273
이범석 290
이병철 43, 44, 47, 53, 69
이봉창 125, 136
이상 37, 38
이상룡 124
이상조(호일화) 299, 301
이성우 21, 24, 26, 31, 36,
　44~47, 50, 58
이세영 253, 254
이수택(이일몽·이각) 27, 29,
　31, 33, 42, 44, 46~49,
　52~55, 57, 60, 61, 65
이순상 31

이승만 136, 157, 384, 385
이승춘 63
이여성(이명건) 22, 23
이영무 395
이영준(왕현지) 329, 330
이우방(李友邦) 351
이운기 95, 97, 99, 100, 103, 107, 108
이유민 300
이육사 295
이익성 253, 256, 276, 282, 299, 311, 312, 392~394
이재명 124, 125
이정순(왕현순) 313, 320, 329
이정호 157, 269, 294, 331
이종암(양건호) 22, 26, 28, 30, 36, 53, 54, 66
이주현 45, 53, 55, 56, 58, 65
이지복 259
이집중 391, 394, 395
이춘암 276, 283, 302, 392, 393
이해명 391, 395
이혜수 79
이화림 269, 300
임기현 85
임평 256, 301

ㅈ

장건상 395
장문해 245
장예신 313, 322
장운 321, 332, 333
장인환 124, 125
장일진 80
장제스(蔣介石) 238, 242, 286, 287
장중광(강병학) 247, 260, 301, 325, 332
장중진 269
장지락 220
장지민 253
장지복 247
장진광 300
장평산 260
저우언라이(周恩來) 274, 289, 291, 293, 339
전명운 124
전우진 77, 78, 99, 103, 108
정설교 77, 108
정운복 82
정이소 24
정태준 48
조관 313, 323

조동호 133
조만식 99, 108
조봉암 133
조빈(김병태) 391, 395
조소경 313
조소앙 187, 208, 408
조시원(왕준성) 286
조열광 247, 312, 313, 322, 323
조중철 391, 396
조지훈 126, 127
주가화(朱家驊) 286
주덕(朱德) 332
주동욱 331, 332
주세민 395, 396
주혁 260
진가강(陳家康) 289, 291
진경성 286
진과부(陳果夫) 347
진광화(김창화) 299, 315
진국화 260
진동명 282
진원중 276, 392, 393
진한중 247, 312

ㅊ
차리석 408

채기중 83
채응언 176
최계원 313
최기배 84
최동광 259, 313
최민석 97
최봉록 313
최석기 81, 83, 108
최석순(최우강) 391, 395, 408
최성규 57, 58
최성오 395, 396
최영만 108
최우송 78, 80
최우영 86
최창익 253, 274, 299, 328
최채 291~293, 329
최철호(한청도) 313, 320, 328
최홍식 125

ㅍ
파농(F. Fanon) 191
팽덕회(彭德懷) 295, 315
풍중천 312

ㅎ
하진동 312

하충한(賀衷寒) 248, 301, 351
한경 312
한금원 391, 395
한길수 379, 380, 382~387, 390, 395
한봉근 18, 21, 26~28, 30, 31, 36, 46, 47, 57, 63, 64, 66
한봉인 18, 21, 25, 26, 30, 36, 39
한빈(왕지연) 269, 302
한일래 276, 392, 393
한지성 261, 272, 273, 276, 289, 333, 345, 384, 391~395, 397
한청(신한청, 신억) 299, 312
한춘옥 21, 26, 34, 62~64

한형권 202
한훈(한우석) 83~86, 88, 89, 94, 96, 99, 100, 101, 103, 107
허정숙 253, 299
호유백 253, 282, 315
호철명 298, 301, 312
혼벡(S. K. Hornbeck) 379, 381
홍진 408
황민(김승곤) 286
황상규(허택) 18, 29, 30, 31, 33~35, 39, 45~50, 58, 61, 67
황옥 49, 50, 99

사항 색인

* 항목 중의 시·소설·문서는「 」로, 신문·잡지·책자는『 』로 표시함; '의열단'·'의열투쟁'·'조선의용대'는 색인을 두지 않음

ㄱ

곤륜관 전투 259
공포투쟁 126
『광복』 125
광복단 38, 83, 88
광복단 결사대 85
광복회 38
금릉대학 22, 23, 27
급진단 42, 43
길림소년단 35
김일성부대 275
「꿈하늘」 205

ㄴ

나로드니키 133
남화한인청년연맹 130, 327
뉴라이트 135~137

ㄷ

대전학교(동림무관학교) 28
대한광복군 총영 91, 97
대한군정서(북로군정서) 77, 78
대한독립군정서 68, 69
대한정의단 78
대항폭력 194, 196
『도왜실기』 125
『독립』 180
『독립신보』 23
『독립전보』 68
『동방전우』 250
동북노선 273, 274

ㅁ

맥큔 문서철 406
미국 의원단 90~94, 104~106
민족혁명당 201, 225, 227, 327, 329

ㅂ

반식민주의 140, 141
반폭력 116, 153, 154, 192, 194~196

보법폭력 192
비폭력혁명 155, 157

ㅅ

3.1운동 110, 112, 155~182, 185, 188~196, 214, 324, 350
서로군정서 68
『신대한』 209, 211, 227
신민부 78
신한독립당 225, 226
『신한민보』 125
신흥무관학교 22, 25, 27, 31

ㅇ

아일랜드공화국군 141, 192
암살단 취의서 95
암살파괴운동 119
『약산과 의열단』 17, 18, 20, 24, 38, 39
「오감도」 37
「용과 용의 대격전」 188, 194
윤치국 사건 27, 31
을사 5적 129
의사와 열사 115, 127
「의열단 공약」 36
의혈 123

의협투쟁 127
일합사(합사) 33, 61, 67

ㅈ

자유시사변 186
자코뱅파 139
작탄투쟁 76, 114, 115, 119, 126, 148, 181
『장덕진전』 124
전진대 224
조선국권회복단 31
조선국민회 67
조선독립군사령부 84, 86, 89
조선독립군정사(길림군정사) 27, 31, 42, 61, 78
『조선독립신문』 162
조선민족전선연맹 158, 228, 237, 385
조선민족혁명당 228, 229, 274, 408, 410
조선민족혁명당 미주지부 385
『조선왕조실록』 122
조선의용대 미주후원회 384, 408
조선의용대후원회 연합회 384, 385
조선청년전위동맹 274, 397

조선혁명군사정치간부학교 225, 329
『조선혁명기』 281
조선혁명당 225, 327
중립당 133
중한민중동맹단 384~386

ㅊ

창법폭력 192
『천고』 185, 186, 209
철혈광복단 28
청년동맹회 151
체제폭력 116, 188, 196
7가살 148, 149, 181

ㅌ

테러 111, 120, 131~138, 146~148, 196
테러리스트 120, 134, 136, 138, 140, 142, 144, 146, 147
테러리즘 131, 134, 137~149, 151~153, 196
테러투쟁 120, 132,
트로츠키주의자 133

ㅍ

팔레스타인 민족해방전선 141

ㅎ

하마스 136
한국광복군 189, 279, 280
한국독립당 225, 226, 385, 408, 410
『한국독립운동지혈사』 123, 156
한국청년전지공작대 279
한국혁명통일촉진회 396
『한민』 125
한인애국단 130, 135~137, 148
한족회 68
『한청』 125
항일군정대학 299, 300
『혁신공보』 77
혁신단 77
형대 전투 331, 337
화북조선청년연합회 300
환남사변 297, 298
『혁명적 군중』 178